2021年度四川省重点出版项目专项补助资金资助

大国信用

国家信用体系建设与信用大数据应用

理论篇

寇　纲　李友元　陈星潼　徐　敏　熊　健

邱甲贤　唐静静　赵奕奕　杨　培　陈　佳

田晓丽　罗潇潇　高　洁

著

西南财经大学出版社

中国·成都

图书在版编目（CIP）数据

大国信用：国家信用体系建设与信用大数据应用.理论篇/寇纲等著.—成都：西南财经大学出版社,2022.6
ISBN 978-7-5504-5151-3

Ⅰ.①大…　Ⅱ.①寇…　Ⅲ.①信用制度—建设—研究—中国
Ⅳ.①F832.4

中国版本图书馆 CIP 数据核字（2021）第 239256 号

大国信用：国家信用体系建设与信用大数据应用（理论篇）

DAGUO XINYONG：GUOJIA XINYONG TIXI JIANSHE YU XINYONG DASHUJU YINGYONG（LILUN PIAN）

寇纲　李友元　陈星潼　徐敏　熊健　邱甲贤　唐静静
　　　　　　　　　　　　　　　　　　　　　　　　　　　著
赵奕奕　杨培　陈佳　田晓丽　罗潇潇　高洁

策划编辑:孙婧
责任编辑:王利
责任校对:植苗
封面设计:墨创文化
责任印制:朱曼丽

出版发行	西南财经大学出版社(四川省成都市光华村街55号)
网　　址	http://cbs.swufe.edu.cn
电子邮件	bookcj@swufe.edu.cn
邮政编码	610074
电　　话	028-87353785
照　　排	四川胜翔数码印务设计有限公司
印　　刷	四川五洲彩印有限责任公司
成品尺寸	170mm×240mm
印　　张	20.5
字　　数	377 千字
版　　次	2022 年 6 月第 1 版
印　　次	2022 年 6 月第 1 次印刷
书　　号	ISBN 978-7-5504-5151-3
定　　价	98.00 元

总序

古语有云:"人而无信,不知其可也。"信用,既是中华民族传承千年的道德风尚,也是影响整个社会金融、经济发展的基础设施。总结和提炼欧美发达国家的信用体系建设经验,可以发现征信体系已经成为现代经济运行的重要基石。在我国,被称为国家信用管理体系的社会信用体系是社会主义市场经济体系的重要组成部分,对于促进达成市场交易、降低交易成本、稳定市场预期、优化资源配置具有重要意义。近年来,以信用为核心支撑的共享经济蓬勃发展,成为引领"双创"的最活跃领域,基于信用的共享经济、互联网金融、知识付费、网络直播、共享单车呈现出爆发式增长趋势,推动了经济的发展。2020 年,在新冠肺炎疫情肆虐的情况下,信用信息在个人信用监管、市场经营秩序监管、民生服务保障监管等领域都发挥了重要作用,显示出其不可或缺的重要作用。

改革开放 40 多年来,我国经济建设取得了举世瞩目的成就。2010 年,中国的国内生产总值(GDP)超越日本,中国一跃成为全球第二大经济体,被誉为"中国奇迹"。中国成长为一个经济大国,离不开中国特色社会主义道路和社会主义市场经济改革的伟大实践,而市场经济的良好运转,离不开社会信用体系建设的支撑。在实施计划经济时期,国家几乎不存在市场竞争,各企业主体的生产、销售、融资等经营活动均按照政府的行政命令进行,个人也被限制了借贷消费,信用资源完全由政府分配,信用活动直接受到国家管理。从党的十二大提出"计划经济为主,市场调节为辅"到党的十四大确立建立社会主义市场经济体制的改革目标,从党的十六大宣告我国社会主义市场经济体制初步建立到党的十八大和党的十九大共同强调"加快完善社会主义市场经济体制",体现了党对市场在资源配置中的重大作用的认识不断深化,反映了社会主义市场经济理论和实践取得了重大突破。2020年5月,中共中央、国务院发布《关于新时代加快完善社会主义市场经济体制的意见》,明确提出"更加尊重市场经济一般规律,最大限度减少政府对市场资源的直接配置和对微观经济活动的直接干预,充分发挥市场在资源配置中的决定性作用"。坚持和完善社会主义市场经济体制,中国经济将在高质量发展的道路上行稳致远。

市场经济是契约经济,信用又是市场经济的基石,社会信用体系则是现代市场经济健康运行的重要制度条件。因此,国家信用体系建设是我国社会主义市场经济建设的重要一环,对于进一步优化资源配置、降低信用风险、深化国际信用合作具有重要意义。长期以来,党中央、国务院高度重视我国社会信用体系建设。习近平总书记强调:对突出的诚信缺失问题,既要抓紧建立覆盖全社会的征信系统,又要完善守法诚信褒奖机制和违法失信机制,使人不敢失信、不能失信。党的十六届三中全会明确提出,构建以"道德为支撑、产权为基础、法律为保障"的信用制度和社会信用体系;党的十七大报告将建设社会主义信用体系作为"完善经济制度,健全现代市场体系"的重要举措;党的十八大报告再次将社会信用体系建设问题作为核心问题提出,总计四处六次提到社会诚信问题,并要求"深入开展道德领域突出问题专项教育和治理,加强政务诚信、商务诚信、社会诚信和司法公信建设"。

我国信用体系建设从起步至2020年大约有18年的历史。从2003年党的十六届三中全会明确了社会信用体系建设的方向和目标起,国务院陆续颁布了多项指导意见,指出要使社会信用体系建设成为社会治理创新和经济体制改革的支撑性工作。2014年6月,国务院印发了《社会信用体系建设规划纲要(2014—2020年)》。这是信用体系建设领域首部国家级规划,也是当前和今后一个时期社会信用体系建设的指导性、纲领性文件。近几年,我国积极探索建设社会信用制度与社会信用体系,逐步形成了一系列社会信用法律法规、管理制度、评价技术、建设标准等,信用体系建设水平有了大幅度提升。

在席卷全球的新一轮工业革命中，大数据、云计算、人工智能和区块链等新技术快速发展，又为信用体系的建设提供了新的发展动力。从2009年起，"大数据"成为互联网行业的热门词汇，大数据理论与实践创新迅速成为世界各大国研究的重要课题。英、美等国加大了对大数据研究和应用的科研支持力度，日本更是将其视为核心竞争力的关键。2016年，党的十八届五中全会首次将大数据战略上升为国家战略。随着谷歌研发的阿尔法围棋（AlphaGo）战胜人类顶尖职业围棋选手，人工智能进入了普通大众的视野。2017年，国家发布《新一代人工智能发展规划》，提到要在2030年内使中国人工智能理论、技术与应用总体达到世界领先水平，成为世界主要人工智能创新中心，这反映出人工智能在我国国家发展战略中的重要地位。2019年，习近平总书记在中央政治局第十八次集体学习时强调，要把区块链作为核心技术自主创新的重要突破口，明确主攻方向，加大投入力度，着力攻克一批关键核心技术，加快推动区块链技术和产业创新发展。目前，区块链技术已经在数字金融、物联网、智能制造、供应链管理、数字资产交易等多个领域得到了实践应用，其"不可篡改"的天然属性，也使得其能够在信用体系建设中起到基础性、颠覆性的作用。当前，企业和个人的信用数据呈现出体量大、来源渠道丰富、单位价值低等特点，传统的处理方法难以获得高质量的信用信息，而大数据、区块链、人工智能等技术在信用数据的获取、存储、分析和应用等方面表现出优良的特性，对新技术的使用有助于建设一个高质量的社会信用体系。

当然，不容忽视的是，在新时代中国特色社会主义发展道路上，我们还面临着内外部的诸多困难和挑战。从外部来看，受国际金融危机和欧洲主权债务危机的影响，我国各行业的信用问题频发。此外，发达国家反全球化、"去中国化"的声音愈来愈大，中美贸易摩擦不断升级，欧盟至今不承认我国的市场经济地位。从内部来看，我国社会信用制度建设还存在形成时间短、政府推动性较强和市场经济主体信用意识淡薄等问题。这些都凸显了我国社会信用体系的弊端和以契约化交易为主体的社会信用制度的缺失，尤其是经济和金融领域存在着各种严重失信问题。这些问题的爆发，不仅提高了市场交易成本，妨碍了市场功能的正常发挥，也给国家和人民利益以及经济建设带来重大损失，延缓了市场化改革的进程，制约了中国经济的健康持续稳定发展。

本套丛书旨在深入分析我国国家信用体系理论框架与关键问题，进而研究适合中国国情的国家信用体系建设模式与实现机制，并针对我国信用建设关键性领域探索信用大数据的应用及实践，为国家信用体系建设提供一些思路和帮助，为国家建设适应于中国特色社会主义市场经济和面向新时代的社会信用体系进行有益的探索。准确把握我国国情，是确定我国信用体系建设的基本思路和工作重点的前提。具体来说，我国社会信用体系建设与信用大数据应用在社会实践中存在的问题表现在以下方面：第一，在大数据时代，合格信用数据严重缺失，对我国信用体系的监管制度、关键技术等带来挑战；第二，信用监管制度和法律法规建设不完善，导致市场主体与征信相关的行为得不到足够监管，信用奖惩机制无法发挥作用；第三，信用服务市场化程度较低，特别表现在个人隐私信息保护不力、信用信息共享不充分、市场信用服务需求不足等方面；第四，信用大数据的基础标准、技术标准、应用标准和管理标准尚未统一，不同部门和行业的信用信息系统彼此独立分割，信用信息难以实现流通共享。因此，在我国经济转型时期和新技术不断涌现的背景下，迫切需要建立具有共识的社会信用体系理论框架和信用大数据应用规范。

本套丛书共分为上、下两册，分别从国家信用体系建设和信用大数据应用的理论和实践两方面进行构架。在上册"理论篇"中，我们主要厘清了信用与信用体系的概念和历史，并放眼全球，系统地介绍了世界主流大国的信用模式，随后就信用分析中的统计与优化技术，基于大数据、区块链和人工智能与机器学习的信用关键技术，以及信用评级及其关键技术进行介绍，最后总结了社会信用体系研究的前沿热点和瓶颈难点，展望了社会信用体系的研究发展和关键技术的发展。在下册"实践篇"中，我们首先回顾了我国社会信用体系的建设历程，随后结合信用在服务市场、共享经济、普惠金融、互联网金融、金融监管、社交网络用户征信中的具体应用，探索了应用实践的场景和创新，最后审视和反思了我国信用体系的建设历程并提出了"大国信用"建设的政策建议。

本套丛书综合运用了建模分析、实证分析、比较分析等多种研究方法，在内容安排和编写上体现了如下特点：

（1）内容安排合理。本套丛书分为上册"理论篇"和下册"实践篇"。"理论篇"侧重叙述社会信用建设和信用大数据的理论基础，"实践篇"侧重阐述信用体系建设和信用大数据的实践应用，突出了理论研究向现实应用的推进，有助于读者整体把握信用体系建设理论和应用的框架。

（2）直击前沿热点。本套丛书围绕信用体系建设和信用大数据应用，介绍了当下流行的大数据技术、区块链技术、人工智能和机器学习等新兴技术，科学系统地介绍了信用体系建设和信用数据应用中不同技术的内涵及特点，帮助读者了解信用数据搜集、存储、分析以及应用等方面的前沿技术。在实践中，撰写人员结合与企业、银行的合作研究，原创性地构建了银行卡交易风险评估模型，以识别异常的交易行为和不同等级的交易风险，并提出了基于专家评分的数据决策模型，以完成对申请用户的实时预授信。

（3）立足全球视野。本套丛书系统研究和对比了市场化征信模式、公共征信模式及会员制模式下美国、法国、德国、西班牙、瑞典、意大利和日本、印度、韩国等国家的信用体系，总结和比较了不同的信用体系建设模式的优劣，为读者提供了较为全面、详实的资料参考。

（4）扎根中国实践。在本套丛书的撰写工作中，撰写人员走访了上海、重庆、浙江、广州、四川等省市，深入政府、企业、农村、高校进行调研，详细了解和研究我国社会信用体系发展现状以及实践机制情况，并在写作中融入信用体系建设和应用方面的最新成果。如调查成都信用市场服务机构、从业人员的发展现状，分析成都信用市场需求、存在的问题及其应对策略；通过分析山东省城市商业银行在信用风险智能管控上的实践探索，研究了基于信用的区域系统性金融风险智能监测与预警机制等。

在撰写本套丛书的过程中，西南财经大学寇纲教授拟定了丛书的写作大纲，组织写作团队撰写各个章节，并对全书进行审定。写作团队经过初期合理分工、精心计划，中期认真写作、反复交流，后期细致修改、仔细订正，秉持着认真负责的态度参与并完成了该套丛书的撰写，使得成果最后得以顺利付梓。

由于时间仓促以及撰写人员的研究能力和实践水平有限，书中难免存在错误和疏漏，真诚希望广大读者不吝赐教，以便我们改进和完善。

寇　纲

2022 年 3 月

理论篇前言

"信用"是一个古老且内涵丰富的名词。社会信用体系是我国实现全社会共同规范和引导社会事务、社会组织和社会生活的制度要求。具体而言，社会信用体系是信用法规、信用监管、信用服务、失信惩戒、信用文化和社会主体行为诚信规范等多方面共同作用、相互促进、交织形成的一种社会运行机制和综合管理体系。

中国特色的社会信用体系必须牢固建立在科学理论基础上并与中国的国情和时代发展情况紧密结合。因此，在"理论篇"部分，本书期望通过对信用和信用体系建设相关理论和概念进行系统性梳理、整合和分析，为我国建设大国信用体系提供坚实的理论基础和参考信息。

本书的前三章主要介绍关于信用和信用体系建设的理论成果。第1章和第2章阐述了信用与社会信用体系的基本理论。第1章研究了信用的内涵，包括信用的概念、来源、基本要素、本质和分类。在此基础上，研究了马克思主义视角的信用理论和西方经济学的信用理论等，并概述了信用理论的发展历史。第2章回顾了社会信用体系的起源、发展历史和内涵等。第3章详细研究和对比了市场化征信模式、公共征信模式及会员制模式下美国、法国、德国、西班牙、瑞典、意大利和日本、印度、韩国等国家的信用体系，并通过对相关理论的分析和整理，进一步分析和比较了不同信用模式的异同，为我国建设社会信用体系提供借鉴。

第4章到第8章详细介绍了信用识别、处理、评分等方面的传统及新兴技术与方法。其中，第4章主要阐释了传统的统计与优化技术和方法。考虑到大数据和人工智能等技术对于各行业的变革性影响，第5章介绍了信用大数据管理、分析与挖掘技术，第6章概述了区块链技术对信用行业的重塑，第7章介绍了人工智能与机器学习的信用模型，第8章围绕信用评级的关键技术与方法，介绍了主流模型和最新成果。通过对这些新的革命性技术的介绍，期望为我国建设先进的大国信用体系提供有益的启示。

第9章总结了社会信用体系研究前沿热点、瓶颈难点和发展展望，期待与读者就这一话题展开更加深入的探讨。

本书的目标读者覆盖范围较广，包括但不限于：从事信用体系建设和信用评估技术研究的专业科研人员，大中专院校的教师和学生，银行、券商和信用评估机构的从业人员、行业研究员和管理人员，商业资讯公司和行业研究机构的咨询师，金融监管机构的监管人员，政府和企事业单位的工作人员、行政领导等。此外，本书也适合于想要了解信用行业和我国信用体系建设等相关内容的普通读者阅读。

本书的完成，得益于同行及行业外多位专家的帮助，在此一并致谢。由于时间仓促，加之撰写人员水平和能力有限，本书难免还存在疏漏和不足，诚望各位读者不吝指正。

寇　纲

2022 年 3 月

目录

1 信用理论分析

1.1 信用的内涵

"信用"是一个古老的内涵丰富的名词。信用起源于原始社会末期，随社会经济和科学技术等的发展，其内涵不断丰富。《左传·宣公十二年》中有"人之道德，有诚笃不欺，有约必践，夙为人所信任者，谓之信用"，即我们通常理解的诚实守信、一诺千金等。信用作为社会顺畅运行的基石，是一种社会行为准则，属于道德范畴。在一个诚实守信的社会中，人与人之间互相信任，个体行为的不确定性降低，社会运行效率提高。

信用的丰富内涵源于信用含义的逐步扩大，以经济含义的表现最为显著。在西方，信用管理作为一门学科，已经在生产生活中得到广泛应用，信用的属性范畴扩大到了法律和经济等领域。当下，信用几乎是所有国家民法典的一个通用原则，违反信用原则的行为被视为无效或可撤销的法律行为。古典经济学鼻祖亚当·斯密晚年在著作《道德情操论》中界定了市场经济道德基础的目标：正义虔诚、自尊自爱和同情互利。尽管"经济人"概念假设人是自利的，但是在信用价值规律的作用下，从社会角度看，人的信用行为具有正外部性，往往有利于他人。在契约理论的推动下，双方恪守信用，诚实交易。因此，诚实守信的职业道德约束可以促使人们养成优良品质。

1.1.1 信用的概念

随着时间的推移，信用的含义逐渐丰富。信用的最初定义，按照字面意思是"谓以诚信任用人"，如今已较为罕见。《现代汉语词典（第6版）》第1453页对"信用"有如下三种解释："不需提供物资保证，可以按时偿付的"，指道德层面的诚信；"能够履行跟人约定的事情而取得的信任"，表示受信人履行承诺而得到授信人的信任;"指银行借贷或商业上的赊销、赊购",表示一种经济活动。第一种和第二种含义是广义的信用,属于伦理学和社会学范畴,指在社会活动中当事人之间以诚实守信为道德基础的履约行为,它是一种处理人际关系的道德准则,常见"诚信""守信"和"失信"等词语。第三种含义是狭义的信用,属于经济学和法学范畴,是现代市场经济运行的基石。

信用是一种精神追求与道德约束,同时也是一种资本。吴晶妹认为"信用是获得信任的资本"。信用是资本,有别于传统的实物生产要素如劳动、土地和厂房等。信用作为经济生产中的一种无形资产,与技术、商誉等一起作用于现代经济。吴晶妹的三维信用理论认为:"一维是诚信度,二维是合规度,三维是践约度。信用主体具备诚信的道德素质,就拥有了诚信度资本;遵守社会行为准则、法律法规,就拥有了合规度资本;履行契约规定,完成信用交易,就拥有了践约度资本。"

1.1.1.1 不同学科的信用概念

(1)伦理学角度。从道德层面看,信用指社会活动参与各方在诚实守信道德基础上建立起来的践约行为。信用在开始进入人们的视野时,被视为一种优良的道德行为,指的是人们在社会交往中所具备的思想品德和观念素质。这是一种具有主观能动性的行为,即只有一方履行了承诺的义务,另一方才会认为对方是守信的。

(2)经济学角度。诸如信用这样的概念,其内涵往往带有时代的烙印。在资本主义发展初期,大多数借贷行为都是为了满足资本家扩大再生产的需求。马克思在分析生产关系时,将这一时期的信用和借贷联系在了一起。现代信用是从属于商品交换和货币流通的一种经济关系。西方经济学家认为,信用是指在经济活动中,在授信人信任受信人能够兑现约定的基础上,以契约关系向受信人放贷(包括货币、其他资产及服务等),以保障自己的资产能够保本并实现增值。

(3)社会学角度。当下,信用几乎已经渗透到社会的各个角落,可以说整个社会体系就是由人与人之间错综复杂的信用关系构成的。按照定义,一方面,信用是发生在主体之间的一种社会关系;另一方面,信用具有来源于有效履约而产生的资本属性,是社会总资本中人力资本、货币资本以外的一个组成部分。

(4)法学角度。从最初的伦理道德延伸到经济、社会范畴,是信用发展的必然结果。《中华人民共和国民法典》第七条规定:"民事主体从事民事活动,应当遵循诚信原则,秉持诚实,恪守承诺。"《中华人民共和国合同法》规定："当事人对他人诚实不欺，讲求信用，恪守信用，并且在合同的内容、意义及适用等方面产生纠纷时，要依据诚实信用原则来解释合同。"

因此，我们认为，信用的定义是：以社会交往中的承诺和履约行为为主体，以利益关系为基础，以授信、承诺和践约为形式的一种社会关系。上述定义有多重含义：

第一，信用具有社会属性。信用存在于社会交往中，可以说社会交往关系是信用存在与发展的一个外在环境，没有了社会交往，信用也就不复存在了。在信用活动中，承诺、履约是信用活动的两个重要组成部分，两者之间存在一个长短不一的时间间隔，两者是否统一影响着信用行为能否正常进行。因此，发起承诺和履约行为的两个主体表明信用必然不是一个人的事情，一定涉及至少两个人甚至多个人。同时，随着社会交往关系的加深和社会交往网络的扩大，信用的社会属性也愈发明显。

第二，信用主体承诺和履约的辩证统一。信用体现的是信用主体之间的一种"隐性契约"，其主要形式是承诺和履约。受信方主体为了获得急需的资本，会对另一个授信方主体做出某些承诺，授信方信任受信方能够履约而出借信用客体（货币、其他资产和服务等），信用契约在信用客体转移时正式生效。然后受信方开始践行自己的履约义务，直至完全偿还信用客体，则信用契约解除。信用行为的两个形式即承诺和履约前后相继进行，两者统一的程度表明了主体信用度的大小。如果承诺和履约高度统一，那么主体属于高度信用等级；反之，主体的信用等级则较低。

第三，信用以追逐利益为基础。信用存在于社会交往中，而维持这种社会关系的，其实是主体对利益的诉求。授信方为了资本增值，有权在约定日期到期后收回本金和利息；受信方为了获得长期利益，需要在近期借贷。因此，信用主体的行为总是具有一定利益性。如果在正常的社会交往中，人们的利益关系没有冲突，也就不需要信用道德、法律法规了。

第四，信用行为体现了主体的道德品质。广义的信用属于道德范畴，主体在承诺和履约之间是否统一，体现了主体是否值得信任和其信用等级的高低。在社会活动或经济交往中，授信人一般会对受信人遵守信用的意愿、践约的能力和已有的历史信用记录做一个综合评价，目的是基于对此人的价值判断和道德评价，决定是否借贷给受信人货币、其他资产或服务等，所以受信人维持一个良好的信用记录至关重要。

1.1.1.2 几个相关概念的辨析

1. 信用与诚信

信用与诚信是两个既密切相关又区别明显的概念。

密切相关是指诚信作为道德品质和伦理规范，是信用的基石。在社会交往中，如果没有诚信，则信用也不能维系。信用必须以诚信为伦理道德基础。区别于上文中的广义信用：社会活动中当事人之间以诚实守信为道德基础的履约行为，它是一种处理人际关系的道德准则。诚信的范围更广，诸如企业逃税、生产假冒伪劣商品和证券市场的违规操作等皆是不讲诚信的例子。在概念上，诚信指诚实守信，属于道德范畴。当将其用于描述行为时，诚信是一种道德规范；当将其用于描述修养时，诚信是一种道德品质。然而信用通常指经济活动中的社会关系。信用不是从道德的诚信中产生的，而是在商品的交换和流通中产生的。现代经济活动以契约理论为核心，交易双方签订契约形成的信用关系不完全等同于道德的诚信，理性的经济人在利益驱动和契约的强制约束下，没有必要要求双方必须是诚实守信的。诚信是市场经济的必要条件，但不是基础。诚信是社会鼎力倡导的，即使某个个体言行不一，但只要没有损害其他个体的利益，就无须承担法律责任；而一旦损害了他人的利益，那么该主体就要承担法律责任。综上所述，诚信关注的是个人的道德诉求，强调个人的道德修养和品质，而信用强调的是一种社会交往关系，即主体在社会活动中是否恪守承诺，其重心在是否违约上。

2. 信用与信任

信任，是在社会活动中，一方无条件相信另一方的行为对自己有利或至少不会损害自己的利益的关系。从以上定义可以看出，这是信任方在不可能控制被信任方的情况下所做出的一种风险决策，带有部分目的性，即预期对方的行为会给自己带来正的外部性。在西方经济学领域，这可以被看成一种博弈。信用作为一种交易方式，其潜在假设是双方都有是否进行交易的选择权。如果一方占优，能够强制对方选择进行交易，那么信任也就没有存在的必要了，寡头和垄断就是例子。随着契约理论的发展，当事人在平等意志下进行公平交易，但是不知道对方未来可能采取什么行动，出于机会主义的风险决策，在动态博弈中信任对方的行为是有利于自己的，这可以降低交易费用，促进经济发展。综上所述，一方面，信任是建立信用关系的前提和基础；另一方面，信用反作用于信任，随着每一次信用活动的完结，双方的信任都会加深，会促进更大范围的信用活动。程民选认为信任可以是无条件的、非理性的，但是信用总是理性的。

3. 诚信、信任、信用三者的关系

诚信是建立信任关系和信用关系的根本要素。缺乏诚信的个体很难取得他人的信任，在经济活动和社会交往中，信用关系也很难维持，因为双方缺乏相信对方的基础。结合上文所述，诚信是个体的道德诉求，在人际交往中，双方必须都讲诚信，信任关系才会建立起来。而且信任关系要想长久维持下去，双方必须消除信息不对称带来的缺陷，不得刻意隐瞒或捏造事实。有了诚信的基础，加上信任，信用关系的建立也就理所应当了。社会信用关系的双方都知道对方重约守信已经内化成自身的行为准则，而不再仅受外在契约和法律法规的约束，信任和信用的良性互动，会进一步增强双方的信任。

1.1.2　信用的来源

在人类活动早期，商品的交换形式以物物交换为主。随着生产力的提高，以物易物限制了商品交换的发展，货币成为商品交换的流通媒介，突破了时空限制，商品生产和交换进一步发展。

以一个小型经济体为例①：在该经济体内，不存在外部交易，并且交易双方对彼此都十分熟悉。社会发展到一定时期，生产资源有限，生产力水平稳定，由于生产扩大化，需要一方向另一方提供资金或商品，但不要求立即偿还等价的商品或支付货币，接受资金或商品的一方承诺在未来某一天偿还资金或其他等价物。由于货币和商品变现具有时间价值，受信方可能还需额外支付利息给授信方。

1.1.2.1　商品经济的产生与发展是信用产生的根本原因

信用起源于原始社会末期，发展于商品经济时期，兴盛于市场经济时期，与货币流通和商品交换密切相关。在生产力低下的原始社会，商品交换开始时以物物交换的形式为主，交易双方长期以来建立起的信任关系发展到一定程度后便形成了社会契约。随着生产力的发展，商品的数量和种类开始增加，传统的物物交换已经不能满足需求，货币开始在商品交换中充当中介。随着社会分工的扩大，经济活动更加频繁，资源的稀缺性逐渐显现出来，信用开始出现。在简单商品生产阶段，赊销赊购已经初露端倪。在社会化大生产商品经济阶段，拥有资本的一方出借资本给需要扩大生产规模的一方，并期待在保本的同时，能够收取资本的时间价值——额外的利息。信用加速了资本形态的转换和

① 也可以假设大型开放经济体。早期的经济活动的信用关系只产生于熟人之间，而且即使发展到今天，大部分信用关系还是建立在熟人之间。

资本的循环周转速度，促进了商品生产和流通。

1.1.2.2 私有制是信用产生的前提条件

社会分工与产权制度是商品交换的两个必要前提。社会分工导致了个人商品供给的单一性和整个社会商品需求的多样性矛盾，使得社会成员之间必然建立起错综复杂的供需关系，为商品交换提供了可能。产权制度明确了个人物品的私有属性，从而可以在平等互利的基础上，促使物品拥有者自愿让渡使用权，促进了商品交换的发展。

在明确的产权制度被建立起来之前，商品交换发展缓慢，人们取得资本无须归还，也无须付出任何成本，于是赊销、赊购和借贷等信用活动接近于停滞。私有制明确了个人资本的私有属性，为了资本增值，个人将其资本用于信用活动，不仅要求收回本来的价值，还要求一定的回报（利息）。正是有了商品交换，才产生了信用活动，私有制对于信用的产生而言必不可少。

1.1.2.3 商品和货币的分布不均是信用产生的必要条件

随着商品经济和私有制的发展，商品和货币在生产者和消费者之间分布不均，商品经济的矛盾日益突出。商品购买者可能没有货币来购买急需的商品，而持有货币的人可能暂时不需要购买商品。如果后者能将其持有的一部分货币出借给前者并收取一定利息，前者将通过借贷买来的商品投入再生产过程，将生产的商品流通之后获得的利润用于偿还借款人，那么整个商品经济的矛盾将得到解决，并且形成扩大了的经济活动。

1.1.3 信用的基本要素

信用的基本要素有：

（1）权利与义务。信用作为一种经济交易行为，行为的当事人必不可少。信用的主体包含授信人和受信人。授信人，指转移资产或者服务的一方；受信人，指接受资产或者服务的一方。双方就权利和义务达成一致，约定授信人享有在未来一定时间内向受信人收取一定量货币、其他资产或服务的权利，受信人则承诺有偿还的义务。信用的主体可以是政府、企业、自然人，信用水平可被视为其拥有者的一项无形资产。

（2）被交易对象。信用作为一种交易，必须有被交易的对象，即授信方的资产或服务。信用的客体可以是货币、商品等实物，也可以是服务等。

（3）时间间隔。不同于其他经济事项，信用行为的显著特点就是时间间隔。受信人承诺和履约的时间间隔和行为的统一是信用行为的表现形式。

1.1.4 信用的本质

1.1.4.1 信用的本质是承诺和履约的统一

事物的本质是由主要矛盾特别是主要矛盾的主要方面决定的。信用活动的关键一环就是受信人承诺在先而履约在后。信用的一个显著特点就是它的跨期性（时间间隔），是承诺和履约的统一。如果承诺后没有下文，那么受信人的行为就是失信的。曾康霖等认为："作为一个动态过程，信用的实现过程就是信用本质不断彰显的过程，承诺是信用行为的开始阶段，履约是信用行为的结束阶段，这两个过程既对立又统一。"一方面，因为时间的分隔，这两个过程不可能是同时发生的；另一方面，因为信用的最终实现需要两个过程一起完成，所以又是统一的。信用的内在要求促使主体履约以兑现自己的承诺。

1.1.4.2 信用的本质是利益和道德的统一

资本都是逐利的，狭义上的信用是一种经济活动，当事人出借资产也是为了追求剩余资本的利益。但同时，信用因为其社会道德属性，又不可避免地被打上了伦理的烙印。信用行为既体现了主体的道德品质，又体现了主体的社会属性。行为主体签订信用契约以保障各自的利益诉求，降低了商品经济的交易成本，对整个社会来说是存在正外部性的。不可避免的利益诉求和道德又是矛盾的。受信人为了短期利益最大化，有可能选择拒不履行承诺；同时，授信人为了让受信人遵守诚实守信的道德，其索要的经济利益也不会太高。利益与道德的统一，是信用得以存续的根本原因。

1.1.5 信用的分类

根据市场交易规则，只有当理性的交易双方预期收益超过成本时，信用经济活动才具有可行性。因此，仅从成本—收益角度分析，机构、组织和个人间的无偿借贷或高利贷通常都难以开展，这与部分现实相矛盾。正是这种差异促使人们探讨信用类型的多样性。根据主体（授信方和受信方）和信用的实质等，我们可以对信用予以细分。

1.1.5.1 从主体类型的角度分

（1）个人信用，指个人作为信用主体在社会交往中所进行的信用活动。社会是由一个个个体组成的，讨论信用的类型，不能忽视个人信用的存在。个体因为其社会属性，会与周围的个体建立社交关系，长期交往中形成的信任关系有利于信用关系的建立。个体普遍存在，个人信用具有类型复杂、数量较多等特点，是一种普遍存在的信用类型，如个人工作信用、个人经济信用等。个人信用是整个社会信用的有机组成部分。

（2）组织信用，指在社会交往中，组织作为信用主体在信用活动中所进行的信用行为。社会不只是由所有的个体组成的，还包括一个个组织，单个的组织也是重要的群体要素。个体能力有限，组织在经济活动中能集合群体的力量发挥重要作用，如企业、政府和国家等组织。在现实生活中，组织信用也是普遍存在的。与个人信用不同，企业信用和国家信用等组织信用是维持整个社会体系的关键。在社会信用体系中，组织信用是框架，个人信用是基石。

1.1.5.2　从受信方的角度分

（1）个人信用，一般指消费者的跨期消费行为。由于其个人储蓄无法支撑当期消费，于是，向银行、企业等金融机构以个人信用、可预期未来收入和固定资产等作为抵押，借贷资金，约定在到期日偿还本金和利息。

常见的个人信用工具是信用卡，它赋予持卡人在一定时期以内从开卡机构获得一定额度的短期信贷用于解决购物消费等临时资金周转，具有方便快捷的特点。个人信用广泛存在且有较高违约风险，为此，征信企业搜集个人历史信贷和其他数据，开发了一系列信用评级工具。个人信用规模同一个地区、国家的金融业发达程度正相关。

（2）企业信用，也可称之为商业信用，指企业在资金筹集、生产流通和资本运营等环节中发生的信用活动。一般指企业之间在商品交易时，以签订销售合同作为履行契约的法律保证。常见的企业信用形式是商品赊销，在商品生产和流通中发挥着润滑剂的作用。常见的企业信用工具是商业票据。

（3）公共信用即政府信用。在信用经济活动中，政府等公共事业机构是非常重要的一环。在一定程度上，可以说政府就是建立在全体公民的信用上的。政府机构通过信用手段（国债、地方债等）筹措资金为社会公民提供公共产品和服务，例如基建、教育、医疗和国防等。公共信用的典型是一国的法定货币。自从货币不再与黄金挂钩之后，一国的货币就完全是国家信用在支撑着的，而承担授信人角色的就是一国的公民和境外国债投资者，政府作为受信人利用金融工具调控货币供应量。

1.1.5.3　从授信方的角度分

（1）消费信用，指授信方直接授信个人和组织消费者，满足其日常之需。常见的形式有赊购、分期付款等。个人消费市场非常庞大，各种信用工具开始流行起来，比如支付宝"花呗"、京东"白条"和苏宁"任性付"等。

（2）商业信用，指经济活动中，企业之间的信用以赊销和预付等形式存在，其具体实现形式包括赊销商品、预付定（订）金、委托代销、延期付款和分期付款等。商业信用的交易对象是企业生产的产品或者提供的服务。为了促进社会分工，企业专注于商品生产，经销商专注于商品流通以实现商品的价值。商业信用的覆盖范围很广，时间间隔一般很短，因为企业需要收回货款以进行新一轮的生产准备。故商业信用一般建立在有经济交易往来事项的企业之间，信用规模受企业产品和历史交易记录的限制。

（3）银行信用。银行的主营业务主要分为负债业务、资产业务、中间业务三大类。在日常经营活动中，银行等其他金融机构既可以是授信人，也可以是受信人。作为受信人，银行吸收存款产生负债，借以形成资金来源的业务。其中最核心的是存款业务，包括对公存款和储蓄存款等，是资产业务和其他业务的基础。作为授信人，银行资产业务将吸收的资金贷放或投资以赚取收益。贷款在资产业务中占比最大，存贷款之间的利差是银行利润的重要来源之一。一方面银行信用因为其特殊交易事项，以货币作为银行信用的载体；另一方面银行作为现代金融活动的基石，其交易规模、范围等远超其他类型的信用形式，是现代市场活动中的主流信用模式。

（4）国家信用，指一国政府以债务人的身份向公民及境内外机构组织举债的一种信用方式。由于用途和目的单一，加之政府担保，其社会认可度高，违约风险较小。较为常见的信用工具是国债，一国中央银行也经常通过发售和逆回购国债控制市场货币的流通量，调节国内利率水平。

（5）国际信用，指国家间的行为主体在借贷活动中产生的信用关系，主要发生在国际金融机构、跨国企业和政府之间。随着世界经济一体化的进程加快，国际融资屡见不鲜，资本从利率低的国家流向利率高的国家——"热钱"，促进了全球经济的发展。

1.2 马克思主义视角下的信用理论研究

由第一节对信用内涵的界定可知，信用的内涵有着多样性和丰富性。本节的内容主要是归纳马克思主义视角下的信用理论，以加深人们对信用本质的理解，并探索其对我国当前经济社会发展的借鉴意义。马克思认为："信用是以偿还为条件的，一般是贷和借的运动，即货币或商品的有条件让渡的独特形式的运动。"

1.2.1 存在的条件

没有社会政治和经济条件，信用是不一定存在的。经济基础决定上层建筑是马克思主义唯物论的观点，同样适用于对信用存在条件的分析。

首先，遵循这个研究范式，马克思主义从经济角度出发分析了信用，认为其经济基础是市场经济。亚当·斯密认为经济社会配置资源主要有两种手段：一种是由"看不见的手"——市场来发挥主要作用，另一种是由"看得见的手"——政府来发挥主要作用。配置资源的手段不同，也就决定了两种不同的经济体制，一种是市场经济体制，另一种是计划经济体制，两种经济体制相互对立。计划经济的主要特点是整个社会的经济活动，包括要素分配、生产产量、消费水平都由政府事先计划决定。在这样的经济体制下，微观个体之间的相互贸易变得不再有必要，由国家分配物资的资源配置方式导致了个体经济活动的缺失，从而个体之间的信用也变得不再重要。与之对应的市场经济，其主要是由买卖双方共同签订并遵守合同（契约）来完成交易，因此非常依赖于微观经济主体的积极性，而在交易过程中对合同的遵守程度又进一步决定了下一次双方合作的可能性与合作的广度和深度。故从这个角度来讲，信用经济可以被视为市场经济的本质，市场经济可以被视为信用的经济基础。

其次，从社会政治角度，马克思认为"信用的意识形态基础是资本主义私有制"。并且，资本主义私有制和信用的发展互为前提，相互促进，信用的发展会进一步推动资本主义私有制的发展。资本主义私有制承认了生产要素占有的私人性，一方面这必然促进了交换与合作的产生，另一方面也有利于调动人们在生产活动中的积极性去扩大再生产。在生产扩大化的过程中，合作的对象可能在地理位置上有较远距离，并且双方互不熟悉，这使得银行一类中介机构应运而生，它集中了资金的供给与需求，并运用自身的专业知识合理配置资源。由此，商业信用发展为银行信用。

1.2.2 形式与本质

信用的形式是资本，信用发展的工具是信贷活动。根据马克思主义理论关于信用的阐述，可以看出，"信用"代表了一种"经济基础"。所以，信用代表着商品生产者和经营者之间的债权和债务关系，它的本质是一种特定的社会生产关系。马克思和恩格斯创立的经济基础和上层建筑理论又进一步解释了"信用"与资本主义私有制、市场经济之间互为前提、相互促进的复杂关系。

1.2.3 内容与分类

马克思根据信用主体的不同将信用分为银行信用和商业信用。银行信用的主体是从事借贷活动的银行，商业信用的主体是从事经济行为的微观主体，指

"从事再生产的资本家相互提供的信用"。从发展逻辑来看，前者晚于后者，是随着后者的发展而产生的。商业活动的发展促进了商业信用的发展，随后促进了银行信用的发展。当下，银行信用在国民经济中扮演着愈来愈重要的角色。随着商品经济的产生，交换的需求随之扩大，交换的背后是经济合同（契约）的签订与遵守，这促进了商业信用的萌芽；随着生产的进一步扩大，单个企业之间的直接信用不再能满足生产与资金扩大的需求，因此间接的银行信用应运而生。银行信用的健全为经济社会的发展提供了更好的基础。

"银行信用在市场经济各类信用活动中发挥着核心作用"，这主要体现在两个方面。众所周知，社会发展的生产函数中有两个核心变量，一个是劳动要素，另一个是资本要素。而银行信用的发展则从两个方面极大地促进了资本要素的快速积累，其中一个方面是数量，这依赖于银行信用的一大特点——杠杆，而另一个方面是效率，银行的专业化和资本的集中度使其可以更好地实现资本要素的资源配置，使资本能够被快速地配置到那些最需要且最有发展前景的领域。

1.2.4 信用与信任的辩证关系

马克思仔细论证了信用与信任的辩证关系：一方面，信用与信任相互联系，主要体现为信任是信用的最初来源，信用是信任发展到一定阶段后，社会政治经济生活的产物；另一方面，信用与信任相互区别。在经济生活中，存在着"无条件的信任"，但并不存在"无条件的信用"。信用是一种特定的生产关系的本质，决定了其是为推动社会生产力的发展而存在的，其作为资本流转的媒介，具有高效和营利性的特点。马克思认为，"信用是一种有条件的信任，它来源于一个人实际拥有的和公众认为他拥有的资本本身"。

1.2.5 信用影响的双重性

马克思在辩证唯物主义世界观的指导下科学看待了信用的双重影响，一方面，他肯定了信用带来的积极影响。

第一，信用的发展提高了资本的周转效率，节约了流通时间和流通费用。在商品流通的各个阶段，信用都加速了资本形态的转化。资本的流通时间、流通费用与流通工具息息相关。从物物交换到金属货币的产生，进一步发展到信用货币的广泛运用，每一次革命性的进步都减少了流通成本。

第二，信用可以促进社会经济的发展。基于信用创造的现代股份制公司制度，促进了社会化大生产的发展。同时，信用的发展可以调动资本家生产的积极性，进一步刺激其对投资和生产的需求，为扩大再生产做好准备。

第三，信用具有社会意识形态的意义。马克思肯定了信用在生产资料私有制向公有制的转变过程中的重要作用，信用所具有的社会意识形态意义是"信用制度为公有制的生产方式的诞生准备了物质条件"。

但另一方面，马克思也指出了信用与经济危机之间的关系。这也是马克思主义信用理论区别于西方经济学信用理论的重要一点。

第一，无可否认，信用在经济危机的发生过程中扮演着至关重要的角色。

首先，马克思认为信用创造了虚拟资本，虚拟资本的膨胀是经济危机爆发的重要原因。虚拟资本是由商业信用和银行信用创造的，是信用严重透支的结果。

其次，信用具有典型的顺周期性。经济向好时，社会就业率达到充分就业水平，工厂扩大生产，资金的流动性充足，资本家与工人的收入都会获得一定比例的提高，这个时期也就是最容易获得信用的阶段；与此相反的是，当经济逐渐衰退时，生产规模缩小，失业率上升，资本家与工人的收入都有一定程度的下降，社会流动性进一步紧缩，这个时期也是最不容易获得信用的阶段。

综上所述，信用对经济周期的助涨性和助跌性，会在经济向好时造成过度繁荣，酝酿泡沫，而在经济发生危机时则加剧经济的衰退，甚至把某些本来健康的实体经济带入衰退。

第二，尽管经济危机的发生离不开信用，但这并不是危机发生的根源。关于信用与经济危机的关系，李嘉图学派所持的观点是：经济危机的根源是生产过程中发挥作用的信用，由此提出的政策建议是通过反经济周期来调节信用以熨平周期。但与西方经济学李嘉图学派的观点不同，马克思认为资本主义社会的根本矛盾才是引发经济危机的根本原因，而经济衰退时，信用的不足只是危机的表现形式，而并非引发经济危机的根源。

马克思认为，信用有其落后性，这是由信用的本质决定的。只要"追求剩余价值最大化"的本质没有改变，资本的逐利性就必将导致资本主义社会的根本矛盾。这也是马克思主义认为资本主义必将消亡，从而过渡为社会主义社会的原因之所在。

信用的过度膨胀会造成资源配置失效，资本的过度集中会造成信用资源过剩，大量资本的涌入可能会导致非理性繁荣，在某个领域，特别是某些新兴的行业形成泡沫，而泡沫的破灭则成了所谓的经济危机的"导火索"。回顾历史上的几次著名泡沫，如荷兰郁金香泡沫、英国南海泡沫、美国互联网泡沫，都是所谓新兴行业的非理性繁荣导致的。历史的车轮滚滚向前，在现代社会，金融的作用变得越来越重要，其支持着实业的发展，但同时也积累着风险。而金融行业的风险不只是对其本身行业的一个重大威胁，更是作为整个社会的系统性风险而存在的，金融行业危机的爆发很有可能会引发经济危机。同时，在全球化趋势越来越明显的当今社会，一个国家的经济危机将会通过全球化链条迅速传染其他国家。2008年，美国的次贷危机引发全球金融危机就是一个鲜明的例子。

1.2.6 研究的目的

马克思主义政治经济学将信用理论作为其重要组成部分，通过对信用本质的揭露以及对信用消极性影响一面的批判，揭示资本主义社会的根本矛盾，社会主义社会必将取代资本主义社会，生产资料公有制必将取代生产资料私有制这种落后的生产关系的本质。其原因主要包括以下两个方面：第一，马克思总结的"信用与经济危机"之间的关系，揭示了资本主义社会必将被社会主义社会取代这一社会规律。第二，根据前文对马克思主义信用理论中对"信用"与"信任"关系的探索得出的结论是：信用是一种有条件的信任，信用将只会流入有支付能力但可能并非真正需要信用的人手中，这无疑会进一步加大社会的贫富差距。本质上，马克思认为这样的信用"在人对人的信任的假象下面隐藏着极端的不信任和完全的异化"，因此信用代表着一种落后的生产关系。

1.2.7 马克思主义视角下的信用理论对我国建设信用体系的启示

第一，我国是社会主义国家，但基本跳过了资本主义阶段。我国的基本国情是处于社会主义发展初级阶段，因此现阶段我们仍然实行的是社会主义市场经济，而非计划经济体制。故"信用"在资本主义社会的功效也将基本在我国的经济社会中体现出来，当然也包括信用中落后的一面。

资本主义国家的经济危机给我国以启示。如是金融研究院和汉富金融研究院联合发布的报告称："从2018年开始，中国经济重新进入衰退阶段，目前中国的金融市场上仍然是风险密布，中国经济最大的泡沫风险来自房地产。"现阶段，国内问题的叠加与国际局势的紧张也使得政策的制定更加复杂：量化宽松的效果如何？大量释放"信用"会不会进一步导致系统风险的集中和资产价格的泡沫化？因此，我国需要谨慎地制定和出台相关政策，警惕银行业的风险累积，也就是"信用风险"，坚定不移地进一步推动"去杠杆"的进程。

第二，马克思的信用理论指出了信用的虚拟资本理论内涵：商品经济时代，虚拟资本是社会信用的一种变现形式。该理论对我们认识现实中虚拟经济与实体经济的关系有重大启示。信用作为虚拟资本，可以加速商品的流通，促进经济的发展。当下个人消费者可以赊购商品，企业可以赊销商品给下游生产者或者个人，企业又可以从个人或者组织融资来组织生产。在这个过程中，彼此之间的信用起到了关键作用，消费者实现了自己的消费需要，企业得以持续不断地生产，这在一定程度上缓解了资本不足对企业的影响，同时加速了资本的流通。

第三，对建设我国信用体系的启示：政府应该充分利用其优势，组织、引导、示范和推动社会信用体系的建立，制定实施方案、健全法规标准，培育监管信用服务市场，通过市场配置资源，鼓励社会力量参与建设；社会信用体系的建设不是一朝一夕就能完成的，需要统筹规划、分步实施，强调顶层设计的重要性；实施过程之中，选择当下失信问题爆发比较频繁的热点领域进行重点突破，打通信用信息的联通壁垒，促进信息整合，健全社会信用奖惩机制，推动建设公平、守信、自律的社会。

结合我国建设中国特色社会主义市场经济的基本国情，信用将作为一种社会生产方式在我国长期存在，研究现有的信用理论，将有助于我们以史为鉴，探索出信用的内涵以及找到适合我国国情的信用体系建设方法。长久以来，我国的社会信用体系基本依靠传统道德观念的支撑，缺乏必要的法律法规来支撑，失信惩戒一直没有一个合理的度来衡量。守信的人只被周围极少数的人知晓，其信用无从得到传播。失信的人则由于没有法律的惩处，无视道德的约束，无法杜绝失信行为。国家层面出台一套规章制度，以指导信用体系的建设，推动社会各方整合资源，建设一个行之有效的社会信用体系是必不可少的。现阶段，我国信用体系的发展也遭遇了新的挑战，以美国为首的西方国家批评中国将"社会信用体系"作为"监控在华企业的新工具"，而实际上中国探索建立社会信用体系是为了营造公平诚信的市场环境。对信用体系的不同理解也成了双方经贸摩擦的重要原因。为了国家的进一步国际化发展，中国亟须加强探索，找到适合我国国情的行之有效的信用体系建设方法。

1.3 西方经济学信用理论研究

由于所处的时代和流派不同，近现代西方经济学家从不同角度提出了各自的信用理论。威廉姆森从交易费用理论出发分析经济活动中的信用行为；诺斯认为制度变迁影响着社会的信用状况；契约理论和信息经济学的代表人物约瑟夫·斯蒂格利茨和宫泽等认为，信息不对称条件下的资源配置会导致经济活动发生前的逆向选择风险和经济活动发生后的道德风险，交易双方签订契约、委托方向代理方传递信息和采取激励措施可以降低信用风险。

1.3.1 信用的概念

早期，西方经济学家分析信用的角度并不是一致的。法国经济学家魁奈从货币借贷角度分析：信用把非生产性财富转换为生产性财富。他认为信用是一种媒介，在经济活动中，起着媒介的作用。持同样观点的还有法国经济学家西斯蒙第：借出资本就是借出了劳动，或者说借出了一切财富再生产的第一要素。他肯定了信用是资本主义再生产过程中的重要因素，但是他否定信用创造论，认为银行信用不能创造资本。

英国经济学家穆勒在《政治经济学原理》一书中指出："究竟乙有多少信用，要看人们对他偿付能力的评价。"他将信用定义为一种能力。在经济活动或者社会交往中，受信方从授信方那里收到资金、其他资产或者服务，并且暂时不支付货币。这里的潜在假设是受信人能按期偿还，这已经很接近信用的本质——承诺和履约了。

早期经济学家对信用的认识是随着社会生活中新的信用形式的出现而渐变的。17世纪，商品经济主要是商业信用和财政信用。进入18世纪之后，工业资本主义迅速发展，商品生产扩大引发的资金需求增加，商业银行的作用凸显，部分经济学家开始转向研究银行信用，探讨货币和信用的关系。经济学家力图从资本的形成角度出发揭示信用的本质，包括信用的产生、构成、特点、分类等。

综上所述，西方经济学家对信用的定义概括起来包含两个方面：一方面是一种信任和偿付能力，另一方面是借贷活动或者价值运动的特殊形式。

1.3.2 信用的西方经济学理论分析

1.3.2.1 交易费用理论与信用

交易费用理论最先由科斯提出，威廉姆森将其深化以用来研究信用理论。他认为在经济活动中，交易主体的机会主义行为、信息不对称和交易对手的数量等会造成额外的交易费用，一旦经济事项的所有交易费用超过主体所能承受的最高限额，交易主体出于自身利益考虑就会选择取消交易。信用可以降低交易成本，主要在于以下几个原因：一是契约理论的成熟，激励和约束机制限制了机会主义行为的发生；二是有效的信息传导机制的建立，可以消除交易双方的信息不对称，减少搜集信息的成本。

信用可以被视为一种契约，这种契约是建立在信任的基础之上的。熟人之间一般以口头契约的形式约定信用事项，陌生人之间通常签订赊购、赊销合同，约定双方的权利与义务。熟人之间彼此相互了解，口头契约大大降低了交易成本，授信人充分相信受信人在未来某一时间段内能按期偿还。但是，陌生人之间的信用交易存在固有的失信风险，交易失败的可能性较大。

1.3.2.2 博弈论与信用

博弈，是理性人为了实现既定目标或最大化自己的利益，受限于外部环境，在一定规则约束下，从策略集合中选择一种对自己最有利的策略的过程，该策略的结果就是自己的收益。在经济活动中，信用主体的博弈不仅是信息的博弈，还是利益的博弈。正是由于存在信息不对称，交易双方的行为存在不确定性，使得交易的信用风险增加。对于单次博弈而言，交易主体容易短视，缺乏持久交易的需要，倾向于选择自利策略，从而产生失信行为，一次交易结束后，双方就不再有经济往来。重复博弈能够改变上述局面，因为博弈双方都相信自己这一次的选择会影响下一次的交易，这种可置信的威胁和承诺可以有效地遏制机会主义行为，促使双方携手合作，长久保持信用关系。

信用是重复博弈的均衡状态。在现实生活中，博弈的结果是经济主体就经济事项达成一致后签订契约。如果遵守契约成为社会全体成员的共同认知，那么经济活动的结果是可以预见的；反之，如果经济主体认为失信能带来更大利益，则可能会选择机会主义行为。随着契约关系的变化，博弈也会从当前均衡变化到另一个均衡，仅依靠利益驱动的有限理性经济主体往往会破坏这种均衡，必要的激励和约束机制不可或缺。从博弈论的角度出发，要维持信用，就必须消除信息不对称，构建有效的信号传递机制、激励机制和失信惩戒机制。这既是重复博弈可以持续进行的保障，也是经济活动中建立信用的必要条件。

1.3.2.3 契约经济学与信用

商品交换超越了物物交换之后，交易双方利益的实现面临着诸多不确定因素的影响，除却不可抗拒因素外，经济活动的当事人还得面对交易对手出于机会主义考虑而采取自利行为所带来的风险。在契约理论成熟以前，由于市场上存在信息不对称，如果信息占优的一方利用这种地位侵占对手的利益，经济活动将难以长期维系。契约理论部分解决了这个问题。随着商品经济成为西方的主要社会经济模式，契约思想成为西方社会主要的信用观念。

人类在经济活动中创造了几种制度，其中契约制度所发挥的作用不亚于货币制度。随着契约制度的出现，经济活动中的各方在交易中有了约束和防范机会主义者的工具。虽然仍然存在交易费用和不确定性，经济合约条款也不可能涵盖所有方面，但有目共睹的是，经济合约已经在社会生活的方方面面发挥了巨大作用。在经济活动中，交易双方要信守合约、恪守诚信，一方的承诺以文字形式反映在合约条款中，并规定了违约需要承担的后果。然而这样的合同条款仍然是不完全的。格罗斯曼、哈特和莫尔等人认为"任何合约都不可能是完善的"，因此经济活动中除了双方要遵守签订的显性合约外，还要遵循经济交往的惯例——"隐性合约"的安排。隐性合约与具有明确合同条款的显性合约不同，合约的当事人之间并未签订任何条款，而是源于双方一致认同的经济活动中约定俗成的惯例。因此，经济活动要求大家信守合约，包括显性合约和隐性合约，其实质是要求双方诚实交易，摒弃机会主义行为。

在社会经济活动中，跨期履行的契约使得交易双方的利益无法在同一时间实现，授信方只有信任受信方有意愿和能力保证自己的权利，才可能与之进行交易。如果通过对契约条款的合理设置，可以判断何种规则对双方都是切实可行的，并能预测契约实施的效果，那么交易成本将大大降低。

1.3.2.4 信息经济学理论与信用

传统的经济理论大都基于"有效市场假说"，即假定市场是完全信息（信息对称）市场。然而现实的经济活动总是发生在信息不对称情况下的，传统经济学理论并不能很好地解释这种现象，于是现代西方经济学家开始注重研究信息不对称带来的影响。信息不对称降低了资源配置的效率。信息经济学研究的主要是在经济活动中，在信息不充分或者不对称条件下，经济主体之间的博弈行为。信息占优的一方，有可能采取利己主义行为，采取欺诈或其他违背信用要求的手段。随着商品经济的发展，商品交换从简单的个人交换扩展到全体社会成员之间的交换，交换的对象无论是数量还是类型都增加了，信息不对称状况愈发严重，经济活动主体之间更容易发生欺诈、违约行为。

莫里斯和维克瑞最早研究了信息不对称条件下的信用理论，他们将信息经济学分为两类：隐藏知识和隐藏行为。隐藏知识，指私人信息，即只有经济主体的当事人自己知道的信息，是交易对手对此完全不了解的信息。例如，阿克洛夫在 20 世纪 70 年代提出"柠檬市场"理论，认为对于商品的质量问题，由于买方比卖方了解的内情更少，买方只愿意支付与商品的平均质量等价的货币，质量高于平均质量的商品因为得不到等价的支付就会主动退出市场，只剩下质量低于平均质量的商品，直到消费者发现自己购买的商品质量越来越差，以至于不愿意购买此类商品，这就是消费者的逆向选择。在信息不对称情况下，市场运行是无效率的，违背了市场竞争中优胜劣汰的法则。隐藏行为，指经济活动的双方在契约签订之前是相互了解的，但是在签订契约之后，一方可能利用不对称信息隐瞒自己的不作为，在履约过程中，给己方谋求福利而给对方造成损失。信息经济学上称之为"道德风险"，常见于委托—代理行为中，即委托人无法时刻有效地观察代理人的努力程度和其是否存在机会主义行为，代理人可能会利用信息不对称，采取违背委托人的利益的行为。例如在借贷市场上，银行将资金拨付给贷款人之后，对于资金的用途和流向，银行没办法控制，贷款人有可能将资金投向高风险行业从而发生损失，以至于无法按期还贷。克服事后道德风险的方法是在签订经济契约时规定激励和约束措施：当公司业绩或市值达到目标时，股东将给予 CEO（首席执行官）股权激励和现金分红；在借款合同中，限制资金的用途，并要求提供资产担保。道德风险广泛发生于保险市场、劳动力市场等。这种失信行为来源于市场的不完备性，同样不利于资源的优化配置。

信息不对称是市场经济中的常态，这也是失信行为发生的必要条件。信息不对称情况越严重，经济活动主体发生逆向选择和道德风险的概率越大，授信人的利益损失的可能性也就越大。授信人为了缓解信息不对称带来的危害，被迫采取相应的激励和约束措施，导致其成本增加，进而整个市场的交易费用增加。该信用理论指出，完全依靠自由市场，不一定会带来最好的结果，信用的缺失会引发市场的混乱。只有保证信息的对称性，才能保证公平交易，消除机会主义行为。

1.3.3　信用的功能

1.3.3.1　信用创造论

该理论认为：信用创造货币，信用就是货币。17 世纪后期，欧洲的银行业比较发达，信用在商品流通中起着重要作用，出现了纸质货币取代金属货币、信用取代纸质货币的观点。既然信用具有流通手段和支付手段的职能，那么信用就是一种货币，进而信用可以被视为主体的财富。从纸质货币不再与贵金属挂钩开始，货币就基本作为国家信用的表现形式而存在。在金属货币被取代前，各国的法币基本都是由贵金属制作而成的。金属货币在流通中存在质量较重、体积较大，不方便携带的天然劣势，于是纸质货币逐渐取代了金属货币，这个时候它还是和贵金属挂钩的。后期由于贸易的兴起，贵金属开采和提炼愈发困难，各国开始将纸质货币与金属货币剥离。二战结束以后建立的布雷顿森林体系垮台之后，一国法币已完全基于国家信用。追溯货币的发展历程，信用创造论的观点随商品经济的发展而兴盛。

1.3.3.2 信用调节论

霍曲莱认为：经济周期的波动主要受信用扩张和收缩的影响，而信用的变化主要受流通中货币余额变动的影响。随着流通中的货币的增加，信用逐渐扩张，经济随之繁荣；反之，则相反。应对经济周期的举措之一就是调节市场短期利率。一国中央银行的货币政策在宏观经济调节中起着重要作用。在通货膨胀时，通过逆回购、公开市场操作等可以收紧银根；在通货紧缩时，可以反向操作，释放流动性。由于货币是一国政府对全体公民的负债，公民对物价的反应是最直接的，中央银行在增加货币供应量时，需考虑是否会引发通货膨胀。

1.3.3.3 信用媒介说

信用媒介说又被称为自然主义信用理论。该理论认为：信用不是资本，也不创造资本，只是作为媒介简单地将资本从一个部门转移到另一个部门。在这个过程中，信用这个媒介加速了资本的流通，促进了利润率的平均化，增加了社会财富。信用是一把"双刃剑"。信用有利的一面体现在，资本家受制于自有资本的约束，不能扩大再生产，通过向银行或其他企业或个人借贷资本，满足了资本家的资本需求，扩大再生产的产品可以用来偿还当初的借贷，这加快了资本的流通，增加了产品的供应量，供需矛盾得以缓解；信用有害的一面体现在，受信人过度借贷资本，造成风险集中，累积到超过受信人的偿还能力，信用危机爆发，易引发连锁反应。亚当·斯密认为银行创造的信用是有限的，银行吸收存款和发放贷款，只不过是将流动性转移，不能额外增加社会的财富，货币在这个过程中充当的仍然只是媒介。这加速了资本的转化，降低了商品的流通成本。

1.4 信用理论的发展历史

1.4.1 我国信用理论的发展历史

我国是一个有着 5 000 多年历史的文明古国，历朝历代都重视伦理道德在治国和社会生活中的作用，因此有关信用的理论研究也十分丰富。

1.4.1.1 儒家信用观

儒家文化在中国历史上起着举足轻重的作用，国人的信用观念自然也深受儒家文化熏陶。孔子认为"信"是人立身处世的基础，其在《论语》一书中有两层含义：一方面是受人信任，另一方面是对他人有信用。子曰："人而无信，不知其可也。大车无輗，小车无軏，其何以行之哉？"这句话说的是一个人如果没有信用，不知道他还可以做什么。就像大车没有輗（车辕与车轫相连接的木销子），小车没有軏（车杠与横木相连接的销钉），它靠什么行走呢？《论语·颜渊》记载，子贡问政。子曰："足食足兵，民信之矣。"子贡曰："必不得已而去，于斯三者何先？"曰："去兵。"子贡曰："必不得已而去，于斯两者何先？"曰："去食。自古皆有死，民无信不立。"这句话很好地阐述了孔子对于德治的理解。子贡问孔子如何治国，孔子认为做到以下三点就够了：首先是"足食"，百姓吃得饱穿得暖，安居乐业，自然国泰民安；其次是"足兵"，春秋战国时代，中原尚未统一，需要备军以防不测；最后是得到百姓的信任。子贡接着又问，三者之中如果非得去掉一项，那么该舍弃谁呢？孔子认为是"去兵"。如果还得继续放弃一项呢？孔子认为是"去食"，虽然粮食减少了，但是忍一忍还是能撑过去。孔子始终把百姓的信任放在最重要的位置上。治国尚且如此，其他事又何尝不是呢？人在社会交往中，如果得不到他人的信任，将举步维艰。《春秋穀梁传·僖公二十二年》："人之所以为人者，言也。人而不能言，何以为人？言之所以为言者，信也。言而不信，何以为言？"宋代理学家朱熹也认为："信者，言之实也。"他们都强调了言而有信对于社会交往的重要性。纵观儒家文化关于信用的思想观点，可以总结为以下几点：①自己内在的诚实品德和外在行为一致；②言而有信；③信用是安身立命的根本。

1.4.1.2　传统信用制度的确立

我国古代的信用主体主要由小农、商人和政府构成，信用活动的形式也比较单一，主要包括商业信用、简单的银行信用（古代的钱庄）和政府的财政信用。小农经济是当时经济活动的主要形式，农业生产居于主导地位，小农在相当长一段时间内都是信用活动的重要参与者。因为生产力低下，信用活动大部分是为了满足生计或维持简单再生产。土地作为农民重要的生产资料，其所有权大部分集中在地主、官吏和朝廷手中，小农生产者从土地所有者那里租赁土地，以粮食交租，或者直接成为土地所有者的佃农。在与授信人的交易中，小农基本处于弱势地位。宋代商业繁荣，民间金融机构（钱庄、票号）开始发放抵押贷款。同时，宋朝的纸质货币——交子的出现，表明宋朝开始尝试使用信用货币。这一时期，商业信用从消费领域蔓延到生产和流通领域。在这之前，主要是个人和商人之间的赊销赊购，而在这之后，以商人为信用主体的赊销赊购也开始流行起来。

我国古代的商业信用之所以发展得如此缓慢，主要是因为封建思想推崇以农为本，重农抑商。古代的商业活动受到朝廷的严格管治，地方官员在主政的地区拥有很大的权力，实行集权统治，甚至要求一些生活必需品由国家垄断生产和经营，比如盐、铁、丝绸等。这些因素阻碍了商业的进一步发展，对信用体系的建设也产生了消极影响。传统中国文化以儒家思想为核心，同样适用于信用领域。儒家思想在一定程度上了弥补了法律和执法的漏洞，保障了信用活动的平稳发展。在封建社会，我国人口占比最大的农民阶级没有土地，只有向官府和地主租借土地，按期支付租金。因为生产力低下，加之粮食产量易受天气的影响，当年收获的粮食大部分又要支付租金，农民的温饱往往得不到保证。由于氏族聚居的特性，向同宗地主借贷粮食和金钱，约定未来偿还，这是当时我国主要的信用活动。封建地主阶级出于保护自己利益的目的，法律的执行往往有利于地主阶级，致使信用理论停滞不前。社会发展的落后、商品经济的不发达，使得信用活动长期没有创新，直至后来西方信用思想输入，才对我国造成了重大的影响。

1.4.1.3 近代信用理论

进入近代半殖民地半封建社会后，以小农自然经济为主的封建社会开始瓦解，信用活动开始复苏。但受制于当时内忧外困的时代背景，政府处于风雨飘摇之中，难以出台有效的法律法规约束市场主体的失信行为，信用理论并没有实质性的进展。

清政府被迫开放通商口岸之后，西方银行开始进入中国。为了掠夺和保障自身权益，西方列强开始推行买办制度，在与中国商人进行贸易活动时制定利己的条款，这无疑损害了交易的公平性。清政府极力维护君主集权，但觉醒的民众推翻了封建帝制，确立了共和宪政。新成立的政府始终没有建立起立法和司法的独立体制和机制，对这一时期的政府信用产生了诸多影响：首先，连年动荡导致政府利用执政地位设置各种名目税费、抵押主权借贷资金，公民对国家信用已基本无信任可言；其次，保障信用体制的司法建设落后，关于铸币税的货币制度、官办金融机构的制度明显滞后于信用活动的发展；最后，政府的书面背书通常不具有效力，机会主义行为泛滥。

1927—1936 年，信用法律建设有所恢复，这段时期政府控制力较强，内资金融机构发展迅速。内资金融机构开始效仿外国银行的经营理念、制度，建立适合自己的信用规则。

总的来说，近代以来虽然信用制度演变以失败告终，但是我国信用理论还是朝着有利于市场化的方向发展。之所以出现如此局面，离不开政府控制力、行为及目标取向的变化。诚信道德传统的作用并没有预料之中的那么大，恰恰相反，因为缺乏外在制度的保护，它的效果甚至还有所减弱。

1.4.1.4 现代信用理论

1992年，党中央明确提出建立社会主义市场经济体制，但是市场化经济活动早就发生了。近30年来信用体系一直沿着市场化的方向不断演进，并取得了实质性进展。个人信用主体的比重逐渐增加，组织信用主体的活动日益频繁，股份等衍生信用产品开始普及。外在信用制度逐步完善，依法治国基本方略得到贯彻落实，关于产权、交易秩序等的法律陆续出台，执行力度逐步加大，内在信用制度也开始逐步深化。

我国现代信用体系的建设始于2003年党的十六届三中全会，会上明确提出了社会信用体系建设的方向和目标。十多年过去了，相关法律法规、标准体系、监管机制、信用服务市场和奖惩机制等逐步建立起来。现阶段，我国社会信用体系未来一段时间要达到的目标是覆盖范围较广，信用服务市场比较完善，政务诚信、社会诚信和司法公信等方面建设取得明显进展，社会诚实守信蔚然成风。

未来的社会信用体系在微观上表现为约束与激励机制健全的信用主体，适应社会经济需要的多样化信用形式和信用工具；宏观层面表现为有效控制社会信用总量和结构的机制，有效防范信用风险、惩戒失信的法律制度及司法系统、监管系统。我国现阶段的基本国情是处于社会主义初级阶段，实现"两个100年"奋斗目标是我国经济社会发展的必然要求，同时也决定了信用体系未来的演化方向。

1.4.2 西方信用理论的发展历史

1.4.2.1 信用活动的萌芽

当人类产生跨期交易的需求并付诸实践时，信用主体、信用活动及信用制度就已出现。随着生产力的缓慢发展，社会分工开始出现，组织内部的成员开始拥有剩余产品。商品交换早期只发生在氏族、部落等群居性组织内部，同一组织中的个体之间都相互了解，交易信息对称。拥有剩余产品的人掌握了信用活动的主导权，他可以选择交易对象，因为信用活动是跨期、有条件的让渡可支配资源部分的所有权，只有确认对方能够按期偿还，他才可能会进行交易。一方面，由于交易只在组织内部进行，他会选择最有偿付能力的对象；另一方面，由于这一时期商品交换仅限于满足基本需要的生活物资，为了换取自己今后能向他人借贷物资的机会，短期内他也会将自己的剩余产品贷给他人，保证组织内部的平稳运行，这是信用的最初形式。

1.4.2.2 中世纪的信用

西方在中世纪（从5世纪持续到15世纪）完成了大部分自然经济向市场

经济的转型，随着商业的兴衰，信用体系经过了曲折的演化，最终适应了市场的需要。

在 5~11 世纪，庄园经济占据了主导地位，大多数庄园自给自足，商品交换活动几乎停滞，直至封建割据状态结束，商业复兴，信用活动才得以恢复。在商业复兴之路上，信用展示了其强大的功能，吸引了封建领主、教会和庄园主等的注意，他们开始在经济活动中从事借贷，进一步加快了信用形式和信用工具的演化。这一时期，国家信用也开始出现，年年征战，各国收支失衡，以土地、税收为抵押的贷款形式初现端倪。信用活动范围扩大，对社会经济产生了显著影响。在信用制度多元化供给的格局下，各个主体为了维护自己的利益，信用制度经常出现局部性、阶段性混乱，但是在整体上仍推动了信用理论的研究。

信用的一个重要表现形式是相关法律的出台。西方法律在中世纪由于古罗马法的复兴而发生了重大变革，这种变革必然也表现在与信用有关的法律中。信用活动受宗教法、地方法等多种法律的共同约束，保证信用履约的强制力也由多个主体背书。同时期确定的商法原则还深刻地影响了信用形式和信用主体的发展，这些原则包括诚信原则和共同人格原则。诚信原则深刻地影响了各种信用工具的出现，共同人格表现为各种新型信用主体的建立。虽然有了相应法律的保障，但是多个执法主体在处理失信问题时，出于偏袒自己领地公民的目的，在异地或者异国的失信行为主体往往得不到应有的法律制约。

1.4.2.3 市场化信用体系的确立

中世纪的封建采邑制度不利于商贸和信用的发展，信用活动的债务方可能会利用各个领地相互矛盾的司法漏洞逃避义务或者故意拖延履行义务，债务方的法官常偏袒自己人的利益，对外邦债权方的诉求置之不理，尽管这些债务人确实失信了。贸易的迅速发展客观上要求对商业制度和信用制度进行调整。随着法律的完善或者商业同盟的建立，成员之间形成了普遍认可的制度，经济活动开始繁荣。商业同盟逐渐衍生成了民族国家，这是货币经济发展和贸易扩展不可避免的结果，中央政府开始垄断信用货币的供给。在市场经济对自然经济的替代过程中，市场的各个要素逐渐适应了经济发展的变化，信用理论也不例外。

在中世纪，由于宗教具有特殊地位，其在倡导信用方面保持着强大的影响力。教会不仅大量参与信用活动，还在很多地区制定信用活动的参与规则，这种既是运动员又是裁判的双重角色不免让人认为教会在从事信用借贷和制定法律时是自利的。教条不能适应经济发展的需要，自身的腐败致使宗教逐步失去对信用活动的约束，贸易城镇的兴起吸引了大规模的手工业者和商人组织，信用活动开始激增。城镇的出现推动了社会分工，扩大了对信用的需求，人们在从事商业活动时遵守的各种惯例演化为信用制度。银行信用就是在这个时期发展起来的。随着贸易和生产规模的扩大，扩大再生产的比例提升，信用开始扩张，除了传统的商业信用，专营货币借贷业务的银行出现了，一部分商人转变为银行家。同一时期，作为信用活动主体的行会组织逐渐成为城镇的主要经济力量，由于领地和宗教法律不能适应手工业发展的要求，行会组织的内部规则开始成为城镇的经济法律条款，规范经济活动。这适应了商品经济发展的需要，信用活动的发展反过来助推了落后的法律法规体系逐渐改良。

至此，中世纪的外在信用制度逐步完善，不仅吸收了商业活动中的惯例，还继承了古罗马法、教条等的恪守信义与公平交易原则，承认缔约双方的平等地位和签订合约的自愿原则以及产权保护原则。法律观点的转变改善了从事信用活动的制度基础，为信用活动的发展提供了更有利的环境。

1.4.2.4　近代信用理论

随着市场经济在经济活动中占据主导地位并逐步走向成熟，信用不再单纯地发生在熟人之间，信用活动主体、信用工具的外延开始扩大。文艺复兴和思想启蒙运动消除了长期以来宗教对商业活动的偏见，束缚商业信用发展的内在制度开始解体，工业革命极大地提高了社会生产力，商品稀缺性问题暂时得到了缓解，为信用活动注入了新动力，各种形式的商业信用开始涌现，银行、保险和证券机构等信用专营机构如雨后春笋般出现，信用交易规模、范围急剧扩张，对信用活动主体的信息搜集、风险度量的要求也越来越高，信用信息服务机构、会计师事务所、审计机构和征信机构初具规模，信用市场的相关法律也开始完善。信用产业开始形成。随着西方经济市场化程度的提高，信用产业在国民经济中的地位迅速上升，该产业的繁荣也从侧面反映了西方社会的信用水平。

跟中世纪的宗教一样，这个时期的政府仍然摆脱不了信用主体和外在信用规则制定者的双重身份。政府因为其特殊地位，需要依靠立法和执法维护全体社会成员的利益，当然也包括政府作为信用主体在经济活动中的利益。这严重损害了政府作为履约保证第三方的公正性、权威性。随着政府强制力的增强，一国君主拒绝履行债务或者过度举债的现象屡见不鲜，银行家的利益经常得不到保证，社会冲突时有发生。改革国家权力机构，实施立宪制，成了此时西方社会发展的必然要求。宪法规定限制了政府和立法机关的权力，就产权制度而言，政府充当了具有第三方保护产权排他性的主体，信用活动主体和政府处于同等地位。产权制度保护了私有制，政府受独立的司法体系监督，不能肆无忌惮地大规模举债，其信用水平得以提升，社会成员也愿意暂时向政府让渡资本的使用权。

1.4.2.5 现代信用理论

这一阶段，信用理论处于发展完善阶段，主要表现为信用主体行为的规范化、监管体系和执行主体等进一步明确。这个时期美国走在了前面，但是由美国的次贷危机引发的 2008 年全球金融危机也让我们认识到现有的信用体系仍然不是完全有效的。在相当长的一段时间里，信用主体认为需求创造信用产品是偶然的，科学技术的进步导致社会分工的进一步细化，各个企业组织依靠自己的专业优势开发出具有排他性的信用产品，现代企业制度也鼓励企业创新，这也是现在西方信用理论研究走在前沿的原因。创新带来了风险管理的技术革命，各个机构开始利用金融衍生产品来控制风险。进入 1990 年以后，信用风险量化开始流行。比如摩根大通基于 VaR（在险价值）开发的 MTM 模型，用来测量内部风险优化资产配置。但是，金融衍生产品本身也存在风险，无论是巴林银行的倒闭，还是亚洲金融危机，甚至美国次贷危机及其引发的全球金融危机的发生都与金融衍生产品相关。从信息传递角度看，西方国家的信用产品尤其是衍生信用产品有两大问题：一方面是以多层次衍生为核心，加剧了各个层次主体的信息不对称程度，信用产品的风险可以被分割转移或者有信贷违约保险，信用主体会降低风险防范意识，过度扩张信贷规模，次贷危机及其引发的全球金融危机就是这么发生的；另一方面是不完全信息的存在，表面上看多层次衍生分担了信用风险，其实阻碍了信息的传导。以次贷危机为例，资产证券化通过多层次衍生信用链条加大了系统性风险。虽然衍生产品和实物资产挂钩，但中间环节太多，致使衍生产品的持有人没办法（或者成本太大）直接观察实物资产的状况，因此偶发性或者局部性事件就容易引发群体性反应。戴蒙得-迪布维格模型指出：在信息不完备条件下，类似挤兑的行为是衍生产品持有人的理性选择。

次贷危机提醒我们注意，信用活动中的信息复杂程度远远超过想象，必须认识到信息不对称是不能完全消除的，必须正视信息不完全的客观存在。关于信用的理论研究从未停歇，商业发展的积淀和信用供给主体长期的竞争，是西方信用演化的关键推动力。历史告诉我们，一个健全的信用理论的建立，需要经历代价高昂的试错、多方的斗争和样式繁多的改革。这注定是一个曲折的过程。

2 社会信用体系理论分析

2.1 社会信用体系起源

2.1.1 借贷与信用的萌芽

人类的信用活动最早产生于原始社会末期，当时生产和交换已经产生。随着人类生产力的发展，逐渐产生了原始农业和养殖业，手工业和农业开始分离，初步的劳动分工开始出现。劳动分工提高了社会生产力，进而使得劳动产品出现富余，富余的产品被用于交换，货币开始出现，进一步促成了公有制的瓦解和私有制的产生。私有制的出现造成了人们对财富占有的差异，具有更多富余的家庭获得了更多的生产资料从而进一步增加了生产力，而没有富余的家庭缺乏生产资料，为了维持生计，不得不向有富余的家庭借贷物资以继续从事生产，这种借贷关系促成了信用的萌芽。早期的以物易物以及后来的一手交钱一手交货，这种交易方式要求交换同时进行，因此存在局限性。为了获得利润，有些卖主同意买主在未来的某个时间再付款，早期的信用关系开始产生。这种信用关系构成了未来社会信用体系的基础。即使在现代社会中，我们仍然能够看到这种赊账行为。

2.1.2 从借贷信用到契约信用

早期的借贷信用主要出现在家庭成员之间，人们出于道义，将血缘关系当成信用关系的纽带。然而，随着社会经济的不断发展，这种以家庭成员作为信用关系纽带的形式阻碍了资本的增值。一方面，这种借贷信用没有明确的约束，容易引发借贷双方的矛盾；另一方面，由于借贷对象的范围过于狭窄，可能出现借方无处可借、贷方无处可贷的情况，对借贷双方的发展都带来了极大的阻碍。为了打破这种限制，人们开始尝试扩大信用关系的范围，将信用关系扩大到陌生人之间。然而陌生人之间没有血缘关系的约束，仅靠个人道德水平和自觉来维持借贷关系不太可能，很容易出现失信行为。为了约束双方的行为，契约信用开始产生，借贷双方通常签订契约，写明借贷的金额、利息和还款时间等内容。契约具有法律效用，违约方将受到处罚，人们为了避免受到处罚而不得不按照契约的要求行事，通过倒逼机制避免出现失信行为。借助契约信用，生产要素得到进一步的利用，促进了市场经济的产生。

2.1.3 从契约信用到社会信用体系

在契约信用时代，人们借助一纸契约来约束双方的借贷行为，借贷行为结束，契约便失效。在近现代以来，人们发现这种方式存在极大的不便。一方面，契约没有记录借贷双方履行义务的行为，过去的信用水平无法被用来指导之后的借贷行为，最多只能通过口耳相传的形式形成口碑，信用信息会被浪费，新的借贷关系仍然需要新的契约去约束；另一方面，其应用范围太窄，只在借贷关系中存在，无法约束信用主体的其他行为，无法形成社会治理的功能。为了利用过去的信用记录，借助奖惩机制来约束未来信用主体的行为，现代信用体系开始形成。信用关系不再需要契约来维系，而是通过奖惩机制，让守信者在社会行为中处处便利，而失信者则处处受限，以激励和倒逼的方式，规范社会主体的行为，信用主体不再限于参与借贷的双方，而是所有社会成员。

2.2 中西方社会信用源流考

2.2.1 西方社会信用源流考

2.2.1.1 古希腊、古罗马的信用规范

信用是维护市场经济发展的重要纽带。而西方作为市场经济的发源地，对信用的重视程度很高。西方社会强调诚信中的"诚"，要求个体将信息完全、真实地披露。只有信用主体将信息完全披露，才能维持信用主体之间的信任关系。以德国为例，除了要求披露信息以外，保护和尊重他人权益也是其信用中的重要方面。

西方社会信用可以追溯到古希腊时期。古希腊哲学家认识到，人与其他物种的一个重要区别是道德伦理。除此之外，维系人与人之间的关系乃至社会稳定的关键是坚持"公正""正义""平等"，而坚持这些的关键就是诚信。苏格拉底曾将"正义"定义为诚实并偿还自己的债务。他的学生也认为一个正义

的人不会失信。诚信对于西方伦理思想的发展具有重要影响，之后的《圣经》中也多次强调了信任的重要性。人们也因此认为，失信是一种恶，失信会受到惩罚。受到这种观念的影响，西方的人们在其思维深处就深植了必须要诚实守信的理念。在西方，诚信还被看成对契约的履行而被写入法律。早在古罗马时期，其法律归纳的三条基本伦理精神中，诚信就是其一。另外，诚信也被认为是协作的基础。这一点与欧洲文明早期的发展状况有关。欧洲早期文明主要由许多小国家组成，受限于国土面积，这些国家很难在很少或者完全不与其他国家交换的情况下获得自身发展所需要的所有物资，因而难以形成自给自足经济。想要获得自身发展所需要的物资，就必须与其他国家进行贸易。活跃的贸易环境要求贸易主体具备足够的诚信，否则将会影响未来的贸易，进而使国家发展受限。亚里士多德认为，在经济交换中，只有双方都守信才能互惠互利。古罗马末期的哲学家西塞罗在《论义务》一书中认为，失信和暴力之人都是不肖之人，而其中失信的人更加卑鄙。

2.2.1.2 中世纪及近代西方信用思想

到中世纪，基督教已经统治西方近千年，诚信已经从伦理道德层面对个体进行评判的工具上升成为规范人们经济行为的准则。中世纪哲学家托马斯·阿奎那对交易中的欺诈行为深恶痛绝，并认为为了获得更高的卖价而欺诈是有罪的。中世纪末，个人主义和财产观念在西方被普遍认可，人们为了维护个人利益而推动了信用观念的发展。而当时的思想家和哲学家们将契约思想上升到构建国家的理论。契约观念对西方社会的影响遍及经济、法律与政治等各个方面。契约观念推动了西方信用体系的形成。然而，随着西方世界进入资本主义初期，由于制度的变化和市场经济的萌芽，尚未形成健全的信用制度与法律，大量欺诈行为开始出现。这种恶劣的信用状况一直持续到第一次工业革命发生之前。工业革命促进了以英国为首的资本主义国家的快速发展，商品交换越来越频繁，人们对信用制度的要求不断提高，这也让工业革命时期的诚信状况开始好转。到了近现代，市场经济得到了充分发展，诚信制度在经济发展的推动下逐渐完善，并成为西方近现代社会的基本行为准则。

2.2.1.3 当代西方信用体系

当代西方发达国家的信用体系在内涵上相同，但在不同的国家具有不同的形式。总体而言，西方发达国家的信用服务市场模式可以归纳为三类：

1. 欧洲模式

欧洲国家广泛使用信贷登记系统，该系统收录了所有企业和个人的信贷信息，这些信息主要由商业银行提供，由中央银行设立与监督。由于信息的提供方是商业银行，因而欧洲的信用信息主要是信贷信息，这也限制了欧洲信用信息的适用范围，被主要用来进行金融监管和风险防范，宏观上也可以用来协助政府制定货币政策。欧洲的信用体系由中央银行主导，也有专门的信用信息的加工机构。除了公共信用服务机构外，欧洲的私立信用服务机构也相当活跃，它们主要负责个人信用体系的相关业务。欧洲国家比较强调对个人信用信息的保护，数据流通受到严格限制。欧洲比较有代表性的信用服务机构有厦华、益百利、科瑞福、惠誉等。

2. 美国模式

美国信用体系完全是市场化运作模式。美国是最早开始实行信用经济的国家之一，完善的信用体系是其信用经济健康发展的前提。广泛的信用交易帮助美国促进信用服务机构提高效率、改进技术与服务，这也使得美国具有当今世界上最先进的信用体系。

经过近 200 年的发展，美国已经具备成熟的信用体系，包括完善的立法、先进的信用信息采集和评级技术、广泛的信用应用场景，部分信用评级标准已被世界各国广泛采用。

在 19 世纪以前，由于大量金属货币流入美国，各国缺少足够的现金以用于交易，于是人们不得不用信用来代替货币进行交易，因而使得相当数量的企业和家庭都有信用债务。而在 19 世纪前期，第二合众国银行为了维持稳定而拒绝了大量的不可靠票据，这一举措被认为是对美国经济发展的限制，因而当时的总统决定关闭该银行。这次"草率的决定"产生了一系列后果，引发了1837 年的"经济大恐慌"。这次经济危机给美国银行和企业敲响了警钟，使得它们不得不开始重视金融风险的防范与控制，而金融风险控制需要搜集信用信息并对信用主体进行评估。需求带来了商机，一些从事信用主体信用水平调查的服务机构在美国创立。1841 年，刘易斯·大班在美国成立了世界上首家征信事务所，即今天邓白氏公司的前身。在这之后，虽然也有不少信用服务机构产生，但缺乏统一的评价标准与征信报告。随后，约翰·穆迪首次将信用等级以一种具体的符号化方式进行了明确，这是信用评级标准化的启蒙，成为当时的信用评级标准，现代信用评级也以此为起点。

3. 日本模式

日本比较独特，采用的是会员制模式。日本企业的信用管理体系在亚洲发展最早且产值最高，分为企业征信和个人征信。其中企业征信由日本帝国数据银行和东京商工会议所主导，前者规模较大，占据日本企业征信业 60% 的市场份额，业务范围广泛，具有亚洲最大的企业信用信息数据库。

日本的个人征信由三大信用服务机构［全国银行个人信用信息中心（KSC）、日本信息中心（JIC）和信用信息中心（CIC）］主导。其中，CIC的规模最大。三大个人征信服务机构彼此之间既有竞争也有合作，其中三方协议会是三大机构合作以及解决重要问题的关键渠道。

总之，西方发达国家的信用体系已经比较完善，其所具备的共同特征是健全的立法、完善的信用信息采集机制和数据库建设、活跃的信用服务市场以及广泛的应用场景。

2.2.2　中国社会信用源流考

2.2.2.1　中国儒家及其他诚信观

在中国，诚信一直被认为是中华民族的传统美德。我国不少古代典籍都有关于诚信的描述以及一些流传至今的诚信故事。我国古代诚信的起源可以追溯到春秋时期，将"信"作为行为规范记录在"金文"中。虽然如此，当时并没有对"信"进行进一步的描述。在那之后，关于"信"的最早描述出现在《易传》中，"言出乎身"，表面上指语言由身体发出，暗示人要言而有信。"人之所助者，信也"，强调对人最有帮助的就是诚信。在周代的另一部名著《尚书》中也有许多关于诚信的记载。

先秦时期，人们对诚信的认识不断深化，尤其以儒家孔子为代表的诸多思想家们将人们对诚信的零散认识发展成为意识形态，使之真正成为一个有道德的人必须具备的品质之一。《论语》中多次提到信：对于朋友，要信任他；无信之人将寸步难行；守信之人是君子。在儒家思想中，信占了较大比重，信是"四教"（"文、行、忠、信"）之一、"五德"（"恭、宽、信、敏、惠"）之一、"五常"（"仁、义、礼、智、信"）之一。把"诚"和"信"第一次联系起来作为规范的是孟子。他认为，有诚就有信，无诚则无信。虽然我国古代经常把"诚"和"信"分开讨论，但更多时候，两者都被统一起来讨论。儒家思想贯穿了整个封建社会，直到现在仍然对人们的言行具有重要影响。

2.2.2.2　中国古代商人的信用观

作为统治者治国的武器之一，儒家思想对于封建社会商人自然也存在较大影响。早在先秦时期，诚信就在商德中有所表现。如春秋时期的范蠡，作为经商致富的典范，非常重视诚信经营。

明清时期，中国经济进一步发展，人口大量增加，而科举名额却没有明显增加，依靠科举改变人生变得更加困难，许多读书人开始寻求别的成功路径，经商成为一个比较可行的选择，商业在当时得到了较大发展。当时的政治制度缺乏对商人的保护和重视，商人们基于地域，形成了一些区域性商人群体，互相扶持与保护，而商人中占有重要比重的读书人就不可避免地将儒家思想传播进商人群体。在儒家思想的熏陶下，明清商人形成了自己的商业文化和道德准则，在没有明确立法的情况下，自觉遵守。当时还刊发了一些用于商德教育的书籍，如《三台万用正宗》《客商规鉴论》等。在民间故事中，反映商人诚信的作品更是比比皆是。其中，以徽商为代表的商帮，在利与义不可兼得的情况下，大多会舍利取义。由此可见中国古代商人大都具备比较强的信用观念。

2.3 信用体系的发展历史

信用体现了人与人之间或者交易主体之间的信任关系，意味着需要言而有信，答应的事一定要做到，贷款需要按时按量偿还。当代信用不仅体现在伦理道德层面，也体现在法律与经济层面。现有的社会信用主要包括公共信用、企业信用、个人信用等形式。其中，公共信用也叫做政府信用。过去，政府信用主要反映了政府的借债能力，现在的政府信用定义更广，政府是否遵守诺言，做好示范工作或者朝令夕改、言而无信都是政府信用的内容。通常，政府支出跟不上税收则需要借债，具有较高信用水平的政府，能够获得更高的借债额度，政府通过发行或出售各种信用工具来代表政府的还款承诺。类似的，企业和银行也有自己的信用工具，如汇票、贴现和贷款。个人是组成社会的最小单位，个人信用是整个社会信用的核心，体现了个人的借债能力。

2.3.1 二战前的信用体系

近代之前，失信与杠杆问题普遍存在，受限于经济发展水平和不健全的金融与信用体系，企业很难得到较多的资金来进行高风险交易，因而也难以产生严重的杠杆问题。二战前，一些重大事件让欧洲的信用体系得以发展，并最终促成二战前的欧洲经济崛起。"黑死病"在 14 世纪中期害死了大部分欧洲人。闭关锁国的封建制度很难对抗"黑死病"，各国不得不联合起来采取预防措施对抗"黑死病"，这种联合活跃了各国的商品交换，对瓦解欧洲封建社会统治起了重要作用；在此之后，麦哲伦发现新大陆，欧洲与美洲之间的交易使得大西洋贸易得到发展，靠近大西洋的国家处于更有利的地理位置，比其他国家得到了更充分的发展；这之后，各国的资产阶级革命为后续的工业革命创造了条件，促成了工业革命时期欧洲在世界经济中的领先地位。这期间，各国的信用体系也开始发展，主要体现在以下几个方面：

2.3.1.1 银行体系的发展

贸易的发展首先促进了能够减少交易成本的企业不断诞生。想要在贸易中占得先机，需要企业具有更雄厚的经济实力和更强的抗风险能力，依赖个人财富成立的公司已经无法满足这个要求，这使得公司制和合伙制企业开始兴起并迅速发展壮大。具有更高信用水平的企业能够得到更多的投资从而增强经济实力，这也促进了企业信用的发展。企业信用的发展使得一些专门发放汇票的企业——银行开始诞生。企业发行的信用工具——汇票，是信用货币的基础。汇票是现金的替代品，由出票人签发，收款人可以持汇票去找委托付款人，委托付款人需要无条件向收款人提供汇票上确定的金额。汇票的发展推动了企业信用的发展，促使经营票据贴现业务及货币汇兑业务的银行出现，即银行作为委托付款人可以为收款人提供票据所确定的金额。而且，相比于使用金属货币会出现磨损从而价值降低，造成商人的经济损失，使用汇票能够有效地避免金属货币的物理损耗。为此，荷兰在 1609 年成立了世界上第一家具有信用功能的银行——阿姆斯特丹银行，作为委托付款人向收款人提供与汇票标注的价值相对应的铸币。但由于当时该银行采用全额准备金制度，该银行需要把所有的存款保持 100%的储备，无法实现借贷功能。约半个世纪后，瑞典银行做了一个重要的创新，即"部分准备金制度"。该制度只要求银行保留少量的存款，其他存款都可以以贷款的形式发放出去，这使得瑞典银行成为欧洲第一个具有借贷功能的银行。该制度很快被各大银行模仿实施。之后不久，银行券开始在欧洲市场上流通，大大减少了货币在流通中的损耗。发行银行券需要银行具有黄金储备和信用储备，这就促进了银行信用的发展。总之，这部分信用的发展都是由贸易促成的。除此之外，欧洲连年不断的战争导致各国无法靠自身财富支撑战争消耗，必须进行战争融资，战争的大部分资金来源于政府举债而不是国库收入，这对各国信用水平的提升带来了刚需，信用体系得以发展。1688 年的"光荣革命"使英国逐渐建立起君主立宪制，过去那些损害政府信用的行为在君主立宪制时代大幅度减少，这使得当时的英国政府具备了比较高的信用水平，再加上英格兰银行为政府提供的长期低利率贷款进一步提高了政府信用水平，使得英国能够获得更多的战争融资从而在之后的一些战役中获得了优势。英格兰银行是当时英国唯一的股份制银行，其市场化能够帮助其获得更多资金，从而给予政府更多资金支持。之后，英格兰银行发行的银行券成为英国的法定货币。相对于金属货币而言，银行券除了交易成本较低外，存入银行还能获得利息，这些优势使得银行券很快被公众接受。来自个人、家庭或者私人企业的存款的增加，又促进了存款银行的发展。随着银行存款的不断增多，超过准备金的可用于贷款的存款也越来越多，银行的贷款能力也在不断增强。当然，这并不意味着存款给贷款创造了条件，反而是贷款给存款创造了条件。在现代银行体系中，存款人的资金通常都会被作为贷款发放出去，而存款人通常就是贷款人。存款人以银行为中介获得利息的前提是贷款，而借款人未来偿还贷款，相当于借款人所借的资金也会成为存款，加上贷款利息与存款利息的差异也在不断扩大银行存款资金总额，因此，实际上是贷款创造了存款。总而言之，发行货币可以促进银行体系存款的增加，并借助信贷的力量创造货币。白芝浩（1873）认为票据发行制度是提升银行存款储备效率的最好的方式，而且以今天的眼光来看，这也是唯一可行的方式。到目前为止，没有哪个国家能在不发行票据的情况下获得庞大的存款。银行转账体系构成了最早的银行职能，部分准备金制度让银行拥有了创造存款的能力，银行券的利息促进了人们将大量的现金存入银行，进一步增加了银行的存款，提升了银行的贷款能力，这些因素共同促成了现代银行体系基本功能的诞生。存款在借贷中得到不断增加，这使得货币的数量也得到增加，而由于现代银行发行的货币主要是信用货币，因而货币的增加意味着信用度也获得了增强。

2.3.1.2 国债的发展

在整个社会信用中，由于政府具备稳定的税收、包括土地在内的国有资产、巨大的权力、军事实力等基础，其发行的债券最安全，投资风险极低甚至完全没有风险，因而具有最高的信用等级。自从英国确立了君主立宪制后，现代国债就开始形成。1688 年以前，欧洲国家连年战争，为了获得融资，在缺少可行方案的情况下，尽管国王经常通过提高税收，出售官职和头衔、征税权、王室领土和强制贷款来筹集资金，但这些对于庞大的战争消耗而言仍旧是杯水车薪。而且由于常年缺乏资金，政府经常会拖欠贷款，有时甚至通过杀死债权人来躲债，对政府信用带来了极大损害，高额的利息和不断降低的信用水平使得政府形成了恶性循环。政府的融资方式无法持续，从而陷入财政与金融危机。为了解决这个问题，英国在"光荣革命"之后制定法律，对政府融资乱象进行约束：国王不得在未得到议会允许的情况下借款，否则就是违法；发行国债，必须要通过征收新的税收来偿还。在议会的约束下，政府信用逐渐好转，在稳定税收的支持下，国债得以顺利发行。战争结束以后，对于短期的难以偿还的债务，政府通过增加支付少量的利息来延期偿还这部分债务；对于可以偿还的债务，则主要利用税收进行偿还。这之后，政府确立了税收优先用来偿还国债的政策，这使得政府的还债能力得到了极大保证。政府信用因此而建立起来，国债利率成为其他金融产品收益的参考依据。国债的发展解决了当时各国战争的融资难问题。英国金融革命给国债提供了更安全稳定的偿还方式，即税收。这次革命的成功，不仅仅在于将税收和融资决策权交给议会，提升了政府信用水平，提高了政府的融资能力，而且在于国债与税收增加了资本的来源和融资渠道。作为一种非常安全的投资渠道，国债的发行拓宽了投资渠道，让投资者有了更多选择，扩大了资本市场。政府信用水平的提高对于社会信用水平的提高也起到了促进作用，使得后续基于信用货币的交易能够顺利进行。

2.3.1.3　信用货币的发展

银行体系的发展促进了国内公众储蓄的发展，国债的发行与资本市场的发展，增强了国家的军事实力，促进了国防工业的进步。英国大西洋贸易为英国乃至欧洲各国开拓出了更大的市场，"光荣革命"将君主专制统治变革为议会统治下的君主立宪制，"财政革命"和"金融革命"推动了银行体系的发展与国债信用的完善，三者确定了欧洲经济在世界经济中的统治地位，为后来发生的工业革命创造了坚实的经济基础与立法基础。随着英国在 1717 年采用金本位制，即以黄金作为本位币的货币制度，经济发展进入了一个相对稳定的环境。这种优势，使得其他欧洲国家乃至全世界在 50 年后也逐渐普及了这种制度。在这个时期，各国的货币由中央银行统一发行并保证这些货币对黄金的可兑换性。所谓对黄金的可兑换性，是指货币可以为任何目的兑换黄金的权利。想要做到这一点，需要对发行的部门和发行的数量进行严格限制，这需要政策与立法的支持。如《特许银行法案》规定了英国一个专门发行银行券的部门，要求其发行的大多数银行券必须基于黄金储备。私人银行发行银行券的量受到黄金储备的约束。当然，如果私人银行发行的银行券总数太少，英格兰银行可以放宽其对货币发行量的限制以弥补缺少的银行券。具有更多黄金储备和比私人银行具有更多政策支持的英格兰银行，取得了本国银行券发行的垄断地位，除了黄金以外，其发行的银行券成为该国的法定货币，而其大部分银行券用黄金担保的特性则保证了银行券对黄金的可兑换性。

但是，在金本位时期，法定货币的发行无法跟上经济增长的速度，人们迫切需要解决这种矛盾。某些国家开始采用虚金本位制。在虚金本位制时期，本国需要在金本位制国家存放外汇准备金，从而弥补发行货币量低于经济发展需要的不足并维持币值稳定。

2.3.2　二战后的信用体系

2.3.2.1　信用货币的进一步发展

在金本位时期，依赖黄金储备的货币发行跟不上经济增长的速度，如何在黄金储备很难增加的情况下增加货币的发行是当时所面临的主要矛盾。虽然贷款产生存款促进了银行的发展，但这并不能解决黄金不足的问题。毕竟，在存款更多而黄金储备不变的情况下，法定货币对黄金的可兑换性将无法保证。这会导致银行应对金融风险的能力下降，容易引发流动性危机，信用下降又会导致存款被大量取出，致使银行资金低于准备金而无法贷款。在部分准备金制度下，除了准备金规定的法定货币和黄金以外，其他货币和黄金都可以作为贷款发放出去，因而一旦金融危机发生，银行将难以面对同时的大量的取款（挤兑）。经济学家白芝浩提出了一个解决方案，即让各国的货币当局（通常是中央银行）作为"最终贷款人"，负责通过向有偿还能力但暂时周转不灵的银行提供贷款来应付金融危机。通常贷款方需要向最终贷款人提供有价值的抵押物，从而解决流动性危机，同时提高贴现率，使黄金的兑换成本提高。在这种情况下，用黄金换取货币的人比用货币换取黄金的人多，可以促进黄金的流入，从而增加黄金储备。虽然如此，这个方案也有不足之处：首先，本国政府应该具有较高的信用水平，否则私人将不会放心地将黄金兑换为货币；其次，黄金的流通不受阻碍或者没有爆发全球性的流动性危机，否则其他部门自顾不暇，无法给本国提供帮助，并通过这种方式缓解流动性危机。

然而，现实情况是，美国经济崛起，英国贸易逆差，就业问题严峻，各国中央银行的工作重心并不是维持黄金的可兑换性，白芝浩的方案因而也无法实施。在经济不稳定时期，各国开始限制黄金外流。货币对黄金的可兑换性不断降低，再加上受一战的冲击，各国为了应付战争，在不顾黄金储备量的情况下大量发行纸币，带来了普遍的通货膨胀。此时，英镑被高估必然会导致后续大幅贬值，导致英国经济严重衰退。法国法郎被低估则使得人们用大量黄金换取法国法郎，带来法国的黄金流入。加上美国经济崛起，使得黄金大量流入美国，世界黄金向法国和美国集聚。其他国家失去了黄金储备，大范围的经济萧条开始发生。此时，若仅仅依赖黄金储备量确定货币的发行量，将难以维持国家的货币需求，金本位制被迫放弃。

由于二战后美国拥有了世界上最多的黄金储备，联合国在1944年确定了以美元为中心的货币政策，即"布雷顿森林体系"。此时，美元仍然维持金本位，而其他国家则是美元本位，以美元储备作为货币发行的标准。然而，战后世界各国的经济复苏使得美国出现了长期的贸易逆差，而维持美元的黄金可兑换性的前提是贸易顺差，美元的黄金可兑换性因而受到质疑，陷入"格里芬难题"。布雷顿森林体系不得不在1971年解体。

布雷顿森林体系解体以后，各国的货币全面进入信用货币时期，不再依赖任何贵金属，转向依赖国债。信用货币的价值完全由各国的政府信用维持，而体现各国政府信用的是国债，因而最终货币发行都必须与国债挂钩。在全面信用货币时期，中央银行可以获得创造货币和最终贷款人的能力，增加应对金融风险的能力，政府也能够更好地保证国内就业。在具有更充分的法定货币发行权的情况下，中央银行也能够创造更多货币和信用。虽然法定货币的发行仍然需要保证物价稳定，但这一点也在中央银行具备更强能力应对流动性危机后变得更加容易。此时，美元在不需要保证对黄金的可兑换性的情况下，以美国的强盛国力，自然就获得了"货币强权"。在失去黄金可兑换性束缚后，获得货币强权的美元如脱缰野马被疯狂印刷，造成了流动性过剩和通货膨胀，居民的财富在不知不觉间被减少。

总之，从金属货币到法定货币的转化，中央银行创造了货币和信用，但也带来了流动性过剩与通货膨胀。

2.3.2.2 资产证券化的发展

为了解决流动性过剩问题，发展资本市场，调整金融结构是一个重要的解决方案。资产证券化能够通过鼓励拥有较多存款的投资者进行投资，减少银行体系中的存款，吸收掉过剩的流动性。资产证券化作为一种金融创新，能够将缺乏即期流动性的资产进行合理组合，通过将其未来可以预见的现金流发行为证券的形式在证券市场进行流通。资产证券化对于解决流动性过剩的作用体现在以下三个方面：

第一，资产证券化比股票和企业债券解决流动性过剩的作用更大。由于发行股票和企业债券不需要通过银行贷款去实施，这实际上减少了银行的贷款需求。而解决流动性过剩的关键是要减少银行的存款变贷款的数量，从而减少其不断的货币创造。这种方式减少了贷款但没有影响存款量。而通过资产证券化，银行将其信贷业务直接出售，减少了其存款变贷款的数量，进而减少了流动性。

第二，资产证券化能够帮助发展债券市场。债券市场发展不足，居民的财富过多集中于股票市场，对于减少流动性的作用有限。进行资产证券化后，债券市场得到发展，投资渠道被拓宽，投资方式更加多样化，减少了投资集中在股票市场上所造成的集中风险。

第三，资产证券化能够兼顾银行利益。缺少资产证券化，银行间接融资过剩，直接融资不足，金融资产供给跟不上需求会造成资产价格上涨，过度依赖存贷款利差。通过资产证券化，虽然银行减少了存贷款利差带来的利润，但增加了更多的利润来源。

常见的资产证券化包括住房抵押贷款证券（MBS）和资产支持证券（ABS）。资产证券化使得企业的闲置资源能够被用于融资，从而换来更多流动性资金。资产证券化也增加了企业的可贷款总额，对于贷款的提供方而言，意味着更大的市场。

2.3.2.3　影子银行体系的发展

二战结束后，影子银行迎来井喷期。按照国际货币基金组织的界定，影子银行主要具有如下三个特征：第一，影子银行游离于监管体系之外；第二，其金融活动相比于传统银行具有一定程度的创新；第三，其主要存在于证券化市场和金融衍生品市场。影子银行比传统银行具有更高的杠杆率，即收益率更高，同时也具有更高的风险。

影子银行的发展建立在金融市场发展与资产证券化发展的基础上。以国债为基础的信用货币的出现与飞速发展，以及耐用消费品的消费量增大，促进了资产证券化的流行，信托投资公司与共同基金等影子银行开始兴起。得益于资产证券化提供的更大的贷款市场，再加上具有规避监管的优势，影子银行在20世纪七八十年代得到了快速发展。影子银行需要优质的抵押品来保障资金安全。在资产证券化出现以前，符合要求的抵押品不多，因而没有影子银行生存的土壤。而在资产证券化出现以后，证券化的产品成为影子银行的抵押品，且其质量足够好，使影子银行得到迅速发展。影子银行通过回购协议进行信用创造，借方通过向影子银行提供抵押品得到资金，之后会以更高的价格买回抵押品。回购协议规定了抵押品的回购期限、利息等内容。非货币融资是影子银行融资的主要手段。具体而言，它们通过发行非货币负债金融工具融资后，购买商业银行的贷款。而当时的商业银行认为这些贷款已经很难盈利，它们通常会将贷款打包出售给资产证券化机构，资产证券化机构再将这些贷款转化为证券化资产。影子银行所购买的商业银行贷款通常都是证券化资产，通过出售这些证券化资产，它们又能够获得进一步的融资。估值折扣率（haircut）是回购协议中相当重要的因素之一。在抵押品被证券化后，还能通过回购协议购买这部分抵押品，通俗地说，就是抵押品所获得的融资乘以估值折扣率后得到抵押品的回收价格。接受抵押品的机构可以按照回购协议规定对抵押品进行再融资，实现利用抵押品创造融资的过程。这种方式类似于传统商业银行通过存款和贷款循环实现货币创造。商业银行的信用创造的最大额等于存款乘以准备金率的倒数。影子银行也类似，其融资额等于抵押品的价值乘以抵押品估值折扣率的倒数。传统银行通过存款创造了流动性，但为了缓和流动性风险，传统银行创造的流动性仍然受到监管的限制。相比之下，游离于监管之外的影子银行能够进行监管套利，提供更多的流动性而使得其在越来越严格的金融市场监管下愈发具有竞争力。除此之外，影子银行还存在以下两个方面的优势：第一，提高信贷产品的覆盖范围。在传统银行贷款模式下，小微企业受限于资质审查，很难通过传统银行的贷款审核，存在借款困难的问题，而影子银行对于资质的要求不高，能够很好地弥补这一市场空缺，为小微企业提供帮助。第二，有助于传统商业银行创新。影子银行提供的金融业务与传统商业银行类似，打破了传统商业银行的垄断地位，在更激烈的竞争下，对于促进传统商业银行改善服务、提高效率具有重要作用。

虽然影子银行具有上述优势，其流动性主要依赖于回购协议和抵押品的价值，但其抵抗风险的能力较差。尤其是当作为基础的抵押品价值下降后，在没有足够的折扣率的情况下，信用提供者将对影子银行失去信心，停止向影子银行提供信用，进而引发流动性危机。

通过对信用体系发展的回顾，我们可以发现信用的三个转折点：第一，基础货币由金本位制度下的金属货币和必须保证对黄金兑换率的法定货币转向不需要依赖黄金的信用货币。第二，由商业信用发展出银行信用、政府信用。银行信用在部分准备金制度下，利用存款与贷款的循环创造货币与信用，而政府信用的发展促进了国债的发行，国债的发行促进了公司债的发行，进而促进了整个金融市场的发展。第三，资产证券化为影子银行提供了优质的抵押品，一些机构开始利用回购协议进行融资创造，影子银行应运而生，在传统银行之外提供新的信用创造渠道。由此，货币的数量不断增多，信用规模不断增大，杠杆率不断上升。信用在各个阶段的组成部分如下：银行体系发展之前，信用=法定货币；银行体系发展之后，银行通过贷款创造存款，实现信用创造，因而存款也是货币的一种，组成信用的一部分，信用的结构得到第一次扩充，因此，信用=广义货币=存款+狭义货币；随着政府和企业发行国债和企业债的出现，信用的结构进一步扩充，信用的规模将大于广义货币，信用=广义货币+国债+企业债；影子银行体系的发展，使得影子银行同样具有了信用创造功能，而影子银行的贷款来源于非货币性贷款，即清偿时可以不使用现金而可以用商品或劳务来替代，与传统银行贷款不同，使得信用=广义货币+影子银行提供的贷款+国债+公司债。从数量上看，传统信用在不断的货币创造中不断增长，同时又有新的信用种类产生，因而信用交易量也在不断增大。

2.4 社会信用体系理论的发展

2.4.1 社会信用体系理论奠基

改革开放40多年来，中国经济得到飞速发展，商品交换不再仅仅依赖于传统的货币经济，可以通过债权债务关系进行，即"信用经济"。随着信用交易工具的种类不断增多、交易总量不断增大，信用在信用经济时代更加重要了。与此同时，在还不够健全的信用体系大环境下，信用风险成为信用经济时代亟待解决的问题。如何建立更完善的信用体系，给信用经济发展提供一个相对成熟、风险更低的交易环境，需要新的理论支持。而社会信用体系理论在这个时期应运而生，它的核心是指导企业、个人和政府的信用制度设计，设计和布局达成信用信息对称这个目标所需的基础设施，提出守信激励与失信惩戒机制的实现方式。

我国的社会信用体系理论不同于发达国家，发达国家信用体系建设较早开始，经过多年的实践已经形成了比较完善的信用体系。我国经济实力距离发达国家尚有差距，信用体系建设尚处于初级阶段。我国的信用体系建设，需要与我国的现实状况相结合。

1999年，中国社科院课题组最早提出社会信用体系建设相关内容。虽然当时并没有采用"社会信用体系"这个名词，但在该课题中，描绘了我国社会信用体系的框架和运行原理。当时的课题主要从以下5个方面考虑：第一，传统的征信系统定义狭隘，应考虑更多应用场景和创新；第二，必须开发一个征信系统，这个系统能够提供全面的征信产品和服务；第三，提高信用体系建设速度，在10年内赶上发达国家水平；第四，征信市场和技术会影响信用体系建设；第五，向发达国家学习征信系统建设和运行的方法。

除此之外，该课题组特别强调了失信惩戒的重要性，并指出失信惩戒主要由政府和信用管理行业负责。其中信用管理行业是该课题组提出的新概念，并按照功能对信用管理行业的定义、分支以及外部技术的关系进行了阐述。课题组同时提出了培育征信市场环境与建设征信系统的方案。课题组根据服务的对象对征信产品和服务进行了划分，包括资本市场、企业市场和消费者市场。总之，该课题组首次提出了社会信用体系的概念和框架，为我国社会信用体系的建设与发展打下了良好的基础。

一些学者和政府机构在一些专著中对于我国社会信用体系建设也做出了突

出贡献。全国政协经济委员会阐述了社会信用体系建设的重要性和当时与之相关的热点问题。林钧跃阐述了征信机构的信用观、社会信用体系建设的特点和框架、信用标准建设和征信系统的建设模式及几种模式的优劣。更重要的是，他比较详细地阐述了失信惩戒机制和建设失信惩戒机制的两个阶段。刘肖原在回顾信用体系理论发展与国内外信用体系建设现状的基础上，从我国总体征信体系建设、互联网金融征信体系建设与农村信用体系建设三个方面详细阐述了我国信用体系建设中存在的问题。陈文玲提出了自己关于失信惩戒机制的原创理论并回顾了重要的研究报告、期刊文章和会议发言。吴晶妹从一个新角度——三维信用论阐述我国信用体系的现状、构成、信用的供给和需求等内容。上文所提到的陈文玲还是国务院发展研究室中在信用体系研究方面具有突出贡献的专家，参与了大量的社会考察以及多个城市的信用体系规划，包括温州、南宁和杭州等地。

除了这些著作外，政府从政策和行动上大力支持信用体系建设，并在这十多年里取得了较大成效。2002年，国务院建立了由中国人民银行牵头的"企业和个人征信体系专题小组"，该小组对于我国的信用体系立法和政策制定起到了重要的指导作用。其中，《征信业管理条例》就是该小组起草的比较重要的立法，该条例经过不断完善一直沿用至今。2003年，全国政协办公室受命起草了社会信用体系建设纲要，尽管该纲要最终没有出台，但是其确定的信用体系建设原则为后来政府制定信用体系建设规划打下了基础，对学术界和初步发展征信业起到了非常大的影响。后面更加成熟的纲要——《国务院关于印发社会信用体系建设规划纲要（2014—2020年）的通知》在很大程度上参考了该纲要并结合当时的社会环境做了适应性的调整。与此同时，中国人民银行成立了征信管理局，一方面对宣传社会信用体系建设做了大量的工作，另一方面在我国公共信用信息系统建设和理论方面进行了大量探讨，并在2006年7月实现了征信系统的全网查询功能。中国人民银行统计司和征信管理局在2004年出版了"征信系列丛书"三册。国家发展和改革委员会财政金融司和中小企业司对于我国信用体系建设的理论与实践探索也做出了突出贡献，特别是在企业信用制度和区域信用体系建设上做了大量工作。

社会信用体系的基础理论以守信激励与失信惩戒机制、信用信息系统为中心，有多个研究方向，包括信用信息搜集、信用评级的技术与标准、企业信用管理、信用监管与立法等。

按照地理范围进行划分，社会信用体系的最小单位是城市信用体系。过去十多年来，我国的社会信用体系也是以城市为单位分别发展的，目前还没有形成全国统一的发展模式。如 1999 年，国务院批示上海率先进行上海市信用体系建设试点。到目前为止，上海仍然是我国信用体系建设最发达的城市，已经形成了比较完善的立法，建立了上海公共信用信息系统、企业与自然人信用信息系统，在公共信用信息归集方面，明确规定了不同的政府部门需要提供的信用信息条目与时间。在这之后，各地以省会城市牵头，开始逐步建设信用体系。除了这些实践以外，一些学者对城市信用体系建设的理论与方法进行了研究。这些研究通常以专著的形式出版。这类研究通常包括：信用信息系统的设计、组织与管理、立法与诚实信用体系运行方案等；城市信用经济发展现状与建议；诚信道德建设。考虑到不同城市的信用体系建设发展状况缺乏量化指标，"城市商业信用环境指数（CEI）"被提出，以测量城市商务诚信和营商环境状况。该方法采用层次分析法（AHP）加权得到各城市的一级指标，再将一级指标线性加权得到城市的综合评分。截至 2017 年底，该指数已经覆盖了国内 36 个大城市与 253 个地级市的评分值。该方法对于衡量城市信用体系发展具有指导意义，技术含量较高，在全国范围内得到了广泛认可。一些城市设计了自己的信用体系衡量指数，比较有代表性的是目前仍在使用的"义乌市场信用指数"。

与信用体系立法相关的研究开始于"设立国家信用管理体系"课题组。课题组成员林钧跃在 2000 年对美国 17 部不同立法的功能、执法部门和重要的立法进行了梳理，是第一篇向其他国家学习信用体系立法的文章，为我国的信用体系建设提供了指导作用。2006 年，林钧跃等人在所出版的专著中详细研究了美国和加拿大的 21 部信用立法。同期，周汉华在其专著中对国外关于个人信用信息保护的立法进行了翻译。石夏风对国内外信用权保护方面的立法进行了分析与对比，并针对我国信用权立法的问题提出了自己的建议。罗培新依据我国国情对信用立法进行了深入分析，并对其中比较值得讨论的部分给出了自己的见解。第一点是关于社会信用是否应该涵盖金融信息以外的信用信息。他认为要构建守信者处处受益和失信者寸步难行的环境，必须要加入金融信息以外的信息，这些信息包含了当事人应当履行的义务的状态，且由于无法判断当事人的主观意愿，这个状态应该放弃考虑当事人有履行义务的意愿但没有能力履行的情况。第二点是关于道德是否应该被加入信用信息中，陷入道德档案的陷阱。他认为，相比于法律，道德规范存在几个缺点，即不同年代的道德规范有差别、缺乏确定性、可操作性弱、容易被滥用，因而很难被加入信用信息中，但可以采用以德入法的路径尝试加入。第三点是针对我国隐私泄露的问题，对信用信息的范围、使用权和使用方式进行了讨论。当然，类似的研究在这十多年里不断出现，尤其是 2014 年新纲要颁布以来，信用体系立法研究的数量更多、讨论更深入，对我国信用体系立法产生了较大的促进作用。

在信用标准建设方面，考虑到当时我国的立法不健全，加上国外即使是发达国家也很少建立信用体系标准从而缺少借鉴，我国的信用标准建设经历了一段比较艰难的时期。我国的信用体系标准建设开始于 2005 年 5 月"全国信用标准化技术工作组"的成立。工作组成立后，2008 年 6 月 30 日颁布了我国第一批共 9 项国家标准。2008 年 12 月，我国又成立了"全国社会信用标准化技术委员会商业信用分技术委员会"和"全国社会信用标准化技术委员会质量信用分技术委员会"，信用标准建设步伐进一步加快。截至 2017 年 11 月 1 日，我国共颁布了 41 项标准。在这期间，我国也参加过国际标准化组织成立的"信用评级标准技术委员会"组织的会议。虽然我国的信用体系建设仍与发达国家存在较大差距，但我国的信用标准化制定工作在速度和水平上已位居世界前列。

在信用监管方面，我国在 2003 年开始进行政府信用监管体系建设，相关研究也从那个时期开始。张久荣等人在其专著中对我国信用制度建设的必要性和建设路径进行了阐述，包括信息归集、信用评价、公示、奖惩等内容。罗文阁依据其所在的团队在北京市工商行政管理局的实践经验，对企业信用监管总结了分类监管的原则和五项制度。江云苏对广告业的信用监管提出了自己的思路。邹迎九回顾了我国目前的新闻信用监管情况，针对现有问题，提出了完善的建议。李家勋从七个方面提出了我国企业监管的思路与原则。从总体来看，我国信用体系建设主要以城市为单位，因而各地信用监管水平与思路不同，而学术界对于我国信用监管方面的研究尚不充分，且根据行业分散，没有提供框架性整体思路。

我国的信用体系建设经过了十多年的发展，理论研究与实践都卓有成效，出现了一批具有带头作用的先进城市，具有领先的信用标准建设，培育了一批信用服务机构，涌现了许多信用体系研究专家。但在立法、监管、技术手段与应用范围等方面与发达国家仍有较大差距，需要持续努力才能逐渐拉近距离。

尽管早在三百多年前已经有学者开始关注信用经济问题，但没有任何一个有影响力的学者明确提出"信用经济学"这个概念，相关的研究仍然非常零散，信用经济学作为经济学的一个分支，与真正形成学科尚有距离。

最早提及"信用经济"一词的是德国经济学家布鲁诺·希尔德布兰德（1812—1878）。他依据处于市场中用于衡量财物价值的交换媒介的变化对经济时期进行划分，认为媒介随着经济水平的发展而发生改变，而信用经济就是经济水平发展到较高水平后主要以信用作为媒介的经济时期。在每个阶段，占主导地位的交易媒介虽然不同，但其他的交易媒介仍然存在。

瑞典财政学家克尼特·魏克塞尔（1851—1926）沿用了希尔德布兰德的"信用经济"概念，并将其发扬光大，根据信用作为交易媒介在市场上所占的比例对经济时期进行了划分。魏克塞尔希望通过比较信用经济所占比重不同情况下经济的差异，修正传统货币数量论的不足（货币数量论认为：假定其他因素不变，货币数量的增长意味着货币价值的降低和物价水平的上升）。首先是"纯现金经济"，即没有任何借贷行为的经济。其次是"简单的信用经济"。假设货币数量论成立，且存在"个人与个人之间相互的简单的商品信用或货币借贷"（没有金融机构的参与）。此时，货币交易仍占据主导地位，但可以用信用实现部分延期付款。延期付款使得货币流通速度得到一定程度的提高，但考虑到最终结算仍然采用货币，会受到物理变化和运输限制的影响，这种流通速度的提高是极其有限的。而且，这个阶段的信用覆盖范围很小。因此，这个阶段的货币的流通速度只有极少量会受到信用的影响而提高，对整个社会经济环境中的货币流通速度的影响微乎其微。再次是"有组织的信用经济"。金融机构的参与使得物理变化和运输限制因素被完全避免。借方与贷方通过金融机构如银行来完成，在没有限制因素后，货币的流通速度就可以得到大幅度提高，并且有可能发展为信用完全替代货币。在这种时候，"有组织的信用经济"就发展为最终的"纯信用经济"，即最后阶段。在这种情况下，再用货币数量去衡量商品的价值不再适用，因而传统的货币数量论不再适用。当然，"纯信用经济"是一种极端情况，即使现在也无法完全用信用取代货币，但信用已经是交易的主体，而对价格和经济周期起到主要影响作用。

诺贝尔经济学奖得主约翰·希克斯对魏克塞尔的"纯信用经济"进行了进一步的拓展，包括"单中心模式"和"多中心模式"。前者只有一个信誉最高的用来发放债务的单位，所有的金融机构业务围绕着这个中心展开，而后者有多个并列为信誉最高的单位。

我国的信用经济学研究始于 20 世纪 90 年代。北京大学中国经济研究中心宏观组分析了我国债转股政策，通过把企业债券转化为股权，除了能够参与企业决策外，对于解决不良贷款也是一种有效手段，并且对于加快我国向信用经济转化具有创新意义。骆玉鼎在其专著中回顾了信用经济的诞生，分析了其运行原理以及它对金融部门、宏观经济运行、微观经济调控等的作用。黄文平利用博弈论分析了信用与经济、法律三者的交互关系，并对我国的信用制度建设提出了建议。乔法容确定了信用经济中政府信用具有核心地位并解释了原因，并对信用政府建设提出了自己的建议。石淑华从信用经济的概念、特征和形成条件三个方面对其从理论角度进行了分析。杨太康和吉红重点分析了房地产行业在信用经济时代快速发展的原因并对规范房地产行业信用提出了建议。李长健和伍文辉在分析信用经济的内涵以后，针对我国国情提出了相关建议。

从总体来看，信用经济学的理论研究主要在国外。国外信用经济学研究已相对成熟，我国目前主要是对信用经济学进行各种解读性研究以及部分实践，尚未形成自己的理论。

2.4.2　企业信用管理理论与方法

信用管理涵盖了社会信用体系、征信机制和信用风险识别与度量等方面。

Robert 在信用管理研究文献较少的情况下对其进行了解读，认为信用并不是直接买卖，而是提供信用服务。他还指出了信用管理的营销功能和特点，如信用创造了占有效用。Fairrie 根据他的工作经历，对 2010 年的信用保险在信用管理中的重要性进行了分析，包括 2000 年信用保险的现状与巩固、吸引欧洲公司购买信用保险的原因、电子商务与信用保险的关系等内容。Schöner 指出在新技术条件下，信用管理者通过传统方式提高生产力的需求下降，而使用新技术提高生产力的需求上升。由于许多公司的信贷和托收技术严重不足，技术、数据粒度、项目优先级和系统整合对它们而言都是一种挑战，作者提出了应对这些挑战的解决方案。Byström 研究了新引入的 iTraxx 大中华区信用违约互换（CDS）指数，并评估了该指数在多大程度上可被用于防范大中华区市场范围的信用风险。作者发现，考虑到 iTraxx 大中华指数成分的地理分布，覆盖中国大陆的主要股票指数与 CDS 指数不相关，这导致使用 iTraxx 大中华区 CDS 指数来管理中国大陆的信用风险变得困难。Cho 和 Kim 论述了抵押贷款信用风险管理、承保规则风险筛选、发展抵押贷款保险项目风险分担和基于风险的资本要求三大支柱，并讨论了有关抵押贷款信用风险管理的三大支柱的行业最佳做法。Elmer 和 James 提出了一种基于混合模糊逻辑神经网络（HFNN）的信用评分方法。该模型被用于基于真实银行数据的个人汽车贷款中。实验结果表明，作者所提出的 HFNN 模型具有很高的准确性、鲁棒性和可靠性。Lucia 和 Gerhard 分析和比较了蒙特卡罗、拟蒙特卡罗和混合蒙特卡罗方法在摩根大通"信用度量"信用风险管理系统中的应用。

我国的信用管理理论有自己的特色和发展脉络。林钧跃早在 1999 年就对信用管理的五项基本功能进行了归纳。蒲小雷和韩家平提出了信用管理"3+1"理论。文亚青提出"三位一体"信用管理理论，他在分析该理论重要性的基础上，提出了该理论的框架、内容以及特点。梁新波提出了企业信用管理制度建设方法，包括 4 个方面的内容：客户信息管理制度、信用额度审批原则及程序、信用风险控制原则与措施和应收账款监控制度。王春兰提出了一种多层次模糊综合评价模型来评价企业信用管理绩效。她首先确定了一套评价体系，然后使用层次分析法确定各指标权重，最后将指标与权重带入模型计算绩效。王新玲和张晓磊设计了一套基于 ERP（企业资源计划）的企业信用管理模式，包括赊销售前、售中与售后控制三部分内容。付源和阮超对企业信用管理中的客户信用信息来源、搜集数据的注意事项进行了阐述，有一定的参考价值。程新生等人基于权变理论，研究了企业信用风险管理控制系统的影响因素。研究发现，具有销售导向的信用风险报告关系和关键部门之间的绩效捆绑考核机制这两种设计思路的企业信用风险管理控制系统对抗风险的能力更强、横向控制的协调成本更低、控制盲点更少。吴敏惠和马丽丽详细介绍了信用违约期权的概念及研究现状，讨论了其在信用风险管理中的应用，从原理、买卖双方的收支等方面探讨其应用的方式以及预期的成果，认为信用违约期权在应收账款的信用风险管理上效果较好。

从总体来看，国外对于信用管理的研究偏向于方法研究，而国内偏向于理论与框架研究。在我国现阶段进入大数据时代，信用体系建设正如火如荼展开之际，实践呼唤着更加精细、深入且符合国内环境的信用管理理论的研究。

2.4.3 信用评级和征信技术方法研究

1996 年，国内商品供过于求，商品竞争加剧。为了缓解这种状况，1998 年，商业银行开始大量投放信用工具，促成了 1999 年信用体系的初步建立。2006 年，我国进入信用经济时代。

在信用经济时代，信息不对称会带来逆向选择问题，会损害交易双方其中一方的利益，阻碍信用经济的正常运转。为了解决这个问题，交易双方需要对对方有充分了解，而这需要完备、真实、可靠并且具有时效性的信用信息。这就对现有的征信体系提出了要求。

从信用交易的不同对象来看，对于需要融资的企业而言，发行债券是重要的手段之一，而投资方必须充分了解企业的信用风险，才能决定是否购买该企业发行的债券。可靠的信用评级机构对企业的信用评级能够很好地反映企业的信用风险。对于小微企业和个人而言，在缺乏借贷信息记录的情况下，通常很难获得贷款，需要市场上具有大数据技术的信用服务机构对其进行信用评级。

信用评级方法经历了两个阶段。20 世纪 50 年代之前的信用评级方法属于第一阶段，比较粗糙，主要采用定性分析法。该方法的主要思想是对评估对象的信用信息进行分析、描述和归类，找到最重要的信用信息，再采用专家评分或者专家系统对评估对象的信用水平进行综合评估。第二阶段的信用评级方法开始采用定量方法，其中典型的方法是信用识别模型、决策树和整数规划。现在的信用评级方法主要采用定量方法。

定性分析法通常需要评价者作为独立第三方从而保证其评价的公正性。专家系统评价主要是传统的专家评价法与计算机技术结合的产物。考虑到定性分析法的主观性，自20世纪90年代以来，随着各种先进的评估工具和模型的出现，信用管理理论逐渐由定性分析转向定量分析。

Morrison是较早从量化的角度提出信用识别模型的专家，他利用一些已知信用类别的样本及其统计特征，采用参数估计方法学习出一个二元分类模型，用来确定信用好或者信用差。在当时并没有很多成熟的优化算法的情况下，Morrison的研究算是一个非常具有创新性的研究。后来，这种技术被称为线性判别分析。这种方法本质上是一种分类算法。为了解决基于离散指标的信用评价问题，Showers和Charkrin提出了一种整数规划方法来解决对于电话顾客是否可以发放贷款的问题，因为在这个数据集下，所有的顾客信息都是以二元形式（0和1）保存的。Chen和Li采用了支持向量机进行信用评分，并在其模型的预处理中加入了特征选择来提高评级的精度。Luo等人提出了一种基于深度学习的信用评分方法，并证明了该方法在与多个传统方法的对比中表现最优。

我国的信用评级行业开始较晚，萌芽于1987年国务院《企业债券管理暂行条例》的颁布。早期的信用评级方法主要从国外引进，当时的专著也多是对国外方法的翻译及总结。比较早的专著是《资信评级》。后面虽然陆续有《资信评估》《证券资信评级》等专著出现，但受限于我国征信立法不健全、信用市场规模较小，信用评级业的企业都是小规模企业，一直没有得到足够的发展，因此在理论上也发展缓慢。

2013年《征信业管理条例》的诞生，以及2014年的纲要标志着我国真正迈入征信业快速发展的门槛。而这个时间段，正是各种机器学习与人工智能、大数据技术及深度学习技术在国内快速发展的时期。部分具有大量消费者信息的公司后来居上，成立了征信部门，开始从事征信工作（如蚂蚁金服、腾讯信用等）。这些因素，使得我国的征信技术水平得以快速发展。

在个人信用评级方面，刘利红和韦薇是比较早研究数据挖掘在个人信用评估上的应用的学者。他们分析了我国拥有的数据资源，认为可以用数据挖掘技术进行信用评级，介绍了 logistic 回归和决策树模型在信用评级中的实现方式与模块开发方法。沈翠华等人对比了 k 最近邻方法和支持向量机在个人信用评级中的表现，发现基于支持向量机的个人评级准确率更高。庞素琳和巩吉璋将最新的 C5.0 决策树及相应的 Boosting 技术引入个人信用评级模型中，以德国某银行的个人信贷数据为例，从误判成本、剪枝、Boosting 和参数调整等多个角度对模型进行调整分析，寻找最优的组合。肖智和李文娟引入主成分分析法对信用评级进行特征选择，再结合支持向量机进行个人信用评估并对比了 k 最近邻和神经网络方法的结果，发现支持向量机结合主成分分析法的效果最好。李太勇等人引入稀疏贝叶斯方法进行个人信用评估，不仅比集中传统方法表现更好，且其特征更具有解释性。

在企业信用评级方面，赵家敏和黄英婷对比了不同信用评级方法在中小企业信用评级中的优劣并认为层次分析法比较合适，从而提出了一套基于层次分析法的信用评级过程。康书生建立了中小企业信用评分指标体系，对定性指标采用模糊数进行量化，最后用加权求和的方式得到信用综合评分。张目和周宗放将 TOPSIS 方法和支持向量机结合进行企业信用评级，发现与传统支持向量机和 logistic 模型相比，这种方法的准确率更高。马晓青等人使用因子分析法和 logistic 回归方法分析了影响小企业信用评估的因素。孙文和王冀宁建立了中小企业信用评级的指标体系并使用层次分析法进行信用评级。类似的，李杰群针对科技型企业的特点，提出了科技型中小企业信用评级指标体系并利用层次分析法进行信用评级。

纵观我国征信业技术，虽然模型与国外大同小异，但在指标体系建设方面具有差别，也取得了不错的成果。虽然我国尚没有技术与公信力都同时具有足够实力的信用服务机构，但在各种技术相对成熟与良好的信用服务市场环境、更加多元化的应用场景下，这种企业的诞生只是时间问题。

2.5 社会信用体系的内涵

2.5.1 社会信用体系的概念

社会信用体系是我国实现全社会共同规范和引导社会事务、社会组织和社会生活的制度要求。具体而言，它是包括信用法规、信用监管、信用服务、失信惩戒、信用文化和社会主体行为的诚信规范等多方面的共同作用、相互促进、交织形成的一种社会运行机制和综合管理体系。其最主要的目的是创造信用经济的市场条件，保护信用交易双方权益，其最终的目的是规范和引导全社会的行为，提高社会总体道德水平。

社会信用体系的工作原理是，通过对信用主体的信用信息进行记录，在合法合理的情况下，传播信用主体的守信行为，揭露信用主体的失信行为，鼓励信用主体守信以获得包括借贷在内的各种社会生活的便利，加大失信成本，用全社会的力量惩戒失信行为，在信用主体可以预知失信后果的情况下，出于利益最大化考虑，信用主体将自觉守信。自1999年我国首先提出社会信用体系概念以来，人们逐渐了解了社会信用体系的概念和意义，到今天已经被广泛接受。

社会信用体系包括公共信用体系、企业信用体系和个人信用体系。公共信用体系的作用在于规范政府的行为，约束政府失信行为。由于我国目前的信用体系建设主要以城市为单位，因而这里的政府信用体系主要针对各地方政府而不是中央政府。企业都以营利为目的，其参与的经济活动最多，涉及的金额也更大，是信用体系建设中需要重点关注的主体。企业信用体系的作用包括：提高交易过程中的信息透明度，减少交易成本和信用风险；提高交易双方的互相信任程度，减少为了寻找可信的交易伙伴而浪费的成本；政府能够获得企业的公共信用信息，更有利于对企业进行监督；通过提供更多信用信息，在缺乏信贷信息记录的情况下，小微企业也可以具备获得贷款的可能。个人是组成社会的最小单位，构成了相当大的消费者信贷市场，然而在缺少完善的个人信用体系的情况下，消费者信贷额度处处受制而很难上升。建立健全个人信用体系能够促进个人金融业务的开展，进而带来经济增长。除此之外，个人信用体系能够弥补法律的空白，约束个人的失信行为，提升个人乃至全社会的道德水平。

2.5.2 社会信用体系的功能

建立与完善社会信用体系可以创造诚信的市场环境。改革开放以来，我国由计划经济转变为市场经济，而现阶段的市场经济早已经不再是金本位时代，而是信用经济时代。然而，市场经济是利益驱动的经济，商人追逐利益的本质使得不健全的信用体系会带来诚信缺失，破坏市场经济秩序，使市场经济公信力下降。建立健全社会信用体系，能够用守信激励促进信用主体守信以获得社会生活中的更多便利，能够用失信惩戒倒逼政府、企业和个人守信。

建立与完善社会信用体系可以为生产力发展提供新动力。通过建立健全社会信用体系把市场主体转变为信用主体，每个信用主体的信用都是新时代的资源，能够随时转化为生产力，进而提升经济发展水平。随着信用交易开始普遍化、常态化，诚信将不仅仅是一种道德规范，更是一种生产要素。建立健全社会信用体系，能够在信用经济条件下促进企业和个人更好地管理和使用信用资源，最大限度地发挥信用的价值。

建立与完善社会信用体系可以加强和创新社会治理，提高社会经济生活的透明度，降低社会交往中的不确定性和信用风险，弥补法律无法涵盖的领域，提升全社会总体道德水平。

建立与完善社会信用体系可以加快政府职能转变，加强事中事后监管。过去政府作为监管部门只能在事情发生后进行监管，而通过信用体系，可以实现事中监管，引导企业自律，预防失信行为发生；减少事前审批程序，减少政府对失信行为的干预。

2.6　社会信用与社会公德的关系

社会公德是社会群体在生存、生活和实践中总结出来的一种约定俗成的道德准则，是符合群体利益要求的行为规范，反映了国家、组织、集体、民族、社会等群体的道德要求。高水平的社会公德是高发展水平国家的重要标志。社会信用与社会公德既有区别也有联系，两者相辅相成，都是促进我国经济与道德发展的重要基石。

2.6.1　社会公德的内涵与主要特点

2.6.1.1　社会公德的内涵

田欢欢对社会公德的内涵进行了总结，将其分为5种观点，分别如下：

第一种是"底线说"。底线说主要来源于列宁的观点，他认为社会公德是千百年来形成的所有人都知道的社会道德的底线，即社会道德的必要条件，人们的公共生活和道德要求需要在社会公德这条道德的最低标准之上。

第二种是"两重性说"。两重性说将社会公德的内涵分为两个方面，但不同学者对这两个方面的看法不同。如曾建平认为，社会公德一方面是底线，另一方面需要反映群体利益；赵兴宏认为，社会公德既包括法律规定的所有人都需要遵循的规范，也包括群体中大多数人约定俗成的行为规范。两重性说比底线说定义更加宽泛，但涵盖的内容比较多，容易出现概念上的交叉而难以区分。

第三种是"三层次说"。三层次说将社会公德分为三个层次：人与人、人与社会、人与自然。这种观点主要从如何对待不同个体与群体的关系的角度出发，衡量社会公德的标准是能否和谐处理这三个层次的关系，相比于前两种观点，具有一定程度的新颖性。

第四种是"两面性说"。两面性说认为社会公德有积极的和消极的两个方面，其中能够提升群体利益的行为属于积极的社会公德，而不损害群体利益也不提升群体利益的行为属于消极的社会公德。这种定义方式虽然比较新颖，但实践中，因为该定义比较主观，使得区分两个方面的社会公德也比较主观，存在区分困难的问题。

第五种是"公共精神说"。公共精神说直接将社会公德定义为一种群体道德精神，是一种可以作为人们学习典范的道德精神。但这种定义并没有具体指出社会公德应包含的内容。

总体上来说，虽然各种学说互有差异，但大都认为社会公德是人的行为底线，符合社会公德的行为至少不能损害社会群体利益，而高于底线的社会公德可以作为公共精神，值得人们学习。

2.6.1.2 社会公德的特点

社会公德是社会群体长期发展中产生的行为标准的积累。《思想道德修养与法律基础》一书对它的特点进行了总结，主要有以下 5 个方面：

第一，基础性。这一点类似于底线说的概念，即社会公德是社会群体道德标准的底线，这个底线反映了群体道德水平的高低。

第二，全民性。这一点规定了社会公德的适用范围，即全体社会成员。一个社会中的任何成员的行为都需要遵守社会公德。

第三，相对稳定性。社会公德的诞生是在人类社会漫长的生活中总结形成的，经历了长期的考验。因此，它具备与当前社会相适应，短时间内不会改变的特点。

第四，简明性。社会公德广为人知，被人们普遍接受与理解，不需要过多说明就能理解。

第五，渗透性。社会公德涵盖范围很广，具有广泛的渗透性。

2.6.2 社会信用与社会公德的区别与联系

社会信用与社会公德虽然存在联系，但两者之间的区别大于联系。

两者的联系主要体现在道德层面，两者都提倡诚实守信。

两者的区别主要有以下几个方面：第一，道德标准的涵盖范围有区别。社会信用在道德层面主要强调诚实守信，并没有太多涉及其他道德标准，而诚实守信只是社会公德中很小的一部分内容。第二，经济促进作用有区别。社会信用具有明显的经济促进作用，它要求创造一种在交易或信贷中互相信任的环境，减少交易中的信息不对称，从而减少交易成本，鼓励交易的成功进行，对于社会经济发展具有显性的直接的作用。而与之相对，社会公德作为一种道德标准，虽然对于社会发展同样举足轻重，但在促进经济活动中的作用没有社会信用明显。第三，诞生所需要的环境有区别。社会公德是社会在长期发展中形成的约定俗成的行为准则，这也就意味着，其历史是贯穿人类社会发展的，存在的时间很长，对于社会经济发展水平并没有明显要求。而与之相对，社会信用的诞生更多地来自比较发达的经济社会环境，它是因为经济发展受到信任的制约，人们为此建立的一种打破这种制约的工具。而在简单的以物换物或者货币交换中，社会信用缺乏发展的土壤。第四，发展状态有差别。对社会公德而言，由于其诞生的长期性与稳定性，在每个时代，其都是最能够适应时代环境的道德标准，不存在明显的缺陷也不会在短时间内有较大改变。相比之下，社会信用尚处在高速发展时期，目前仍然是我国重点建设项目之一。随着我国社会信用体系建设水平的逐步提高，社会信用将发生翻天覆地的变化。

3 全球社会信用体系概览

3.1 美国的社会信用体系

3.1.1 美国社会信用体系介绍

从通常意义上来看，信用体系的模式主要是根据信用情况调查和评分（评级）相关机构的不同组织形式和运作方式来划分的。从目前的情况来看，经济比较发达的国家，社会信用体系基本上可概括为三种模式：一是市场主导型信用体系，比较典型的国家是美国。同时，美国也是世界上信用体系最发达的国家之一。二是政府主导型信用体系，其代表国家是法国。法国建立了公共征信系统，企业与个人信用信息都通过该系统搜集，而征信活动与信用服务也依托于该系统。三是基于行业协会的会员制信用体系，其代表国家为日本。此外，还有一种混合型信用体系，其代表国家是德国。德国的信用体系是三种模式的混合，包括公共模式、市场模式与会员制模式。德国信用体系的公共模式以德意志联邦银行信贷登记系统为核心，市场模式的信用体系主要由私营征信机构构成，而会员制信用体系主要由行业征信协会形成。

3.1.1.1 美国信用体系概况

美国信用体系是典型的市场主导型模式，且是世界上信用体系最完善和健全的国家之一。美国的经济体制是一种建立在成熟的信用体系上的经济模式，其信用体系的发展已经经历了一个多世纪。美国的征信市场分工非常明确，包括企业征信与个人征信市场。其中企业征信市场又可以分为资本市场与商业市场。在资本市场上有三个征信业巨头，分别是穆迪（Moodys）、标准普尔（S&P）与惠誉（Fitch Group）；商业市场征信业由邓白氏（Dun & Bradstreet）垄断；个人征信市场有三个征信业巨头，分别是益博睿（Experian）、艾可菲（Equifax）与环联（TransUnion）。

资本市场上的征信三巨头（穆迪、标准普尔、惠誉）覆盖了全美乃至世界大多数国家（地区）中银行、证券公司、基金、债券以及上市大企业的信用评级业务，对世界上所有参与信用评级的银行分别覆盖了 80%、37% 和 27%，对世界上所有参与信用评级的公司分别覆盖了 78%、66% 和 8%。征信三巨头同时提供长期评级与短期评级业务，业务范围涉及国家与地区主权信用评级、地区政府信用评级、不同金融行业的信用评级、结构性金融工具信用评级等。

邓白氏的历史相当漫长，早在 19 世纪中期就有了雏形，经过 100 多年的发展，邓白氏成了全球最大的面向商业市场企业的信用评估公司。信用评估主要涉及企业之间进行交易时的信用评级以及企业向银行贷款时的信用评级。邓白氏拥有全球范围内最完善的公司信用数据库，其数据库中有 7 000 多万家公司的信用相关数据和信息，拥有超过 2 亿个企业的信用数据。

美国个人征信机构也被称为信用局。从历史上看，益博睿成立最早。从分布上看，益博睿分布最广、规模最大。从拥有的消费者信用档案数量上看，益博睿、艾可菲与环联拥有的消费者信用档案数量分别为 2.4 亿份、1.8 亿份与 3 亿份。三者的优势各不相同，益博睿擅长数据分析，艾可菲对无信用消费者信用评估具有优势，环联擅长风险管理。

强大的征信机构成为美国乃至世界各国征信机构的风向标，它们拥有最长的历史、最丰富的征信服务经验、最先进的征信评级技术，对促进美国信用经济的发展起到了举足轻重的作用。

在美国，法律法规非常完善，涉及信用体系的法律法规有 20 多部，其中核心为《公平信用报告法》（FCRA）。在这些法律法规中，大部分法律以保护消费者权益为主，剩下的小部分是规范征信机构行为的相关立法。值得一提的是，美国征信机构进入门槛较低，而这可能是其信用市场如此发达的原因之一，因为较低的门槛更容易形成充分竞争。

在美国，人们对信用产品的需求也特别强烈，这是因为政府很注重引导全民使用信用评估结果。在某些常用领域，企业、个人乃至政府都被要求使用信用报告，这使得美国的信用产品只要质量足够好就不怕没有需求。

美国的信用信息共享程度世界领先，其立法规定了大部分信用信息必须公开，这促进了信用信息流通，使美国较少出现信息孤岛问题。美国的《信息自由法》等许多项与信用信息使用相关的法律规定：第一，除了特殊信息（保护国家秘密、商业机密、个人隐私等的信用信息）以外的其他信用信息都必须公开，且数据不公开时必须说明理由；第二，所有人在获取政府信用信息上的权利平等；第三，政府拒绝提供可以公开的信用信息时，申请人可以向法院提起诉讼以强制政府公开。企业信用信息方面，除了企业商业机密以外的其他信用信息，任何信用服务机构都可以平等获取。个人信用信息方面，除了消费者隐私以外的其他信用信息都可以采集且不需要经过消费者同意。

美国的监管部门主要包括联邦贸易委员会和消费者金融保护局，而根据执法部门是否属于银行系统又可以分为银行系统执法机构与非银行系统执法机构，同时两者又都涉及多个部门，多个部门共同作用促进美国征信监管机制得以完美运行。除此之外，美国征信业为了让行业提供更优质的服务，自行成立了征信业自律组织与行业协会，自发地规范行业的行为，提高了行业整体信用水平。

3.1.1.2　美国信用体系中的信用主体

美国社会的信用体系是由信用信息采集和整理、信用信息分析以及与联邦政府相关的信用体系运行监管、信用相关的法律和教育等所构成的相互联系的庞大系统。信用体系是整个国家以及建立在信用上的市场经济正常运转和发展的基础，它关系到公司、个人、政府、征信机构，涉及立法、制度建设、社会公德等各个方面。

按照信用体系的覆盖范围和作用的主体来分类，美国的信用体系能够被进一步划分为个人信用体系、企业信用体系与政府信用体系。

在个人信用体系中，个人同时是信用信息的生产者与使用者；企业主要是个人信息的使用者，例如金融机构在对个人进行贷款时，个人的信用信息是其重要的参考信息；政府在个人信用体系中是信息的生产者，如个人的违法信息由政府掌握，同时政府也负责对个人信用制度进行顶层设计，并规范个人信用信息的采集、加工、使用、消费者隐私保护。征信机构在个人信用体系中既不是生产者也不是使用者，它们只负责搜集信用信息并对之进行加工，生产信用信息产品供其他人或企业使用，并以这种方式盈利。在美国的个人信用体系中，三大征信巨头益博睿、艾可菲与环联主导个人消费者信用信息的采集与整理、分析与加工、储存与销售。个人的基本信息、个人日常活动和行为习惯都是个人信用信息的一部分。个人信用体系则负责维持个人信用体系中不同主体活动的正常运行，惩戒个人信用体系中各信用主体的违法行为，借助个人信用体系建设推动国家信用经济发展。

在企业信用体系中，企业同时是信用信息的生产者与使用者，它们的日常经营活动成为企业信用信息的主要组成部分，而它们也需要消费信用信息产品从而获得信贷支持；金融机构是企业信用体系中的主要信息使用者，企业想要使用信贷服务需要向金融机构提供信用报告；政府在企业信用体系中也是企业信用信息的生产者，企业的工商行政信息都由政府掌握，它们同时负责制度建设与维持企业信用体系的正常运转；征信机构同样负责企业信用信息的采集、加工和生产信用信息服务产品并以此盈利。在美国的企业信用体系中，非政府性质的信用信息服务机构主导了整个行业，在这一领域，市场份额较大的公司主要有穆迪、标准普尔、惠誉、邓白氏。

在政府信用体系中，政府是信用信息的生产者同时也是消费者，还兼顾信用制度建设。政府是政府信用体系的主体，在政府信用体系建设中需要依法公开信用信息以供民众监督；个人与企业主要是政府信用信息使用者，对政府政务工作进行监督；由于政府信用信息一般是免费提供给大众的，因而不会有信用服务机构对政府信用信息进行搜集、分析和给出信用评分。政府信用体系作为美国信用体系的重要组成之一，它的地位和重要性与个人和企业信用体系基本相同，但又与它们在运行体制上存在比较明显的不同。

3.1.1.3 美国信用体系的结构和运行

美国的信用体系经过一个多世纪的发展与演化，已经形成了较为成熟和完善的结构与运行机制。借助信用体系，可以维持市场秩序，减少交易风险，推动国家经济的良性发展。美国的社会信用体系运行机理如下：第一是对企业和个人信用信息进行搜集和加工，形成信用信息产品。其中个人和企业信用信息是其基本信息，日常生活、生产、消费活动中产生的信用信息，以及个人的行为轨迹和活动都是信用信息的重要组成部分。第二是使用信用相关的商品，信用信息产品能够被用在减少交易中的信息不对称现象进而减少交易成本，如一个具有较高信用水平的企业，其生产的产品也会让消费者充满安全感；一个具有较高信用水平的个人，在去银行贷款时能够享受更高的贷款额度；而信用水平较低的个体或者企业在一个以信用体系为基础的社会中的各种行为将处处受阻，从而形成低水平信用主体在社会上寸步难行的失信惩戒机制，倒逼社会中各个信用主体不断提高信用水平。按照这个分析，社会信用体系的模块主要有：一是征信系统，负责对信用信息进行搜集、加工和生产信用信息服务产品；二是服务系统，围绕信用信息服务产品，根据不同的信用水平，提供不同的信用服务，如贷款、追债、信用管理咨询等；三是法律系统，如对信用信息的界定、对信用主体的保护、对征信机构的约束与监督方面的立法；四是文化系统，随着信用经济的不断发展，信用主体在生产生活中自觉不自觉地进行诚信活动，形成诚信文化。

美国信用体系中的征信系统主要是由非政府性质的私营公司经营和维护

的，征信服务完全以市场化、商业化的形式运作，占据主导地位的是在个人消费者和企业征信领域的六家主要信用调查和评估公司。而法律系统主要由美国联邦政府来进行维护和管理，通过《公平信用结账法》（FCBA）、《公平债务催收作业法》（FDCPA）、《公平信用报告法》（FCRA）等一系列法律法规来规范个人消费者、企业和各类信用服务机构的信用活动行为。美国信用体系中的教育和文化系统主要通过教育系统中对公民的通识教育来进行，此外，一些信用管理行业协会，如美国国家信用管理协会（NACM）也会定期开展针对信用服务行业从业者的专业培训和职业道德教育。

从功能上看，美国社会信用体系的运行和发展主要依赖信用担保机制、信用状况评分与评级机制、信用风险预警机制等。信用体系能够正常运转的基础是信用担保机制，其规定不同的信用主体在信用体系中的责任与义务、信用活动的规章制度、信用主体的信用保护、违规行为的处罚等。信用信息管理机制负责从各个渠道搜集、加工、保存与维护信用信息，具有信用信息数据库和信用信息查询的功能。守信激励与失信惩戒机制（信用状况评分与评级）负责推动信用体系发展，通过让守信者一路畅通、失信者寸步难行的方式倒逼社会信用主体不断提高信用水平来获得生产生活中的便利。信用风险预警机制负责对信用主体的信用水平进行评价，向处于信用风险中的主体提供风险预警，并提供针对性的改进措施以防范失信行为。

信用评价又可以称为信用评级、信用评估、资信评级，是以通过各种渠道采集而得的信用信息为基础，运用科学的信息处理技术和评价方法，将这些信用信息通过一系列分析并整理成以数值表示的信用分数，然后通过信用报告等相关产品通告给相关企业和个人的过程。考虑到一个企业或个人的信用水平的高低会对企业的经营活动或个人的生活产生较显著的影响，信用评价机制在所有以信用为基础的国家中都发挥着重要的作用。信用评价是衡量一个信用主体信用水平的主要依据。

信用风险是金融风险的一种。由于信用主体在生产生活中存在诸多不确定性，通过实时监控信用风险，预防失信行为，能够避免信用主体在生产生活中产生损失。根据预警对象层次的不同，信用风险预警可以分为微观信用风险预警与宏观信用风险预警。其中，微观信用风险主要面向单个信用主体，如厂商、金融机构、个人等；宏观信用风险则主要面向制度或者区域。美国信用体系中的信用风险预警机制的结构主要包括：预警指标体系、预警界限、数据处理和灯号（红、黄、绿三种信号）显示，即通过预警指标体系来反映信用风险状况；通过经济发展状况与现实条件确定指标的临界值；通过合理的数据处理模型对信用风险进行综合评价；最后用灯号来显示金融风险的状态。

3.1.1.4 美国的信用制度

与世界上的其他国家相比，美国已经在长时间的发展和改进中形成了较为健全、完整和规范的信用体系。从总体来看，美国的信用制度主要由以下三大功能模块构成：

1. 信用销售和支付制度

信用销售（sale on credit）指的是以个人消费者或者公司的信用作为担保，先取得商品和服务，然后在规定的时间期限内按照合约要求付清商品款项。这又被称为赊销。在美国的信用体系中，个人消费者通常采用信用卡或者各种商业贷款的方式（例如汽车贷款、房屋贷款、教育贷款）来进行信用消费，而企业和公司也普遍在运营中采用信用消费的方式促进业务规模的扩大和经营水平的提升。

信用销售是美国社会信用体系的一项重要制度，信用在交易中可以代表货币完成变相的支付功能，不论是商家、个人消费者还是企业都倾向于采用这种交易方式。因为，通过信用销售可以突破消费的时间和规模限制，增加个人和企业的消费，从而扩大生产规模，促进经济的繁荣和进步，创造更多的就业机会。此外，建立在信用水平上的销售可以通过优胜劣汰的方式，扶持信用程度良好、综合实力强以及具有较大进步潜力的公司的发展，抑制信用水平较低、综合实力较弱的公司的发展，从而实现资源和资金的最优配置。

2. 信用管理和征信制度

所谓信用管理，指的是对信用信息进行搜集、整理、评分和使用等围绕信用信息开展的活动的管理。而征信（credit investigation）指的是对个人消费者或者公司的相关信用信息进行搜集、整理、分析并最终得出关于一个公民或者公司的信用状况评估报告的过程。征信的目的是尽可能地了解并反映被调查对象的信用状况以及支付债务的能力和意愿，从而减少信用风险并避免资金损失。

在美国的信用管理和征信制度中，信用管理和征信服务主要由市场化的公司提供，而联邦政府并不参与具体的征信服务，仅仅负责法律法规的制定和完善以及整个信用系统的设计和监督。美国从事征信服务的公司被称为信用局（credit bureau），它们提供全面而多样的商业化信用产品，是美国征信制度的主要组成部分。

3. 信用信息的市场化制度

由于美国的信用管理行业是高度市场化和商业化的，这些非政府性质的信用调查与评估公司提供了种类繁多的、针对不同使用对象和应用层次的信用产品与服务。信用调查和评价是美国发达的市场经济中一种重要的商品，并且这类商品随着时代和技术的发展而在不断地被改进和革新，以更好地适应不同信用主体和使用者的需求。具体来说，美国社会信用体系中的信用商品主要有四个大的类别。以下将对这四类信用商品进行详细介绍。

（1）个人消费者信用评估产品。从业务规模和信用信息覆盖的范围来看，前述的益博睿、艾可菲与环联是当今世界范围内三家规模最庞大的个人用户资质和信用水平调查服务公司，通常被称为"信用局"，这些信用状况调查机构都拥有海量的个人信用相关信息和记录库。如其中的艾可菲公司于1899年成立于亚特兰大，至今在全球共有13 000多名员工，是全球500强企业成员之一，拥有超过1.9亿美国人和1 500万加拿大人的个人资料档案。益博睿公司是一家总部位于英国的个人消费者信用调查和报告机构，全美大约三分之一的信用咨询由益博睿公司运作，金融有关部门、金融信托是其最大的客户。该公司拥有1.7亿个个人信用账户，在全球范围内招聘了12 000多名员工。这些针对个人消费者的信用服务机构存储着美国数以亿计的个人消费者的交易记录、信贷状况、失信行为和其他信用相关信息，每年为个人消费者提供全面而真实的"普通个人用户信用调查概况文档"（In File Credit Report），并且为相关客户提供个人消费者信用状况的客观评估结果。

（2）公司信用状况评估产品。在美国的企业信用体系中，三大信用调查和评估机构（穆迪、标准普尔、邓白氏）可以提供种类繁多、覆盖面广的信用状况评估报告。这些信用产品可以帮助相关客户对一家企业的真实信用状况进行客观全面的估计和判断，有助于避免潜在的信贷风险与资金损失。具体来说，美国的公司信用状况评估产品主要包括公司信用状况报告、公司深层信用信息挖掘和分析报告、公司家谱和管理关系报告、国际供应商评价报告、付款分析报告和针对专项内容的信用信息报告等。

（3）信用评级相关产品。信用评级是前瞻性地评估债务人的信用风险，预测其偿还债务的能力，以及债务人（个人、企业、公司或政府）的违约可能性的活动。信用评级是信用评级机构对潜在债务人的定性和定量信息的评估，以预期债务人提供的信息和信用评级机构分析师获得的其他非公开信息为依据。评级由信用评级机构完成，美国最大的三家信用评级机构（标准普尔、穆迪和惠誉）提供的信用评级产品包括主权信用评级、企业信用评级、短期和长期评级等产品和服务。主权信用评级是针对国家或主权实体的信用评级。主权信用评级使投资者能够深入了解与投资特定国家（地区）相关的风险水平，包括其政治风险、经济风险和社会风险。而企业信用评级主要针对公司的经营和财务状况，评级结果以 A、B、C 表示。A 类为最高等级，较高等级表示较低的违约概率。短期和长期评级表示被评级方在给定时间范围内发生违约的可能性。一般而言，一年或一年之内的时间范围被认为是短期的，任何长于此范围的时间都被认为是长期的。在过去，机构投资者更愿意考虑长期评级，而现在通常使用短期评级。

（4）信用状况历史记录。信用记录是借款人的债务偿还情况记录，而信用报告中借款人的信用记录的来源包括银行、信用卡公司、追债机构和政府。在美国，当客户向银行、信用卡公司或商店提交信用申请时，他们的信息将被转发给信用局。信用局将信用申请人的姓名、地址和其他识别信息与其档案中保留的信息进行匹配。然后，贷款人使用搜集的记录来确定个人的信誉，即确定个人偿还债务的能力和历史信用记录。偿还债务的意愿表现为过去向其他贷方偿还债务的及时性。贷款人喜欢定期按时偿还债务的个人消费者，同时特别注重未及时付款的不良记录。对于个人消费者信用状况历史记录的搜集、使用和交易受到美国《公平信用报告法》的规范和约束。

3.1.1.5 美国的信用管理模式

与其他国家不同，美国的信用管理模式不依赖政府进行总体上的规划和调控，而在很大程度上依赖商业化市场化的信用服务公司和其他非政府性质的信用行业协会来实现。例如，在个人消费者信用管理方面，主要依靠益博睿、艾可菲与环联等完全市场化运作的私营信用管理和服务公司来实现对于个人消费者信用信息的采集、整理、分析、利用和储存；在公司信用领域则主要是由穆迪、标准普尔、邓白氏三大企业信用调查和服务公司来引导整个行业发展。除了商业化的征信公司外，在美国的信用体系中还存在一些非政府性质的行业机构，例如美国债务追收协会（American Collection Association，Inc.）、美国信用管理协会（NACM）等。它们虽然不涉及具体的信用服务业务，但是对整个信用行业的发展起到凝聚、统一和提升的作用。美国联邦政府虽然在整个信用管理的机制中不占据主导地位，但是它的主要职责是对整个信用体系平台的构造和维护，通过优化和出台相关法律法规、政策来规范和引导整个美国信用体系的良性持续发展。以下部分将详细介绍美国信用管理模式的四个主要特点。

1. 信用调查和评分的公司非公有化

不论是针对美国个人消费者还是针对企业，提供信用调查和服务的机构都不是联邦政府，而是一批完全非公有化的信用信息服务企业。这些企业提供完全市场化和商业化的信用调查和评估服务。在信用管理中的全部环节，如信用信息采集、整理和储存、分析和处理、形成报告、完成交易，都是通过市场化的方式运作的，联邦政府基本不会参与具体的业务流程。但是这些非公有化信用服务公司的活动并不是完全自由的，它们在信用服务中的每一个环节必须严格遵守联邦政府制定的行业规范和相关的法律法规，例如《公平信用报告法》《公平债务催收作业法》等。在信用管理中，这种完全市场化的运作模式激活了信用调查和评估行业的活力，提高了整个国家信用管理的效率，对于其他国家（地区）的信用管理模式的建设也具有很大的借鉴意义。

2. 美国联邦机构在信用管理中的责任和义务清晰明了

联邦政府的主要职责是对整个信用体系平台进行构造和维护，具体的行为包括：通过优化现有信用管理行业法律法规来规范整个信用行业的健康发展，利用政策来引导和保证信用数据的商业化交易和规范使用，保障个人消费者和企业在信用活动中的基本隐私权，以及从整体上优化整个美国信用体系架构。虽然在具体的信用管理活动中基本不见联邦政府的身影，但是联邦政府在美国信用体系中提供的无形的支撑和引导正是整个信用信息行业持续健康发展的重要因素。

3. 非政府性质的信用管理机构较为活跃

美国的信用体系中，除了占据主导地位的国家信用管理部门外，一些非政府性的信用管理机构也较为活跃，比较有影响力的非政府性信用管理机构主要有美国债务追收协会和美国信用管理协会。美国债务追收协会成立于1939年，其会员遍布美国和60多个国家（地区），该组织有超过230 000名信用管理领域工作者。作为信用管理的行业协会，美国债务追收协会向政府游说有利于其成员的公共政策，提供培训和资格认证资源，建立道德标准并向企业、政策制定者和消费者宣传行业价值。美国信用管理协会成立于1896年，是一个由成员所有的协会，旨在促进良好的信用法律保护，保护企业免受欺诈性债务人的影响，改善信用信息的交换，制定更好的信用管理方法，并制定信用行业道德准则。此外，美国信用管理协会还提供针对信用行业从业人员的培训和专业认证计划。这些非官方的信用机构对于促进建立国家行业标准、提升信用管理从业人员的道德标准和职业操守起到了重要的作用，也是美国信用体系中重要的组成部分。

4. 对公民守信教育和信用管理相关研究的大力投入

美国信用体系的发展和成熟离不开学校和社会对公民遵守信用意识的培养与教育。在学校和社会中受到的信用教育使每一位美国公民都意识到，一个具有较高信用的企业，其生产的产品也会让消费者充满安全感；一个具有较高信用的个人，在去银行贷款时能够享受更高的贷款额度；而信用较低的个人或者企业在一个以信用体系为基础的社会中将处处受阻。在这种环境和教育的影响下，每一位公民都会有意识地培养良好的守信品德并自觉维护自身的信用水平，从而整个社会能够形成较好的信用氛围。

除了针对所有美国公民的守信意识培养和信用通识教育外，美国还通过大力投入专业化的信用管理高等教育和研究来保证信用体系的良性运转和不断升级。目前，在美国很多大学中的本科生和研究生阶段都开设了信用管理相关专业，并且在美国各个大学的商学院里都有针对信用管理内容的课程供学生选修。1896 年成立的美国信用管理协会是对美国信用行业从业人员进行教育和培训的著名专业机构。美国信用管理协会的成员是信贷和财务主管，主要来自制造商、批发商、金融机构和各种服务组织。美国信用管理协会的培训和专业认证计划包括信用业务助理（CBA）、信贷业务研究员（CBF）、认证信用和风险分析师（CCRA）以及认证信用执行员（CCE）等。此外，该协会的国际部门是国际金融、信贷及商业协会（FCIB），为国际信贷专业人士提供教育、研讨会和报告。

除此之外，美国的各大高等教育机构和信用管理机构还投入大量人力、物力和财力进行信用评分和管理方面的研究。通过信用机构与企业和高校研究人员的相互协作，共同探索并改进信用管理模式，推动美国信用体系向更加智能、便捷和完善的方向前进。

3.1.1.6 失信惩罚机制

守信激励与失信惩戒机制即信用奖惩机制是信用制度建设的核心，科学合理的信用奖惩机制是美国信用体系建设得以正常运行和发展的前提。奖惩机制就是通过扩大失信行为后果的严重程度，将失信个体消费者和被失信的个体之间的矛盾转化成整个社会体系和失信个体之间的对立和矛盾，从而依靠社会体制的力量全方位地对失信行为进行威慑、惩罚和教育。

在美国，信用奖惩机制具有四个层面、六大要素和四大支持体系。其中，发挥作用的四个层面是指道德层面、社会层面、商务层面和行政层面。道德层面即失信行为会被认为是不道德的，而守信行为则会被认为道德高尚；社会层面即失信行为会受到社会谴责，守信行为会受到社会认同；商务层面即失信者会在生产经营活动中寸步难行，而守信者会一路畅通；行政层面即失信者会受到行政处罚，守信者会在行政活动中享受便利。六大要素是指实施主体、适用对象、适用范围、实施依据、适用程序和实施内容。实施主体即守信激励与失信惩戒的执行者，既包括政府部门，也包括企业和社会公众，不同的实施主体能够采用的激励与惩戒机制不同；适用对象即受到守信激励与失信惩戒的对象，即守信与失信的企业、个人或者政府；适用范围指根据各地区立法的不同，对同一对象采用的激励与惩戒方式可能产生差别；实施依据则是各地的法律，实施主体在实施奖惩时应该在立法范围内进行；适用程序即实施奖惩所需要遵循的合法步骤；实施内容则根据实施对象的不同而有差别，具体需要相应立法的支持。四大支持体系是指技术支持体系、标准支持体系、市场支持体系与法律支持体系。其中技术支持体系是实施奖惩所必需的技术，如信用信息数据库、信用评级技术等；标准支持体系即信用信息的采集、处理、评级、奖惩应该符合的标准；市场支持体系即信用服务市场，信用的高低需要征信机构进行评估，信用产品应用也需要信用服务机构开发；法律支持体系则是维护奖惩机制能够正常运行的基础。

在美国的信用体系中，信用管理有关法律法规对于个人消费者的惩罚已经扩展到了一个人正常生活的许多方面。如果个人信用状况不佳或者曾经有过严重的失信行为，那么他在日常经济和社会活动的每一个环节都会受到制约与限制，具体体现在以下方面：第一，信用卡和贷款利率高，信用额度低。信用评分较低的借款人风险高于信用评分较高的人，债权人和贷款方通过向个人收取更高的利率来应对此风险。当信用评分低到一定程度时，信用和贷款申请可能会被拒绝。第二，在租房时难以获得合同。在个人消费者信用评分较低的情况下，如果房东仍然同意出租，那么这些消费者可能需要支付更高的保证金。第三，不能通过贷款买车。在提供汽车贷款之前，银行会审查个体消费者的信用。如果其信用不良，很可能会被拒绝发放汽车贷款；或者，即使贷款申请获得批准，也可能会被收取较高的利率，从而导致每月付款额更高。第四，可能会被剥夺就业机会。从事高层管理人员或金融业工作，都要求申请者拥有良好的信用记录。实际上，由于信用报告中的负面项目，尤其是高额债务、破产或未结清的账单，求职者可能会被拒绝。第五，不良的信用记录使个人消费者难以申请到创业资金。许多新企业需要银行贷款来帮助创业，即使拥有可靠的创业计划和数据支持，不良的信用记录也可能影响一个创业者申请到开展新业务所需的借款金额。

从总体来说，美国的信用体系中的失信惩罚机制是多方面和多维度的。失信行为导致的不是在某一方面受到处罚，而是会影响一个公民的正常生活和一家公司的日常经营活动。通过这种多方面的共同作用，美国的失信惩罚机制有利于促进每一位公民自觉维护自身的信用水平，减少失信行为，进而创造出一个良好的信用环境。

3.1.2 美国个人消费信用体系

3.1.2.1 美国个人消费信用体系的发展

在美国的消费信用体系中，存在着三类不可或缺的与信用管理相关的组织机构，它们共同协作，支撑整个美国信用体系的正常运营和不断进步。从总体来看，这些信用相关机构可以分为三类，即授信机构、信用服务相关机构和受信者。美国的消费授信机构基本上由三种相关机构组成，即金融机构（主要包括商业金融机构、信用合作社以及各类储蓄相关机构）、金融公司和非金融相关机构。其中，金融机构占消费信用市场份额的70%左右，是美国消费信用最主要的提供者，也是消费信用信息共享系统的重要参与者。金融机构等授信相关机构掌握着大量的信用资源，其主要的业务就是将其拥有的信用资源采取一定的方式转移给使用这些信用资源的个人和单位，在规定的时间再收回已经转移出去的信用资源。在这个过程中，其向信用的使用者收取一定的费用，以实现自身利益的最大化。个人用户是信用资源的使用者，也称为受信者，他们从授信相关机构那里接受一定规模的信用，然后将这些信用运用到自己的经济生活中，实现自己的预期目的，其间或到期后其要归还借用的信用，并支付一定的费用。在授信相关机构和受信者中间，还存在着各种形式的信用服务相关机构，这些信用服务相关机构对消费信用的健康运转起着非常重要的作用，其主要业务是对有关个人用户的信用资料进行搜集，并对个人用户的状况进行评定，为授信相关机构的决策服务。一个国家的信用体系建设的情况以及信用体系运作的情况是可以从信用服务相关机构的情况中反映出来的，其中个人用户信用报告相关机构是非常重要的针对个体消费者的信用监督和管理部门，它的职责和作用对整个个人用户市场的信用管理具有决定性意义。

在美国，个人用户信用局（个人用户信用状况调查和等级评估机构）负责搜集和调查、整理个人消费者用户的信用相关数据，并且给出个人用户的信用状况评分和说明。这些关于个体消费者的信用报告和评分可以在法律法规允许的范围内提供给第三方使用。1860年，第一个区域性的个人信用情况调查和信用等级评估相关机构出现于纽约布鲁克林。大多数早期的信用局是由某个地区的商家联合组成的合作性相关机构，甚至是非营利性的相关机构，其主要业务是将各成员客户的信用历史汇集在一起，供各成员分享使用，如用于追收客户欠款。还有一些信用局则是由本地的金融公司、金融机构、保险公司或地方商会发起设立的，这些由不同行业分别发起组建的信用局之间往往互不来往。美国的信用管理机构在刚刚成立和运营阶段，其工作主要是从各种渠道获取个人用户的信用违约情况记录，并且为第三方提供这些信用报告以帮助它们规避潜在风险，提升信用管理水平。

信用局汇集的信用登记记录除了借款人的姓名、地址和借款金额外，还包括从地方报纸上搜集诸如犯罪、职务升迁、婚丧嫁娶等日常私人信息。此外，信用报告也记录相关贷款机构对个人用户信息的查询，这种记录显示个人用户正在试图从某贷款机构申请贷款，个人用户在一段时间内申请贷款的次数越多，其信用风险就越大。

在美国的信用管理机构的初始阶段，全国缺乏统一的信用管理机构，每个州都依靠各自独立的信用管理组织和部门来进行信用监管，所以相互之间差异巨大。另外，由于缺乏联邦政府的有效协调，各个州的信用管理机构相互合作的情况非常罕见，无法实现在信用信息上互通有无。除了每个州各自独立的信用管理部门外，在美国的各个行业也分别有单独的信用管理组织，但是总体来看也缺乏整合和相互沟通。1903年，美国消费信用局开始进行合作，形成了第一个覆盖美国大部分地区的个人信用情况调查和信用等级评估局。20世纪初，这些信用局联合建立了协作信用局（associated credit bureaus，ACB）组织。其成员在成立初期还不到100个，1927年增加到800个，1955年达到1 600个，最多的时候有2 200个成员。从1945年至今，计算机技术的飞速进步和在商业应用中的迅猛发展使得金融行业也取得了跨越式发展。这些因素促进了原本分散在各个州的规模较小且相互独立的个体消费者信用局进行联合和统一，从而形成规模较大的信用管理组织，以更好地适应金融市场的巨大变化。

1890—1950年这段时间，国家银行法律法规和各个州的金融相关法律法规对金融机构的活动范围进行了较大的制约和限制。规模较大的全国性金融机构和规模较小的地区性金融机构（如各个州的银行）都无法将商业活动和金融服务延伸扩展到自身所在的地区之外。1950年前后，很多美国金融机构开始针对个人消费者提供信用卡服务。这项服务受到了个体消费市场的极大欢迎，在很短的时间内，信用卡服务就很快覆盖了美国各个州。从实际的效果来看，通过发行信用卡，很多银行就可以避开国家和各个州的金融相关法律法规的限制和约束，将自身的业务范围和金融服务扩张到更多的地域，覆盖更多的个人用户。虽然无法跨地区开设实体的分支金融服务机构，但是通过信用卡服务可以实现相同的效果。随着越来越多的个人用户使用信用卡进行消费，这种方式也逐渐被更多的商家认可。信用卡一步一步地取代了以前每个商家自己建立的信用管理服务，例如零售商发行的只能在本店购物的本店信用卡。根据相关资料，在20世纪60年代，商家自己提供的信用管理服务的资金总额度与金融机构提供的信用卡的资金额度的比率为 6 : 1。经过一段时间的迅猛发展，信用卡的信用资金额度逐渐追上商家自营的信用资金额度，并且实现了反超。在 20 世纪 90 年代，信用卡的信用金额与商家自己提供的信用管理服务的资金总额度反转为 3 : 1。在这种形势下，信用卡服务将很多实力较弱的信用管理商家淘汰出了市场，而一些规模较大的商家仍然在坚持自营的信用管理服务，例如西尔斯（Sears）这类企业接纳信用卡的同时维持自身提供的信用服务。但西尔斯的坚持并没有持续很久，花旗银行集团（Citi Group）在 2003 年收购了西尔斯自营的信用管理和相关服务。

信用卡的流行也为信用服务带来了三大挑战。第一，随着使用信用卡逐渐被更多的个人消费者接受以及信用卡服务的不断推陈出新，相关金融机构为了提升服务质量和运营效率，需要在用户信息和交易信息的记录、使用和管理上不断地进行技术革新和升级。这在无形之中对相关的信用管理部门提出了更高要求。第二，与以往的金融产品相比，信用卡的用户无论是从数量还是从地理范围上来说都极其庞大和分散，原有的分散的、地区性的和规模较小的信用管理组织已无法满足信用管理的需要。在这种情况下，需要由全国性的、整合度高、规模较大的个人消费信用管理机构来进行信用信息管理。第三，信用卡的服务会扩散到越来越多的人群，而相关的金融机构在提供信用卡服务时需要以充分的个体消费者信用信息为依据进行决策。在这种情况下，针对个体消费者的相关信用调查和信息对金融机构具有重大的意义，市场前景广阔。

通过长期的发展和市场的筛选，美国针对个人消费者的信用调查机构基本上由三家规模较大的信用服务提供商和超过两千个规模较小、分散在美国各州、地域性和行业性较强的信用服务机构共同构成。大型机构和小型机构覆盖的信用服务范围存在着显著的差别。三大信用服务提供商主要是为大型企业和政府提供较为全面的信用服务，而小型机构的主要业务是管理所在地区居民个人消费相关的信用数据，服务所在地或者其他地域的企业。它们之间是一种相互合作和互相补充的关系，分别在不同层次发挥作用，共同促进美国个人消费者信用体系的发展。美国基本上每一个居住人口超过万人的地区都有一个小型的信用信息管理机构，这些机构负责搜集所在地区居民的信用数据，并且将这些数据提供给有需要的相关企业和三家大型的信用调查机构来获取收入。通常情况下，这些小型的信用机构也是三大个人消费信用信息管理和服务机构的会员，它们之间是一种合作的关系。除此之外，一些小型的行业性信用管理机构也单独开展业务，提供更加专业的信用信息和服务。例如，在租房行业提供房东和租房者相关信用信息的房屋出租信用服务机构、针对电信公司提供电信用户个人信用信息的电信行业信用管理组织、在保险行业提供投保人的个人信息和信用状况记录的保险行业信用管理机构。受各种因素的限制和制约，美国这些信用调查机构的业务范围局限在北美地区，它们所拥有的数据基本上只包括北美地区个人消费者的信用数据，无法覆盖全球的所有消费者。

3.1.2.2 美国三大全国性个人消费信用情况调查等级评估机构

美国消费信用风险评估产业的重要特征，是它的主要机构之间相互联系较紧密并形成了一个有机的整体网络，而这张网络的中心节点是美国的三家全国性的大型信用信息管理和服务机构——艾可菲公司、环联公司和益博睿公司。这三大信用服务机构拥有全国个人消费者的信用数据和资料，可以提供较全面的信用信息和较客观的个人消费者信用评级。虽然每一家具有贷款业务的金融机构都会建立和维护自己的个人消费者信用状况记录数据库，但是它们拥有的信息与这三大全国性的机构相比则显得较为片面和分散，对个人消费者进行全面和严谨的信用状况分析还需要依赖这三大信用机构提供的多维度的数据。三大公司各占有北美大约 1/3 的个人信用情况调查和信用等级评估市场份额。个人信用情况调查和信用等级评估相关机构与它的数据提供方和它的商业客户的关系，主要由双方之间的合同来规定，但同时也受到一定的法律制约。一般来说，发放信贷的金融相关机构从个人信用情况调查和信用等级评估相关机构获得的信贷报告，既有在线形式的，也有离线形式的。通常，个人信用情况调查和信用状态等级评估相关机构能够提供给它的客户的信用相关的服务或者产品主要包括四个类别：一是个人消费者的银行贷款历史和相关数据以及档案；二是法院、警察局等各类法律相关机构提供的个人消费者社会活动的相关记录；三是个人消费者对于贷款的偿还情况以及其中有无失信行为；四是关于每一位个人消费者综合信用状态和等级的评分。此外，信用等级评估相关机构还能够提供诸如保险、就业等其他方面的个性化个人用户信息。

以下具体介绍美国三大消费信用局的主要情况。

1. 环联概况

环联是一家美国消费者信用报告机构，总部设在美国伊利诺伊州的芝加哥市。环联搜集并汇总了 30 多个国家（地区）超过 10 亿个人消费者的信息，其中包括 2 亿个文件，几乎覆盖每个美国信用活跃的消费者，其客户包括 65 000多家企业，其 2019 年营业收入约为 26.56 亿美元。

环联公司于 1968 年创立。1969 年，环联认识到利用技术专长发展新业务的机会，于是收购了库克县信用局（CBCC）。在收购库克县信用局后不久，环联成为信用报告行业中第一家通过磁带-磁盘信息传送系统处理客户账户数据的公司，大大减少了更新消费者文件的时间和成本。

在整个 20 世纪 70 年代和 80 年代，环联通过技术更新和投资收购继续扩大其企业规模和增强业务能力。1988 年，环联在美国实现了全面覆盖，维护和更新了几乎每个市场活跃消费者的信息。2002 年，环联通过收购 TrueCredit.com 进入直接面向消费者的市场，环联现在通过 TrueCredit.com 上易于使用的在线服务帮助数百万消费者保护和提高其信用。

1970 年，环联设计并实施了信用报告网络运行系统（The Credit Reporting Online Network Utility System，CRONUS）。

到目前为止，环联已在 30 多个国家和地区开展国际业务。它通过数据、技术和分析将企业和消费者联系起来，以帮助建立全球信贷经济，是所服务市场中提供风险和信息解决方案的领导者。同时，环联还设有许多相关分支机构。其中，在美国的主要相关分支机构包括：居住服务分部，该主管机构将个人用户信用信息用于贷款评估、财产调查、住宅抵押贷款报告，它的主要服务对象是当地发放消费信贷的金融相关机构；保险分部，该主管机构向保险、交通、能源产业的公司提供信用情况调查和信用等级评估信息，针对风险管理服务、欺诈行为调查、收贷工具以及市场策略服务。

2. 艾可菲概况

艾可菲是一家消费者信用报告机构，其搜集并汇总了全球超过 8 亿个人消费者和超过 8 800 万家企业的信息。艾可菲源于 1899 年由 Cator 和 Guy Woolford 两兄弟创立的零售信贷公司（Retail Credit Company），总部位于佐治亚州亚特兰大市，是三大信用机构之一。它在纽约证券交易所上市，公司名称为 EFX。

艾可菲主要面向各行各业的企业销售消费者信贷和保险报告及相关分析。商业客户包括零售商、保险公司、医疗保健提供商、公用事业、政府机构、银行、信用合作社、个人和专业金融公司以及其他金融机构。信用报告提供有关个人信用和个人支付历史的详细信息，说明他们如何履行支付账单或偿还贷款等财务义务。信贷授予人使用此信息来决定向其客户提供何种产品或服务，以及使用何种条款。艾可菲还提供商业信用报告，类似于邓白氏，包含各种规模企业的财务和非财务数据。艾可菲通过全国消费者电信和公用事业交易所（NCTUE）搜集和提供数据，这是一种非信用数据交换，包括电信和公用事业账户的消费者支付历史。1999 年，艾可菲开始向信贷消费领域提供服务，例如信用欺诈和身份防盗产品。法律要求艾可菲和其他信用监督机构每 12 个月向美国居民提供一份免费信用档案，美国个人消费者可以在 Annualcreditreport.

com 网站获得艾可菲提供的信用状况报告。2016 年，艾可菲与位于印度金奈的信贷协调人 Credit Mantri 合作，为其客户提供免费信用评分和贷款报告。艾可菲还提供基于设备指纹识别、面部识别的身份验证平台，例如欺诈智商身份验证（Fraud IQ Authenticate Device）。

3. 益博睿概况

益博睿是一家消费者信用报告机构。益博睿搜集并汇总了超过 10 亿人和众多企业的信息，其中包括 2.35 亿美国个人消费者和超过 2 500 万家美国企业。益博睿总部设在爱尔兰都柏林，在 37 个国家运营并且在英国、美国和巴西等设有主要分支机构。该公司拥有约 17 000 名员工，2018 年的营业收入为 46 亿美元，并在伦敦证券交易所上市，是富时 100 指数的成分股。除了信用服务，益博睿还向企业出售决策分析和营销协助方案。其消费者服务包括在线访问信用记录和旨在防止欺诈和身份盗用的产品。与所有信用报告机构一样，美国法律要求公司每年向消费者提供一份免费信用报告。

益博睿最初在美国成立时的公司名称是 TRW 信息系统和服务公司，它是 TRW 公司的子公司。1996 年 11 月，TRW 将益博睿出售给两家波士顿私募股权公司：贝恩资本（Bain Capital）和托马斯·李投资集团（Thomas H. Lee Partners）。仅仅一个月后，两家公司就将益博睿卖给了英国一家零售集团大世界百货公司（The Great Universal Stores Limited）。

益博睿是全球规模最大的个人消费者信用情况调查和信用状态评估企业，它提供许多个人信用情况调查和信用等级评估产品和服务，主要的产品和服务有以下几种：

（1）个人信用情况调查和信用等级评估数据。益博睿拥有大量的个人和企业背景资料和信用记录，可以为更好地理解个人用户行为和个人用户潜在的需要提供有力的判断依据。

（2）个人信用情况调查和信用等级评估数据整合。益博睿拥有许多不同的数据源，可以准确、实时地提供经过整合的个人用户信息。

（3）数据库服务与技术服务。益博睿设计、建立、管理和维护着一些世界顶尖公司的数据库，保证其数据的安全，并提供方便的存取服务。

（4）决策支持及策略分析。益博睿可以为建造一个有效信用风险分析模型而提供其分析人员、策略和工具，寻找未开发的市场，为客户探索最有利的商业策略。

3.1.2.3 个人消费者信用状态和等级评估

个人信用评价又可以称为信用评级、信用评估、资信评级，是以通过各种渠道采集所得的信用主体的信用信息为基础，运用科学的信息处理技术和评价方法，将这些信用信息通过一系列处理加工成以信用报告为主要形式的信用产品的过程。信用评价是衡量一个信用主体信用水平的主要依据。而信用评分的结果会在很大程度上影响个体消费者或企业的行为模式，信用评价机制在所有以信用为基础的国家都具有十分重要的意义。

尽管美国的三大个人信用情况调查和信用等级评估相关机构都已发展了个人用户信用风险评估系统，但最被广泛使用的信用状态和等级评估系统是由费埃哲（Fair Isaac Corporation，FICO）公司于 1956 年开发出来的。由于三大主要个人信用情况调查和信用等级评估数据库对同一个人用户的信用情况调查和信用等级评估数据有微小的差异，每一个个人消费者在环联、艾可菲和益博睿中的信用状态评估结果经常会有较大的出入和差异。虽然都采用 FICO 计算方法，但是美国这三家针对个人用户的信用评级机构通常会把 FICO 评分转变成具有自家公司特色的专有名词。例如，FICO 评分在环联、艾可菲和益博睿分别被冠以 Empirical Score、Beacon Score 和 FICO Score 的名称。

FICO 信用评分中的主要指标体系被分为五类，它们分别是付款记录、债务负担、信用记录时长、信用产品类别、近一段时期内的信用申请情况。五项主要评分指标在评分中所占的权重比例分别为 35%、30%、15%、10% 和 10%。

不良付款记录、破产、留置权、判决、和解、退款、收回、取消抵押品赎回权和延迟付款都可能导致 FICO 评分下降。债务负担类别考虑了一些债务特定的衡量标准。根据 FICO 的评分标准，债务类别中有六种不同的指标，包括债务比率、付款记录、使用的信贷类型、最近的信用搜索以及信用记录时长等。其中，信用记录时长指的是个人消费者信用历史的长短，它可以对其 FICO 分数产生积极影响。使用的信贷类型包括分期付款、循环、消费金融、抵押等。FICO 信用评分的范围在 300 至 850 之间，分数越高则信用水平越高而信用风险越小。

信用评分分值是建立在个人信用档案基础上的数据的一项综合汇总，每一个个人消费者用户的信用状态评分都不是静态的和固定的。根据个人用户信用和等级评估模型的工作原理，在信用情况调查和信用数据通过信用状态和等级评估模型之前，所有用户的 FICO 得分都是相同的。FICO 设定的起始得分是 850，信用状态和等级评估模型利用个人消费者信用信息的不同维度进行信用状况的评估，然后从总分 850 中扣除相应的分数从而得到最终的个人信用评分。信用状态和等级评估模型将逐一检验个人消费者所有的信用记录和档案，并依据违约或者失信行为，结合其他相关信息，利用特定的算法计算出从850的起始分中扣除的分数，最终得到每个个人用户的信用等级评分。个人用户如果想要维持一个较高的信用水平和评分，需要依据FICO的相关方面评分标准和政策，努力规范自身的信用行为。

根据《公平信用报告法》，每个合法的美国居民有权每12个月一次从每个信用报告机构免费获得一份自己的信用报告。法律要求环联、艾可菲和益博睿免费提供报告。非FICO信用评分作为报告的附加功能提供，需要付费。

从20世纪90年代开始，产生信用评分的国家信用报告机构也产生了更专业的保险评分，然后保险公司用它来评估潜在客户的保险风险。研究表明，大多数投保者通过使用分数支付较少的保险费。这些研究指出，得分较高的人索赔较少。2009年，环联代表在康涅狄格州立法机关作证，其向雇主推销信用评分报告，以便其在招聘过程中使用。至少有12个州的立法者提出了法案，并且有三个州通过了法律，限制了招聘过程中对信用检查的使用。

除了通用的个人信用状态和等级评估系统，FICO和许多相关机构也开发了用于产业的特定信贷信用状态和等级评估系统，也就是所谓的"产业选择信用状态和等级评估"。产业选择信用状态和等级评估产品也可通过三大信用情况调查和信用等级评估机构订购。由个人信用情况调查和信用等级评估机构提供的特定产业的预测，通常比通用的信用风险信用状态和等级评估更精确。常见的产业选择信用状态和等级评估产品领域包括房地产信贷产品、住房抵押贷款、金融机构信用卡、分期付款贷款。

3.1.3 美国企业信用体系

3.1.3.1 美国企业信用体系产生的原因

从企业角度看，运用信用可以说是从企业这种经济组织形式诞生时就开始了。虽然从理论上讲，企业经营完全可以不用负债，甚至可以经营得更好，但是绝大多数公司都会不约而同地选择从金融机构借贷来进行商业活动。通过这种方式，一家公司可以快速获取发展所必需的大量资金，使其在尽可能短的时间内壮大自身的实力，在竞争中占据有利地位；同时在企业的经营成果高于负债所承担成本的情况下，负债经营对企业自身和股东而言也是一件非常理想的事情。

负债经营也是企业对信用的运用。在大量的公司进行借贷经营的环境和背景下，需要对企业信用进行规范和约束，因此需要相应建立针对企业用户的信用管理机构和体制。企业信用管理与个人用户信用管理相比存在着许多不同之处。一是单个企业信用的规模非常大，单笔信用的影响就更大，个人用户信用一般在几万、几十万或者几百万元，但企业信用经常涉及几千万甚至上亿元。二是在企业信用中信息不对称的程度比个人用户要大得多，授信相关机构获悉受信单位的相关信息的难度比较大，这就意味着授信相关机构对单笔信用承担的风险要比个人用户信用大得多。另外，随着资本市场的发展，许多公司成为上市公司，如果这些公司的信用发生了问题，受影响的就不单是公司的股东和其他利益相关者，整个社会都会受到极大的影响。所以，企业信用管理体系在一个国家的经济运行中是非常重要的，即使在那些还没有进入信用社会的国家，也都会对企业信用进行管理。

正是由于企业信用管理的重要性，美国政府对企业信用管理体系关注的程度更高，制定了许多硬性的法律规定，引导企业信用的健康发展。同时，为了解决信息不对称的问题，在企业信用体系中它始终重视企业的信用评级工作。从某种程度上说，一个国家企业信用体系的状况能够在企业信用评级的状况中体现出来。

在一百多年的发展进步和演化过程中，美国已经形成了结构较完整、惠及大部分个人公民和企业用户、以完善的法律法规为保障的成熟的信用网络和制度。这对美国经济的发展和稳定起到了较大的推动和保障作用。小到个体公民通过信用卡购买商品，大到企业和金融机构之间相互的借贷活动，都离不开信用制度的推动和保障。发达的个人消费信用体系和企业信用体系、相关的法律法规、活跃的信用调查和评估机构、活跃的信用信息服务提供商，共同搭建了美国本土活跃和健全的信用系统。

3.1.3.2 美国企业信用体系中的主要相关机构

针对公司和企业信用调查和评估，美国也存在着许多相关的机构专门从事对公司信用状况的信息搜集、分析并最终给出关于一家公司信用状况的评分。在美国，企业信用服务相关机构非常发达，相关的公司都是历史悠久的国际知名企业，在全球范围内发挥着巨大影响。这里的企业信用服务相关机构主要是指企业信用调查相关机构和信用评级相关机构。以下对美国针对企业信用的三大评级相关机构进行详细介绍。

1. 邓白氏公司

邓白氏公司是一家为企业提供商业数据、分析和战略咨询的信用服务公司，总部设在美国新泽西州。该公司提供范围广泛的产品，包括风险和财务、运营和供应链服务、全球商业营销和战略咨询，同时也为政府和行业的客户提供服务，这些行业包括通信、高新技术、战略金融服务和零售/电信/制造业等。该公司的数据库包含超过 2.9 亿条业务记录。

在 1837 年金融危机的推动下，Lewis Tappan 在纽约创建了一家针对公司信用状况进行信用资料搜集和评价的机构 The Mercamile Agency，为商业合作伙伴提供交易对手的资信情况，以帮助人们寻找可靠的商业伙伴。这是当代信用评级相关机构的前身。现有的信用评级相关机构大多是由信用情况调查和信用等级评估相关机构分化和发展的结果，其业务是加工、处理信用主体的相关信息并评定其履约能力，其评估的对象还延伸至相关信用产品。

经过 180 多年的市场竞争，邓白氏公司最终独占鳌头，在企业规模、产值、调查覆盖地区、信用情况调查和信用等级评估数据库规模等方面，成为世界最大的企业信用情况调查和信用等级评估相关机构，并被视为信用情况调查和信用等级评估业的鼻祖。

邓白氏公司提供各种产品和服务来解决信用、风险、营销、销售、分析等问题，包括 D&B Hoovers，Master Data 和 D&B Data Exchange。公司年产值在 20 亿美元以上，在 20 世纪 90 年代曾在全球拥有 375 个分公司或办事处，使用 95 种文字制作企业资信调查报告。在 1998 年前，邓白氏集团进行了改组，并开始强化网络服务。改组完成后的 1998 年，其产值约为 21 亿美元。改组后的邓白氏集团在全球 40 多个国家（地区）拥有 130 多个直属办事相关机构。目前，邓白氏公司在全球五大洲设有办事处——北美洲、南美洲、澳洲、亚洲和欧洲，并在 2004 年创立了全球网络，与全球各地的本地公司建立了合作伙伴关系，这些公司在数据质量方面表现出色。自 2004 年以来，已有 16 个合作伙伴加入了全球网络，提供有关 220 多个国家（地区）的信息。作为参与网络共享数据的回报，合作伙伴可以访问全球网络数据库，它们可以访问当地市场的全球数据。

邓白氏公司最独特的是它的 DUNSRight 系统，它在全球范围内每天从数千个来源搜集、汇总、编辑和验证数据，并最终形成信用状态评估结果。这套系统将大量数据转换为可靠和一致的商业信息，使之成为邓白氏公司与竞争对手的区别所在。具体来说，DUNSRight 系统的工作流程包括：首先，全球数据搜集结合了全球各种来源的数据。通过专利实体匹配技术将数据整合到数据库中，该实体匹配可以生成每个公司的单一、准确的画像。然后，使用 DUNS © Number 在全球范围内识别并跟踪目标公司各个阶段的商业活动。接下来，通过 Corporate Linkage，客户可以全面了解目标公司业务结构中的所有风险和机会。最后，通过统计分析和数据处理技术来计算目标公司信用状况预测指标。这些预测指标可以根据可用信息和目标公司过去的表现来预测目标公司的信用状况。

2. 穆迪投资者服务公司（Moody's Investors Service，MIS）

穆迪公司（Moody's Corporation）通常被称为穆迪，是一家美国商业和金融信用服务公司。它是美国信用评级机构穆迪投资者服务公司与美国金融分析软件和服务提供商穆迪分析公司（MA）的控股公司。穆迪由 John Moody 于1909 年创立，负责制作与股票和债券以及债券评级相关的统计手册。穆迪于1962 年被邓白氏收购。2000 年，邓白氏剥离了穆迪并作为一家独立的公司在纽约证券交易所上市。2007 年，穆迪公司被拆分为两个业务部门：穆迪投资者服务公司（评级机构）和穆迪分析公司（包括其他所有的业务部门）。

穆迪投资者服务公司是穆迪公司的债券信用评级业务公司，代表公司的传统业务及其历史名称。穆迪投资者服务公司的竞争对手是标准普尔和惠誉集团，它们一起被称为三大信用评级机构。穆迪投资者服务公司及其竞争对手在全球资本市场中发挥着关键作用，是银行和其他金融机构评估特定证券信用风险的补充信用分析提供商。根据穆迪的说法，其评级的目的是"为投资者提供一个简单的分级系统，以便衡量未来证券的相对信誉"。穆迪使用标准化的评级标准对借款人的信誉进行排名，该评级标准衡量了违约时预期的投资者损失。穆迪投资者服务公司对几个债券市场的债券进行评级，包括政府、市政项目和公司债券，货币市场基金和固定收益基金等有管理的投资，金融机构，包括银行和非银行金融公司以及结构性融资中的资产类别。在穆迪投资者服务公司的评级系统中，证券的评级从 AAA 到 C，AAA 是最高质量，C 是最低质量。穆迪认为它们的评级不应被视为建议，也不是投资决策的唯一依据。此外，尽管市场条件可能会影响信用风险，但其评级并不代表市场价格。

虽然信用评级机构有时被认为可互换，但穆迪、标准普尔和惠誉实际上对债券的评级不同。例如，标准普尔和惠誉评级主要衡量证券违约的概率，而穆迪评级则试图在违约情况下衡量预期损失。这种形式的第三方分析对于辅助投资者决策较为有用。这三家公司都在全球范围内运营，在六大洲设有办事处，并评估数十万亿美元的证券。其中，只有穆迪公司是一家独立的公司。

信用评级机构在美国和其他几个国家（如欧盟的国家）的法律法规建设中也发挥着重要作用。在美国，它们的信用评级被美国证券交易委员会用于监管，作为国家认可的统计评级机构（NRSRO）用于各种监管目的。监管使用的影响之一是让评级较低的公司与评级较高的公司区分开来，而不是像往常一样完全排除它们。然而，监管机构机械使用评级的另一个结果是加强了降级的"顺周期"和"悬崖效应"。2010 年 10 月，金融稳定委员会（FSB）在 G20 成员国的法律法规和市场惯例中制定了一套"减少对信用评分机构依赖的原则"。

3. 标准普尔公司

标准普尔金融服务有限责任公司（S&P）是一家美国金融服务公司，通常被简称为"标准普尔"，总部位于纽约市曼哈顿，负责发布有关股票、债券和商品的金融研究和分析报告。标准普尔以其股票市场指数而闻名，如美国标准普尔500指数、加拿大标准普尔—多伦多证券交易所指数和澳大利亚标准普尔-ASX 200指数。公司的历史可追溯到1860年。但是在1941年，Paul Talbot Babson收购了普尔出版公司（Poor's Publishing）并将其与标准统计局（Standard Statistics）合并成为标准普尔公司时才形成了现在的标准普尔公司。

作为信用评级机构，该公司对公共和私人公司以及政府和政府实体等其他公共借款人的债务发行进行信用评级。标准普尔在美国证券交易委员会是被国家认可的统计评级机构之一，它发布短期和长期信用评级。在短期信用评级中，该公司按照从A-1到D的等级对特定问题进行评级。A-1代表债务人履行其财务承诺的能力很强；A-2则表明债务人易受不利经济条件的影响，但债务人履行其财务承诺的能力令人满意；A-3代表不利的经济条件可能会削弱债务人履行其财务承诺的能力；而最低的评级D则表明债务人有可能无法在到期日和宽限期内履行其财务承诺。

标准普尔发布的长期信用评级对借款人的评级从AAA到D，对AA和CCC之间的每个级别提供中级评级（例如，BBB+、BBB和BBB-）。对于一些借款人，该公司还可能提供指导（通常被称为"信用观察"），以确定其是否可能升级（正面）、降级（负面）或不确定（中性）。从AAA到BBB的评级属于投资等级，而从BB到最差的NR属于非投资级别。被评为"AAA"的债务人具有极强的履行其财务承诺的能力。随着评分等级的下降，债务人履行其财务承诺的能力和可能性依次降低。而排名最差的三类信用评级SD、D、NR分别代表有选择地拖欠某些义务、违约并且标准普尔认为它通常会违反大部分或全部约定义务、没有评级。

除了信用评级业务外，标准普尔还发布了大量股票市场指数，涵盖了世界各个地区的投资类型（例如，房地产投资信托和优先股指数）。其中比较有影响力的指数包括：标准普尔500指数，它是在美国较为活跃的500只大型普通股的价格的自由浮动资本加权指数；标准普尔400中型股指数以及标准普尔600小型股指数。标准普尔500指数是最常见的股票指数之一，许多人认为它是美国股市的最佳代表。标准普尔500指数成分及其权重由标准普尔道琼斯指数决定。其多元化的选区和加权方法使它不同于其他美国股票市场指数，如道琼斯工业平均指数或纳斯达克综合指数。标准普尔500指数的组成由委员会选出，这类似于道琼斯工业平均指数，而与基于严格规则的指数不同，例如罗素1000 指数。在考虑新增加的资格时，委员会使用八个主要标准评估公司的优点：市值、流动性、地址、公共持股、行业分类、财务可行性、公开交易和股票交易的时间长度。

目前，标准普尔在 21 个国家（地区）共拥有超过 7 500 名雇员，其中评级分析师超过 2 400 名。著名的标准普尔指数与超过万亿的投资者资产直接相关，标准普尔全球 1200（S&P Global 1200）覆盖了 31 个市场以及全球资本市场的 70%；2003 年标准普尔开发了几个新的指数，包括标准普尔远期指数、S&P/HK 交易指数以及标准普尔亚洲 50 指数；与此同时公司还提供超过 15 000 家美国国内共同基金的深度报告和全球 1 800 多个基金的评级。此外，标准普尔还提供用来进行投资者保护，防范潜在的与治理相关的价值损失的公司治理分数，主要包括 CGS 分数、GAMMA 得分等。

3.1.4　美国信用体系中的相关法律

在一百多年的发展过程中，美国已经形成了较为完善和健全的法律和司法体系，这对于整个信用系统的稳健运行起到了良好的保障作用。在这一部分将对美国的信用相关法律体系进行介绍，并针对其中典型的信用相关法规进行重点解释。

3.1.4.1　美国信用制度中法律体系概况

在 1945—1970 年这段时间，美国经济中以信用为基础的交易的规模快速扩大，短时间内出现了大量的信用工具，以满足帮助信用交易中的授信方进行正确决策的需求。随着个人消费者信用消费和企业信用贷款业务规模的扩大，一些新的问题涌现出来。这些问题包括如何公正客观地评估个人消费者的信用状况，如何提高针对企业信用贷款评估和发放的效率与效果，以及在信用信息采集和调查环节对个人消费者敏感信息的保护等。这些重大的问题要求美国联邦政府尽快制定与信用行业相关的法律法规来规范和保障相应的信用活动。在这种背景下，美国的立法部门在 1960—1980 年相继出台了一系列与信用相关的法律法规来指导信用活动。经过逐步完善和改良，到目前为止，美国已经形成了较为完善的信用关系法律和司法体系，这些法律法规在指导信用实践方面发挥了巨大的作用。

虽然美国与信用产业相关的法律种类繁多，但总体来看可以分为三个层次。第一个层次的法律、法规是为信用产业的发展提供良好的宏观环境，扫除信用产业发展的基础性障碍；第二个层次的法律、法规是直接规范和约束信用产业相关主体的行为，为信用产业的发展提供直接的指导和行为依据；第三个层次的法律、法规是第二个层次的法律、法规的延伸，与信用产品的运用有密切关系。

3.1.4.2　主要信用法案内容介绍

在美国，法律法规非常完善，与信用相关的法律种类繁多，其中最为著名和基础的法案是《公平信用报告法》。这些法律条款的出发点是以保护消费者权益为主，剩下的小部分规范征信机构的行为。美国的征信机构进入门槛较低，保证了充分竞争，促进了信用服务市场的繁荣。以下部分将针对美国信用管理体系中的三项主要法律法规进行介绍。

1.《公平信用报告法》（Fair Credit Reporting Act，FCRA）

《公平信用报告法》是一项美国联邦法律，被用来规范信用报告机构并强制它们确保搜集和发布的信息是对消费者信用记录的公正准确的总结。《公平信用报告法》于1970年5月25日在众议院通过，同年9月18日经修正后在参议院通过。10月9日参议院确认了会议报告，10月13日众议院亦确认了会议报告。1970年10月26日，《公平信用报告法》终于问世，并于1971年4月起开始实施。其全称为《公平信用报告法——个人用户信用保护法第五条》。《公平信用报告法》与《公平债务催收作业法》（见后文）一起构成了美国消费者权利法的基础。

这项法令旨在促进消费者报告机构档案中所含消费者信息的准确性、公平性和隐私性，保护消费者免受故意或疏忽等因素造成在信用报告中信息不准确的问题，为信用报告机构用于搜集和验证信息的方法提供了非常具体的指导。为此，《公平信用报告法》规范消费者信息的搜集、传播和使用，包括消费者信用信息。它主要针对三个主要的信用报告机构——环联、艾可菲和益博睿，因为这些机构广泛搜集和销售个人消费者的信用信息。此外，该法律还适用于出售医疗记录和检查记录或租赁历史记录的银行、信用合作社和代理机构，以及任何使用信用报告信息进行招聘的企业。

在欧美国家，特别是在美国，随着个人用户信用的蓬勃发展与频繁使用，许多营利或非营利的个人信用情况调查和信用等级评估机构应运而生。这些机构所进行的信用调查与个人的隐私息息相关，促使隐私保护问题成为社会的焦点。关于这一点，各国法学家也给予了深切关注与研究。一部分美国法律领域的专家学者表示，信用交易领域中信息机构的运作需要依据四个基本的规定来开展。首先，在信息采集和调研过程中，个人消费者应该具有全面的知情权，信用调查机构不能在隐瞒个体消费者的前提下开展相关信用信息的搜集和获取活动。其次，信用调查中所采用的信息一定要保证真实性和客观性，不能利用伪造的信息从事信用状态评估。再次，个人用户信用信息的披露应该依据相关法律法规提供给有资质的客户，不能随便披露给消费者个人和信用调查机构之外的其他组织和个人。最后，在信用信息采集的过程中，应该采取一定的方式和方法来缓解个人消费者对个人敏感信息可能会被泄露的担忧和恐惧。

银行等金融相关机构进行的对客户信息的利用活动，一是将信用信息机构所登记的个人用户的个人信用信息作为进行信用供给与否的判断资料。二是金融机构作为信用信息机构的会员，将自己客户的个人信用信息进行登记。在第二种情况下，金融机构间互相交换信息的情况经常出现。在这些情景下，如何处理金融机构对客户负有的保守秘密义务的问题，不仅关系到金融机构对于个人消费者信用状况的信息搜集、整理和使用的方式，更关系个人消费者如何更好地保障自己的信用信息和个人隐私信息不被滥用和误用。

在《公平信用报告法》这项法规出台之前，经常会发生个人消费者信用信息和隐私权无法得到法律保障的问题。例如，因为提供了某个用户的错误信用信息，而导致保险公司拒绝与该个人用户签订保险合同，个人用户由此提出对该信用信息进行公开的要求。而信用情况调查和信用等级评估机关具有附条件的免责特权，即如果该信用情况调查和信用等级评估机关不是出于恶意而制作该信用信息报告的话，则不用承担任何责任，同时，也不承担对该信用信息进行公开的义务。针对这一情况，为保护个人用户的利益，促进个人消费者信用信息被正确地采集、传播和使用，美国联邦政府出台了《公平信用报告法》。

《公平信用报告法》将消费者信用报告机构定义为搜集有关消费者的信用信息以便将信息出售给第三方公司。消费者信用报告机构最著名的是三大信用局，即环联、艾可菲和益博睿，然而，它们并不是美国全部的消费者信用报告机构。消费者金融保护局公布了近50家不同公司的名单，这些公司可以被认为是消费者信用报告机构。《公平信用报告法》信用报告规则也适用于这些机构。

根据《公平信用报告法》，信用局和其他消费者信用报告机构具有以下方面的职责和义务：①根据个人消费者的要求为个人消费者提供信用档案的副本。个人消费者必须提供个人识别信息，以便信用局确认个人消费者是要求获得信用报告的人。在这些情况下，信用机构每年一次通过网站 annualcreditreport.com 为消费者提供信用报告的免费副本。②调查个人消费者提出异议的信息，除非个人消费者没有向主管部门提供足够的信息来调查个人消费者的争议。③将个人消费者的文件访问权限限制在那些被允许查看个人消费者信用报告的企业中。

《公平信用报告法》不仅适用于信用局和其他消费者信用报告机构，也规定了向这两类信用调查和报告机构提供信息的企业的职责和义务。具体包括以下内容：①不能报告不准确的信息；②必须及时更新并更正以前提供给信用机构的任何不准确信息；③必须让个人消费者获悉在 30 天内向信用机构报告的任何负面信息；④当个人消费者自愿关闭账户时，必须让信用机构知晓；⑤必须有相应的处理机制来回应信用机构发送的个人用户身份盗窃通知。此外，个人消费者有权直接使用书面方式对不准确的信用报告信息提出异议。收到争议后，债权人必须将争议通知信用局，并且在调查个人消费者的争议事件得出明确结论之前不得继续报告不准确的信息。

2.《公平债务催收作业法》（Fair Debt Collection Practice Act，FDCPA）

《公平债务催收作业法》，也被译为《公平征讨债务实施法》，于 1978 年 3 月 20 日生效。它是一项联邦法律，对试图代表另一个人或实体收债的第三方收债员的行为进行了规定和约束。《公平债务催收作业法》广泛地将收债员定义为"任何使用各种通信工具和邮件等直接或间接搜集各种债务信息的人"。该法案仅适用于第三方收债员，即规范帮助债权人催讨债务的行为，例如为收债公司工作的收债员。收债员如果违反《公平债务催收作业法》，债务人可在一年内向收债公司和个人收债员提起诉讼，以获取损害赔偿。但是《公平债务催收法》并不保护债务人免受那些试图收回个人债务的债权人的影响。例如，如果个人消费者拖欠当地商店的货款，并且商店的所有者要求收取该债务，则根据该法案的条款，他不是收债员。

《公平债务催收作业法》的内容由两类主要的模块构成，它们分别是债务催讨的具体实施办法和对非法的债务追讨行为方式的界定。其中对债务催讨的具体办法规定了六个方面的要求：①在当地时间上午 8:00 至晚上 9:00 之间通过电话联系个人消费者。此外，如果在允许的时间内某些时间对个人消费者来说不方便，那么在这些时间内将不会联系他们。②如果个人消费者聘请了律师，他应向收债机构发送信件通知，收债人必须联系律师，而不是个人消费者。③如果个人消费者没有律师，收债人可以联系其他人，但只能使用个人消费者的地址和电话号码，或个人消费者的工作地点信息。外部来源通常称为第三方，通常只能联系一次。在与第三方交谈时，收款人不得讨论个人消费者的债务，且只有个人消费者的配偶和个人消费者的律师才能参与债务问题对话。④根据《公平债务催收作业法》的规定，收债员必须向债务人发送包含债务信息的书面通知，并提供他们试图搜集的每笔债务的详细信息。这些信息包括欠债者的姓名、欠下的数额、关于如何偿还债务的说明等。这被称为验证通知，必须在与债务人初次接触后的五天内发送给个人消费者。在此之后，个人消费者有 30 天的时间通过信件联系收债员，并说明欠债的原因或金额不正确的原因。⑤如果个人用户已经支付了债务，应附上已取消支票或银行对账单的副本。如果个人用户对债务金额提出异议，收债人应该核实包括有关付款以及收取和/或免除的利息和费用的信息。⑥如果债务源于个人消费者身份信息被盗用，那么在收到身份盗窃的警方报告的副本之后，在被核实之前，收债员可能不会重新尝试收回债务，并且会向个人用户提供合法性证据。

《公平债务催收作业法》对禁止采取的催账手段，也做了严格的规定。具体的禁止内容包括：①骚扰。债务催收者不得利用淫秽或亵渎语言威胁、骚扰、压迫欠债者，或通过电话反复联系欠债者，以免债务人忧虑、烦恼。收债员不得与债务人的朋友、家庭成员、邻居、教会成员或同事联系，除非要求帮助找到更新的电话号码或地址。他们也被禁止公布未偿还债务的消费者名单。消费者可以向收债员发送终止信，称骚扰违反了联邦法律。②虚假陈述。禁止收债员通过虚假陈述和欺骗进行收债，具体禁止行为包括错误地将自己伪装为信用报告机构代表、律师或政府代表，声称个人消费者犯了罪或歪曲欠款信息等。③不正当的收债行为。债务催收者不得试图通过催收超过消费者欠款或州法律允许的范围来从事不公平的收债行为。④误导性通信。债务催收者不得向任何人（包括信用报告机构）提供有关欠债用户的虚假信息。如果不是法院或政府文件，收债员也不能向其他个人消费者发送任何欠款和收债信息。

《公平债务催收作业法》原先由联邦贸易委员会执行。然而，根据 2010 年《多德-弗兰克法案》的全面改革要求，《公平债务催收作业法》主要由消费者金融保护局执行。受害的消费者也可以在州或联邦法院提起私人诉讼，以向第三方收债员收取损害赔偿（包括实际支付的律师费和法庭费用）。《公平债务催收作业法》是一项严格的责任法，这意味着如果收债人被证明违反了《公平债务催收作业法》，消费者在不需要提供实际损害证明的前提下就可以要求高达 1 000 美元的法定损害赔偿加上合理的律师诉讼费。但是，如果收债人表明违规（或违规行为）是无意的，则收债人员可以逃脱惩罚。

3. 《公平信用结账法》（Fair Credit Billing Act，FCBA）

《公平信用结账法》是于 1974 年颁布的美国联邦法律，其目的是保护消费者免受错误消费账单的影响，并提供解决信用账户（如信用卡或借记卡账户）中的账单错误的机制。

《公平信用结账法》下的典型的消费账单错误通常包括未收取费用、收费金额错误、未收到的商品或服务的收费、未按约定交付货物的费用、交货时损坏的货物的收费、无法正确反映账户的付款或信用、消费者想要澄清或要求证明的费用、邮寄到错误的地址、收到与描述不符的产品或服务等。《公平信用结账法》允许消费者（债务人）通过向债权人发送书面的争议通知来解决账单错误。根据该法案的规定，个人消费者（债务人）必须通过邮件将书面争议发送到他们的信用卡对账单上的账单查询地址，而不是发送到付款的地址，债权人必须在声明日期之后的60天内在首次包含账单错误的账户对账单上收到此争议。通过电话发出的通知不能触发该法案的保护，消费者只能通过发送书面通知来保护他们在该法案下的权利，或者如果债权人向消费者表明其将以电子方式接受通知，则可以在线保护他们的权利。银行可以通过电话接受争议，同时告知其客户电话投诉不能保留客户根据该法案应享有的权利。

在收到争议通知后，信用卡发行公司必须在30天内确认争议，调查索赔，并在90天内对账户进行适当更正，或向消费者发送邮件，说明债权人认为没有错误的原因。如果债权人回复没有错误，则消费者可以要求信用卡公司提供支持有争议项目有效性的文件副本。

除了包括处理消费账单错误的机制外，《公平信用结账法》还包含其他法规，例如：①对于在增加财务费用之前有宽限期的开放式信用账户，必须在付款到期前至少14天发送账单；②如果银行向信用局报告欠款，还必须报告指控是否有争议；③信用卡公司可能不会禁止商家向使用现金或支票付款的人提供折扣；④银行通常不会使用支票或储蓄账户中的资金来支付同一银行的逾期信用账户。

3.2　欧洲国家的社会信用体系

与美国不同，多数欧洲国家采用公共征信模式，即公共征信系统由政府出资，在全国范围内建立信用信息数据库，并由各中央银行进行运营管理。除英国外，欧洲国家的公共征信系统一般都以中央银行搜集的信息为主要来源，欧洲私营征信机构的信息来源主要依靠这些公共机构。公共征信机构建立在互惠的基础之上。一方面，政府通过立法强制要求金融机构等向公共征信系统提供数据；另一方面，公共征信系统向其反馈信息，帮助其进行信贷决策。由于欧洲国家在历史发展、文化背景、经济水平等方面的不同，它们各自信用管理机构的设置和运行模式存在着差异。

3.2.1 法国的社会信用体系

3.2.1.1 法国社会信用体系概况

法国只存在公共征信机构，不存在私营征信机构，征信服务由政府控制，是典型的公共征信模式。法国的征信服务开始于 1929 年世界经济大危机时期。1946 年，法兰西银行（法国的中央银行）成立了"风险联合会"，负责集中管理银行风险，帮助银行"避免过度风险，在最大范围内回应客户提出的贷款需求"。该"风险联合会"即为法国的信用风险登记系统的前身，后来逐步发展为企业信贷登记系统（FIBEN）和个人信贷登记系统（FICP）。

3.2.1.2 法国信用信息征集

企业信贷登记系统由法兰西银行于 1982 年创建。企业信贷登记系统主要负责搜集企业的财务和经营信息，其中包括正面信息和负面信息。该系统信息来源渠道广泛，包括法庭裁定的诉讼判决、银行每月信贷信息以及企业自身财务信息等。企业信贷登记系统不仅搜集公司和资金管理人的相关资料，还提供对它们的三种评级，即销售额评级、付款评级以及信用评级。销售额评级是扣除税收后净销售额水平的指数。付款评级用来说明企业付款是否及时或者是否存在现金流困难。信用评级主要依据企业的经营业绩和财务指标，是反映企业信用状况的重要依据。

企业信贷登记系统的关键内容是其信用评级系统。该系统根据所搜集到的相关企业的经营业绩、财务指标来判断企业的经营状况是否稳定，最终对企业信用状况进行评级。法兰西银行根据自己制定的标准对企业的信用状况进行独立评价，并将评价结果划分成 13 个等级。

信用评级每年进行一次，若企业发生信用违约，其评级结果将马上被更改。评级结果不对外公开或者提供给其他信息机构。法兰西银行掌握着评级结果，企业只能查看自身评级状况，且使用者需严格遵守保密要求。评级费用由信息使用者承担，不收取被评企业任何费用。每个企业的评级结果都反馈给其管理者，评级结果的内容包括企业的资产负债表、在行业中的地位、评级级别等。此外，法兰西银行也将结果反馈给与该企业有信贷往来的信贷机构，供其评价该企业。

1989 年 12 月 31 日，法国颁布了《防止以及解决个人贷款问题的法案》，个人信贷登记系统（FICP）就是依据该法案设立的。个人信贷登记系统是一个全国性的个人不良信用信息记录数据库，主要负责搜集全国个人逾期贷款的信息。在 2003 年法国修订并实施新的《防止以及解决个人贷款问题的法案》

之后，个人破产情况、基于法院清算命令而偿还贷款的情况也被记录在个人信贷登记系统中，但仅限于个人负面信息。个人信贷登记系统依法强制要求所有信用金融机构，必须按月报告私人贷款、贷款额度、租赁、分期付款等方面的不良记录。对于拖欠这一不良行为，个人信贷登记系统的定义如下：第一，对分期偿还贷款来说，如果三次以上没有按期偿还贷款即为拖欠；第二，对于没有正式到期时间的贷款来说，若债务到期超过90天还没有偿还即为拖欠；第三，对于其他信贷，债权人起诉后即为拖欠。个人信贷登记系统的数据主要来自各金融机构，包括基金会、保险公司、商业银行、外资银行以及其他金融中介。

3.2.1.3　法国社会信用体系的特点

法国建立公共征信机构的目的在于为中央银行的监管职责服务，中央银行根据征信机构依法从各金融机构搜集来的信用数据，对金融机构的信贷资产质量、信用风险进行监控。除了帮助防范信用风险外，公共征信机构还是中央银行获得金融、信用等监管信息的重要渠道。同时，该机构还向管辖的金融机构提供信贷决策的信息。由于其不向企业和个人提供市场化的信用报告，这就显示了法国的信用体系建设与市场化模式的不同。

法国十分注重对个人隐私的保护。法国的个人信贷登记系统只能搜集个人的负面信息，不允许搜集正面信息；个人有权向保存有其电子或纸质档案的机构询问其个人信息；金融机构在调查个人信用信息时，需要事先告知当事人，并且当事人的书面同意必须在信用信息发布前取得。此外，当事人认为信息不准确或存在错误的，可以向相应机构提出异议，并提供合适的证据。法国法律还禁止无关第三方获得这些个人信用信息。

3.2.2　德国的社会信用体系

3.2.2.1　德国社会信用体系概况

欧洲的第一个公共征信机构诞生于1934年的德国。在其之后，法国、意大利等国才陆续设立了各自的公共征信机构。与法国只存在公共征信机构不同，德国既存在公共信用信息系统又存在私营信用服务机构。

3.2.2.2　德国公共信用信息系统

德国公共信用信息系统包括联邦银行信贷登记中心系统、地方法院工商登记簿、破产法院破产记录、地方法院债务人名单、企业信息系统等。公共信用系统的信息除供银行与金融机构使用外，工商登记簿、破产记录和债务人名单均对外公布，并可查询。德国法律规定，所有在三个月内一次或累计获得150

万欧元贷款的企业信贷信息都需要录入银行信贷登记系统。由于商业票据交易在德国金融市场中占有较大比重，所以企业资产质量的好坏将影响商业银行的贴现和中央银行的再贴现。为了给中央银行的再贴现操作提供决策依据、防范商业票据的信用风险，德国《联邦银行法》授权德国中央银行建立企业信息系统。德国中央银行各分支行要搜集大约8万家规模较大的企业财务报表，同时检查数据的真实性，并按照统一的格式录入企业信息系统。德国公共征信机构面对的对象主要是中央银行、各商业银行、其他金融机构，而非规模较小的信贷机构。规模较小的信贷机构主要面向个人消费者，其数据来源于公共征信机构和自己搜集的信息。

3.2.2.3　私营信用服务机构——通用信贷安保集团（Schufa）

良好的信用体系是德国商业的重要基石，它促进了产品和服务的销售，降低了信用风险，推动了经济的发展。在德国，稳定的融资是企业发展的保障，特别是对于中小企业而言，银行贷款仍是其主要的融资来源。对于个人来说，私人消费占德国国内生产总值的53%左右，而在购买汽车、家具或者电子产品时，越来越多的人选择使用消费者信贷。因此，坚实稳固的信用体系建设必不可少。在德国，成立于1927年的通用信贷安保集团在私营征信领域中占据垄断地位，拥有6 750万自然人和530万家企业的信用相关数据，其核心业务是为个人和企业提供相关信用信息。

对于个人客户，通用信贷安保集团向其提供个人信用报告，该报告会对居民的各方面产生影响，如办理银行卡和信用卡、签订手机和网络合同、租房买车，甚至于找工作等。该个人信用报告提供了本人确切的信息，帮助私人与其业务对象（如房东）之间建立信任关系。报告由原始证书和解释性信息组成：原始信息主要记录个人的财务信息，在与业务对象发生业务时（如向房东租房），该报告只会传递与合同订立有关的信息，且该信息受到严格保密；解释性信息包括财务信息外的其他信息，例如每日定向分数和行业分数，它们可以预测个人未来支付能力。此外，解释性信息还包含通用信贷安保集团中存储的有关个人数据的概述。

对于企业客户，通用信贷安保集团提供了种类丰富的产品和服务，现简单介绍其中几种。

（1）信用报告。通用信贷安保集团信用报告的信息来源于三种渠道：①有关自然人的信息；②有关企业非合同交易的信息；③来自公共目录和官方公告的数据。这些信息包括：主要数据和通信数据、信用信息、业务活动和对象、业务数据（销售和员工）、银行账户、资产负债表、损益表和财务比率、合同、注册通知、详细的破产信息、公司年表等。在业务期间，通用信贷安保集团通过自动登记系统（SCHUFA-Nachmeldung）为客户自动更新已获得的信息，并能够立即响应潜在的信用评级变化。信用报告能够帮助客户获得高质量和最新的信息，确定现有客户尚未开发的机会和潜力，响应潜在的信用评级变化并降低违约风险。

（2）债务催收分数。随着业务流程中索赔数量的增加，通用信贷安保集团在整个应收账款管理中为客户提供支持，并在整个客户生命周期和业务流程的各个阶段为客户量身定制评分解决方案。在收债工作中，通用信贷安保集团向客户提供两个特制的分数：一个用于预审，一个用于司法债务催收。一方面，对于进入司法程序前的追债案件，通用信贷安保集团诉前征收流程的催收分数可帮助客户优化其效率，该分数可应用于律师提醒程序；另一方面，在司法债务催收案件中，通用信贷安保集团债务催收分数可以帮助客户处理一些流程，如法院命令、丧失抵押品赎回权等。

（3）人力资源信息服务。通用信贷安保集团自动通知客户有关其在交易、合作或合伙企业登记册中记录的并且明确标识的客户相关信息。例如，对合伙企业的所有者或个人责任合伙人的变更；有限合伙人的责任变动或有限责任公司的股本变动；授予和撤销采购权；开启破产程序。在获取自动更新之前，通用信贷安保集团使用存储器中的数据将客户的数据库与公司客户进行比较，客户可以获得已识别的公司列表，也可以获得无法识别的公司列表。

（4）身份检查。电子商务提供商通常面临付款违约和欺诈，商品发送和账款收取之间存在不确定性，无法保证两者同时被完成。对此，通用信贷安保集团开发了身份识别（identity check）服务，可持续降低在线业务风险，并显著降低相关的付款违约风险。通过使用身份识别服务，客户可将新客户的名称和地址与数据库相匹配。在获得对方同意后，通用信贷安保集团向客户发送被查询者的个人详细信息（姓名、住址和出生日期）。如果通用信贷安保集团数据库中提供了指定的个人数据，则将确认该住址，客户将收到相应的消息；如果找不到此人，客户也会立即收到通知。通用信贷安保集团还提供更加严格的身份检查——SCHUFA专业版身份检查（SCHUFA Identity Check Premium）。在该身份检查中，通用信贷安保集团还进行身份证明的审查，即被检查人已至少一次由官方身份证明文件进行过检查。身份证明文件审查主要由银行发起。

（5）公司联系分析。凭借多年处理数据的专业知识，通用信贷安保集团能可靠地识别与客户相关的公司中的关键决策者（所有者、董事长、董事会成员等），并帮助客户将潜在客户发展为新的企业客户。此外，客户还可以根据自身的独特需求定制公司选择，并以有针对性的方式宣传自己的产品。除了潜在客户的主要数据和通信数据之外，客户还将收到目标公司的结构分析，并在此结果分析的范围内，评估如下标准：执行领导职能、销售和员工课程、法律形式分布、信用指数分配（匿名）。

（6）潜力分析。SCHUFA 潜力分析根据客户的搜索标准与来自 520 万家公司的公司数据进行比较，向客户提供商业注册中列出的公司、自由职业者和小型企业的信息。通过这一服务，客户可轻松比较现有客户、潜在客户以及评估目标的联系。该服务最大的特点是可以显示未被进行商业注册的公司的信息（自由职业者和小型企业），以及可以通过个人选择标准进行需求导向的分析。

（7）决策支持系统。通用信贷安保集团开发的决策支持系统（SCHUFA-DSS），不再仅仅评估新客户的一般违约风险，更可以挖掘客户潜力并将风险降至最低水平。通过决策支持系统，用户可在其生命周期的每个阶段清晰地建模和管理复杂的风险流程。通过关键数据分析和基于案例的决策调整，用户能够在客户管理的所有阶段实施自动化决策流程，同时，还能够以特定部门的方式评估和跟踪新客户和现有客户的风险和价值创造潜力。该服务的操作和使用对用户非常友好，即使没有信息技术背景，用户也能够使用系统描绘复杂的关系并做出精准的决策。

3.2.3 西班牙的社会信用体系

3.2.3.1 公共征信机构介绍

西班牙公共信用登记系统的前身是始建于 1963 年的风险中心（RCI），目前由西班牙银行（西班牙中央银行）运行和管理。按照规定，所有的信用机构、储蓄银行、合作银行、存款保险基金和互助担保公司必须向西班牙银行报告除银行间贷款外的直接和间接信用风险。直接风险主要包括：报告机构提供的贷款和对其未来预期的风险，报告机构持有的除中央财政发行的有价证券外的固定收益的有价证券的风险。间接风险主要有直接贷款担保机构和特定被担保人接受的担保物的风险。具体而言，西班牙的金融机构必须按期向西班牙银行报上全部金额超过 6 000 欧元的个人信贷数据，如果信贷业务出现违约，报告机构必须按月报告借款人的更多详细信息，包括提取的贷款、到期日、抵押品、拖欠、违约、身份、所处行业、经济活动、破产审判进展、暂停支付、破产、延迟偿付或无力偿付等情况。

3.2.3.2 私营征信机构介绍

益博睿和艾可菲在西班牙均设有私营征信公司，艾可菲是西班牙征信市场的领导者。1994年，西班牙金融机构协会（ASNEF）和艾可菲共同创立了一家合资企业——ASNEF-Equifax公司。该公司提供的信用信息是金融机构进行信贷业务分析、跟踪和分类风险的关键来源，具体提供的产品和服务业务有：①用于风险控制的不良贷款信息，如Asnef数据、Asnef行业司法信息；②通用评分系统，包括按产品统计催收成功率的催收成功评分以及按不良率特征定级风险的违约评分；③市场产品，如数据库基础产品，以及数据库标准化、数据库处理、数据库咨询、按区域计算的不良率、消费者行为调查和地域信息系统等增值服务。

根据西班牙中央银行的规定，超过90天的逾期贷款算作资产减值损失，即坏账。ASNEF主要对逾期90天内的不良贷款业务量的变化情况进行调查分析，并采取针对性预防措施以减少损失发生的可能性。因其拥有西班牙最大的可疑贷款记录，因此，已有307家金融公司以会员的形式加入了该协会。

3.2.3.3 西班牙征信服务

西班牙征信公司提供的一项重要服务就是账款催收。Finanzia是西班牙毕尔巴鄂比斯开银行（BBVA）即西班牙对外银行下属的消费金融公司，主要从事非传统银行销售渠道业务。Finanzia下属全资子公司GARSA，致力于在贷款逾期的前90天内从事账款催收业务（逾期90天即为坏账）。GARSA业务开展良好，账款催收回收率能达到85%左右。GARSA利用电话、传真、追踪历史的电话等手段进行账款催收，其依据欠款的不同时间段采取具体的催收策略。另外，对于搬家等原因产生的"意外坏账"则不局限于90天期限的限制，而是利用追踪等手段另行催收。

3.2.4 瑞典的社会信用体系——以UC公司为例

3.2.4.1 UC公司简介

瑞典规模最大的征信机构是成立于1977年的UC公司，它是一家领先的商业信用信息公司。UC公司通过数字和创新服务为数百万客户提供精细的业务和信用信息决策，其客户包括公司、公共部门和个人。自2018年7月起，UC集团成为Asiakastieto Group Plc的一部分。Asiakastieto Group Plc的资产规模达到13亿瑞典克朗，在瑞典和芬兰的七个地点拥有500名员工。瑞典的征信机构数据来源广泛，包括地方法院、地区行政管理机关、地区部门政策委员会、中央统计局、公民数据库中心、国家税务委员会、国家社会保险委员会、债务清偿和破产程序办理中心以及银行机构等。所有年龄超过16周岁的自然人的个人信息都被收入了征信机构的数据库中。

3.2.4.2 UC 公司的信息来源

UC 公司数据来源的优势在于其覆盖范围广泛、更新及时和数据准确。在某些数据来源上，UC 公司是瑞典唯一掌握这些数据的征信机构。UC 公司的信息来源、更新频率见表 3-1。

表 3-1 UC 公司的信息来源、更新频率

项目名称	信息来源	更新频率
姓名/自然人的地址	瑞典人口地址登记委员会	每周 5 次
婚姻状况	瑞典税务局	每周（原文如此）
纳税所得	瑞典税务局	每年 4 次（6 月/8 月/9 月/12 月）
不动产数据（征税）	瑞典税务局	每年 1 次
不动产数据（土地登记、抵押等）	国家土地调查局	每周 5 次
劳务管理	地方法院（通过瑞典《国内邮报》发布）	每周（原文如此）
有限责任公司	瑞典公司注册局	每周 5 次
有限责任公司的董事会、CEO 等	瑞典公司注册局	每周 5 次
有限责任公司的审计师	瑞典公司注册局	每周 5 次
有限责任公司事件信息（公司日志中未解决的事件）	瑞典公司注册局	每周 5 次
有限责任公司年度报告	瑞典公司注册局	每周 5 次
企业集团年度报告	瑞典公司注册局	每周 5 次
不同行业和规模等级的关键数据	UC 内部计算	每年 9 次
集团结构	报纸和调查等年度报告以及其他来源	每周 5 次
关联企业	UC 内部分析	每周（原文如此）
证券交易所上市信息	互联网上的证券交易所信息	每周 5 次
市政当局的服务许可	公共卫生署	每周 5 次
包括 ISO 和 EMAS 在内的认证信息	认可发行（通过 www.certifiering.nu 发布）	每月 1 次
关税信息	瑞典海关	每月 2 次

表3-1（续）

项目名称	信息来源	更新频率
皇室供应商	Hovlev.com	实时更新
商业交通许可	瑞典交通局	每月2次
环保处罚	瑞典环境保护局	实时更新
缺少ID操作	注册人/UC的注册人	实时更新
搜索/测试信用	UC客户	实时更新
合伙和有限公司的公司地址等	瑞典公司注册局	每周（原文如此）
新登记的合伙和有限公司	瑞典公司注册局	每周5次
合作伙伴、授权签字人、采购持有人、替代和补充企业名称	瑞典公司注册局	每周（原文如此）
其他形式的公司	瑞典统计局 BASUN	每周（原文如此）
电话/地址（法人实体/个体经营者）	瑞典统计局	每周（原文如此）
标准工业分类（SNI）	瑞典统计局	每周（原文如此）
行业监控	国家经济研究所	每隔3个月
公司重组结构与重组人	执法机构和PoIT	每周5次
个体户	瑞典统计局	每周（原文如此）
VAT登记信息	瑞典税务局	每周5次
企业税务登记	瑞典税务局	每周5次
动产抵押	瑞典公司注册局	每周5次
破产（无法清偿债务的破产）	破产管理人/监管局	每周（原文如此）
破产和破产管理人员	通过PoIT获得执法机构和地区法院信息	每周5次
信贷承诺数据（授予的贷款/信贷）	银行、信贷市场公司、信用卡公司	每个月（原文如此）
支付负面信息：税收和应缴税款	执法机构	每周5次
支付负面信息；破产申请	地方法院与执法机构	每周5次
支付负面信息；地区法院裁定信息	地方法院	每周5次
支付负面信息；付款催促信息	执法机构	每周（原文如此）

表 3-1（续）

项目名称	信息来源	更新频率
未使用的银行账户	银行	每周 5 次
挪用的贷款和抵押贷款	银行和金融公司	每周 5 次
滥用信用卡额度	银行，金融公司和信用卡公司	每周 5 次
贸易禁令	地方法院/瑞典公司注册局	每周 5 次
债务余额	执法机构	每周 （原文如此）
债务重组	执法机构	每周 5 次
CSN 学生贷款	CSN	每年 （原文如此）

资料来源：UC 公司官方网站（www.uc.se）。

3.2.4.3 UC 公司的分析技术

UC 公司作为一家商业化征信公司，拥有具有竞争力的风险评估系统，该评估系统主要包括 UC 信用评级等级和 UC 风险预测值。

1. 信用风险等级和信用风险预测值的计算依据

UC 使用来自瑞典税务局、统计局、执法机构等官方渠道的信息，排除了企业管理者的主观表述，保证了信息的真实、准确和客观。公司使用的信息包括：股东/董事会成员的收入、备注和非承诺；董事会变更（有限公司）；合并、盈利和流动性的关键数据（有限责任公司）；备注、申请和债务余额；审计意见和审计员评论（有限公司）；公司的存在年限；公司提出的问题数量；标准产业分类代码；瑞典统计局的年度营业额预计（非有限公司）；净销售额或资产负债表总额（有限责任公司）。

UC 公司通过使用上面所有信息来计算信用风险预测值，不同数据的重要性有所区别，某些数据对风险预测值的影响会更大。为了确保风险预测值的准确性，被用来计算风险值的信息来源都相同、口径都统一，并且数据都会被定期更新。同时，风险预测值是运用计算机通过大量复杂计算得出的，无法人工确定或更改风险预测和风险等级，这也保证了 UC 公司系统的权威性和准确性。

2. UC 信用评级

对于活跃公司，UC 公司会对其进行信用评价，公司的风险等级表明公司在一年内从破产或公司重建中恢复过来的可能性。UC 有 5 个风险等级，分别为 1-5，其中 1 代表在一年内破产的风险最高，5 代表在一年内破产的风险最低。企业的风险等级详细信息如表 3-2 所示。

表 3-2　信用等级和风险估计

信用等级	风险描述	风险估计/%
5	较低风险	<0.03-0.24
4	低风险	0.25-0.74
3	一般程度风险	0.75-3.04
2	高风险	3.05-8.04
1	极高风险	8.05->99

风险评估基于信用报告中包含的信息，包括财务报表、董事会/股东信息、评论、规模等。另外，UC 只计算活跃公司的风险等级，因为等级的计算需要基于当前和官方信息才能进行准确的评估。

对于非活跃公司，无法对其进行风险评级，这样的公司会收到另一种风险等级标记：清算公司（风险等级 L）；非活跃公司（风险等级 I）；合并或转让业务到另一家公司（风险等级 F 或 Ö）；号码公司/存储公司（风险等级 N）；若公司违约，包括破产、处于业务重建（风险等级 K，O 或 U）。当企业税收被终止确认并且被评估的年度营业额缺失，或者财务报表中的公司将其业务活动描述为休眠时，UC 公司会认为该公司处于非活动状态。

3. 风险等级和风险预测值的变化

当信用报告中使用的信息发生变化时，这可能会影响风险预测，进而影响风险等级。具有重大影响的事件包括公司发布新的财务报表、债务余额变化、审计员评论或董事会变更等。信息改变的时间长短也会影响评估结果，如付款通知单的影响会随着时间的推移而降低，在 12—24 个月后对风险的影响变得最低。

可以改善风险等级的信息变化包括：新的财务报表具有更好的盈利能力、整合性和流动性；税收收入增加；删除对公司的错误评论；删除对股东、董事会成员、CEO 的错误评论；避免罚款信息，董事会变更和收入锐减。一般而言，业务规模小的初创企业比业务规模较大且稳定的老牌企业受负面信息影响的程度更大；这意味着当出现负面信息时，对大型的老企业和小型的新企业的风险预测增加的程度会不同。

3.2.4.4　信用信息保护

根据瑞典《信用信息法》的规定，每当用户的信用信息被第三方获取时，UC 公司都有义务向该用户发送一份副本，说明其向第三方提供的具体信息以及获得信息的人员。如果用户发现其信息使用不当，可先联系订购信息人员，然后再联系 UC 公司并要求其进行处理。

第三方想要获取个人的信用信息应该具有合法需求，并且还要与当事人签订信用协议。例如，一个人要租房子，房东就有对其信用信息的合法需求；雇主打算提拔某个员工到更高职位，雇主也存在获取其信用信息的合法需求。UC 公司对获取商业信息的第三方的身份有严格的检查；如果申请人不确定，其只能获得个人信用信息，此时其就必须具备合法需求。

如果个人或企业发现自身的登记信息有误，应立即联系信息来源处，UC 公司有义务纠正不正确或误导性的信息。企业的登记信息出现错误时，可通过写信或者使用电子邮件的方式向 UC 公司的调查中心反映，并提供公司的名称和组织编号，说明信息错误的原因，提供相关证据以作支持。

3.2.5 意大利的社会信用体系

3.2.5.1 公共征信机构

意大利的公共征信机构可以追溯到 1962 年建立的中央信贷登记系统（The Italian Central Credit Register）。它于 1964 年开始运行，建立的目的是帮助金融机构有效评估和防范金融风险，并服务于金融监管和货币政策实施。

中央信贷登记系统按照统一的标准对数据进行搜集、整理和分析，并向包括政府机构、金融机构及信用当事人在内的信息使用者提供信用服务。意大利法律规定，意大利国内银行及其国外分行、在意大利经营的外资银行、其他在意大利的金融机构等都被强制要求加入中央信贷登记系统，这些数据提供机构需按月向系统上报自然人、公司、联合借款人的信用信息。意大利法律允许征信机构搜集当事人的正面和负面的信用信息。

对信息的整理和分析工作是由中央信贷登记系统的多个子系统完成的，包括标识性数据处理子系统、数值信息处理子系统、信息反馈子系统等。

标识性数据处理子系统主要处理信用当事人的基本身份信息，包含两种功能。一个是接收、整理个人及法人的身份信息：对于自然人，包括姓名、性别、出生日期、出生地、居住地、税务登记号等；对于法人，包括名称、注册地、工商注册号、企业性质、所属行业、税务登记号、主营业务范围等。这些信息通常来自政府部门或者公共机构。该系统的另一个功能是确定和发放个人或企业代码：当信息提供者提供了一个客户（个人或企业）的资料后，该系统会自动地从数据库中检索该客户的信息，若没有记录，则系统将其确定为一个新客户，自动生成一个代码并反馈给信息提供者；若发现新资料与现有记录矛盾，则反馈给提供方要求确认；若确认是老客户，则更新其他信息。

数值信息处理子系统负责处理各银行总部每月上报的所有客户的上月业务总量记录，批量录入数据库；同时，该系统也与银行各营业网点联网，实时处理每笔业务的数据。

信息反馈子系统用来完成信息处理的反馈功能，分为两种方式：一是批量反馈。每个月在收到各银行上报的数据后，系统将每个客户在所有银行的数据进行汇总，一周之后，反馈给各银行总部。二是实时反馈。当一个客户到银行提出信用申请时，接受申请的营业点可直接从系统中查询该客户的信用信息。

中央信贷登记系统向金融机构提供两类反馈信息：第一，中央信贷登记系统每月向各家信用机构提供每个被报告客户在整个金融系统的总头寸信息，按照正常贷款和不良贷款两类划分，报告包含所有的未偿还贷款。此外，系统还报告借款担保人的个人负债、贷款类型分类的汇总统计数据、地理分布以及借款人所处行业等信息。这种信息流通不消耗成本，方便银行实时监控借款人在整个金融系统里的负债情况，并比照其他相关银行评价自身头寸。第二，支付一定费用后，每家银行都可以获得新贷款申请人信息。因数据库的保密性，银行只能在提供贷款和信用风险评估这样的目的下才能获得相关信息，并且各家银行的每项查询都会被记录在中央信贷登记系统档案中。

银行及其他金融机构必须保证数据的准确性，必须对来自中央信贷登记系统的反馈信息进行核对，并报告其中的不准确之处。对于报告中存在的数据错误，银行要上报前 12 个月的资料，并将更正信息通知到其他所有银行。意大利银行不负责对数据进行更正，只定期从数据库中抽取部分样本以发现异常报告，并将情况反馈给数据提供者，让其进行调查并更正。

意大利中央信贷登记系统依照对象类型来提供不同内容的信息服务，可分为如下几类：①对金融机构：定期的总量数据反馈、信息实时查询；②对所记录的借款人（个人或企业）：单个客户或一组客户可查询单项信息或汇总数据，并生成相关统计表；③对中央银行内部：生成统计数据库，按需要形成各类报表；④对社会：定期发布统计报表。

3.2.5.2　私营征信公司——CRIF

CRIF 公司于 1988 年在意大利博洛尼亚市成立，拥有遍及四大洲的国际业务。CRIF 是一家独立公司，其 90%的资本由创始成员和管理层持有，其余 10%左右由各信贷机构持有。在后者中，自 20 世纪 90 年代以来，已有 3 家国际银行出现在股份制集团中，即法国巴黎银行、德意志银行和 BPM 银行。公司拥有 70 家子公司、4 400 多名专业员工，其在 2017 年的总收入达到 5.112 亿欧元，流动股本达到 1.738 亿欧元。

CRIF 提供的征信产品和服务多达 70 余种，其面向的对象包括贷款人、中央银行、公司、电信和媒体业、保险公司、能源和公共事业、资本市场等。其为银行、金融机构、公共机构以及企业提供从信用信息搜集、投资组合管理到战略规划、企业收购等各个阶段支持，帮助客户改善业务绩效，降低业务和信用风险，进行流程优化。

CRIF 提供的产品和服务具体可分为信用局服务、公共信用登记服务、商业信息、数据池、财产信息、电子商务解决方案、业务流程优化、信用信息搜集、房地产估价、信用评级、高级和大数据分析、风险与管理咨询、识别和反欺诈服务、不良贷款服务等。下面就这些具体的产品和服务分别进行介绍。

1. 信用局服务

自 20 世纪 90 年代以来，凭借着先进的技术平台、本土化定制以及广泛的增值解决方案的独特组合，CRIF 的信用局解决方案在全球 22 个国家（地区）成功开辟了市场并持续增长。作为信用局服务的专业运营商，CRIF 为从初创公司到区域领导者的众多客户开辟新市场提供支持，其方法包括咨询、董事会层面的参与以及直接持有所有权。信用局服务的具体产品包括 C^2BS、信用局评分等。

（1） C^2BS

C^2BS（CRIF Credit Bureau Solution）是最先进的信用局解决方案，其特点有：能够立即投入使用，无须前期的长时间建设；可根据每个客户的需求进行深度定制，具备高度可扩展性。信用局建设类型分为满足单一机构需求的"袖珍型信用局"、满足特定行业的"垂直信用局"以及满足跨部门的全方位服务的"综合信用局"。多样化的解决方案允许适合本国国情的深度化定制，CRIF 服务的对象既包括发展中国家，也包括发达经济体。C^2BS 包括功能强大的特定的模块，其具有发布报告、检验合规性和监督等功能，这些功能使其成为公共机构建立信用局的首选。

（2）信用局评分

信用局数据反映了客户的历史行为，由此得出的信用局评分（Credit Bureau Score）可以表明客户在下一年违约的可能性，因此，信用局分数是提高信用风险管理者分析能力和实施自动决策的可靠工具。CRIF 开发的"信用局评分"分为专家评分（expert score）和定制评分（customized score）。

专家信用评分模型使用不同国家的数据进行开发，这些国家分布有 CRIF 的信用局服务的客户。在没有可靠的历史数据的情况下，把该评分作为"初始得分"通常非常有效。当客户在实施新的信用局解决方案的期间（3—18 个月），客户可以利用产生并搜集的数据验证"初始得分"，其中包括测试"全球本土化"分数预测能力，并在必要时重新估计它以微调记分卡权重。定制评分根据客户的默认概率对客户的投资组合进行完整排名，按照产品和特定类型完成定制。CRIF 客户使用定制得分来划分它们的客户，帮助其在贷款周期的所有阶段做出更快、更准确的决策。

2. 公共信用登记服务

CRIF 的平台是公共信用登记管理和运营的全球标准。世界上有六个国家的中央银行或公共机构一直在使用 CRIF 最先进的技术平台来管理公共信用登记机构或监督私人信贷机构，包括完全定制化的本地组件。

CRIF 向客户提供两层定制服务，一是提供稳定的技术平台，不考虑特殊的功能；二是满足客户特定需求的定制服务，为不同客户的需求提供有针对性的解决方案。该服务解决的需求包括：公司市场本地化运行公共信用注册表的标准解决方案；满足特定需求的数据分析组件；用于监督私人信用局的，基于可靠平台的个性化解决方案；安全数据中心托管解决方案；代中央银行管理运营公共信用登记机构。

3. 商业信息

CRIF 为世界各地寻求高质量商业信息的公司提供解决方案，帮助它们在盈利能力和高水平增长方面取得优势。CRIF 已经建立了一种新型的商业信息增值方法，在此方法下，决策和风险都基于复杂而强大的增值信息框架，并进行动态更新和修订。CRIF 创建的是一个生态系统，在这个生态系统中，数据相互链接并可以转换为用于不同评估过程的信息。

（1）SkyMinder。SkyMinder 是一个平台，它在全球市场上建立商业风险数据，并帮助世界范围内的公司做出更好的商业决策。世界上所有国家的相关信息都可以在 SkyMinder 上获得，包括在政治、经济动荡或不稳定的情况下（例如禁运、内外部冲突）也可获得数据。通过 SkyMinder，全球 230 多个国家和地区的被视为公司的实体都可被评估，这就意味着所有商业信息都可以由世界各地的客户进行分析。

（2）信用报告（Credit Reports）。CRIF 在 230 个国家和地区提供信用报告，该报告提供的信息情况是根据一些关键数据生成（见表3-3）的，数据的搜集和处理基于 SkyMinder 商业信息生态系统。

表 3-3   生成信用报告所依据的关键数据

关键数据	概念或作用
标识	通过使用商业登记详细信息、法律信息和地址查找公司的数据
风险评估	可用于了解风险级别和信用额度的评级,以进一步了解公司的漏洞。本土评级是公司和风险评估关注的焦点,其避免了评估的标准化和具体的地方特征缺失
企业形象	行业类型、员工数量以及使公司能够被分类的所有信息
财务信息	如果该地区法律要求提交财务数据、资产负债表和比率以评估财务实力,则可获得该类信息
负面和重大的法律事件	了解该类信息会显著影响风险水平
历史数据	过去涉及公司管理的变化的数据
业务管理	涉及现任和过去的高级管理人员
公司结构和关系	与法律规定相关联,这些数据可被用于构建公司关系和所有权人的地图
银行详细信息	公司使用的银行的名称、地址、分支机构

信用报告可在线获取,也可进行新的调查以更新信息,这可以保证其在世界各地提供的信息都具有高质量。CRIF 提供从即时生成的简单报告到需要进行额外分析的复杂报告的多种类产品。

(3)监控服务(Monitoring Services)。监控服务通过结合信用报告,及时了解公司的变化以预防重大风险事件。基于 SkyMinder,CRIF 提供了三种解决方案,这些方案与不同国家和地区的数据可用性和更新流程密切相关:①警报:根据信用报告,当公司信息发生变化时(如信用额度、法律规定或公司结构的变化)会生成简短通知,是最简单的一种监控服务;②完全监控:根据信用报告,当公司信息发生变化时会生成详细通知,同时自动生成更新的报告;③定期更新信用报告。计划修订适用于在某些国家或地区的数据的可获得性和更新不是自动进行的情况,警报和完全监控适用于某些国家或地区的数据更新自动进行的情况。

4. 数据池

一般而言,商业中的赊销的交付风险高于平均水平,特别是建筑、食品饮料和零售等行业的公司的违约率更高和波动性更强。CRIF 为解决这个问题提出了数据池的概念:建立数据池,由来自这些行业的公司共享他们各自的经验。将各公司的专有数据和负面支付数据相结合，CRIF 能够为新客户和老客户提供更准确的客户支付行为预测，从而为其供应商和客户管理提供支持。通过特定行业中各公司的合作，将支付到期的数据转移到数据池来共享，每个参与人都可以从这个数据池中受益。通过数据池，CRIF 可以有效地帮助供应商在早期阶段识别其客户支付行为的变化，从而做出相应的反应。

5. 财产信息

CRIF 向客户提供全面的财产信息解决方案，用于检索和管理财产信息以及财产信息搜集，每年为包括信贷机构在内的 70 多家客户进行超过 40 万次的信息搜索。CRIF 拥有在财产信息市场运营 20 多年的经验，其供应网络遍布意大利，可以搜集意大利全国所有土地登记处和法院的数据，使其能够做到：①获得个人和公司的财产的完整和最新的分析；②获取有关可能影响财产价值或影响财产转让的法律方面的信息；③确认一段时间内财产信息是否变化。

CRIF 财产信息系统可以保证高质量的财产信息，在于其覆盖整个意大利的运营商网络，以及设置的专业"质量控制办公室"。该办公室在运营的所有阶段提供持续支持，并检查数据的一致性。该系统可以在加载和验证期间检查数据，并与集中式 CRIF RES 档案中包含的公共信息进行交叉检查。

6. 电子商务解决方案

CRIF 提供全自动和手动的全渠道解决方案，用于服务 B2B 和 B2C 客户流程关键阶段的准确识别、风险评估和欺诈管理。CRIF 提供的相关产品包括信用检查（Credit Check）、订单到现金解决方案（Order-2-Cash Solution）、设备指纹（Device Fingerprint）、欺诈预防外包（Fraud-Prevention Outsourcing）、决策引擎（Decision Engines）等。

（1）信用检查。CRIF 的信用检查（也称订单检查）通过使用简单的红绿灯系统来评估公司和个人的违约风险。其基于几个不同的子单元，在评价过程中进行产品、价格、付款条件和信用额度之间的最佳匹配。

（2）订单到现金解决方案。该解决方案负责商业活动中的所有重要流程，包括客户识别、地址检查、订单检查、欺诈预防、合规性、计费和支付清算流程、会计（子分类账预订、出口至总分类账、信用凭证退货）、催款以及收款。它是一个完整的服务解决方案，重点在于对客户数据的控制。

（3）名单检查。AML-Info Check 显示在制裁名单和政治人物名单上的个人和公司的条目。

（4）CRIF 识别。CRIF Identify 通过检查 CRIF 数据库，确保公司能够验证个人的地址信息。

（5）设备指纹。传统的欺诈解决方案专注于个人账户信息，它们审查客户的姓名、地址和付款细节以验证交易。然而，这些检查无法有效防止身份盗用、客户端设备遭到破坏以及复杂的黑客攻击。CRIF 的设备指纹是一种实时欺诈检测产品，它通过利用包含数百万台设备的现有数据池，基于在线应用程序中的设备交互，可以对账户注册、账户使用、账户盗窃和交易欺诈等任何类型的欺诈进行有效预防。

（6）欺诈预防外包。CRIF 对外提供的欺诈预防外包服务，是一套防欺诈专业知识的完整方案。客户自身无须建立防交易欺诈团队，而由 CRIF 提供专业团队来负责整个欺诈预防流程。

（7）决策引擎。CRIF 决策引擎主要被应用于在线应用程序和创建流程的灵活决策中，特别能解决拥有复杂产品和流程或者具有快速变化需求的金融科技的问题。通过提供这种决策解决方案，CRIF 可帮助企业在这个复杂动态的环境中，实现数字化以适应不断变化的商业规则。

7. 业务流程优化

CRIF BPO 是一项致力于业务流程优化，提高组织效率的专业服务。CRIF BPO 拥有高度专业化的专业人员、持续的技术投资、有针对性的欺诈预防培训以及旨在提高流程效率和效能的持续研究。其拥有灵活的团队，可以有效应对活动峰值和突发事件，并且可以实现流程快速转换和实施流程改进。CRIF BPO 还开发了一个 IT 平台，使客户能够随时监控流程的进度，并与生产团队进行交流，以及时获取最新的信息。

8. 信用信息搜集

CRIBIS Credit Management 是 CRIF 的子公司，在信用信息搜集领域拥有400 多名员工，覆盖 40 多家运营商和超过 110 万项业务的网络，并积累了 15 年的业务经验。CRIBIS 帮助企业开展的业务有：①解决有问题的支付情况；②通过实施有效的解决方案提高盈利能力；③构建有效的信用信息管理工作流程。

综合信用管理是 CRIBIS Credit Management 创建的一套系统，为信用组合分析中的客户提供支持。该综合信用管理提供了最先进的分析工具，可以帮助客户：①从风险、呆账、客户类型、到期贷款等方面分析公司的信贷组合；②通过 CRIBIS 提供的信息和信用评分来丰富公司数据；③制定信贷管理战略以及针对公司目标和需求的具体行动方案；④监督信贷管理战略的具体执行；⑤结果分析和绩效优化。CRIBIS 信用管理解决方案在整个信用管理过程中都保持与客户的沟通，为客户提供决策支持。

9. 房地产评估

CRIF 物业估值是一整套为各类房产评估提供可靠、公正估价的综合解决方案，其具有在 CRIF 为银行和金融领域开发解决方案方面的经验和在高级数据库管理方面的专业知识。该服务既符合现行的监管框架，也符合国际层面认可的最严格的评估标准。它的专业性体现在：①由 500 多位独立评估师组成团队；②完备的专业知识；③国际认可的科学评估方法；④住宅和商业房地产估价的具体技能；⑤为用作抵押品的物业组合量身定制的重估项目。

CRIF 物业估值使用随时间可重复的科学评估工具和流程来对抵押的房产价值进行评估和后续修订，这符合巴塞尔协议 II 和证券化活动对银行和金融机构的要求，能够帮助客户在抵押贷款市场选择和采用有效的风险管理策略，降低贷款期限较长以及金融机构的金融负债增加带来的风险。

10. 评级

CRIF 的子公司 CRIF Rating 是一家信用评级机构，有权以债务工具评级和发行人评级的形式为欧盟的非金融公司进行评级。该机构受到欧洲证券和市场管理局（ESMA）的监管，也是欧洲信用评级机构协会（EACRA）的成员。CRIF Rating 已被认可为外部信用评级机构，使得其发布的所有评级均可被银行、保险公司和其他金融机构用于确定偿付能力的资本要求。该机构团队由来自领先的国际评级机构和欧洲金融机构的专业人士组成，能保持其高质量和独立性，为意大利和国际金融界提供支持。CRIF Rating 提供评级和信用评估服务。

CRIF Rating 将评级划分为两类：企业评级（发行人评级）和金融工具评级（发行评级），评级过程通常涉及被评级公司的高级管理层以及重要的股东。该评级对发行人充分及时履行其财务义务的能力和意愿发表独立意见，旨在评估发行人能否产生足够的未来现金流以偿还债务的能力，其重点关注两个领域：①业务风险：对公司所在行业、其竞争定位和战略以及经济和结构方面的国家风险的分析；②财务风险：对主要经济及金融的数据和比率、现金流量以及融资来源结构的分析。

利用 CRIF 集团的信息优势，CRIF Rating 提供的信用评估包括：①私人信用评估（PCE）。该信用评估被用于评估公司或个人在收购、销售、重组、特殊债务或资本交易中的债务工具的信誉。它是应公司或第三方的要求在私人基础上发布的，该评估可以帮助管理层或投资者识别特殊交易对被评估公司或债务工具的信誉影响。无论有无被评估主体的直接参与，私人信用评估都可以进行，其依靠请求方提供的信息以及来自可靠的第三方或公共来源的信息。②企业偿付能力评估。对非金融公司的财务偿付能力的保密评估。③公共机构的偿付能力评估。对地方和区域的公共机构以及公共实体的风险的独立评估。该服务需要被评估的公共机构提供合作，评估依据的是公共资产负债表数据和公共来源（如内政部和统计研究所）公布的统计数据。④行业分析。使用主要的宏观经济、资产负债表和信用风险指标，在定量和/或定性的基础上对行业进行分析。

11. 高级和大数据分析

CRIF 在 50 多个国家和地区拥有超过 25 年的预测分析和大数据管理的经验，其大数据服务旨在信用局里的相关数据中寻找隐藏的模式和关系，来建立全新的和更先进的统计指标，这些指标涵盖信誉评估、反欺诈评分、信用信息搜集的各个领域。CRIF 利用机器学习技术来挖掘其信用局数据的价值。例如，CRIF 开发了一种基于机器学习的指标，可以做到即使信用局数据库中没有相关主体的数据，也可以为这个主体（个人、代理商或者中小企业）评分。这种评分基于应用程序提供的信息、技术查询信息、开放数据、内部计算指标和派生变量，能够在缺失信用数据的情况下给出客户今后违约的概率。CRIF 能够充分利用大数据技术来挖掘其信用数据的价值，凭借的是包括专有数据、基于 Hadoop 的专用大数据基础架构、数据分析技能以及合规性和数据保护方面的专业知识等构成的强大系统。

CRIF 的大数据分析中心是一家国际化知识中心，由印度浦那的数据管理工厂负责管理。该平台的特点是在数据处理和机器学习方面具有高可扩展性和实时更新技术。利用数据科学和数据保护技能，CRIF 能够在最大化数据价值的同时，确保数据的处理和使用符合个人数据保护的法规要求和安全标准。同时，CRIF 开发了企业应用程序（Enterprise APPs），帮助用户轻松利用大数据和高级分析来进行日常决策，从而提高客户销售、信贷和运营方面的业务绩效。每个应用程序都提供一个从数据到预测分析再到特定业务问题决策的完整解决方案。

CRIF 提供评分模型和专业知识，使业务分析师能够开发、构建、测试、部署和管理预测模型。预测分析使得公司能够从现有数据中提取信息，以确定模式并预测未来结果和趋势，它以可接受的可靠性水平预测未来可能发生的情况，并包括假设情景和风险评估。CRIF 使用新方法、新数据源来优化信息之间的关系。例如，CRIF 利用有关人类行为、生活方式和习惯的信息，加上对通过社交媒体平台及其他方式获得的结构化和非结构化数据、不诚实行为信息进行大量计算，来研究和开发风险分析的先进技术，并形成 CRIF 的专业分析技能，以生成更强大和准确的预测风险体系。

12. 风险与管理咨询

CRIF 拥有多样的风险与管理咨询产品。CRIF 通过分析与客户有关的数据来指导客户管理信用价值链和风险，并提供管理整条信用价值链的集成解决方案。这种方案不局限于传统的业务分析，而是在不断变化的战略和信贷流程中与监管咨询和风险管理等相结合。CRIF 为客户信用生命周期的不同阶段提供有针对性的支持，具体而言，分为涵盖整个生命周期的"持续性服务"和针对单个阶段的"纯粹咨询服务"。

（1）风险管理和预测分析。CRIF 在预测分析方面的专业性得到了 Gartner Group 的认可，CRIF 拥有包括涵盖了 18 个国家的信用局的评分模型，每年在全球范围内进行数亿次评分的计算和决策。

（2）营销分析。CRIF 利用专业的营销和基准分析的知识，帮助客户吸引、留住和发展其客户群。通过利用数据并应用预测分析，CRIF 可以帮助客户实现：①对市场及其趋势的战略性把握；②了解自己在市场和竞争对手方面的表现；③在其客户群中确定最有利可图的细分市场；④开拓新客户，扩展或调整销售网络。

13. 端到端信用管理平台

CRIF 信用管理平台包含具有嵌入式功能的端到端信用价值链，能有效利用商务实践进行信用和风险管理。该平台能够及时响应当前市场和业务的驱动因素，确保战略方向、运营效率和客户体验的一致性，并利用数据和分析来优化结果。

该平台满足 CRIF 信用框架的要求，能够满足每个客户的特定需求，并为决策管理、业务流程管理和商务智能提供多样化的产品和服务。为满足这样的目标，平台开发了包括参与、客户组合管理、债务催收与了结、治理与报告、信用政策、评级分配、价格优化以及咨询专家系统等模块，拥有搜集所有信用数据的通用底层 CRIF 数据模型。其具体产品有：

（1）StrategyOne。StrategyOne 是用户友好型的决策管理解决方案，能自动利用数据和分析进行决策。StrategyOne 主要的作用是消除因企业使用硬编码规则而造成的不灵活性和高成本，业务人员无须编码即可轻松快速地进行实施、测试、监控、更改业务规则、信用评分等操作，从而在整个企业中实现自动化决策制定。

（2）CreditFlow。CRIF 的 CreditFlow 能够平衡不断变化的需求，提供更快的响应，进行更有效的控制，它将缓慢、严格和不可执行的信用流程转变为自动化、无纸化和可控制的端到端流程。

14. 识别和反欺诈服务

识别和反欺诈服务是 CRIF 特别为保险行业提供的服务，具体服务可分为以下几种：

（1）保险局服务——简化风险评估和索赔管理

保险局服务（Insurance Bureau Services）。CRIF 开发的保险局服务使保险公司能够评估其客户在汽车、家庭、人身伤害、健康、旅行以及宠物保险方面的历史记录。保险局服务在整个客户生命周期内（从政策报价到索赔阶段）都有效地支持保险公司，以满足预防上游欺诈的保险公司的苛刻要求。依靠技术先进的平台，保险局服务能够处理报价筛选所需的大量请求，保证平台高性能运行。得益于 CRIF 提供的支持，保险公司可以灵活地选择建立特定风险和防欺诈模型所需的数据服务子信息，从而为保险公司提供全面的控制。

此外，因不良支付行为与索赔倾向之间存在密切关联，保险局服务还可以与信用和支付交易数据结合使用。保险公司可以自行决定提供仅与索赔相关的数据或者与其客户相关的索赔和支付交易的全部数据，互惠规则将保证数据可查询和安全保密。保险局服务能够帮助保险公司：①通过搜集真实风险相关的费率来增加保费收入和盈利能力；②通过准确识别风险，提高业务组合的质量并减少风险；③在承保阶段确认个人是否一直披露其索赔历史并因此可以从"无索赔"折扣中受益的成本；④通过更有效的索赔处理手段减少索赔费用并加快处理速度；⑤通过识别潜在的欺诈性索赔来控制总成本。

（2）Sherlock——优化保险欺诈检测和调查

Sherlock 是一项防欺诈服务，帮助保险公司更快、更有效地识别和防范欺诈。Sherlock 集合内外部信息源，并使用机器学习和分析工具分析结果。根据欺诈的实际风险、个人身份检查、报告异常情况以及执行客户情报活动，Sherlock 能对索赔进行快速分类。

Sherlock 开发了一款允许用户自行配置规则和多维异常识别功能的工具。依靠该工具，Sherlock 现在可以从基于个人索赔特征和有限数量变量的验证方法转变为对多个变量作用的组合分析工具。因此，Sherlock 能够发现潜在未知或以前未识别的欺诈情况，更深入地检查个别案例，通过网络分析功能对相关主体和第三方进行额外检查，最终以图形方式显示所识别的情况。

Sherlock 对每个受调查对象进行的所有活动都是可追溯的。通过调查和分析，它会生成一份简洁而全面的报告，可以快速识别任何异常和风险区域。用户可以实时进行交互式搜索，并可查看与个人、公司、地址、车辆、电子邮件地址、电话号码等各种信息生成的汇总结果。其可以在以下方面帮助保险公司：①识别过去和现在的索赔各方之间隐藏的索赔关系；②基于200多条专家规则，只需几秒钟即可完成索赔风险评估；③基于专有机器学习技术评估每个索赔的异常级别，以进行索赔管理；④提供详细输出信息，使企业可以立即响应索赔。

（3）Elixir——减轻独立财务顾问和经纪人的道德风险

Elixir被保险公司用于筛选、报告客户的经纪人和独立财务顾问（IFAs）的财务状况。独立财务顾问存在可能针对多家保险公司实施佣金欺诈，或者可能因金融不稳定而向保险公司反复收取佣金的道德风险。Elixir使用基于Web的应用程序提供有关债务、法律诉讼、还款计划和注销金额的信息，帮助保险公司监控其与独立财务顾问的业务关系的整个过程，并有助于提高其与佣金信贷和债务相关的透明度和效率。使用Elixir的保险公司用户可以合理地分享相关数据，以降低独立财务顾问产生道德风险的可能性。

15. 不良贷款服务

CRIF作为意大利不良贷款市场的服务机构，致力于尽职调查和不良资产管理，特别擅长于中小型的、有担保或者无担保的投资组合管理。不良贷款服务整合了与信用管理相关的所有CRIF领域：信息、外包和流程以及咨询和解决方案。该服务向信贷机构提供的解决方案包括：①市场侦察，即寻找"量身定制"的投资机会；②对不良资产组合的尽职调查和评估，即利用丰富的信息和强大的统计模型，对在评估和监测阶段的投资组合价值进行全面评估；③不良贷款管理，即通过法律和庭外流程来实施最有效的收款策略，以最大限度地提高不良贷款组合的价值；④支持不良贷款组合的处置。

3.2.6 欧洲国家信用体系制度的法律基础

3.2.6.1 立法背景

在20世纪70年代，欧美一些国家和一些国际组织掀起了制定个人数据保护法的热潮，以期通过立法来规范个人数据的搜集和处理过程。在各国内部，德国的黑森州在1970年就颁布了据称是世上最早的成文数据保护法，即《信息保护法》。随后其他欧洲国家相继出台各自的数据保护法，例如，法国于1978年颁布《信息、档案和个人权利法案》，对个人隐私和数据进行保护，英国于1984年颁布了类似的法律《数据保护法》。在欧盟国家内部，人员是可自由流动的，因此个人数据具有明显的跨国流通特性，然而各国不同的数据保护法律不能很好地促进数据的跨国流通，也阻碍着欧洲市场一体化进程。

3.2.6.2 以《1995 指令》为核心的阶段

欧共体（"欧盟"的前身）于 1981 年通过了《关于自动处理个人数据保护公约》（Convention for the Protection of Individuals with regard to the Automatic Processing of Personal Data，以下简称《1981 公约》），试图在欧洲层面建立统一的个人数据保护法律制度，但因该公约的规定过于原则性，导致很多国家并未加入该公约，从而未取得预期效果，但其有益之处在于确立了个人数据保护法的独立地位，增强了欧洲国家对个人数据保护法律的认知。

由于《1981 公约》在各国的实施效果并不理想，无法推动欧洲个人数据保护法律统一的进程。1993 年 11 月 1 日欧盟正式成立后，欧洲议会于 1995 年10 月 24 日通过了《关于个人信息处理保护及个人信息自由传输的指令》（Directive on the protection of individuals with regard to the processing of personal data and on the free movement of such data，以下简称《1995 指令》）。《1995 指令》是欧盟个人数据保护法发展的一个里程碑，是欧盟各项数据保护法规的核心。它规定了一系列需要各成员国实施的原则和规则，要求所有成员国到 1998 年时均需执行该指令。该指令主要目标：一是保护欧盟各国公民个人数据权利，二是保障个人数据在成员国内部依法自由流通。

《1995 指令》中对个人数据的定义是"指向一个已识别或可识别的数据主体的任何信息"，包含能够识别自然人的直接信息和间接信息。其中，直接信息是指依据某些数据的特性即可识别数据主体的身份的数据，包括姓名、身份证号码、银行账号等数据；间接信息则指现有数据无法直接识别，还需结合更多的数据才可识别主体的身份的数据，包括生理、心理、经济、社会身份等数据。该法案首次提出了"敏感数据"的概念。敏感数据是指那些表明个人的种族或民族起源、政治观点、宗教或哲学信仰、工会成员、健康以及性取向的数据。除已获得个人的明确同意，或数据控制者因处理劳动关系、社会保险之需并在法律允许的范围内且已采取了适当的保护手段等情况下，对敏感数据的搜集与处理行为是被禁止的。除此之外，在欧盟各国依据该指令制定的国内数据保护法中，意大利、卢森堡、奥地利等国，将数据保护的对象扩大至法人数据。由此可见，该法案规定的个人数据范围十分广泛。

《1995 指令》适用于所有对个人数据进行自动化或非自动化处理的行为，但两种情况除外：一是与公共安全、国家安全有关的数据处理活动以及与刑事司法有关的数据处理活动；二是自然人进行的纯粹个人或家庭的数据处理行为。该指令赋予数据主体广泛的权利，主要体现为：数据主体有权向数据控制者获得其被处理的信息，并有权基于合理的证据更正不准确或不完整的信息；

数据主体有权拒绝用于营销目的的个人数据处理活动；数据主体有权阻止涉及本人的不正确或不完整数据的传输，数据处理者有义务告知被搜集数据的主体这种情况；数据主体在遭受因非法数据处理造成的损害后，有权向数据控制者请求损害赔偿，并且数据主体有权获得司法救济，等等。此外，该指令还禁止成员国向缺乏充分数据保护水平的第三国传送个人数据，除非数据控制者能够为个人数据提供充分保护。

《1995 指令》的实施对欧盟各国的个人数据保护起到了很大的作用，在保护个人数据和允许个人数据的合理流通之间取得了很好的效果。然而，随着时间的推移，近年来以该指令为核心的欧洲数据保护法律体系也显示出了严重的缺陷，已经无法实现保护个人数据的目的。

一方面，《1995 指令》并不直接对欧盟成员国产生效力，而需要各成员国依据本指令制定本国国内法来实现本指令的内容。因各成员国的文化传统、法律制度的不同以及本指令本身的开放式条文形式，各国对本指令在立法、执法过程中做出的解释差异较大，导致欧盟内部并未形成统一的数据保护制度。因此，本指令在各国间执法的复杂性使得欧盟在数据保护执法过程中，需要付出高昂的成本。欧盟委员会司法专员的报告显示：欧盟每年因数据保护执法的混乱和无序产生的费用高达 23 亿欧元。此外，开展跨国业务的企业在不同国家经营需要遵守不同的数据保护法律，花费了更多的时间和财务成本来应对不同的监管要求，企业每年因满足不同国家的法律规范而付出的成本高达 29 亿欧元。同时，不统一的数据保护法律制度阻碍了数据在各成员国之间自由流通，使得关系到个人权益的数据（例如健康数据）很难快捷地传输到其他国家。

另一方面，《1995 指令》诞生在 20 世纪 90 年代初，那时全球刚刚进入 web 1.0 时代，用户从互联网上多以静态的方式获取信息。1993 年，欧洲互联网存储的个人数据只占整个电子通信信息的不到 1%，而这一数据到现在已达到 97% 以上。对于个人来说，近年来，随着大数据、云计算、社交媒体、移动设备等新技术的兴起，用户早已从原来数据的接收者变成了数据的创造者，现在数据量正在以指数级的速度增长。但面对大型互联网公司，用户通常处于劣势地位，他们无法掌控其他组织或个人对其数据的搜集和传送，也无法知晓他们的数据将被用于何种目的以及传送给谁，表现出对以前数据保护制度无法满足现在更严格数据保护需求的担忧。对于企业来说，一方面，其作为数据搜集者和控制者，拥有对数据的掌控权，以《1995 年指令》为核心的法律框架很难监管企业非法获取和使用个人信用数据；另一方面，许多欧洲消费者对互联网交易（特别是跨国互联网交易）持不完全信任的态度，在 2014 年只有 7%

的企业开展过跨国业务。一个良好的网络社会信用环境有利于企业的跨国经营以及提振欧洲经济增长。以《1995指令》为核心的数据保护制度已经无法满足数据主体对数据的控制权要求，无法抑制企业对数据的非法搜集和使用，无法保障数据合法、安全、自由地在成员国之间流通。

3.2.6.3 《通用数据保护条例》的颁布和实施

2010年，欧盟委员会向欧盟理事会和欧洲议会提交的《为欧洲公民传递自由、安全和公正：实施斯德哥尔摩行动计划》中，提出要制定一个综合性的欧洲个人数据保护计划，确保欧盟范围内个人数据保护的协调一致。2010年11月，欧盟委员会向欧盟理事会和欧洲议会提交了《欧盟个人信息保护综合方案》，确定了欧盟个人数据保护法改革的基本框架。2012年1月，欧盟委员会正式发布了《关于个人信息处理保护及个人信息自由传输的条例（草案）》和《关于有权机关为了预防、发现、调查和起诉刑事犯罪而自由传输个人信息及保护个人信息的指令（草案）》，前者即后来的《通用数据保护条例》。最终，2016年4月14日，欧洲议会通过了已商讨四年之久的《通用数据保护条例》（General Data Protection Regulation，GDPR），该条例在2018年5月25日正式生效。新条例是为取代1995年发布的《1995指令》而制定的。因《通用数据保护条例》是一项法规而非指令，可不需要各国政府通过任何授权立法，而对成员国具有直接约束力和适用性。新条例旨在加强对个人数据的保护，统一欧盟内分散的个人数据保护制度，同时降低企业的合规成本。该条例成为欧盟史上最严格的数据保护法律，保障了数据主体对其数据的控制权，扩大了数据控制者和数据处理者的义务。如果违反该条例，最高可使企业被处以2 000万欧元或者企业年收入的4%两者中较高一方的罚款。

相比于《1995指令》，《通用数据保护条例》更具备网络时代的适应性和包容性，其在扩大管辖范围、构建新型行政管理机制、扩大数据主体权利、增加数据控制者和处理者义务方面的规定有许多地方值得注意。

在扩大管辖范围方面，新条例适用于：第一，处在欧盟内的数据控制者和处理者，而不管其处理活动是否发生在欧盟内；第二，不处在欧盟内的控制者和处理者，但其在向欧盟内数据主体提供商品和服务的过程中（无论是否付费）处理了欧盟内数据主体的个人数据，或者对数据主体进行监测；第三，虽不处在欧盟内的数据控制者，但欧盟成员国法律在依据国际条约适用的地方。

在行政管理机制方面，第一，设立欧洲数据保护理事会（European Data Protection Board），由欧洲数据保护监管局的代表和各成员国数据保护机构的行政长官共同组成。理事会的权力包括：监督并保证条例在各国正确使用；就个人数据保护的各种问题向委员会提出建议，包括对条例任何拟定的修正；向委员会提供评估第三国或国际组织保护水平是否充足的意见等。欧洲数据保护理事会的设立，能够增强各国数据保护监管机构的权力，从而确保新条例在各成员国统一适用。第二，各成员国应设置一个或多个独立的数据保护监管机构，其中至少有一个为领导监管机构，其他均为相关机构。领导监管机构应积极与相关监管机构合作，相互交换所有相关信息；领导监管机构可随时要求相关监管机构提供帮助，并开展联合行动，特别是对处于其他欧盟成员国的控制者或处理者进行调查或监督实施的情况。第三，数据保护影响评估制度。当某种数据处理方式（特别是使用新技术）可能会对自然人的权利和自由产生高风险时，数据控制者应在处理过程中评估该处理操作对个人数据保护的影响，同时，在进行数据保护影响评估时，控制者应征求数据保护官（DPO）的意见。这个制度体现了对数据主体权利和自由的保护。

在扩大数据主体权利方面，一方面，GDPR 拓宽了个人数据的范围，个人数据范围扩展至如 IP 地址和 Cookie 等数字指纹。除原指令中涉及的类型外，新条例的敏感数据类型还增加了性取向、能够识别出自然人的基因数据和生物数据。一般情况下，对敏感数据的搜集与处理依旧是被禁止的。GDPR 要求在处理个人数据时遵循以下六项原则：①合法、公平、透明原则。以合法，公平和透明的方式处理与数据主体有关的数据信息。②目的限制原则。为特定、明确、合法的目的而搜集，并且不符合以上目的的不得进行进一步处理；为公共利益、科学、历史研究或统计目的的进一步处理除外。③数据最小化原则。充分、相关、以处理个人数据目的之必要为限度。④准确性原则。采取合理手段保证个人数据的准确，出现错误时，个人数据必须毫不延迟地得到处理、删除或修正。⑤存储限制原则。允许以数据主体可识别的形式保存，但不得超过个人数据处理目的所必需的时间。⑥完整性和机密性原则。以确保个人数据以适当安全的方式被处理，包括使用适当的技术或管理措施来防止数据出现未经授权、非法处理、意外丢失、破坏或损坏。GDPR 规定控制者处理个人数据的最重要前提是事先取得数据主体的同意。控制者的同意请求应以明确的可与其他事项区分开来的、易于理解、易于获取的方式提出，并且要以通俗易懂的语言向数据主体呈现。预先勾选等默认形式，均不构成有效的同意；同时，个人有权随时撤回同意。GDPR 特别重视对未成年人数据的保护，未满 16 周岁的未成年人（部分国家可放宽至 13 周岁）不具备合法的同意权，须由其监护人做出同意许可。

另一方面，GDPR 努力实现数据主体对自身个人数据的控制权，其权利包括：①查询权：数据主体有权利知道控制者对其信用数据的处理情况，包括处理目的、数据类型以及谁将获得数据等。②修正权：数据主体有权要求控制者无不当延迟地纠正与其有关的不准确的个人数据，以及补充不完整的个人数据。③擦除权（又称"被遗忘权"）：数据主体有权要求控制者删除其个人数据，若数据已被传递给了第三方，控制者有义务通知第三方删除该数据。④限制权：若数据主体发现其数据不准确或者处理非法，其可限制控制者处理该数据。⑤转移权：数据主体有权以机器可读的形式获得其个人数据，并将这些数据无障碍地转移给其他控制者。

在增加数据控制者和处理者义务上，《1995 指令》将控制者定为义务主体，处理者处于从属地位，而新条例则增加了处理者更多的义务，将其与控制者同等对待。控制者和处理者需要在三种情况下设置独立的数据保护官：一是除法院履行司法职责外，公共机构或其组成部分实施数据处理；二是控制者或处理者的核心业务需要对数据主体进行大规模的定期和系统监测；三是控制者或处理者的核心业务涉及处理大量敏感数据和个人的犯罪信息。数据保护官可与数据保护监管机构合作，起到监督控制者和处理者的作用。同时，当发生个人数据泄露时，处理者应无不当延迟地通知控制者，控制者应在 72 小时内向监管机构报告泄漏情况；如果感觉泄露情况可能给数据主体的权利带来巨大风险时，数据控制者必须无不当延迟地通知数据主体。如果企业侵犯数据主体的权利，对于一般性违法，监管当局可以处以 1 000 万欧元或企业上年度全球收入 2% 中的较高者的罚款；对于严重违法行为，企业可能面临上限为 2 000 万欧元或其上年度全球收入 4% 中较高者的处罚。

欧洲国家无论作为个体还是整体都建立了严格的法律制度，试图在个人数据保护和数据自由流通之间找到一个平衡。不断完善的法律体系，赋予了个人对其数据更多的控制权，规范了企业的相应义务。与美国立法偏重对数据的合法利用和强调事后救济不同，欧洲数据保护法律制度更加强调"数据主体权利"和"事前预防"。欧洲立法者相信，严格的数据保护法律制度不会阻碍信息技术的创新，相反，当存在一个安全的数据保护环境时，个人将更信任网络和企业，愿意分享信息，而企业也能在法律的框架内合法地搜集、处理、使用个人数据。

3.2.7 欧洲国家信用体系的特点

欧洲各国由于其经济发展水平、征信历史发展的差异，各自建设的信用体系也不尽相同。但是，大部分欧洲国家普遍采用的是公共征信模式，即公共征信机构运行在信用体系中占主体地位，私营征信服务发挥辅助作用。欧洲各国的社会信用体系具有如下特点：

（1）中央银行建立公共征信机构。欧洲国家的公共征信系统主要由中央银行或者金融监管机构设立，并由中央银行负责运行和管理。设立此类机构可以服务于中央银行的金融监管和货币政策决策，同时，可以向商业银行提供发放信贷的信息，防范金融风险。

（2）相关机构依法向征信机构提供信息。欧洲各国通过立法等方式，强制要求包括商业银行在内的机构向公共征信机构提供信用信息。但是信息的来源远不如私营机构广泛，这些信息往往也不够全面和详细。私营征信机构搜集的数据，可以涉及更多主体的更加详细、全面的信息，如信用卡数据、税务机关数据等。

（3）中央银行承担监管职责。以法国、德国为代表的欧洲国家的公共征信机构通常是中央银行的一个组成部分，对信用信息搜集和使用的相关政策由中央银行负责制定并执行，同时对公共征信机构的监管也是中央银行的一项职责。

（4）各信用数据机构向公共征信机构提交信用信息，在公共机构进行整理之后，再反馈给之前的数据提供方。一般来说，公共征信机构的信用数据只提供给向其上报数据的金融机构，而不向其他需求方提供。采集和共享的数据包括正面数据和负面数据。各国对可共享的数据类型有一定的规定，如西班牙仅限于共享正面信息。

（5）保护个人隐私。美国在信用体系建设上的立法目的在于建立一个规范、有效的由市场主导的征信体系，而欧洲的数据保护法律则侧重于保护个人的权利，包括保护数据主体对个人数据的控制权，尊重个人隐私，防止个人数据被滥用。

3.3　亚洲国家的信用体系

3.3.1　日本的信用体系

3.3.1.1　日本信用体系概况

日本的信用体系是以协会会员制征信为主的。在日本经济发展中，行业协会对市场主体特别是对企业和个人征信方面发挥着重要影响。行业协会建立统一的信用信息系统，统一进行处理、分析、存储协会会员提供的企业和个人的信用数据，并通过内部信用信息共享机制为会员提供行业内的信用信息。其中，会员制征信机构是指日本各协会建立的各自的企业和个人信用征集体系，如全国银行个人信用信息中心（KSC）、株式会社信用信息中心（CIC）以及株式会社日本信用中心（JIC）。它们不以营利为目的。商业性征信机构指按照公司模式设计和运作，以营利为目的的商业征信公司，如帝国数据银行（Teikoku Data Bank Ltd., TDB）和东京商工所（Tokyo Shoko Research Ltd., TSR）。

3.3.1.2 日本个人征信体系

相较于企业征信，日本个人征信业起步较晚。从20世纪60年代开始，日本个人信贷业务快速发展，消费信贷市场不断扩大，随之出现了个人多重借贷和客户破产的情况，个人信用风险显现。为解决这些问题，从事个人信贷业务的行业协会开始建立起区域性的个人信用信息中心，以了解客户的信用状况，强化个人贷款审查。为加强全国范围内的消费者信用信息共享，行业协会逐步建立起了覆盖全国的信用信息中心，并且不同行业之间也渐渐实现了跨行业信息共享。在商业运作的私营征信机构出现之前，个人征信采用行业协会的形式，由行业协会建立的信用信息中心进行信息互换。

目前，日本的个人征信市场形成了全国银行个人信用信息中心、株式会社信用信息中心以及株式会社日本信息中心三大机构三足鼎立之势。

1. 全国银行个人信用信息中心（KSC）

日本第一家银行个人信用信息中心由东京银行协会于1973年建立，是一个区域性的信息中心，只为东京地区的会员银行提供服务。随着消费者信贷市场的快速扩张，其他地方的24个银行协会也相继建立了地方性个人信用信息中心，地方银行以会员身份加入信息中心。经过不断的发展，覆盖全国的银行个人信用信息中心于1988年10月成立。该信息中心由日本银行协会负责运营，运营费用在会员之间结算。KSC的个人信用信息由各会员机构提供，搜集到的信息一般也仅限于反馈给各会员银行，信息的提供或使用均采用收费的方式。

2. 株式会社信用信息中心（CIC）

株式会社信用信息中心于1984年，由日本信用卡协会、消费者信用协会等机构出资成立，其业务量在日本个人征信产业中是最大的。CIC拥有包括厂商信用卡公司、流通信用卡公司、银行信用卡公司、信用销售等40多家会员，其对会员的要求比较严格，在信息管理和安全保密方面表现优异。

3. 株式会社日本信息中心（JIC）

株式会社日本信息中心于1976年成立，由日本信用信息中心联合会管理。

日本全国各地的消费金融公司分别成立了30多个地区性的信用信息中心，随着信贷消费者在日本全国范围内的流动，这些地区性的信用信息中心作为股东成立了前述联合会，负责管理组建的全国性的信用信息中心。该信用中心的会员主要有租赁公司、消费金融公司、担保公司等，提供包括信用信息的搜集、登记、管理及提供等服务。JIC 的特点表现为：第一，信息更新的速度快；第二，信息更新的精度高；第三，信息服务的质量高。因此，其成为信用信息网络系统 CRIN（Credit Information Network）的设计者和日常维护者。

为了促进不同协会之间信用信息的流通和共享，在日本银行协会、消费者信用协会和日本信用信息中心联合会的推动下，三家征信机构于 1987 年建立了跨行业的信用信息网络系统 CRIN，只用于交换状态发生改变的信息，如债务催收、逾期、逾期贷款的偿还等信息，防止发生多重借贷等严重信用缺失问题。信用中心之间的这种信息交换是有偿的，需求方需向提供方支付一定费用。

3.3.1.3 日本企业征信体系

日本企业征信采取市场模式，私营征信企业自主经营、市场化运作。日本的企业征信发展较早，始于 19 世纪末。日本第一家企业征信公司是商业兴信所，成立于 1892 年，最初的业务是向银行提供资信调查服务。在企业征信市场发展的初级阶段，市场上存在着数量繁多、种类复杂的征信企业，征信市场极其分散，业务质量不高。经过 100 多年的发展，大量分散经营的主体走向了集中和垄断，并形成了一个多层次、多业务的综合征信体系。其中两家商业化征信公司——帝国数据银行和东京商工所——形成了对日本企业征信市场的垄断。下面分别对两家公司进行介绍。

1. 帝国数据银行（TDB）

帝国数据银行成立于 1900 年，现占据日本企业征信市场的大部分份额，在日本全国有 83 个办事处。同时，其在亚洲其他国家、欧洲和美国也开展业务，可以对全球 190 多个国家和地区的公司进行调查。帝国数据银行拥有分布在世界各地的信息网络，具备强大的信息搜集和分析能力。通过其丰富的业务技能和经验，向客户提供高质量的信息以满足其多样化的服务需求。

帝国数据银行向客户提供产品和服务来满足客户的三类基本服务需求，分别是培养新的业务合作伙伴和客户、管理现有业务合作伙伴和客户、确定商业伙伴的信誉。第一类包括公司概况数据库 COSMOS 2、行业和市场研究、咨询服务、TDB 报告和行业趋势等；第二类包括业务组合分析、公司财务数据库 COSMOS 1、客户数据库建设等；第三类包括企业信用调查、海外公司信用调查、破产预测值等。每种产品或服务可以满足不止一种客户需求，如公司概况数据库 COSMOS 2 既可以培养新客户，也可以管理老客户。现对其中一些产品服务介绍如下。

（1）公司概况数据库 COSMOS 2

该数据库是日本最大的数据库之一，包含了日本全国所有行业的企业信息，具有高覆盖率和准确性，可帮助企业获取有效的信息，降低信用管理的成本。该数据库包含一个主文件和六个支持文件，以包含公司简介的"公司简介文件"为核心。其可根据不同条件提取数据，并以适当的形式提供征信数据。"公司简介文件"是主文件，包含从个人企业到上市公司的各种规模和行业的国内公司的资料信息，具体包括公司名称、股东、供应商、客户、得分等。六个支持文件分别是 Office 文件、破产档案、学校档案、医院档案、政府机构集团档案、英文公司大纲文件。

（2）行业和市场研究

行业和市场调查业务涉及的被调查对象覆盖范围非常广，从小公司到大公司，从小行业到大行业，帝国数据银行都可精确调查。TDB 采用广泛的调查方式，包括互联网调查、电话调查、邮件调查以及问卷调查等。除了报告调查和分析结果外，TDB 还列出具有高发展潜力的公司，并将它们与公司信息一起提供给客户。

（3）公司财务数据库 COSMOS 1

该数据库是一个包含上市和非上市公司的财务报表数据以及各种财务比率的财务数据库，可用于检查各个公司的财务状况，准确管理信用以及实现销售战略规划和客户管理。TDB 根据区域、行业类型、会计年度、账户项目等条件进行数据提取，向客户提供的内容有：企业独立财务档案、公司合并财务档案、企业财务比率档案、行业特定比率文件、制造成本项目文件、收支平衡点、财务分析服务 COSMOS 1 报告等。

（4）客户数据库建设

帝国数据银行将客户公司内部信息数据与 TDB 数据库的公司信息数据库进行合并，使得在公司内部共享信息更准确方便，能快速响应公司的各种变化。其服务内容包括：①TDB 公司代码补充：按照 TDB 的标准，如公司名称、地址名称标识的客户数据，加上 TDB 公司代码。添加 TDB 代码时，有不同的信息类型：a. 必填项目：公司名称、总部所在地（邮政编码、地址）、电话号码；b. 推荐项目：法定代表人的名字、出资额、出生日期、所从事行业类型等。②客户管理信息：若与公司概览数据 COSMOS 2 结合使用，可使用企业的最新信息定期更新客户数据；若与破产预测值的结合使用，可完成更复杂的信用管理；若结合企业财务数据 COSMOS 1 使用，则可以对业务合作伙伴进行财务分析。③交付完成的维护数据库。

（5）信用调查

帝国数据银行的 Teikoku 数据库通过其专有技术和多渠道来源，向客户提供准确、及时的信息。调查报告需通过四个步骤生成。第一步，通过现场调查搜集可靠的信息。在企业信用调查中，调查员会实地访问调查对象，汇总所搜集的详细信息。第二步，全国办事处的快速响应。TDB 在日本全国各地共设有83 个办事处，由调查对象所在地最近的办事处对该调查对象实施调查。第三步，利用专有技术进行信息分析。信息的来源包括三个渠道，即公共信息（登记信息、政府官方资料、大众媒体信息等）、实地调查（通过实地调查搜集的无法从现有媒体获得的信息）、原始信息（Teikoku 数据库积累的独特信息）。搜集来的信息会交由具有专业知识的专家进行分析。第四步，生成一份易于理解的信用调查和分析报告。TDB 不仅可以对日本国内公司开展信用调查，也有能力对外国公司进行信用调查，通过与全球 100 多个国家和地区的熟悉当地情况的公司合作，可提供反映不同国家、不同商业环境的高质量报告。

（6）破产预测值

"破产预测值"是公司在一年内破产的概率值，根据信用调查和信息访谈网络积累的数据计算得出，取值在 0 到 100% 之间。该服务也提供"预测价值等级"，这是表示破产可能性的 10 个等级，由 G1 至 G10 这 10 个阶段组成，其中 G10 是风险等级最高的阶段。

2. 东京商工所（TSR）

东京商工所（TSR）成立于 1892 年，目前在日本全国有 81 个营业点，雇员超过 1 800 人，其与美国征信巨头邓白氏（D&B）有广泛的合作。公司的业务领域覆盖：①研究项目，包括企业信用研究、海外商业调查、市场调研、经济调查；②信息业务，包括企业信息调查、破产信息调查、并购信息调查、研讨会、召开讲座；③数据库业务；④出版业务，包括杂志、书籍、视频、光盘等。

东京商工所提供的主要产品和服务：

（1）TSR 报告（国内企业信息报告）

TSR 报告涵盖日本公司的各种信息，信息由日本各地的 TSR 专业研究人员通过实地访问和调查获得。TSR 报告从各个方面评估合作伙伴公司的情况，最终形成公司综合评估和业绩信息两项结果。综合评估会生成两项评分，即"评分"和"风险评分"。"评分"是从管理能力、增长潜力、稳定性、宣传和声誉四个角度综合评估公司，数值在 0～100，分数越高表示公司经营情况越好。"风险评分"的数值也在 0～100，表示公司一年内破产的可能性，分数越高表示公司破产可能性越小。TSR 报告还包括以"评分"和"风险评分"为维度的"评分—风险评分"矩阵，以评估公司的综合情况，从而实现对公司的精确判断和有效的信用管理。业绩信息是公司过去的业绩信息，可被用来分析和判断当前的经营状况，由金融交易、资金状态、业绩趋势、业绩详细说明四部分构成。

（2）D&B 报告（海外公司信息报告）

D&B 报告是针对海外公司的信息调查服务，涵盖了从 D&B 信用评级到管理历史的企业评估信息，可用于规避业务风险和开发新业务。TSR 通过与 D&B 公司的合作，可对全球 200 多个国家和地区的外国公司开展信息调查和研究服务，并通过庞大的信息渠道搜集信息，更新数据库，因此，可保证企业信用报告的及时性和有效性。D&B 报告最重要的特征是记录信息的客观性，如支付信息、各种公共信息、D&B 独立搜集的财务信息，排除了主观性较强、可信度较低的信息。

（3）数据库服务

TSR 的数据库服务通过覆盖全国的计算机网络搜集各类公司的各项信息，并按要求提取客户所需的信息。该服务通过统一标准对行业类型、地址、交易银行等进行编码，提高数据分析和检索的可操作性，可帮助企业建立信用管理数据库以及提高企业销售效率。数据库产品分类众多，包括公司信息数据库、财务信息数据库、支持公司数据库、公司间关系数据库、破产公司分析数据库等。

（4）市场调查和行业研究

该服务基于 TSR 的企业信息数据库和专有网络，利用信用调查知识为客户进行市场调查和分析。其既可对商业经营者进行调查，也可对一般消费者进行调查。TSR 开发出众多的调研产品和服务，以满足客户的不同要求，如了解公司所处行业的市场规模和未来前景、为特定市场开发新的业务、了解竞争对手和特定公司的情况、了解具体国家和地区的市场情况或者国外特定公司的实际情况、了解公司产品和服务的顾客满意度等。

（5）出版业务

TSR 出版众多杂志和目录，最有名的是《TSR 信息》杂志。该杂志于 1952 年创刊，是日本最早的破产信息杂志，记录每年约 1.5 万家企业破产信息。该杂志主要包含三部分内容。一是信用信息：关于企业破产简介，包括破产日期、破产形式、总负债、受托人、代理人名称、破产因素。除此之外，还特别包含有债权人名单。二是破产记录：破产的各种统计和趋势分析，并分析日本经济的发展趋势。三是经济专栏：每天都会发布各种类型的分析师和评论家的文章。除以上主要的三部分，《TSR 信息》杂志还覆盖各公司排名、合并、减资、公司解散、投标情况等信息。TSR 的其他出版物还有《破产》月刊、Tosho 信用记录、建筑业数据手册等。

3.3.1.4　日本信用体系的特点

与世界上其他国家的信用体系相比较，日本的信用体系主要体现出以下特点：

（1）商业运作征信机构与会员制征信机构并存。与美国和欧洲国家相同的是，日本信用体系中存在以营利为目的的私营征信机构，其在征信市场上进行商业化运作。而日本信用体系的独特之处在于协会会员制的个人征信模式，这种模式不以营利为目的。会员单位自愿选择是否加入征信机构，加入后，会员单位有义务向征信机构提供其所拥有的个人信用信息，同时经申请有权获得征信机构数据库中的个人信用信息。个人信用信息只能在信息中心和会员单位间传递，信息中心不得向非会员提供任何个人信用信息。

（2）征信行业市场化发展，政府干预少。无论是协会运作的个人征信业，还是商业机构主导的企业征信业都坚持市场化的发展方向，政府不直接干预协会和公司的行为。在个人征信机构的监管上，因行业协会在日本经济中具有很大影响力，政府并未设置专门的监管机构，而通过行业协会进行自律管理，如全国银行协会理事会自行制定全国银行个人信用信息中心的业务内容、业务范围和运行规则等。在企业征信机构的监管上，日本政府在征信业发展的早期向企业提供支持，等征信市场发展成熟后，政府就不再干预征信企业的经营，弱化政府直接管理职能，并且政府需有偿使用业界的服务。

（3）政府开放公共信息。企业征信的一个重要信息来源来自政府所掌握的信息，信息开放程度成为制约征信业发展的关键要素。政府不参与征信业的运作，而将重点放在提供征信业良好发展的土壤（环境）上，即扩大社会的知情权，逐步公开其所掌握的信息。目前，企业登记、企业个人纳税、破产申请、土地房屋状况等信息，社会公众都可拿到。其中，包括土地房屋状况书在内的这些信息多是原始资料，对征信调查极具价值。

（4）对个人信息的严格保护。在日本，无论是政府颁布的公开法律还是行业协会的内部规定，对个人信用信息的搜集、管理和使用都有严格的规定，其目的是保护个人信息的隐私和安全。日本有关信用管理法律并不直接规范征信活动，其目的主要是保护个人信息。为保护个人信息，2003年，日本出台了《个人信息保护法》，明确了国家与地方公共团体的职责、规定了信息处理机构的义务、民间团体对个人信息保护的责任等。同时，因日本的征信机构通常由其会员向客户搜集信息，会员向征信机构提交信用信息前，必须事先征得客户的同意。客户有权随时向征信机构查询其信用信息，若发现信息有误，可提出修正。

3.3.2 印度的信用体系

3.3.2.1 印度征信体系概况

印度是较早筹备建立信用制度的发展中国家之一，其最初建立信用制度的目的是满足印度资本市场发展的需要。印度的金融市场并不发达，其商业银行系统对信用风险的承受能力还比较弱。因而，印度中央银行——印度储备银行（RBI）决定建立一个有效的制度以降低信用风险，提高信用信息的质量和决策。为此，印度储备银行成立了一个工作小组，并聘请外国专家做顾问，开始筹备建立信用信息局（CIB）。因印度银行法对数据公开和数据共享有限制，建立信用信息局就需要修改银行法中的相关内容。在印度政府主动推进对银行法的修改后，成立了信用信息局（印度）有限公司，作为征信业的第一家专业信用管理公司。此外，为推进征信业的发展，印度储备银行还制定了《信用信息公示条例》。最后，印度还同国际知名征信公司开展广泛的合作，并允许这些国际征信公司在印度国内设立分支机构，或者与国内的公司进行战略合作或组建合资企业。目前，印度征信行业存在着多种多样的市场主体，包括搜集信用信息、提供报告的信用信息公司，提供信用评级的专业信用评级公司等。

从总体来说，印度征信体系的建立和发展最初由印度政府（主要是中央银行）推动，包括推动征信业立法、开放征信数据、培育征信市场等。

3.3.2.2 印度信用信息公司——以 CIBIL 为例

1. 信用信息局（印度）有限公司（CIBIL）简介

2000年，印度财政部和印度储蓄银行成立了印度第一家银行信贷信息共享机构——信用信息局（印度）有限公司（CIBIL）。CIBIL 在2004年推出消费者信用征信局（Consumer Bureau），2006年商业信用征信局（Commercial Bureau）正式运营。2007年，CIBIL 推出了"CIBIL 评分"，这是印度首个针对银行和金融机构的通用风险评分模型。CIBIL 最开始为公私合营企业，在2017年被美国跨国集团环联（Trans Union）收购了92.1%的股份，成为 Trans Union

的一部分，更名为 Transunion CIBIL。除 CIBIL 外，印度征信市场上还存在其他三家大型的信用信息公司，即艾可菲、益博睿和 CRIF 高分信用信息服务私人有限公司（CRIF High Mark Credit Information Services）。相比于其他三家公司，CIBIL 在印度拥有先发优势，并且已经获得了几乎所有金融机构的数据。CIBIL 拥有超过 2 400 名会员（包括所有主要银行、金融机构、非银行金融公司和住房金融公司），并保存了超过 5.5 亿条个人和企业的信用记录，拥有全球最大的消费者信息库之一。

2. 面向个人提供的产品和服务

（1）信用信息报告和信用评分

信用信息报告记录了个人在一段时间内的贷款类型和在信贷机构的信用支付历史，但不包含个人储蓄、投资或定期存款的详细信息。报告详细记录了个人的信贷信息，如房屋贷款、汽车贷款、信用卡、个人贷款以及透支额度等。报告的关键部分包括：①CIBIL 分数；②个人信息：姓名、出生日期、性别、身份证号码、主要账户号码（PAN）、护照号码、选民号码等；③联系信息：地址（最多可提供 4 个地址）、电话号码；④就业信息：会员（银行和金融机构）报告的月度或年度收入的详细信息；⑤账户信息：信用额度的详细信息，包括贷款人名称、信贷类型（家庭、汽车、个人等）、账号、所有权详细信息、开户日期、上次付款日期、贷款金额、当前余额、付款的月份记录（最多 3 年）；⑥查询信息：每当申请贷款或信用卡时，相应的银行或金融机构会访问个人信用信息报告，此时系统会在个人的信用记录中记录这些查询。值得注意的是，除了出现个人信用记录，个人作为担保人的贷款也会出现在报告中，因为若主债务人发生违约，担保人必须承担连带责任，履行还贷义务。

CIBIL 评分是根据个人信用记录生成的一个数值，范围从 300 到 900，分数越高，表明个人违约风险越低，个人的贷款申请获得批准的机会越大。分数是通过使用信用信息报告中"账户"和"查询"部分的详细信息计算得出的，能够基于信用历史反映借款人的违约概率。

分数高低取决于个人的信用记录，CIBIL 只搜集和分析其成员（银行和金融机构）提供的个人记录，但是不能自行删除或更改个人信用记录。提高分数的方式包括按时支付欠款、保持健康的信贷组合、保持谨慎的投资风格等。CIBIL 评分在贷款申请中起着至关重要的作用，在申请人提出贷款申请后，贷款人首先会检查申请人的 CIBIL 分数和报告。如果 CIBIL 评分较低，贷款人可能会直接拒绝贷款申请。

（2）CIBIL 排名和公司报告

CIBIL 公司信用报告（Company Credit Report，CCR）是根据从印度各地的

信贷机构搜集的信息汇编的信用支付历史记录，贷款机构依靠 CCR 来评估和批准贷款申请。

CIBIL 排名是对 CCR 的数字化反映，表明公司拖欠付款的可能性，数值范围为 1 到 10。该排名只提供给有一百万到一亿卢比未偿还贷款的公司，因此信用报告中没有排名信息并不一定是坏事。CIBIL 排名是贷款机构在评估贷款申请时考虑的关键因素之一，排名越接近 1，公司获得贷款的机会就越大。

CIBIL 排名和公司报告被禁止向任何其他个人或实体披露，只有包括银行和金融机构在内的 CIBIL 会员才可以根据互惠原则从 CIBIL 获取信息，即只有向 CIBIL 提供数据的会员才能访问 CIBIL 信用报告，并且会员访问报告要基于合法理由，如提供贷款等。

3. 面向企业提供的产品和服务

CIBIL 向来自银行业和非银行金融业、金融科技业、保险业、小额信贷业、电信业等行业的客户提供分析咨询、信用报告、客户获取、欺诈检测和身份管理、投资组合管理等类型的产品和服务。CIBIL 还自行研究开发了一些独具特色的产品，如 CIBIL 商业报告、CIBIL 消费者报告、CIBIL 小额信贷报告、投资组合评价报告。

（1）CIBIL 商业报告

CIBIL 商业报告可以提供有关潜在商业借款人（公共有限公司、私人有限公司、合伙公司和独资公司）的多维信用档案信息，包括基于业务需求的信用数据和风险评分等。商业信用信息报告可以评估潜在商业借款人的财务责任，减少发生并发和串行违约的情况。

（2）CIBIL 消费者报告

CIBIL 消费者报告提供了有关潜在和现有借款人信用记录的广泛数据，能够帮助贷款人在降低风险的同时更有信心地发放贷款。基于从银行、国有金融公司、非银行金融公司、住房金融公司以及信用卡公司等会员搜集到的数百万次数据更新，CIBIL 积累了消费者广泛而深入的信用档案信息。通过消费者报告可以深入了解消费者在贷款机构中的借款和信用状况，帮助贷款人识别潜在的风险。

3.3.2.3　印度信用评级机构的运行管理情况

1. 信用评级背景

在新兴市场国家中，印度拥有着相对发达的信用评级体系。印度的信用评级制度建设主要靠政府推动，印度政府对发行期限超过 18 个月的市政债券强制要求进行信用评级，印度储备银行（RBI）和印度证券交易委员会（SEBI）

也要求特定的公开证券发行人进行信用评级。1988年，印度储备银行要求商业票据发行需进行信用评级；1992年，印度证券交易委员会强制要求对特定种类债务和其他债务工具进行信用评级；1994年，印度储备银行要求非银行金融机构要取得评级。除对特定工具进行评级外，财政部已向公司发出通报，强化它们的债务工具评级意识。

2. 主要信用评级机构

标准普尔、惠誉、邓白氏等国际知名信用评级公司在印度都成立了分支机构。除此之外，目前印度本土的信用评级机构主要有六家：印度信用评级信息服务有限公司（CRISIL）、印度信用评级机构（ICRA）、信用分析与研究公司（CARE）、印度中小企业评级公司（SMERA）、Onicra和BWR。

CRISIL成立于1987年，是印度第一家信用评级机构，现为印度市场上最大的评级机构，市场份额超过50%。CRISIL由印度工业信贷投资公司和印度单位信托发起成立，原始股东还包括国际金融公司和其他18家国内外金融机构。CRISIL的业务内容包括企业信用评级、风险和政策咨询等，评级产品丰富。

SMERA由印度小工业开发银行（SIDBI）、邓白氏印度信息服务有限公司（D&B）于2005年联合发起设立，是印度唯一一家专门从事中小企业信用评级的公司，其目的是为中小企业提供全面、透明、可靠的信用评级，帮助中小企业获得更多、更便捷的信贷支持。公司信用评级流程分为六个步骤：第一步，中小企业向SMERA提出评级请求；第二步，企业提交评级申请和相关材料，缴纳费用；第三步，SMERA对企业进行实地考察并约见管理层；第四步，SMERA进行评级；第五步，由评级委员会得出评级结果；第六步，将评估报告交给企业。根据评级对象所属行业和评级用途不同，SMERA的评估报告用不同的等级标准体系分别表示。针对公司首次公开发行（IPO）的信用等级标准分为5个等级；针对公司的长期信用评级，分为8个等级。

3. 对评级公司的监管

印度政府为了培育和保护本土评级机构，要求进入印度市场的外国评级公司必须和本地公司进行战略合作或者建立合资企业。同时，为了保证评级公司的独立性和公正性，印度证券交易委员会制定了《信用评级机构管理条例》，强化了对信用机构的监管。

3.3.2.4 印度征信业的特点

印度征信行业主要有以下三个方面的特点：

第一，政府推动和商业运作相结合。印度政府和金融监管部门运用行政手段，推动实现征信信息的披露、采集和使用；帮助建立商业化运作的征信机构和评级公司；政府提供政策指导和支持，完善征信相关立法，为征信业营造良好的发展环境。

第二，政府积极培育本土征信机构。印度资本市场的繁荣催生出对征信业的需求，在初始发展阶段，印度征信市场异常混乱，本土征信机构实力不足。印度政府在最初培育征信机构时，就对外资企业的进入有限制条件，如要求外资企业与本地企业合资，且外资持股比例不能超过49%。这样一方面可以保护本土弱势企业不会受到国际征信巨头的冲击，另一方面也可让本土企业向外国公司学习先进的技术和管理方法。

第三，建设竞争性的征信市场。随着征信市场的逐步发展，从一开始的限制外资持股比例到后来的解除此限制，印度政府和监管机构着眼于通过征信制度设计来建立一套优胜劣汰的长效机制，包括要求证券发行人接受评级，立法规范征信机构的设立、运行、监督、处罚等，从而使得业务能力强、适应市场竞争、社会认可度高的征信公司在市场上能够脱颖而出。

3.3.3　韩国的信用体系

3.3.3.1　韩国信用体系概况

韩国是亚洲继日本之后第二个发展信用评级行业的国家。与欧洲和美国、日本不一样，韩国征信行业把推进信息共享和建立行业基本框架放在重要地位上。在这一过程中，法律法规的建设起到了重要作用。

1995年，韩国通过了《信用资讯使用与保护法》（The Use and Protection of Credit Information Act）。依照这部法律的相关规定，需成立非营利性的资讯登记机构以建构国家的信用体系，而韩国银行联合会（KFB）被指定为"中央信用信息集中登记机构（the Central of Credit Information Collection Agency）"。因此，KFB开始承担公共信用报告机构角色，并且所有金融机构需强制报送资料。

在1997年亚洲金融危机发生之后，韩国把经济目标转向了国内市场，国家信贷消费的不断增长，导致了政府开始逐渐认识到信用信息共享的重要意义。由此，韩国征信业迅速发展。目前，韩国征信业的主要特征是两级征信框架、三种分享模式。

两级征信框架，是指韩国的征信业主要是通过两种信用信息搜集渠道。第一种是根据《信用信息使用和保护法》规定的五家非营利性信用信息登记机构。其中，包含四家行业信用信息集中登记机构和一家中央信用信息集中登记机构。中央信用信息集中登记机构即韩国银行联合会（KFB）。第二种是营利性征信公司，它们提供信用评级和信用报告服务。它们的数据来源，一方面是KFB的数据库，另一方面是与之合作的金融机构等提供的信用信息。目前，韩国信用担保基金（KODIT）、韩国科技信用担保基金（KOTEC）和韩国信用担保协会（KOREG）以及国家信息和信用评估有限公司主要从事企业征信服务，而国家信息和信用评价有限公司（NICE）及韩国征信局（KCB）主要从事个人征信服务。

韩国征信业信息传递的三种分享模式，第一是强制韩国的金融机构将信用信息报送给韩国银行联合会，第二是在集团内部或者协会内部进行信息共享，第三是征信公司通过商业合作搜集其他信息。

可以看出，韩国信贷业在信息共享方面做了非常积极、有益的探索和实践。一方面，作为行业基础设施的韩国银行业联合会通过国家强制力，站在国家利益角度迅速及时地在全国范围内集中信用信息；另一方面，韩国银行联合会根据法律法规向其他机构提供信息。在国家范围内既保障了信息的交流共享，也保证了征信行业的发展和行业内部的有效竞争。

3.3.3.2　韩国银行联合会（Korea Federation of Banks，KFB）

韩国银行联合会（KFB）最早可以追溯到1928年由11家银行成立的京都（汉城，现称"首尔"）银行家协会（Kyongsong Bankers' Club）。它于1948年9月更名为"首尔银行家俱乐部"（Seoul Bankers' Club）。1975年，它成为事实上的国家银行组织，因此更名为"韩国银行家协会"。在20世纪80年代初期，公众越发意识到，需要一个新组织来提高银行业的竞争力，更好地为公众服务。1984年5月9日，韩国银行联合会正式成立。1986年6月，韩国银行联合会开始承担信用信息管理服务的责任。1997年11月，韩国财政部和经济部正式指定其为中央信用信息搜集机构。

韩国银行联合会是韩国的银行公会，所有金融机构皆有义务报送资料给韩国银行联合会。其包括约4 200家会员，含银行、信用卡公司、租赁公司、保险公司、证券公司、储蓄银行、储蓄互助社、信用合作社、农渔会、资产管理公司、邮局等；所归集资料内容包括信用卡额度、贷款额度、贷款余额、担保、预借现金、金融机构的负面资讯（含逾期90天以上、破产、代位清偿等资讯）、欠税、信用恢复、税务减免等资讯。其资料的提供对象，仅限于其会员金融机构、政府组织（如金融监督委员会、中央银行、司法机关、税务机关等）以及私营信用报告机构公司等。民众在韩国银行联合会除可到柜台申请个人信用报告外，也可在互联网上申请（但不能通过手机申请）。

韩国银行联合会虽然不是正式的政府组织，但是它与韩国金融监督委员会及韩国银行（韩国的中央银行）有着非常紧密的关系。政府机构在制定政策时，都会询问韩国银行联合会的意见。韩国银行联合会主要的角色较偏向公共色彩，主要致力于信用资料的搜集及分享，商业性较弱。其日常业务除资料处理之外，还包括许多公共利益促进活动，例如进行信用信息、金融、法律议题相关研究，举办有关信用信息讲习及专题研讨会等。

起初，由于韩国银行联合会所搜集资料的类型主要为负面信息，即借款人有无违约、延迟缴款等情况，在信用风险分析的深度上并不深入，虽然可以避免授信给信用不良的对象，但是无法对信用正常者做出细致的区分。2001 年，韩国出现信用卡风暴，大量违约用户的出现使金融机构遭受了巨大的损失。政府于 2002 年正式开放私营信用报告机构市场。同年，韩国信息服务公司（Korea Information Service，KIS）与国家信息和信用评价有限公司（National Information and Credit Evaluation，NICE）相继成立（两者后来于 2010 年合并）；而韩国信用局（Korea Credit Bureau，KCB）与韩国企业数据公司（Korea Enterprise Data，KED）则随后于 2005 年成立。其中，NICE 归集的资讯包含个人与企业的信用信息；韩国银行联合会则专注于个人信用信息，并将资料归集范围扩大至正面信息；而 KED 提供中小企业信用相关信息与服务。

在 2014 年 1 月发生信用卡公司大规模信息泄露之后，韩国出现了建立泛行业金融信息数据中心的呼声。2016 年 1 月，根据修订后的《信用信息使用和保护法》，韩国银行联合会内的集中信用信息搜集系统被分开，以建立韩国信用信息服务公司（Korea Credit Information Services，KCIS），这是韩国银行联合会的附属组织。它是韩国唯一的集中信用信息搜集机构（Credit Registry）。通过向金融机构和信用局提供搜集到的信息，韩国信用信息服务公司（KCIS）使金融机构能够更好地管理风险，公司能够获得可靠的资金，消费者可以做出明智的决策。

3.3.3.3 企业征信机构体系

1. 信用评级机构

韩国信用评级行业的历史可以追溯到 20 世纪 80 年代中期，三大信用评级机构即韩国信息服务公司（KIS）、国家信息和信用评估有限公司（NICE）和韩国评级公司（KR）相继成立。韩国政府认识到有必要将具有信用评级功能的私营公司引入资本市场，为建立信用评级市场提供了主动权。三家韩国信用评级机构在 20 世纪 80 年代后期开始运营。然而，在运营开始时，银行贷款审查而不是信用评级占据了运营业务的主要部分，因为大多数公司债券是由某些金融机构在信用担保下发行的。事实上，在金融危机之前发行的公司债券是伪装的银行贷款。在韩国金融危机发生之后，为发行债券提供担保的金融机构因破产而遭受了巨大损失，并不再提供额外担保。因此，非担保公司债券发行量大幅增加，信用评级需求也大幅增加。

韩国的信用评级机构遵守明确的政府规定，与其他几乎没有明确规定的发达国家相比，这点较为独特。任何想要提供信用评级服务的实体都应获得金融监督委员会（FSC）的许可。要获得许可，每个实体都应满足数项条件，如分析师数量、资本规模、电子数据库系统等。

目前韩国征信市场中有四家机构获得了韩国信用评级行业委员会的许可，分别是韩国信息服务公司（KIS）、韩国评级公司（KR）、国家信息和信用评估有限公司（NICE）以及首尔信用评级和信息公司（SCI）。其中三家能够提供所有信用评级服务，如直接债券、商业票据和资产支持证券。而征信市场新进入的企业仅在商业票据和资产支持证券中提供评级服务，其市场份额相对较小。

韩国的证券法规要求债券的发行人从至少两个机构获得评级。外国公司债券的发行需要由金融监管局（FSS）认可的评级机构提供信用评级报告。每当企业想要发行公司债券时，都需要获得两个信用评级。由于公司债券评级服务中只有三个参与者，市场结构变成寡头垄断，每个信用评级机构的市场份额非常相似。这种市场结构为信用评级机构和三大机构创造了非常有利的环境，韩国三大征信机构都没有出现过净亏损，反而有着良好的盈利能力。

2. 信用担保机构

1961年，韩国《信用担保储备基金制度法》正式出台并实施。1967年，《中小企业信用担保法》正式推出。1976年，韩国政府成立了第一个韩国信用担保基金（KODIT），这是一个为中小企业提供信贷担保的政策性机构。1989年，韩国成立了韩国科技信用担保基金（KOTEC），这是一家准政府机构，为技术能力强但缺乏抵押品的中小企业技术创新提供基于技术评估的担保，这是信用担保业进入新阶段的标志。在千禧年前后，韩国颁布实施了《区域信用担保基金法》，并组建了韩国信用担保协会（KOREG）。这些举措，标志着覆盖全国的信用保证体系正式建立。目前为止，三个信用担保基金分别由相关政府职能部门监管，是提供中小企业信用担保基金的三大主要机构。

（1）韩国信用担保基金（KODIT）是根据《韩国信用担保基金法》的规定于1976年6月1日成立的公共金融机构。根据《韩国信用担保基金法》第一条的规定，信用担保基金的目标是通过为缺乏有形抵押品的有前途的中小企业提供贷款担保，促进国民经济健康发展。它的存在，主要能够为缺少有形抵押品但前途乐观的企业债务提供担保，通过有效管理和使用信用信息来促进良好的信用交易。作为一个单一的实体，韩国信用担保基金是最大的信用担保机构，主要针对中小型企业担保，占据韩国征信市场接近 60% 的市场份额。

（2）韩国科技信用担保基金（KOTEC）。信用担保体系于 1961 年在韩国首次被制度化。从那时起，信用担保体系一直在为中小企业的发展发挥应有的作用，以减少由于银行普遍的抵押贷款业务而导致的资金资源不足的问题。在 20 世纪 80 年代，韩国尝试将科技型中小企业与一般中小企业分离并推动中小企业以技术方向或其他创新能力为主要发展动力，以促进整体经济在未来增长的竞争优势，这一举措达成了全国共识。因此，韩国科技信用担保基金（KO-TEC）于 1989 年 4 月由韩国政府成立。它是一家准政府机构，为技术能力强但缺乏抵押品的中小企业提供基于技术评估的担保。促进并提高技术融资是 KOTEC 的使命，它的目标集中在三个行业领域：金融、技术评估和转让。凭借在技术融资方面的专业知识，KOTEC 促进了气候变化中小企业的融资渠道以及绿色技术向发展中国家的传播。

（3）信用担保基金会联合会（KOREG）成立于 2000 年 8 月 7 日。根据《地区信用担保基金法》，征信机构应通过努力增进互助，促进小微企业和地方经济的发展。作为一个旨在通过信用担保援助确保该地区稳定和经济增长的非营利性公共组织，KOREG 的核心职责是通过为中小企业向银行提供担保的再担保服务，支持 16 个地区的信用担保机构。这种援助使中小企业能够获得稳定的资金来源并保持财务实力。

3. 信用报告提供商

韩国企业数据公司（KED）是韩国企业商业信用报告的领先供应商。报告包括最新的信用评级、财务报表、银行信贷、历史和管理等。韩国信用担保基金（KODIT）是一家政府性公司，以前是韩国向金融机构和其他公司提供信贷数据和信息的主要提供商。近年来，为了更好地评估除大型企业之外的中小型企业的信用状况，KODIT 决定剥离这项业务并将其转移到附属公司韩国企业数据公司（KED）。KED 成立于 2005 年 2 月 22 日，得到了韩国财政部和经济部的批准。其初始资本为 717 亿韩元，股东由 KODIT、韩国科技金融公司（KIBO）、韩国开发银行、韩国兴业银行、韩国银行联合会、小企业公司等主要商业银行组成，包括韩国外汇银行、新韩银行、国民银行、友利银行、全国渔业合作社联合会、国家农业合作社联合会、大邱银行、釜山银行和全北银行等。2012 年 2 月 28 日，金融服务委员会宣布，它将通过提高私人银行股权参与率和分享韩国银行管理的商业信息，支持 KED 成为中小企业专业信贷局。截至 2012 年 9 月底，KED 通过扩大 16 家现有股东的私人银行股权参与率进行了私有化。KED 从韩国金融监管局获得信用信息业务许可后，于 2005 年 3 月 25 日开始其国际信用报告服务。除了大型企业外，KED 还专门从事中小型企业的信用信息服务，并拥有韩国最大的中小企业数据库，包括 800 万家公司的数据。这些数据库在过去 30 年中由 KODIT 和 KIBO 搜集和更新。通过整合股东所维护的数据，KED 将能够建立最广泛和最可靠的信用信息基础设施，并向国内和国际提供更完整的信用数据和信息。

3.3.3.4 韩国个人征信体系

1. 韩国信用局（Korea Credit Bureau，KCB）

韩国信用局是一家专门经营个人信用信息的私营公司。与 KFB 不同，并非所有韩国金融机构都是其会员，其会员的类型也不限于金融业。除了银行、信用卡公司、保险业外，还包括地方政府、次级贷款公司、公用事业（如自来水或电力公司）、电信公司等，共 2 782 家会员，搜集了约 4 千万人的个人资料（约为韩国总人口的 83%）以及 60 万家企业的资料。资料内容主要包括基本资料（如身份证号、电话号码、职业、收入等）、信用信息（如信用时长、信用类型、授信额度等）、延迟数（延迟期间及金额等）、缴款状况等，近来已规划搜集替代性数据（alternative data）。韩国信用局资料的线上查询效率极高，每笔资料的回复速度为 0.6 秒，通过系统查询全部用户（5 千万人）资料的速度为 3 小时；资料更新频率基本上为隔日更新，最迟不超过 1 个月；在信息安全领域，通过了 ISO 27001 认证。

如果以其客户对象来区分，韩国信用局的业务可分为两种类型：企业及个人消费者。在企业方面，KCB 提供的服务有信用服务、反欺诈服务、价值提升服务、微型企业服务、策略服务以及顾问咨询服务等。

所谓的信用服务，其实主要指的就是信用评分。然而除了对个人所做的综合性评分以外，韩国信用局还针对不同需求开发其他类型的评分，例如"迫近评分"，衡量的是信用评分较低的消费者在近 6 个月内发生延迟支付的可能性；"自愈评分"，衡量的是已发生延迟支付的消费者在下个月内还清欠款的可能性；"次级贷款评分"，衡量的是高利率且未提供担保的个人贷款在未来 12 个月内发生延迟支付的可能性；"破产评分"，衡量的是消费者在未来 18 个月内提出破产申请的可能性。在信用评分之外，还提供预警服务，若消费者出现违约征兆或高风险行为，系统将会对其会员提出警示。

所谓的反欺诈服务，指的是协助其会员做出欺诈预防，避免交易对象是被盗用的身份账号，或是消费者呈交的是一份虚伪不实的文件。此外，该项服务中还有一项"查询频率预警服务"，指的是若某消费者在短期内多次申请贷款，KCB亦会向其会员提出警示。所谓的价值提升服务，指的是协助其会员对申请贷款者的还款能力及获利能力做出估计，例如消费者对贷款的需要程度评分、消费者的债务收入比、消费者的收入估计、定期提供消费者的最近基本信息（如地址或联系信息等）。

韩国信用局所定义的SOHO，为资产总额在10亿韩元以下的企业或独资企业的企业主，共包含了约48万家企业及600万的个人。而其所谓的微型企业服务，指的是协助其会员对资讯较为缺乏的SOHO族评估放款的价值。根据其调查，此类借款对象有80%会将其借款在个人与所经营事业两者间交互使用（例如，某业主以自己名义借钱，供其企业使用；反之亦然），因此在此部分的评分，则混合了个人信息及企业信息加以计算产生，资料面向包括基本资料（企业/业主）、信用资料（企业/业主）、财报资料（企业）、额外资料（如共同经营者是否有延迟缴款、企业的诉讼记录、企业被其他公司持有的状况等）。SOHO评分由专营个人信用的韩国信用局与专营中小企业的韩国企业数据库（KED）进行合作，由韩国信用局产生SOHO的信用评分、信用报告，此外同样包括预警服务，如微型企业主出现风险征兆，韩国信用局将同样对其会员提出警示。而策略服务及顾问咨询服务，则是为其会员进行定制化服务，对放款政策、投资组合的品质监控、会员关系的管理等各方面，提供咨询服务；另外针对巴塞尔银行协议、风险管理的原则遵循等事项，韩国信用局也提供顾问服务。

面向个人消费者方面所提供的服务则有全面服务（All Credit）、身份认证服务（I-PIN）等。所谓的全面服务，指的是让消费者能主动了解自己的信用状况。在个人的信用报告中，包括自己的基本资料、信用评分、借款状况、延迟或保证状况，信用资料有异动时会收到通知。尽管韩国法律规定民众一年有3次免费查询自己信用资料的机会，免费信用报告披露的信息并不多，仅有一些简单的信息。但如果一年付30美元，则可通过个人电脑（PC）不限次数查询个人信用报告；如一年付50美元，则可利用手机随时查询。就内容完整度而言，付费信用报告所披露的信息更为完整。韩国信用局表示多数人会选择付费查询。所谓的身份认证服务，指的是当前消费者在很多网站都有注册账号，但由于黑客或盗卖资料的情形时常发生，使得消费者较容易因为账号资料被盗导致个人资料外泄。因此，I-PIN即是KCB所创造出的一组新的个人网络登入账号密码，通过这组登入码可以浏览各个网站，且被保护的程度更高；同样地，企业端也可通过这组登入码，降低对登入者身份的怀疑。可以说 KCB 打造出了网络世界里的身份证号。

2. 国家信息和信用评估有限公司

国家信息和信用评估有限公司是韩国本土最大的信用评级机构。其前身为国家信息和信用评估公司，成立于 1986 年。它于 1989 年首次在韩国推出信用信息服务。从那时起，它就不断提供金融基础设施服务，提供企业简介、私人信用信息、个人信用评估和数据搜集服务，以建立全面的金融基础设施相关的投资组合。之后，它逐步将业务范围扩展到邻近地区。它的业务组合包括四大支柱：信用信息、金融服务、制造业、新商业。现在的国家信息和信用评估有限公司成立于 2010 年 11 月，由国家信息与信用评估公司和韩国信息服务公司合并而成。

3.3.3.5　韩国征信法律制度

虽然韩国的信用体系起步不算早，但在信用立法方面颇有建树。韩国建设信用体系法律制度的目的是保护各类信息主体的权利，特别是强调要科学地使用信息。韩国在宪法中就对私人隐私及自由做出了保护。1995 年，韩国出台《信用信息使用及保护法》及其实施细则，全面、具体地规范了企业和个人信用信息传播和保护，是韩国征信业的基本法律规范。在各类部门法律中，韩国也仿效日本、美国等，对信息安全做出了条款说明。其中，针对公共部门的信息保护法律有《公共机关保有个人信息保护法》（1994 年）、《公共机关信息披露法》（1998 年）等，针对私营部门的信用信息使用出台的代表性法律有《信用信息使用及保护法》（1995 年）和《信息及通信网络使用促进及信息保护法》（2000 年）。

2015 年，韩国对其基本征信法规《信用信息使用及保护法》进行了修订。该法案分为六个部分。第一部分是总则，讲述了该法案的目的是促进健全的信用体系，促进信用信息的有效利用和系统管理，并保护隐私等免受滥用信息的影响，从而有助于建立良好有序的征信业。第二部分对于各类机构从事涉及商业信用服务活动过程中的种种事项进行了规定。韩国将征信服务分为信用查询、信用调查、商账追收、信用评价四大类。法案规定了机构在获得许可、变更、合并、关停、撤销许可等方面的具体要求和措施。第三部分是信用信息的搜集和处理。第四部分是信用资料的分配、使用及管理。第五部分是信贷业务管理。第六部分是消费者保护，涉及消费者权利的告知、争议的解决等。这部法律对财产关系和人事关系都做了较为详细的阐释。在修正案中，泄露个人信用信息所面临的处罚最高为信息主体损失的 3 倍，可以被处以最高 50 亿韩元

（约合人民币 3 060 万元）的罚款。如不慎造成个人信息泄露、非法利用等情况，都会追查征信公司的连带责任，对公司进行停业处分。此外，《信用信息使用及保护法》首次引进了"信用不良者"的概念，即"对金融交易等商业往来过程发生的付款或贷款等债务，无故不履行偿还义务者为信用不良者"，针对信用不良者的等级制度和系统也依次建立。

3.3.3.6 韩国信用体系的特点

政府广泛有力的支持是韩国信用体系最重要的特点。韩国信用担保机构的资金来源主要是政府和金融机构。一方面，政府对信用担保机构提供了大量支持，每年会从财政中分配预算；另一方面，信用担保机构与金融机构合作密切。每一年，金融机构都会按照中小企业贷款余额的固定比例来对信用机构进行放款。同时，担保机构与金融机构风险共担，单个个体不会全额承保某一项目。

健全的法律制度也是其一大特点。信用行业想要长期稳健发展，离不开建立全面稳固的法律体系。韩国自 1961 年至今出台的《信用担保储备基金制度法》《中小企业信用担保法》《区域信用担保基金法》《技术信用保证基金法案》等法律，都明确界定了中小企业信用担保机构的职责范围，确保了政策金融机构的法律地位，规范了信用行业资金来源、运营规范、多方支持等。

体系完整、功能齐全是韩国信用担保体系的第三大特点。韩国的信用担保机构分工明确、覆盖面广、专业性强。比如，韩国信用担保基金为一般中小企业提供担保服务，它是整个韩国规模最大的信用担保机构。第二大信用担保机构是韩国科技信用担保基金，高科技中小机构可以从这一担保基金中获得融资担保和技术评估服务。而促进地方信用担保基金发展的工作主要由韩国银行联合会承担，它具有行业自律的功能，主要维护成员之间的利益，提供再担保服务。此外，还有支持 16 个地区信用担保机构的信用担保基金会联合会。政府和金融机构对所有的基金实行资助，确保中小型企业和个人能够获得应有的融资担保。这些手段建立了完善的信用保障机制，满足了各方融资需求，极大地促进了韩国经济的飞速发展。

此外，韩国的信用恢复机制值得我们借鉴。早在 2002 年，韩国就成立了信用恢复委员会，用于帮助失信人重塑信用。比如，信用恢复委员会可以指导深陷泥潭的负债者合理规划，合理调整银行利率和还款年限。同时，信用恢复委员会也可以向信用恢复前遇到特殊困难（如身故、重疾）的失信人提供小额紧急贷款。

3.4 社会信用体系比较及其启示

3.4.1 三种信用模式

3.4.1.1 市场主导的征信模式

以美国为代表的国家实施了市场主导的征信模式。在这种模式下，从事企业和个人的征信、评级、调查等业务的信用机构都由私人拥有，并且以市场为导向，为社会提供有偿的商业信贷服务。

美国信用体系建设的主要特点有三个方面：

1. 完全以市场为导向的运营模式

虽然美国有大量的信用服务机构，但其业务范围不同，它们的共同特征是私人资本是投资者，征信相关的各项服务是有偿的，并且费用由每家公司自己制定，各不相同。例如，对于每份中小企业信用评估报告，邓白氏公司收费29.99美元，益博睿、环联、艾可菲三大机构收费29.95美元。美国信用信息服务的业务运营独立于政府部门，采用完全市场化的运作方式。

2. 拥有各种各样的信用信息来源

美国的许多信用信息服务组织，特别是大型组织，正在全球范围内开展业务。它们的数据来源丰富、数据搜集能力强大、数据管理方式规范，除了传统的信用信息，还包括来自协会、租赁公司、信用卡公司甚至商业零售组织的客户信息。信用信息服务机构和数据提供机构通过协商确定数据搜集方法，采用商业银行"免费支付，有偿使用信用信息"的方式，通过协商定价的方式确定收费方式。此外，大型信用信息服务机构拥有完整的技术支持团队，可以存储和处理海量信用数据，并且能够实现信用相关数据挖掘和决策支持等深度信息搜集与整合，为客户提供快捷方便的信息服务。

3. 有健全的法律制度

美国是全球征信业发展最成熟的国家之一，其在信用信息领域的立法健全性、完整性也首屈一指，近20部相关法律法规共同构建起了较为完善的立法体系。平衡性是其一大特性。由于美国的征信市场主要由市场主导，因此，对于如何遵循市场化机制、为征信机构留下足够空间和应对市场监管、保护消费者权益方面提出了更高要求。美国的法律以"遵循先例"为原则，在过去一百多年中不断发展与完善。通过一系列法律法规，美国征信业在信息搜集、使用、公布等方面，都做出了清晰规定。在个人隐私与信息披露、官方信息披露的透明度与银行保密性、征信服务业的发展与个人主体权利保护等方面都做到了平衡。

3.4.1.2 政府主导的公共征信模式

由于经济发展水平的差异和信用行业的历史发展轨迹不同，欧洲国家具有不同的信用体系。有些国家采用市场主导的征信模式，例如英国。但是，大多数欧洲国家通常采用政府主导的公共征信模式。在这种模式中，存在私营征信机构，但主要是以中央银行建立的"中央信贷登记系统"为主体。在这种模式下，中央银行主要负责管理，主要搜集一定金额以上的银行信贷信息，目的是为中央银行监管和商业银行提供信贷业务服务；另一部分是由市场化的信用报告机构组成，一般从事个人信用信息业务。欧洲社会信用体系具有以下特征：

（1）中央银行将组织公共信用信息登记系统。欧洲国家主要依靠各国中央银行的力量。欧洲国家的中央银行或银行监管机构建立公共信贷机构，这些机构主要服务于中央银行金融监管决策、货币政策制定等。同时，由于它们可以为商业银行提供信贷发放信息，有利于防范金融风险。公共信用登记系统将各商业银行提交的数据以企业或个人的名义整合，形成反映公司或个人所有信用行为的信用记录。除了监管机构使用的统计数据外，提供数据的商业银行也可以使用这些数据。因此，商业银行通过提交数据，获得其他所有银行客户信用信息的回报，这是一种金融机构之间信息的互通共享。同时，在审批信用卡时，也可以通过这一系统来审查申请人的信用信息。

（2）政府制定了专门政策，对公共信用信息登记系统的数据搜集、使用做出了严格限制。在欧洲国家，公共信用信息登记系统只搜集金融业相关的信用信息。这些信用信息包括司法、财政以及商业信用信息，大多数公共信用信息登记系统甚至也不搜集信用卡信息。通常，欧洲国家的信用信息服务机构中大多数是由中央银行或银行监管部门设立的，是中央银行的一个组成部分。该国所有商业银行都需要将所有类型的信贷数据提交给中央银行设立的信用信息服务机构。中央银行建立了全国性网络，大多数欧洲国家对于公共信用信息登记系统的使用制定并实行了详实、严格的规范。由于公共信用信息系统运营不以营利为目的，所以服务基本是免费的或者费用很低。

（3）信用信息高度透明。信用数据的提供和使用基于互惠原则，即只有向信用报告机构提供信用数据的机构才能获得反馈。一般而言，公共信用机构的信用数据仅提供给向其报告数据的金融机构，而不提供给其他需求者。搜集和共享的数据包括正面数据和负面数据。各国对可以共享的数据类型有一定的规定，例如西班牙的征信行业存在对共享正面信息的限制。

（4）制定严格的法律，以保护信息主体的权益。美国在信用体系建设中的立法目的是建立规范有效的市场主导信用信息系统。欧洲数据保护法更加注重保护个人权利，尊重个人隐私，并保护主体对个人数据的控制，防止数据被滥用。在应用与公共信用信息登记系统相关的数据时，欧洲国家以"严格保护"为原则，非常重视个人权益不受侵犯。

（5）中央银行承担监督职责。以法国和德国为代表的欧洲国家的公共信用报告机构通常是中央银行的组成部分。信用信息搜集和使用的相关政策由中央银行制定和实施，对公共信用报告机构的监管也是中央银行的核心职责之一。

3.4.1.3 会员制征信模式

日本信用信息系统是典型的会员制征信模式。日本有三个主要的公共个人信用信息平台：国家银行个人信用信息中心（KSC）、消费者信贷信用信息中心（JICC）和销售信用信息中心（CIC），分别由国家银行业协会、贷款行业协会和消费者信贷协会拥有。其中，国家银行业协会成员主要包括银行、信贷基金、信用担保公司等金融机构。贷款行业协会的成员主要是信用交易公司、消费金融公司、信用卡公司等。消费者信贷协会的成员主要是信贷销售公司、家电信用公司、流通信用俱乐部等。这三个协会都是非营利组织，但会向会员收取费用以确保基本运营能力。

在信息共享方面，最初，日本的三大公共个人信用信息平台相对封闭。这三个平台只是会员内部搜集和使用信用信息。也就是说，信用信息来源是该协会的成员，而服务目标也只是成员。平台之间没有任何信息流通。后来，日本建立了跨行业信息中心交换系统（CRIN），可以在三个平台之间交换一部分信用信息，但主要是状态发生变化的信息，实现了一定程度的信息共享。

日本企业信贷是双寡头垄断，整个行业由帝国数据银行和东京商工所垄断。两家公司的营业收入都超过5亿元人民币，占日本企业信用行业的90%以上。它们主要提供企业信用报告、数据库查询、市场研究、电子认证服务、破产研究、经济预测等征信服务。

在信息搜集方面，两者有诸多共同之处，如都有信用信息调查员，通过调查人员的实地访谈和间接调查获得信用信息。日本政府对企业公共信用信息进行公开，信用报告机构可以轻松地获取公共信用信息。

在信用评级方面，双寡头也涉及信用评级业务。日本有七家主要的信用评级机构，其中日本评级投资信息中心和日本信用评级公司实力最强，其他评级公司都是跨国公司。

在立法方面，日本十分重视对个人信用信息的保护。《贷款业监管法》《分期付款销售法》规定了个人信用信息的搜集、使用办法，《政府信息公开法》规定了政府公共信用信息的公共内容和范围。日本政府立法的一个更重要的特征是它削弱了政府对市场的干预，只强调了约束力，并允许信用报告机构有机会自由发展。这是日本信用信息系统快速发展的原因之一。

在日本的行业协会中，也存在类似美国的自我监管机制。协会会员必须按照协会的规定搜集和使用信用信息，违规行为将受到严厉处罚。

3.4.2　三种信用模式的比较

1801 年，世界上最早的信用信息服务机构——英国征信局正式成立。它的初衷是通过信息交换，解决交易双方信息不对称的问题，从而促使贸易的顺利完成。西方发达国家的信用信息服务经过几百年的发展，已经积累了丰富的理论与实践经验，并诞生了许多大型的跨国信用机构。据世界银行统计，全球已有 100 多个国家（地区）迈入了征信国家（地区）的大门。征信国家（地区）是市场化程度较高、信用服务体系较为完善、信用管理体制较为发达、信用信息在经济发展中发挥重要作用的国家（地区）。目前世界上除了美国、西欧国家及日本等发达工业国家外，韩国、以色列、中国香港、中国台湾等国家和地区也步入了征信国家（地区）的行列。目前，国际上主要有三种主要的征信模式，如图 3-1 所示。

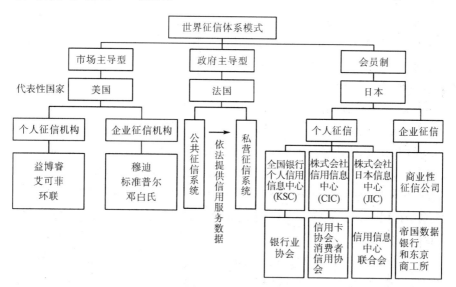

图 3-1　三种征信体系模式及其代表性国家与相关机构

3.4.2.1　产生背景

社会信用体系是市场经济发展的副产品。随着信用数据被不断利用、信用工具被大规模使用、信用交易成为市场交易的主要组成部分，社会信用体系建设成为大家关注的重要问题。

西方发达国家有上百年的市场经济发展历程，社会信用体系也相对较为完善。目前，社会信用体系已经成为每一个国家经济发展的重要组成部分。当然，由于各个国家有着不同的历史沿革、文化背景，它们所选择的信用体系模式也不尽相同。

二战结束之后，美国经济不断发展，信用交易日渐普遍，各类信用工具也不断出现。伴随着这一现象，用于搜集和加工信用信息的征信机构也应运而生。随之而来的，还有一系列个人隐私、商业安全等问题。美国政府在20世纪60年代至80年代，出台了一大批相关法律法规，为信用服务市场的发展提供了一个较为健全的法律环境。同时，通过这一系列的法律法规，把征信机构归于独立发展的市场服务业，从而奠定了其以市场为主导的信用体系模式。

以西欧国家为主流的政府主导型社会信用体系，主要以中央银行为重要支撑，发挥关键作用，在防范金融信贷违约风险的目的下发展起来。日本的会员制信用模式，是在日本行业协会源远流长的历史发展中最终定型的。以个人信用来看，银行体系、销售体系、消费体系是日本信用信息机构的三大分类。与之相对应，日本存在银行业协会，信用产品协会和信贷业协会，涵盖了银行、保险公司、担保公司、金融机构等我们所熟知的机构。这些行业协会可以基本满足对于个人信用信息查询的相关需求。

3.4.2.2　法律框架

首先需要承认的是，这三种模式在法律框架上具有共同点，即都具有较为完善的信用管理法律体系作为支撑。

美国的信用法律框架体系相对健全。根据法律法规的规范重点不同，可以分成三类。第一种法律法规涉及信用管理，共计16部，如《公平信用报告法》《公平债务催收作业法》等。第二种法律法规主要适用于保护个人隐私，如《隐私法案》《犯罪控制法》《家庭教育权和隐私法》等。第三种法律法规主要适用于规范政府信息公开，包括《信息自由法》《联邦咨询委员会法》等。

西欧国家在20世纪90年代中后期纷纷推出本国的信用管理法律。比如英国、德国等纷纷出台了《数据保护法》，规定了个人信用数据的搜集使用规范。欧洲议会于1995年10月24日通过了《关于个人信息处理保护及个人信息自由传输的指令》（《1995指令》），将保障人权和确保数据开放之间的平衡提升到了新的阶段。1997 年 12 月，欧盟又出台了《数据保护指南》，于 1998 年 10 月 5 日正式生效。2016 年 4 月 14 日，欧洲议会通过了已商讨四年之久的《通用数据保护条例》，该条例在 2018 年 5 月 25 日正式生效。相比于《1995 指令》，《通用数据保护条例》更具备网络时代的适应性和包容性，其在扩大管辖范围、构建新型行政管理机制、扩大数据主体权利、增加数据控制者和处理者义务方面的规定有许多地方值得注意。

日本的信用管理法律主要有 1983 年颁布的《贷款业规制法》和《分期付款销售法》、1988 年颁布的《行政机关保有的电子计算机处理的个人信息保护法》、1993 年颁布的《行政改革委员会行政信息公开法纲要》、2001 年颁布的《政府信息公开法》、2003 年颁布的《个人信息保护法》等。同时，日本的行业协会制定了很多内部条例和规定，也有利于规范信用信息的搜集和使用。

3.4.2.3 信息搜集

不同类型的社会信用体系在信用机构信息搜集范围上存在很大的差异。以个人信用信息的搜集、处理和使用为例，只要遵循隐私保护法和政府信息公开法，美国法律仅限制可在个人信用报告中披露的信息范围，信用局可以灵活地搜集各种信息。

在个人信用报告披露方面，美国的法律规定非常详尽规范。不经本人同意即可包含的四大类信息包括：第一类是消费者的基础信息。第二类是金融业务中的正面信息，比如贷款和信用卡交易记录中的账号、信用额度、付款日期和金额等。此类信息没有时间限制。第三类是负面信息。比如欠债未还、破产、犯罪等信息。第四类是过去一年中查询个人信用信息的所有情况。除此之外，有些信息是需要经本人同意或者经本人要求，才可以在信用报告中披露的。此类信息包含个人收入信息、个人工作情况、医疗信息、驾驶记录、宗教信仰、政治倾向等。还有一类信息是无论何时也不能出现在信用报告中的。按照美国法律的规定，所有的负面信息都具有法定记录期。如果超过记录期，就不应继续披露。比如，超过十年的破产、超过七年的逮捕、超过七年的法律诉讼或判决等。这类保护性措施有利于消费者个人信用的重建。

欧洲国家各个中央银行建立的中央信贷登记系统所搜集的信息主要是一定金额以上的银行信贷信息的详细情况。每家商业银行都有法定义务按时将准确的信贷业务数据传输到中央银行数据库，而这些数据只在两者之间互通，并且都非常详细。通过商业银行和中央银行的密切合作，一方面这些数据可以为中央银行在货币政策的制定和金融监管等方面提供决策服务，另一方面中央银行的数据也能够帮助商业银行防范信贷服务风险。

日本的信用信息搜集和美国、欧洲国家又不相同。在个人信用信息搜集和使用方面，日本没有针对个人信用信息搜集和处理的商业化机构和相关产业，个人信用信息采用会员制模式。在会员模式中，会员将会员所拥有的个人或企业的信用信息提供给协会信息中心，协会的信用信息中心仅限于向协会会员提供信用信息查询服务。日本有三个主要的公共个人信用信息平台：国家银行个人信用信息中心（KSC）、消费者信贷信用信息中心（JICC）和销售信用信息中心（CIC），分别由国家银行业协会、贷款行业协会和消费者信贷协会拥有。由于信息仅在成员之间流通，所以保密性强，资料的详实程度也更高。会员提交给协会信息中心的信息包括四个方面：消费贷款交易、存款交易、信用卡交易和担保交易。这些记录有一定保留期限，到期后会被自动删除。

3.4.2.4 信息使用范围

我们以个人信用信息为例比较不同社会信用系统中信用信息的使用范围。

美国采用市场主导的社会信用体系。美国《公平信用报告法》明确规定了个人信用报告的使用范围。个人信用报告可以被用于以下情况：

（1）回应有管辖权的法院发出的命令，或与联邦大陪审团（Federal Grand Jury）有关的诉讼所发出的传票；

（2）消费者的书面请求；

（3）对有理由相信的情况，如涉及保险承保的信息审查；关于消费者是否有资格获得法律规定的政府机构授予的许可或其他福利的审核；进行信用交易的审核等；

（4）根据国家或地方儿童抚养执法机构负责人的要求，用于检查个人支付费用的能力；

（5）用于制定或改变子女抚养决定；

（6）作为保险存管机构或保险信用合作社的保管人、接管人或清算代理人的相关使用情况。

（7）为就业目的提供和使用消费者报告。

在政府主导型的信用体系框架内，由中央银行组织公共信用信息登记系统。而这一系统主要被用于金融监管和政策执行。商业银行和其他金融机构在未被授权时，不得使用中央信用登记系统内的数据。只有经过中央银行工作人员的授权，才能够查询到个人用户的信用状况。正是在这种严格的管控之下，私人征信机构才会在市场中占有一席之地。

日本采用会员制征信体系。个人信用信息存放于信用信息中心，只能在协会内部之间流通，不能供第三方使用，也不能随意披露。协会会员既是信息的提供者，也是信息的使用者。只有在调查消费者偿付能力的时候，此类信息才能被调用。

3.4.2.5 监管方式

很显然，在不同的社会信用体系模式下，政府扮演的角色各不相同，监管方式也各有不同。美国采用市场导向的模式，信用信息产业是一个面向市场的服务业。制定法律法规并监督实施，是政府扮演的主要角色。而在政府主导的欧洲国家，情况很不相同。由于中央征信机构由政府出资建立，通常由中央银行直接管理。除肩负管理职责，中央银行同时也扮演监管者的角色。中央征信机构也会为市场中的其他组织机构提供相关的信用数据和产品。在采用会员制模式的日本，政府主要负责颁布法律及监督法律的实施，信用信息的搜集与使用主要依靠行业协会自律。

3.4.3 各国信用体系建设对我国的启示

3.4.3.1 值得借鉴的经验

显而易见，不同模式的社会信用体系各有其优点，也有其不足。对我们来说，在建立和发展我国社会信用体系的过程中，必须要扬长避短，多方借鉴。

市场主导的征信模式的优势在于政府不直接参与市场经营，征信企业可以在法律允许的范围内按照市场需求来搜集数据、协调服务。政府主导的公共征信模式由于主要由政府来协调社会各界信息数据搜集，由中央银行承担主要监管职责，所以相对来说，有较强的公共效益。会员制征信模式的优势是协会内部的会员相对比较容易协调，可以促进内部合作稳定、持续，对于在较短时间内建设信用信息数据库，并提高征信数据的质量有着重要作用。对我国的信用行业发展而言，这些国家的信用体系中可供借鉴的主要有以下几点：

第一，要寻找适合国情的征信模式。每个国家的信用体系建设和其历史文化、政治体制等因素密切相关。美国、欧洲诸国、日本等发达国家之所以能够在信用体系建设中取得较优秀的成绩，最主要的原因是选择了与其国家实际情况相适应的发展模式。同时，在监管职责、法律法规制定上均与其国家自身发展实际情况相适应。例如，对比美国与欧洲诸国，欧洲诸国的信用服务市场主要借助政府推动的方式，依靠每个国家的中央银行统一组织建立，并以法律形式明确要求所有商业银行都必须向国家公共信息登记系统报送数据。同时，政府制定严格的法律和相关政策来保护信息主体的权益，对信用数据的搜集和使用进行了严格的限制，保证了数据的安全性。而美国采用完全市场化运作的经营模式，私营资本为投资方，采取收费的有偿服务形式，美国信用信息服务机构的业务经营独立于政府部门。此外，美国的信用服务市场具有种类丰富的信用信息来源渠道，数据搜集与管理的能力很强。所搜集的数据不仅包括金融信贷的各类信息，还有来自财务公司、行业协会、零售机构等不同组织的数据和信息。

第二，应当借鉴国外信用法律体系建设经验。不管是哪种征信体系，都有相对完善的法律框架。比如美国，经过多年的发展，真正做到了个人隐私与信用服务业发展之间的立法平衡。在已出台的近20部法律中，美国厘清了信息公开、信息保密、政府监管之间的种种关系，形成了较为完善的征信相关的法律和司法体系。在美国，对于可以公开和不可公开的信用信息做了明确规定，在不侵犯公民隐私的前提下又能够提供充分的信用信息。而在国内，对于信用信息的规定全国尚未统一，只有各地自定的信用信息规定。对于信用报告，美国也规定了其适用范围，在某些活动中，信用报告成为必备之物，这也为信用服务市场带来了充分的信用服务需求，因而美国具备活跃的信用服务市场与社会各行各业都需要信用报告具有直接关联。而在国内，并没有对信用报告的适用范围做出规定，除了与借贷相关的场合，信用报告往往没有用武之地，市场缺乏对信用报告的需求，因而无法驱动信用服务市场的发展。

第三，国外在破除信息壁垒、促进信息流通共享方面的举措值得学习。比如，在日本，三方协议会定期讨论与个人信用信息的开发和改进有关的重要问题。在欧洲诸国，政府明确规定，所有商业银行都有义务加入国家公共信用信息登记系统并将其信用数据提交系统。按照企业或者个人的名义，各家商业银行报送的数据将被整合，形成反映一家企业或个人所有信贷信用行为的信用记录，从而实现信用信息在各个金融机构之间的共享。

第四，从国外先进经验来看，信用服务和信用管理方面的教育培训对于信用市场的发展也至关重要，而这一部分在目前来看，在我国相对来说仍是一片空白。

3.4.3.2 需要避免的问题

市场化征信模式的缺陷在于存在三种风险：第一是在本地征信机构还没有站稳脚跟的时候，规模更大、能力更强的外国或者外地大型征信企业更容易占据市场，不利于本地相关征信企业的发展。第二是数据库建设存在难度，这是因为在起步阶段征信机构往往投资规模较小，很难搜集到必要的信息。第三是法律法规建设滞后。因为市场机制使用的是试错机制，即遇到错误之后不断修正现行法律体系，虽然最终会产生最适应市场需求的法律法规体系，但是过程相对缓慢。从市场化征信模式下的信用报告来看，存在的缺点在于报告的专业性较强，符号系统非常复杂，想要了解透彻，必须专门找专家分析解读，同时，也缺少对调查对象评价的文字描述，不会对授信额度提出建议。

公共征信机构主要是由政府出资设立、以金融监管为主要目的的征信机构。它的主要不足在于虽然政府是主导者，但是在市场经济中，政府并不是商业主体，并不能从中获取商业利益，反而会付出较大的财力支持之后的运转。同时，维护公共征信系统是一个细水长流的过程，需要国家有较强的经济实力，能够投入一定的资金和人力进行长期和持续的管理。因此，这类国家也会将很大精力放在金融安全监管上。然而，在严格的监管下，信用机构和商业信用报告机构的活动受到很多限制，很难大规模、全方位地发展信用信息市场。政府驱动的公共征信模式信用报告的缺点在于，部分重要的项目并没有被包含在内，对于企业财务报表的分析不足，缺乏与银行之间的互相核实，很少提供对调查对象未来展望方面的分析。

会员制征信模式的缺点在于各个地区、各个协会之间发展不平衡，大家对于信用信息提供的能力、口径也不一样。同时，由于局限在会员单位内部，很可能使得信息的需求共享范围很小，这不利于经济和社会利益最大化。会员制模式信用报告存在的问题在于资信报告的质量难以保证，例如日本的资信报告技术含量不如美国，信用评估的数学模型、量化指标上有较大差距，预测精准度有待提高。

4 信用分析中的
统计与优化技术

4.1 统计与优化概述

4.1.1 统计理论与方法

统计学从复杂多变的客观事物中挖掘其蕴含的客观规律，从而为人类的生产活动提供参考，避免行为的盲目性。客观事物通常通过数量的形式来展示，因此，要挖掘出客观事物中蕴含的客观规律，统计学就需要对数据进行搜集、整理、分析、归纳，挖掘研究对象的数量特征和数量关系，探索数量的内部规律，并对这些客观规律进行合理的描述。

统计作为一项社会实践活动，与人类的实践工作密不可分。经过300多年的发展，统计学目前已经进入现代统计学时代，其主要特征是从原有的描述统计转向了推断统计。1907年，随着小样本 t 统计量的提出，抽样分布理论有了进一步的发展，这为后续的统计推断奠定了基础。同时，样本相关系数的分布、方差分析方法以及极大似然估计、卡方统计等的提出，进一步促进了抽样理论的发展，增强了参数估计的准确性。为了减少参数估计对统计学研究范畴的限制，美国化学家 Frank Wilcoxon 发展了一系列的非参数估计统计方法，这些方法也开辟了统计学的新领域。

统计学在研究具体客观事物的数量特征和关系时，可以实现对海量数据的分析，同时借助计算机手段实现分析的智能化。目前，统计学跟其他学科的结合越来越多，如经济学、心理学、社会学、生物学等，从而形成各个领域专用的统计学，如经济统计学、心理统计学、金融统计学、人口统计学等，这也体现了统计理论和方法的不断发展。

统计学理论中常用的几个基本概念如下：

（1）统计总体，即根据研究目的确定的研究对象的全体。通常情况下，总体由具有共同性质的多个个体组成。

（2）样本，即从总体中抽取一定数量的集合。统计学通过分析所抽取样本的数量特征来推断总体的数量特征。

（3）指标，即具有反映总体数量特征的数值或概念。通常分为描述指标、评价指标和预警指标。单一指标通常只能反映总体的部分特征，因此必须将反映总体各个方面的指标结合起来形成指标体系，才能更好地揭示总体的数量特征。

4.1.2 优化理论概述

优化理论与方法是信用分析的重要工具，特别是随着信息化技术的广泛应用，最优化理论与方法在国家信用体系建设与信用大数据应用中发挥着越来越重要的作用。最优化就是针对所研究的问题，在一系列可行的方案中选择使得目标函数最优的方案，甚至创造出新的解决方案。例如，在银行信用分析中，由于资产收益率具有不确定性及模糊性，可以通过优化资产配置的组合来达到最小化违约风险的目的；又比如在商业信用分析中，可以在考虑投资者损失厌恶程度的前提下，构建资产组合的效用函数，以投资者效用最大化作为优化目标来进行资产配置。

最优化的一般数学形式可以表示为：

$$\max f(x)$$
$$s.t. x \in X$$

其中 $f(x)$ 是优化问题的目标函数，$x \in R^n$ 为优化问题的决策变量，$X \subset R^n$ 为该约束问题的可行域。如果 $X = R^n$，则称为无约束最优化问题。上述优化问题还可以写成以下形式：

$$\max f(x)$$
$$s.t. \quad c_i(x) = 0, \quad i \in E$$
$$c_i(x) \leq 0, \quad i \in I$$

其中 $c_i(x)$ 是约束函数，E 和 I 分别是等式约束的指标集和不等式约束的指标集。根据决策变量、目标函数和最优化问题的要求不同，一般可以将优化问题分为线性规划、非线性规划，或者整数规划、动态规划、网络规划、随机规划、多目标规划等。特别地，如果上式中的 $f(x)$ 和 $c_i(x)$ 至少有一个是 x 的非线性函数，那么该问题就被称为非线性规划。例如，Makowitz 投资组合的均值—方差（Mean-variance）模型就被描述为二次规划模型。

线性规划是最基本的优化问题，在个人信用评估以及对个人信用卡信用风险评价等个人信用分析领域已被广泛应用。求解线性规划问题时一般可以用图解法、单纯性法等基本方法。图解法的优点是直观性强、计算方便，但是该方法只能用于有两个变量的问题中。而单纯性法是求解一般线性规划问题最为基本的方法，由 G. B. Dantzig 在 1947 年提出。该方法基于几个定理：一是若线性规划问题是可解的，那么该问题的可行域是凸集；二是线性规划问题的基可行解 X 对应线性规划可行解的顶点；三是若线性规划有最优解，一定存在一个基可行解是最优解。基于以上三个定理，单纯性法求解线性规划问题的思路为：首先找到一个初始基可行解，如果不是最优解，则转换到另一个基可行解，这样逐步进行，每一次选择均使目标函数增大或者减小，一直到找到最优解为止。

线性规划的对偶问题是早期线性规划问题研究中另一个重要的研究成果。假设原问题的目标优化函数是极大化，那么线性规划的对偶问题就是最小化；原问题中的约束条件个数等于对偶问题中变量的个数；对偶问题中的约束函数的不等式符号与原问题相反；原问题中的目标函数的系数是对偶问题的约束函数的右端项，反之则相反。很多实际问题的对偶问题在现实中也是有意义的，其中比较典型的有线性规划在博弈论里的应用。例如，在零和博弈（zero-sum game）中，可以将一方的策略写成一个线性规划，那么其对偶问题则可以看成是另一方的策略。除此之外，对偶理论在解释资源的影子价格，扩大单纯性法计算方法以及对问题进行灵敏度和可靠性分析等方面也有很多帮助。

如果要求在线性规划问题中的全部变量都取整数值，这便是纯整数线性规划；如果只是要求部分变量是整数值，那么就是混合整数规划。如厂房的建设问题，如果用 0 和 1 表示不建厂房和建厂房，那么变量就必定不能是非整数的，而取值 0.5 在这种情况下是没有意义的。此外，在信用分析的实践中，John D. Stowe 使用整数线性规划与决策树相结合，解决了信用调查以及信贷发放顺序的优化问题。通常，在使用单纯性法求解一般线性规划问题时往往会得到很多非整数解，因此整数规划的问题求解有别于一般的线性规划。分枝定界法是求解整数规划的一种重要方法，该方法将计算与分析判断结合起来，先不考虑整数约束，把优化问题当成一般的线性规划，首先求解初步的结果，然后判断结果是否为整数解，如果是整数解那么问题就得到了解决。如果不是整数解，再将整数约束考虑进来，进行分枝；对分枝使用线性规划的方法求解，如果得到整数解并且结果比其他分枝的解都要好，则停止分枝；如果整数解的目标函数值比同层的分枝要差，则停止分枝，如果其他枝的整数解目标函数值比这枝的要好，这个枝也不再分枝；如果其他分枝的整数解目标函数比这枝要差，继续对此枝进行分枝；最后就是找出目标函数值最好的整数解则为最优解。

在实际情况中，很多决策问题是分阶段的，即多阶段决策问题。例如对企业信用风险进行控制时，往往需要依据信息来估计未来的情景，进行多阶段跨期决策。动态规划就是一种研究多阶段决策问题的方法。当每个阶段决策者做出决策后，过程就随之确定了，最后将各个阶段的决策综合起来形成一个序列，这就是一个策略。所以对于多阶段决策问题，就是要求选择最优的策略以得到最好的结果。这其实是一个复杂的过程，因为每个阶段的决策都是有联系的，而不是孤立的。由于整个规划的问题是最优化最终的结果，这也意味着每个阶段的决策不一定是这个阶段的最优决策，甚至会做出某些让步。同样，如果某个阶段的决策是最优决策，这也不意味着会导致整个规划达到最优。对于动态规划的求解，一个有效的思路是可以将问题简化为依次求解具有 n 个（n 个阶段）递推关系的单阶段决策问题。最优化原理表明，一个最优策略的子策略也应该是最优的。因此，基于最优化原理的动态规划的基本方程如下所示：

当 $V_{k,n} = \sum\limits_{t=K}^{n} v_t(s_t, x_t)$ 时，有：

$$f_k(s_k) = \mathop{opt}\limits_{x_k \in D_k(s_k)} | v_k(s_k, x_k) + f_{k+1}(s_{k+1}) |$$

当 $V_{k,n} = \prod\limits_{t \in K}^{n} v_k(s_t, x_t)$ 时，有：

$$f_k(s_k) = \mathop{opt}\limits_{x_k \in D_k(s_k)} | v_k(s_k, x_k) \cdot f_{k+1}(s_{k+1}) |$$

动态规划的数学模型还包括边界条件。所谓边界条件，即当 $k = n$ 时 $f_{n+1}(s_{n+1})$ 的值。一般来说，边界条件的值需要根据具体问题来确定，如果指标函数值是各阶段指标函数值的和，其值取 0；如果各阶段指标函数值是各阶段指标函数值的乘积，其值为 1。当然还有其他情况，此处不做更多的讨论。

在信用分析中，衡量信用的好坏，往往很难只使用一个指标就能完全满足要求，一般需要使用多个指标进行比较，而这些指标之间很多时候是不协调甚至是矛盾的，这种场景就可以使用多目标优化来进行建模。简单来说，多目标规划就是研究多个目标函数在给定约束条件下的最优化问题，往往也称为多目标优化。多目标规划问题的数学描述可以使用以下形式：

$$\max(min) \ Z = F(X)$$

$$s.t. \Phi(X) \leqslant G$$

如果有 n 个决策变量 $X = [x_1, x_2, \cdots, x_n]^T$，k 个目标函数，m 个约束条件，则 $Z = F(X)$ 是 k 维函数向量，$\Phi(X)$ 是 m 维函数向量，G 是 m 维常数向量。具体可以写为如下形式：

$$\max(min) f_1(X)$$
$$\max(min) f_2(X)$$
$$\max(min) f_3(X)$$
$$\cdots\cdots$$
$$\max(min) f_k(X)$$
$$s.t. \quad \varphi_1(X) \leqslant g_1$$
$$\varphi_2(X) \leqslant g_2$$
$$\varphi_3(X) \leqslant g_3$$
$$\cdots\cdots$$
$$\varphi_m(X) \leqslant g_m$$

求解多目标规划大致有下面几种思路：一种是将多目标转化为单目标或者两个目标的问题，这样可以将问题转变为较容易求解的优化问题，其转变方法有主要目标法、线性加权法、理想点法等。另一种叫做分层序列法，这种方法的思路是首先将多个目标按照其重要性进行排序，然后从最重要的目标开始求解单个目标的最优解，以后每次都在前一目标的最优解集中求下一目标的最优解，直到最后得出共同的最优解，即为多目标规划的最优解。此外还有修正的单纯性法和层次分析法，后者是一种定性和定量相结合的多目标决策与分析方法。当多个目标存在冲突的时候，就不存在一个最优解使得所有的目标函数同时达到最小或者最大，这时候我们只能寻找多目标规划的帕累托解，也称非劣解。如果在一个多目标规划的解集中，某几个解在多个目标上都优于其他解，但是这几个解之间没法判断哪个解更优，则这几个解被称为非劣解，而其他解则被称为劣解。

4.2 统计技术在社会信用体系中的现状与发展

4.2.1 个人信用中的统计理论与方法

4.2.1.1 个人信用评分的样本集

在评价和预测个人信用的过程中，目前大部分采用了日本、澳大利亚、德国等几个国家的个人信用评分样本集，其样本数量分别为690、1 000 和690个。由于个人信用评分样本通常存在样本偏差，因此，如何拒绝样本偏差成为个人信用评分研究中面临的重要问题之一。在个人信用评分研究中，通常会采用拒绝推论的统计学方法来评价个人信用。拒绝推论主要是指个人信用评分数据中，仅包含了银行可接受贷款申请的个人信用评分数据，而缺乏拒绝贷款申请者的信用表现和样本数据，这就导致了个人信用评分样本存在偏差，从而导致银行拒绝对具有"良好"信用表现的个人用户贷款。

为了避免样本偏差带来的拒绝推论，学者们从各个角度探究了个人信用评分中的样本集。通过采用支持向量机的线性预测模型，发现存在拒绝推论的个人信用评分集无法成为有效代表总体的信用样本。实证分析也表明，存在拒绝推论的个人信用样本集里，统计学参数在建立信用评分样本模型上具有显著差异，因此，这些容易被拒绝的样本信息成为商业银行在建立个人信用评分时不得不关注的问题。为了解决样本的拒绝推论问题，可以采用增补法、机器学习等方法来完善个人信用评分样本集，研究结果表明这些方法可以显著改善拒绝推论问题。

4.2.1.2 个人信用评分的指标体系

在商业银行对个人信用水平进行有效评估和预测，挖掘影响个人信用变量中的关键信息过程中，个人信用评分指标体系发挥着至关重要的作用。目前，个人信用评价的指标体系主要包括：

（1）个人特征指标。该类指标主要包括个人的年龄、职业、收入、家庭状况、婚姻状况、住宅性质、居住时间、是否为领导层等。研究发现，个人特征指标对个体贷款信用评价具有显著的影响。

（2）财务指标特征。影响个人信用的财务指标主要包括申请者的收入、家庭现有负债水平、估计资产的价值、家庭的财产状况、家庭的财务总值和人均收入等。

（3）贷款特征指标。贷款特征是决定是否发放个人贷款的重要因素，其主要的指标包括贷款金额、贷款期限、贷款申请者与银行的关系以及贷款价值比。较多的研究表明，贷款价值比是衡量个人信用的最重要贷款特征指标。

（4）信用历史指标。它通常指申请人在过去是否存在违约行为、信用使用年限、信用账户数量、信用偿还历史、新开信用账户数、正在使用的信用类型等指标。美国常用的 FICO 系统通常就采用信用历史指标来衡量申请者的个体信用。研究表明，个体信用历史指标是影响个体信用的重要因素。

（5）其他指标。随着个体信用研究的不断深入，宏观因素对个体信用的影响也逐渐成为衡量个体信用的指标。目前常用的宏观因素指标主要包括利率、失业率、经济发展水平和发展趋势、政府补贴、GDP（国内生产总值）的变动等，这些指标都会导致个体信用的变化。

4.2.1.3 个人信用评分的模型和方法

在个人信用评分中，统计学模型和方法为个人信用评分领域的发展做出了重要贡献，常用的统计学模型主要包括判别分析、回归分析和非参数模型。

1. 判别分析模型

判别分析模型是通过对搜集到的个人信用样本按照一定的规则进行提炼，从而建立判别函数，实现对贷款申请者的分类，是一种常规的个人信用分类方法。通过该方法能够较好地预测贷款申请者的违约率。判别分析模型能够较好地计算出个人信用评分的指标权重，具有模型准确度高的特点，能够解决大样本信用评分问题，因而得到了广泛的应用。但有学者指出，判别分析模型忽略了贷款给商业银行带来的利润额，同时可能会存在对信用卡准客户的未来还款行为无法准确估计等问题。

2. 回归分析模型

在个人信用评分模型中，回归分析是至今应用最为广泛的模型。这是因为回归分析模型的精度较判别分析模型更高，同时其参数解释能力更强，且具有较高的稳定性。随着统计学的不断发展，回归分析模型的类型也得到了迅速扩展，目前主要包括 logistic 回归模型、非违约率回归模型、偏 logistic 回归模型、稀疏最大边值 logistic 回归模型等。

3. 非参数模型

随着非参数估计方法的不断发展，非参数模型在个人信用评分中也得到了较好的应用。非参数模型主要包括最近邻模型、决策树模型、贝叶斯模型以及聚类模型等。

（1）最近邻模型：通过计算个人信用评分样本集中与贷款申请者距离最近的样本，从而发现该样本集的信用分布情况，以此评价该样本的信用水平。

（2）决策树模型：通过对个人信用评分的指标进行分类从而实现对新的贷款申请者的信用分类。研究表明，决策树模型对个人信用的分类精确度较 logistic 回归模型更高。

（3）贝叶斯模型：为了实现对贷款申请者的分类，引入了先验概率。贝叶斯模型能够有效地消除不显著的变量，同时输出先验概率，对于处理多维度、高相关性的样本具有较大优势。

（4）聚类模型：通过在个人信用评分样本集中建立一定的规则，实现对原有样本集中的客户进行"好"和"坏"分类，再进一步实现对新的贷款申请者的分类。目前，聚类模型的个人信用评估方法得到了较好的应用。

在商业银行的个人信用评分模型中，以上模型中决策树模型的预测精度更高，因此决策树和决策树组合模型成为商业银行为实现个人信用风险管理而普遍采用的方法。

4.2.2　企业信用中的统计理论与方法

随着经济全球化的发展，企业信用风险事件成为全球关注的重点。由于企业信用风险导致的全球金融危机层出不穷，因此对企业信用风险的评估就显得尤为重要。企业在经营发展的过程中，往往需要资金支持，但内部融资能力有限，不得不通过外部融资的方式来获取资金。而在获取资金时，往往需要进行企业信用风险的评估。由于企业经营性质的不同，且不同企业具有不同的特点，企业信用风险的评估变得异常复杂。了解和监测企业的信用风险，完善企业信用风险评估体系具有十分重要的意义。企业信用风险的评估主要将信用数据通过一定的规则转化为有用的评估信息，并运用适当的评估工具，实现企业信用风险决策。

4.2.2.1　企业信用风险评估数据的来源

由于企业经营活动众多，因此企业信用风险评估的数据来源较为广泛，常用的企业信用风险评估数据主要为：

（1）偿还历史。通常偿还历史是指企业借款后偿还方式的信息，而该信息是企业信用管理和特征的重要数据来源。

（2）企业管理者。对于企业管理者的评估主要是通过其信用历史来进行的，因此，可以认为企业管理者的信用历史对企业的信用风险具有重要影响。

（3）财务状况。财务经营数据是企业信用评估的数据来源，主要指企业目前的资产负债表和企业的营业收入情况，这是衡量企业信用风险的重要数据指标。

（4）环境因素。经济的发展状况也会成为衡量企业信用风险的重要因素。通过搜集历史经济数据，以及内部和外部的其他历史资料，从而完成对企业信用的预测。

（5）证券市场。由于证券市场具有开放性，市场价格、买卖情况等信息都成为企业信用风险评估的重要因素，这也是企业信用风险评估最直接的数据来源。

4.2.2.2 企业信用风险评价指标

企业信用风险评价指标是利用统计方法分析信用风险的重要工具。为了完善企业信用风险评价，国内外学者对企业信用风险评价指标进行了一系列的探索，这也成为当代企业信用风险评价指标体系的重要参考。

（1）基础财务指标。在对企业信用风险进行探索的过程中，基础财务指标成了企业信用风险分析中的重要指标。研究表明，企业的财务数据能够较好地反映企业财务状况，对信用风险预测具有十分重要的作用。目前用于企业信用风险预测的基础财务指标主要包括企业的偿债能力、流动比率、获利能力、运营资本、销售收入、留存收益、权益市价、净资产收益率、资产周转率等。这些基础的财务指标对企业信用风险预测起到了一定的作用，但没有结合市场收益和企业的现金流情况，因此后续的企业信用风险评估中加入了市场收益率和现金流指标的影响。

（2）市场收益率。由于市场收益率具有动态变化的特点，因此，市场收益率在预测企业信用风险的过程中存在一定的滞后性。有研究表明，公司在发生财务危机的前三年内会出现负数的股票收益率，而在公司破产的前两个月，资本损失也更为明显。

（3）现金流指标。企业在现金流入的过程中增加了变异性，从而使得企业的信用风险加大。通过选取同行业中经营状况良好、规模相当的企业作为样本，分析企业的流动性、获利性以及现金流带来的变异性对信用风险的影响，可以发现现金流/负债总额最能够反映企业的信用风险变化。因此，现金流对于健全企业信用评价指标体系具有重要意义。

4.2.2.3 企业信用风险评估模型

由于企业信用数据的多源、复杂等特性，如何构建合适的信用评估模型，建立精确的信用评估方法显得尤为重要。因此，信用评估模型成为帮助管理者识别被评估企业信用风险水平的重要技术和方法。

（1）Z-score模型。迄今为止，最早的信用评估模型是Altman在1968年提出的Z-score模型，即多元线性判别模型。该模型将统计学领域的方法首次应用于信用风险评估中。该模型认为影响企业违约概率的5个财务变量分别是企业的流动性、偿付能力、活跃性、杠杆比例及盈利能力。该模型通过5个财务变量计算企业破产或者财务危机的可能性（Z值），如果Z值越大，则说明企业破产（或财务危机）的风险越低；反之，则说明企业破产（或财务危机）的风险越高。该模型主要被应用于国际贸易结算中企业的信用风险评估。

（2）ZETA 模型。ZETA 模型是在 Z-score 模型的基础上构建的适用于公共和私有的非金融类公司的信用风险评估模型。它主要通过计算企业的违约概率来评估企业的信用风险。ZETA 模型将企业信用评估的指标由 Z-score 模型中的 5 个增加到了 7 个，分别是资产收益率、收益稳定性、偿债能力、盈利积累能力、流动性、资产化程度、规模。该模型通过这 7 个指标来预测企业的违约概率，使得企业的信用风险预测变得更为准确。

（3）多元 Logit 回归模型。相较于多元线性判别模型，多元 Logit 回归模型取消了隐变量和自变量之间的严格假定即线性关系，提出自变量和隐变量之间可以是非线性关系。该模型通过将影响企业信用风险的因素作为自变量，预测各个影响因素的回归系数，并通过极大似然估计求出误差项。研究发现，采用技术指标、公司特异性指标和经济形势指标时，该模型的评估准确性最优。

（4）KMV 模型。1997 年，美国的 KMV 公司推出商业化的信用风险模型，即 KMV 模型。该模型通过信用风险度量指标：信用检测、非公开上市公司模型和 EDF 计算工具来实现企业信用风险指标度量。同时通过投资组合管理、全球化风险与报酬相关系数计算工具计算企业信用风险的违约点。KMV 模型认为违约概率主要受到资产价值、经营风险和财务杠杆三个因素的影响。可通过以下公式计算违约距离：

$$违约距离 = \frac{资产预期价值 - 违约点}{资产价值 \times 资产价值的标准差} \tag{4-1}$$

KMV 公司发现，当该公司的资产低于某一临界值时，就会发生违约行为，因此这一临界值被称为违约点。

KMV 模型是建立在现代财务理论和期权理论基础上的信用检测模型，该模型的数据主要来自证券市场，能够较好地反映企业当前的信用状况，具有及时、准确、较强的应用能力。但由于该模型是静态模型，且只适用于预测上市企业的信用风险，而对非上市企业则需要借助一些会计信息来替代原有模型中的变量，降低了模型预测的准确性，这也使得 KMV 模型具有一定的应用局限性。

（5）Credit Metrics 模型。Credit Metrics 模型是一种典型的评估信用资产组合模型，通过分析债务企业的信贷质量变化，从而发现企业的信贷风险。通过 Credit Metrics 模型评估风险价值以及价值波动，可以评估预期亏损，还能评估投资组合所包含的所有风险，如图 4-1 所示。

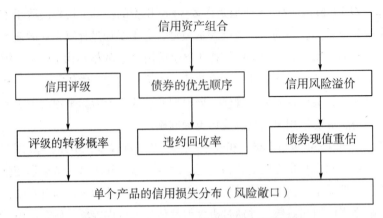

图 4-1 Credit Metrics 模型测度内容和流程

Credit Metrics 模型评估信用资产主要有三个步骤：

第一，计算信用资产发行人的信用等级变化，从而计算资产未来所有可能的信用状态及其概率。资产信用质量的变化源于违约事件的发生。

第二，分析信用资产违约后的清偿顺序以及发生违约后的资产回收率，从而计算出违约状态下的资产价值，实现信用资产价值重估。

第三，通过计算得到的违约概率和不同资产状态下的资产价值，计算信用质量变化的资产价值波动，获得资产风险的敞口。

通过以上步骤可以看出 Credit Metrics 模型是通过计算债务企业的信用评级、评级的转移概率、违约贷款的回收率等计算出贷款的波动率，进而获得投资组合的风险暴露程度。Credit Metrics 模型可以用在多种信用等级状态之间的转移，同时将边际风险贡献引入信用管理领域，具有重要的创新意义。但 Credit Metrics 模型忽略了信用质量会受到宏观经济状况的影响，因此这大大地影响了该模型对信用风险评价的有效性。

（6）判别分析模型（Multivariate Discriminant Analysis MDA）。目前在违约预测中，应用最广泛的即是判别分析法。统计学中，判别分析模型通常分为三类：第一种是已知样本的总体分布，计算平均误判概率最小的分类函数，这种函数通常是指 Bayes（贝叶斯）判别函数；第二种是未知总体分布的情况，根据 Fisher 准则得到最优线性判别函数；第三种是未知总体分布情况，计算个体到总体之间的距离形成判别函数，从而判断信用主体的违约情况。目前这三种函数在违约预测中都得到了广泛的应用，其基本思路都是通过历史样本数据（包含违约和非违约样本）将这三种函数建立判别模型，从而实现对新样本的分类。判别分析模型具有较好的简明性，也能对现实问题给予很好的解释，在商业银行的信用评估中得到了广泛的应用。

4.2.3 公共信用中的统计理论与方法

公共信用是指政府在实施职能的过程中，会通过社区提供给政府的各种信用来帮助其实施职能过程。因此，公共信用通常又被称为政府信用，主要指各级政府在举债的过程中所使用的信用工具，主要表现为：政府及其部门信守承诺、严格践约，实现举债，以此弥补财政赤字。

4.2.3.1 政府信用风险评价指标

1. 政府主权的信用风险评价指标

随着经济全球化的快速发展，新兴国家频发金融危机和政府违约，使得国际主流的评级机构（标准普尔、穆迪、惠誉等）加强了政府主权信用风险的评价。在实际的主权信用风险评价过程中，主要考虑了以下几方面的指标：

（1）宏观经济指标。在国家主权信用风险评估过程中，宏观经济因素是影响国家主权信用风险变化的重要指标。目前的研究表明，影响国家主权信用风险的宏观经济指标主要包括经济增长、贸易波动、货币政策、国际收支状况、财政政策、财政状况、政治稳定性、经济发展水平、通货膨胀率以及利率等因素。

（2）主权债务指标。在主权信用风险分析中，主权债务成为分析一个国家主权信用风险的关键要素。主权国家无力偿还、流动性问题以及违约成本低于收益等问题都可能导致主权国家债务违约，从而影响国家的主权信用风险。目前评估主权国家信用风险的债务指标主要集中在三个方面：第一，公债和外债等的债务存量。该类指标直接反映了一个国家的主权偿付能力。第二，流动性指标。主权国家的短期债务、债务偿还占外汇储备的比例以及债务偿还占出口总额的比例等，这些指标能进一步反映国家的偿付能力。第三，政治制度指标。国家的政治自由度、政治周期、政治风险指数等反映了主权的偿付意愿，能较好地反映主权信用风险。

2. 地方政府债务的信用风险评价指标

所谓地方政府债务主要通过其获得债务的方式来进行定义。目前地方债务的来源主要有三个：一是地方政府通过从银行、国家债券等获得的资金；二是地方政府相关的事业单位、公共性质的企业以及政府的融资平台的债务都是地方政府性债务；三是开发性贷款、中央代发地方债券、信托计划等指标也构成地方政府债务。因此，地方债务的来源是多种多样的，对其信用风险的评价指标也是多维度的。

（1）规模指标。举债数量的多少直接反映了地方政府债务风险的大小。目前对于地方政府债务的规模指标主要从债务负担率、债务率、债务偿还率等几个方面来衡量地方政府债务的信用风险。

（2）结构指标。通常地方政府通过发行债券来筹措资金，这些债券主要包括一般债券和专项债券，因此，这些指标能从结构上反映地方政府债务的风险情况。对于地方政府债务的结构风险，主要从一般债券依存度、专项债券依存度、债权置换率、新增债券率等方面的指标来分析地方政府债务的信用风险。

（3）财政指标。地方政府发行和借贷债务的偿还能力是由财政指标来决定的，这间接反映了地方政府债务的风险水平。而地方政府的财政指标主要通过财政赤字率来衡量。

4.2.3.2　政府信用风险的评估方法

目前对于政府信用风险的评估主要采用个人信用评估和企业信用评估方法，主要使用判别分析、回归模型、logistic 模型、主成分分析、决策树、bayes 分析等统计方法。

ALOZIE C. E.（2018）将判别法和回归方法相结合分析了尼日利亚国家的主权国债的偿付能力，发现当国家主权处于稳定状态时，应保持50%的金融资产，以便大大降低地方债务的累计额。张文等（2016）使用 logistic 模型的评估方法，发现地方政府融资平台的盈利能力偏低，债务违约风险会进一步加大；同时政府融资平台的数量和规模都会对政府的偿债能力造成影响，因此，推进政府融资平台的存量优化和增量扩容有助于地方政府信用风险监管。

孙继伟等（2010）通过财务视角分析政府融资平台贷款的关键性指标，采用主成分分析方法，以政府债务风险为研究对象，发现在政府债务风险中，政府的平台规模、有误担保和土地抵押等因素是影响政府债务风险的关键要素。王镝等（2018）通过对"一带一路"沿线66个主权国家进行信用风险评级，发现证券变更、营商环境和经济发展的可持续性等因素会直接影响国家的主权信用评级。

ALAMINOS D. 等（2019）对处于债务危机中的主权国家的不同区域采用决策树分析方法构建了全球主权国家信用风险模型，结果发现减少国家的非正规债务部分有助于缓解国家债务风险，并有效降低贷款成本。

司明等（2013）采用 Bayes 分析方法发现，在金融危机冲击下，失业率升高、经济增长率降低以及政府的预算收入降低等问题都会影响政府的债务风险。通过产业结构升级、促进实体经济的增长等来解决发达国家的主权债务危机等措施，对加强防范中国地方政府债务风险具有十分重要的借鉴意义。

4.3　优化技术在社会信用体系中的现状与发展

4.3.1　关键技术简介

在进行信用分析时，大多数的商业模型都是自下而上测量风险，其基本思想是把一个投资组合中所有单个工具的信用风险合并。然而，由于资产多样化的原因，这个结果远远不是把所有单个资产的风险简单加总而已。一个好的信用风险组合模型应该包含信用风险的各个方面，依据原理不同，信用风险组合模型可以分为解析模型和仿真模型。解析模型往往需要通过对诸如违约概率和违约损失率等违约风险进行一些简化假设并在此基础上，得到一个"准确"的解；仿真模型则通过使用大量的情景模拟，以期望使用得到的经验分布来替代真实分布。常用的信用风险组合模型主要有信用计量模型（credit metrics model）、信用组合观点模型（credit portfolio view model）、违约模型（credit risk+ model）等。

此外，相较于传统确定性的优化问题，目前应对不确定因素的优化方法主要包括随机优化、机会约束规划以及鲁棒优化等。随机优化与机会约束规划对于不确定性的考虑需要依据概率分布的统计或者预测结果，但在实际中不确定因素的概率分布信息往往难以精确获取。鲁棒优化则假设这样的概率信息是未知的，一般采用不确定集合来表征不确定性，常用的不确定集合包括盒式不确定集（box uncertainty set）、椭球不确定集（ellipsoidal uncertainty set）、多面体不确定集（polyhedral uncertainty set）、基数/预算不确定集（budgeted uncertainty set）等。此外，在信用分析中，亦可以采用基于数据驱动的分布鲁棒优化方法。将随机优化和传统的鲁棒优化算法相结合，并通过数据驱动方法提取大量的历史数据，进一步约束已知场景的概率分布，简化求解的过程，具有较强的实用价值。

大数据时代数据驱动的优化技术也是现代社会信用分析的利器。数据驱动的优化就是借助数据和优化技术来求解优化问题。例如，基于数据驱动的进化优化（data-driven evolution computation）近些年来也被广泛应用于信用分析。相较于前面所介绍的优化理论，进化算法往往更加关注计算目标的最优函数值，而对于数学表达式是否可微、可导，目标函数是否为利普希茨连续（Lipschitz continuity）等性质要求相对较低。因此，在实际应用中，如果优化问题的结构比较确定，并且有充分的与所求优化问题相关的信息可以利用的时候，使用之前所介绍的线性规划、二次规划、凸优化等优化理论一般来说更加具有优势。反之，则更推荐使用进化算法，如遗传算法、粒子群算法、差分算法等。与此同时，通过借助历史数据可以辅助优化过程，可以减少优化问题中计算解的函数值的次数，并降低优化问题中计算解的函数值的成本。例如，基于数据驱动的进化算法使用优化过程中产生的数据训练代理模型以达到减少评估次数的目的。基于数据驱动的进化优化算法流程图如图4-2所示。

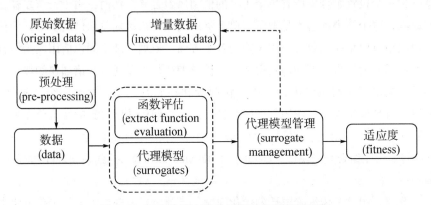

图4-2　基于数据驱动的进化优化算法流程图

从图4-2可以看出，基于数据驱动的进化算法和传统进化算法的区别在于函数的评估模块（function evaluation）。实际问题中数据获取的高成本限制了函数评估的数量，所以文献中广泛使用代理模型（surrogate）来获得可接受的解决方案，代理模型管理（surrogate management）在其中起着关键的作用，该模块控制着何时使用和更新代理模型，并通过将评估后的解加入代理模型的训练集中来修正代理模型（如图4-2中虚线所示）。

4.3.2　组合模型优化

在对风险资产进行度量分析时，在险价值（value at risk，VaR）表示在市场波动下，资产可能出现的最大损失。其表达式为：

$$Pro(\Delta P < -VaR) = 1 - \alpha$$

$$\alpha = \int_{-VaR}^{\infty} f(x)\,dx$$

式中 ΔP 代表的是风险资产在持有期内的价值变化量，α 是置信度，VaR 是在

置信度水平 α 下的在险价值。

针对银行信用分析中的贷款组合优化问题，刘艳萍在信用风险管理的基础上建立了基于 VaR 收益率的贷款组合效用最大化的优化模型。闫达文在资产负债管理研究中，考虑了信用风险和利率风险双重风险的资产负债组合优化，建立了基于信用与利率双重风险免疫的资产负债组合优化模型和基于非线性区间函数风险控制的资产负债组合优化模型。在贷款组合优化中，其最重要的思想就是要对收益和风险进行权衡。第一步便是要对信用风险和收益进行量化，所以信用风险本质上是对风险和收益进行度量，第二步才是对风险和收益进行权衡。姜欣通过信用风险迁移矩阵，构建了预期收益率与贷款组合风险的离散函数关系，以此建立了风险价值贡献度 VaRC 与信用风险迁移的内在联系，覆盖了新增贷款和巨额存量贷款在存续期内的信用风险。李世昌研究了我国商业银行的贷款组合优化问题，使用 VaR 对风险进行定量，在此基础上对贷款风险进行测量和质量分析，其研究使用了 credit metrics 模型和 copula 模型。姜灵敏建立了基于单位风险收益最大原则的贷款组合优化决策模型，该模型是一个有上下限约束的背包问题，并应用二重结构编码的遗传算法，结合贪心算法和局部搜索算法及最优保存策略等解决了该问题。王小丁使用线性规划模型研究银行在信贷风险最小情况下的最优信贷组合，其目标函数为 CVaR，约束函数为银行的预期收益率。严维真研究了商业银行贷款信用风险与贷款组合优化决策问题，将企业信用等级风险系数和贷款资产的风险度都刻画为模糊变量。

针对商业信用分析中的投资组合优化问题，投资者面临的是在多种多样的资产中如何进行最优的资产配置，以实现其收益最大化或者风险最小化。Markowitz 提出了一个线性规划模型用于收益风险约束下的最优投资组合计算，并将其所有不同约束下最优组合构成的分布命名为 Markowitztou（投资前沿边界）。基于该投资组合模型，学者们相继提出了一系列投资组合模型，如 Merton 提出了不确定背景下的全周期投资组合模型；Elton 等通过具体的案例运用展示出了现代投资组合模型的可行性；Eun 和 Resnick 则通过引入汇率、汇率远期、汇率期权以及汇率复杂衍生品证实了混合资产投资组合模型的有效性；Young 通过扩展线性规划模型，研究了最小最大型投资组合的构建方法；Liu 分析了随机环境下的投资组合模型，将实数收益扩展到引入随机变量的随机收益；Liu 等通过引入区间数分析了多时间段投资组合模型；Levy 和 Kaplanski 通过具体引入随机利率与不可控变量提出了多阶段均值方差投资组合模型；Yao 等通过具体引入随机利率与不可控变量提出了多阶段均值方差投资组合模型；周修飞在基本的人工鱼群算法基础上进行改进，对投资组合优化问题进行求解，在一般的投资组合模型上加入交易费用，结果表明基于改进的人工鱼群算法可以获得较好的结果，有较好的收益。

4.3.3 鲁棒优化

正如之前所讨论的，在信用分析的过程中，往往存在着一定的不确定性及模糊性，因此可以使用鲁棒优化的方法进行建模。分析表明，即使在信用分析过程中存在不确定性，但仍然会有比较好的效果。鲁棒优化信用分析问题的研究路线图如图4-3所示。

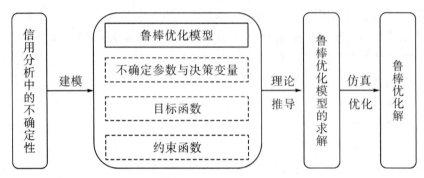

图4-3　鲁棒优化信用分析的研究路线图

在鲁棒优化中，鲁棒性指对不确定性的免疫。记不确定优化为 $\{OP(u)\}_{u \in U}$，且

$$OP(u) : \begin{cases} \min f(x, u) \\ s.t \quad .x \in D(u) \subset X \end{cases}$$

u 在不确定集 U 中取值，优化问题 $OP(u)$ 的解映射为 S（u），有

$$S(u) = \underset{x \in D(u)}{argmin} f(x, u)$$

对于任意的 $u \in U$，如果 x^* 都是优化问题 $OP(u)$ 的最优解，则 x^* 就是不确定优化问题 $\{OP(u)\}_{u \in U}$ 的强鲁棒解。强鲁棒性其实是一种理想情况下的鲁棒性。此外，鲁棒优化的鲁棒性还可以分为一致鲁棒性、严格鲁棒性和松弛鲁棒性。

在使用诸如 credit metrics 方法对信用风险进行度量时，虽然该方法对获取的作为信用资产预测价值分布的大量样本情景提供了很好的量化过程，但 credit metrics 方法得到的信用资产预期价值分布也存在着各种不确定性。在这种情况下建立稳健优化模型，用于信用资产不同预期价值分布的样本情景生成鲁棒情景，然后基于 CVaR 的稳健投资配置模型求解最优投资配置策略。Zhang 等考虑了具有强健性的信用风险优化问题，基于 worst-case Conditional

Value-at-Risk（CVaR）度量信用风险的方法建立了信用风险优化问题的模型。由于信用风险的损失分布存在不确定性，考虑两类不确定性区间，即箱子型区间和椭球型区间，把具有强健性的信用风险优化问题分别转化成线性规划问题和二阶锥优化问题。Alavi S. H. 在供应链网络设计中同时考虑了贸易信贷和银行信贷，建立了随机鲁棒优化模型，其目的是在需求不确定的情况下最大化预期供应链利润，并提出了一种基于拉格朗日的松弛技术来求解模型。Julio López 基于鲁棒优化来处理原始数据集中的不确定性，建立了基于最大化信用评分模型收益的信用评分框架，使用鲁棒方法产生了四个二阶锥优化公式，可以使用内点法有效求解模型。

4.3.4 数据驱动的优化

随着大数据时代的来临，相关信用数据的获取难度渐渐降低。基于数据驱动的优化算法在信用分析领域的研究中也越来越受到欢迎，比如数据驱动的进化算法通过使用基于数据训练的代理模型，减少函数评估的次数，大大提高了算法的效率。在实际的研究中，比如在使用人工智能算法对小微企业进行信用评分时，首先必须解决的问题是小微企业信用数据的特征数据。由于小微企业不同于大企业拥有比较完善的财务系统和管理系统，小微企业的信用评估数据存在特征冗余、数据噪声比较普遍的情况。方旭阳针对该问题，提出了基于适应度评价指标的特征选择方法，针对特征组合优化问题，使用了灰狼优化算法进行策略搜索，且针对该方法的不足，使用了纵横交叉与动态精英信息交替方法进行改进。此外，在 P2P（点对点）网贷的违约预警模型中，有研究使用遗传算法来优化特征工程，其结果表明通过遗传算法优化后的模型在各项分类指标中的有效性均有显著的提升。Guotai Chi 针对 P2P 借贷中存在的借款人贷款历史观察不足和评估贷款分配的模糊性问题，提出了一个具有相对熵约束的数据驱动的鲁棒资产组合优化模型。该模型采用非参数核方法估算 P2P 贷款的预期收益，以及估算在无法获得同一借款人历史数据情况下的风险，并基于 P2P 贷款投资决策的相对熵方法构造了鲁棒的均方差优化问题，在真实数据集上对模型进行了验证。Bertsimas 等使用 KS 检验、χ^2 检验、AndersonDarling 检验和其他一些检验工具来构造不确定性集，并采用每组的最坏情况来制定鲁棒优化。他们假设不确定集是基于可用数据点由某些结构和大小定义的。Kang 等提出了一种在分布歧义条件下的数据驱动的鲁棒均值-CVaR 投资组合模型，并采用非参数自举法来校准歧义水平。粒子群优化算法（PSO）是一种基于群体的优化算法，通过群体中个体的迭代来获得全局最优解。

许佩在进行个人信用评分系统的优化研究时，使用粒子群优化算法对个人信用指标进行优化，去除冗余的指标以避免其对模型精确度的影响。帅理针对神经网络算法的不足，采用粒子群算法对 RBF（Radical Basis Function）神经网络模型进行了改进，构建了相应的个人信用风险评估的神经网络模型。针对传统的决策树在信用风险评估中存在的缺陷，赵静娴提出了组合优化和多层解析两种全新的决策树算法。前者从数据的离散化、降维和属性选择方面有效地解决了处理大规模高维数据库时的效率与精度之间的矛盾。后者则运用分解预测的多分类器思想，解决了多类别间数据叠加造成的噪声放大问题，分类效果和效率较普通方法有了极大的提高。

5 基于大数据的
社会信用关键技术

大数据相关技术的快速发展促进了社会信用评估在理论和应用方面的不断完善。本章首先介绍大数据的发展历程、社会信用体系建设与大数据结合的理论与现实意义，然后介绍信用评估大数据相关的几项关键技术，包括信用大数据存储与管理技术、信用大数据计算模式、信用大数据分析与挖掘技术、信用大数据可视化技术。

5.1 大数据概述

5.1.1 大数据的含义与发展历程

大数据（big data）是指数据量超过了现有计算机对数据的管理分析能力的数据集合，需要新的数据处理模型算法才能够从中找到有用信息的数据。大数据一般具有 4V 特点，即 velocity（单位时间所需处理的数据量特别大）、variety（数据类型丰富多样）、value（数据价值密度低）和 volume（数据量大）。大数据技术是从大数据中提取高价值数据的技术。大数据技术可以对海量数据进行整体分析，而不是传统的简单抽样。因此，大数据技术能够更加完整准确地分析数据，使得数据分析具有超强的洞察力和决策力。

目前，大数据的重要性已经获得国际社会共识，大数据技术发展迅速，各国陆续实施大数据战略，争夺大数据技术制高点。美国的大数据技术已经产业化，在交通、医疗、教育、政府管理、检测等领域都得到了普遍应用，并创造了巨大价值。英国政府紧随美国之后，在大数据科研领域给予极大的科研支持，推动大数据在政府管理、生物医药领域的应用。在日本，大数据成为提高国家核心竞争力的关键，并做出了以大数据为核心的新 IT 国家战略。

在国内，以大数据技术为代表的新一代信息技术拉动我国的数字经济迅速增长。数字经济总量在 2017 年达到 27.2 万亿元，占 GDP 的 32.9%。目前，实体经济在生产和销售的各个环节也需要利用大数据技术。这不仅为大数据公司提供了广阔的市场，同时也极大地提高了我国各行各业的企业效率。但是，在金融、电子商务和政务等行业，大数据技术的落地实施仍然面临着各种问题，使得我们的实体经济无法很好地利用大数据技术。这也暴露出我国大数据技术发展得并不充分的问题。从总体来看，目前我国的大数据技术还处于发展初期，大数据的发展在业务类型、地域和行业分布上仍不均衡，与发达国家还有不小的差距。

5.1.2 大数据技术的应用场景

从目前来看，大数据技术的应用场景有：

（1）医疗大数据——高效医疗。医疗行业具有海量的病例、治疗方案和基因等数据。这些数据不仅数量大，数据维度高而且关系复杂。同时，由于地域、饮食、个体差异等原因，医疗数据具有多样性的特点，传统数据处理技术和统计学分析很难管理医疗数据并从中挖掘出有价值的信息。利用大数据技术可以优化海量医疗数据的存储，并基于这些历史数据挖掘出有价值的流行病学信息，进行个性化的诊疗推荐等。同时，大数据技术能够处理高维度的基因数据，促进基因技术的发展，有助于分析基因与疾病之间的联系，做好疾病的治疗、预防、药物研发以及医疗器械的开发。

（2）金融大数据——智慧金融。大数据在金融领域已经得到了普遍应用，很多金融 App 能够基于个人生活数据进行信用评分并提供借贷额度。总体来讲，大数据在金融领域的应用主要包括精准营销、风险管控、决策支持几个方面。

①精准营销：抓取消费者的购买习惯、位置、购买时间、偏好、性格特征、职业、性别等特征数据进行产品设计和理财产品服务的推荐。

②风险管控：利用客户日常购买记录和银行卡流水对客户进行信用评分，进一步给出融资方案。通过客户的银行流水数据，进行信用卡盗刷和不良客户的反欺诈检测。

③决策支持：利用大数据技术进行客户违约预测，并基于预测结果进行贷款担保抵押或生成产业分析报告。

（3）零售大数据——贴心消费。零售行业可以使用大数据技术，根据消费者的喜好特征做精准营销，降低企业营销成本。同时，零售行业也可以应用大数据挖掘技术发现和了解更多的客户需求，根据这些数据设计出更多更符合消费者需求的产品，增加消费者的效用和企业的收益。

（4）电商大数据——精准营销。目前，大数据技术已经在电商行业得到了普遍应用。分析电商平台大量的交易和现金流数据可以为信贷提供依据，促进平台中的企业借助资本力量发展壮大。同时，大数据技术也可以预测市场趋势，做到精益生产和产品精准定位。

（5）农牧大数据——量化生产。农牧大数据的主要应用是预测市场从而安排农牧产品生产，防止市场周期性过剩风险。同时，大数据也可以对农牧领域的几个关键因素做出精准预测，比如天气、休渔期、病虫害等。

（6）交通大数据——畅通出行。目前，交通大数据应用主要包括两个方面：一个方面是分析各种传感器数据来获得车流量信息，进行道路规划或网约车的调配；另一个方面是利用大数据技术进行信号灯实时调整。

（7）教育大数据——因材施教。大数据可以快速分析出适合孩子的教学方法，找到学习的问题和易错点，提高学习效率。目前，市面上已经有很多基于大数据技术的学习软件，它们能够让我们的学习更加有效。

（8）体育大数据——夺冠助手。体育需要综合应用大数据技术，从运动员设备和身体状况分析到比赛发挥分析等方方面面进行保驾护航。

（9）环保大数据——美丽中国。随着经济的发展，人类的活动范围不断扩大，环境的预防和治理显得尤为重要。我们能够利用大数据技术进行环境比对和污染源排查。

（10）食品大数据——食品安全。大数据技术可以把离散的食品需求聚集起来，生产以前无法量产的产品。通过分析疾病的发病就诊区域，可以及时发现食品问题，排除食品的安全隐患，提高食品质量。

（11）政务大数据——科学服务。政府利用大数据可以更加准确地了解国家资源分布、经济发展水平，从而有效地进行社会管理和资源分配。

（12）舆情监控大数据——和谐社会。国家可以应用大数据技术进行舆论监控和犯罪预防管理。随着互联网的普及，互联网成为人们获取信息和知识的主要方式，大数据技术和文本分析可以快速识别出虚假新闻，防止谣言传播，进行舆情监控。

5.1.3　社会信用体系建设数据方面面临的挑战

社会信用体系建设数据方面面临的挑战有：

（1）数据存储和访问能力受限。传统架构下的社会信用平台主要采用关系数据库，不能很好地应对数据多样化和海量化以及访问交互频繁带来的挑战。

（2）横向与纵向扩展能力差。横向扩展主要依靠增加服务器数量来提高系统的整体计算能力，纵向扩展主要依靠提高单个服务器性能配置来提高系统的整体计算能力。但是，高端服务器价格十分高昂且性能存在上限，这使得系统的运算能力只能在一定的限度内。因此，两种扩容方法对于提高服务器运算能力的作用都是非常有限的。

（3）半结构化、非结构化数据的分析和利用受限。对于半结构或者非结构的数据（如音频、视频、图片等），传统的数据分析方法无法对这些数据进行分析。

（4）高并发能力不足。在传统关系数据库中，当存储的数据达到一定规模时，经常会出现数据库读写性能急剧下降的现象。同时，硬盘 I/O 性能也限制了传统关系数据库的读写速度。这些限制使得传统的数据处理技术无法快速地从海量数据中挖掘有价值的信息。

（5）缺乏有效的数据分析和挖掘能力。一方面，传统数据库的兼容性和并发性较差，这使得传统数据库无法快速处理海量数据；另一方面，传统的数据分析方法也无法处理非结构化数据，更谈不上充分利用这类数据的价值。

5.1.4　社会信用体系建设中的大数据技术方案

大数据技术本身所具有的强大的数据采集处理能力、高扩展性、极强的数据挖掘能力在信用领域可以得到充分的发挥，具体的技术方案如下：

（1）构建统一的社会信用信息服务平台。可以将政府、银行、互联网企业及其他数据平台的数据聚集起来，统一管理存储，实现信息共建共享。

（2）拓展互联网金融信用的场景化应用。利用多维征信对信用主体进行评分，并根据评分对信用主体进行预测。

（3）构建大数据监管模型，培养征信大数据人才。加强自然人和法人的失信管理，使征信机构有效监管社会失信行为。另外，从国家层面实施大数据相关重大项目，以项目带动人才及人才团队的培养。

5.1.5　大数据技术助力社会信用体系建设的意义

大数据技术具有优良的横向扩展特性。HIVE 等数据存储技术能够快速地进行批量的数据存储和读取，提高数据处理效率和减少存储空间。当数据量达到上限时，添加几台服务器就可以达到要求。

大数据技术具有多样的数据采集方式。大数据除了可以采集传统的金融领域数据外，还可以基于网络、移动设备等采集多维个人和企业数据，比如出行、社交、消费等个人数据以及企业关联关系、交易动态等企业数据。从多角度评价信用主体，使得信用评价更加准确。

大数据技术具有强大的数据处理能力。信用数据类型繁杂、范围广，传统数据库在分析挖掘效率方面无法满足要求。基于大数据的数据处理框架，例如Hadoop、Spark、Flink 等，能够快速有效地处理和分析大规模数据，为基于大数据的信用体系建设提供技术基础。

大数据技术具有突出的数据分析挖掘能力。大数据技术核心结果是预测的准确性。随着算力的提升、神经网络等技术的突飞猛进，大数据技术不仅可以处理传统的结构化数据，而且可以从大量的非结构化数据（如文本、语音等数据）中挖掘数据价值，全方面多维度地刻画信用主体。

5.2 信用大数据存储与管理技术

5.2.1 信用数据分类

信用服务是从信用数据中挖掘信用价值并将其提供给目标客户的过程，因此，信用数据是企业提供信用服务的基础。本小节将从数据内容和数据应用历史两个角度介绍信用数据分类。

从数据内容的角度来看，信用数据可分为身份数据、金融数据、非金融数据三类。身份数据是指能够识别信用主体的身份和主要状态的数据。从个人的角度来说，身份数据主要包括姓名、身份证号码、年龄、婚姻状况、学历、家庭住址、工作单位等。从企业的角度来说，身份数据主要包括营业执照编号、法定代表人、营业范围、成立时间等。身份数据是识别信用主体的核心属性，是信用数据中必不可少的组成部分。但是，身份数据不属于信用特征。为了避免贷款歧视问题，身份数据不能作为信用模型的数据源。出于保护隐私的需要，在实际的数据流转过程中需要对身份数据进行严格的加密处理。

金融数据是指信用主体在借贷、担保等资金流转场景下产生的数据。金融数据主要包括信贷数据、保险数据等。由于金融数据能够直接反映信用主体的资产负债情况，所以金融数据是具有信用特征的数据。无论在传统信用评价的模型方法中还是在大数据信用评价的模型方法中，金融数据都是信用评价模型的核心数据源。

非金融数据是指在不涉及资金流转的场景下能够呈现信用主体的信用价值的数据。非金融数据涵盖的范围广且种类多，主要包括司法数据、税务数据、电信数据、社交网络数据、电商数据、汽车数据、浏览记录数据等。非金融数据并不直接具备信用特征，而是要通过特定的方法间接地提取其信用价值。因此，在信用评价模型中必须谨慎使用非金融数据，避免贷款歧视问题和信用评价偏差。

从数据应用历史的角度来看，信用数据可以划分为传统信用数据和大数据信用数据。传统信用数据是指在大数据时代之前银行和征信机构用于信用评价的数据。传统信用数据的主体是信贷数据，并以公共服务部门提供的一些诸如司法数据、税务数据的公共数据作为补充。这些数据属于结构化数据，具有规则完整的数据结构且能用数据库二维逻辑来表现。

大数据信用数据是指具有信用特征和信用价值的一切数据来源。随着计算机和信息技术的发展，信用数据的边界得到进一步拓展。人类利用计算机能够获取的数据来源越来越广泛，能够处理的数据种类越来越丰富，主要包括从各种不同场景中采集而来的文本、图片、音频、视频等大量非结构化数据。

5.2.2　大数据采集技术

大数据采集技术是指从各种智能设备、系统和平台获取数据过程中所使用的技术。数据采集是数据分析中的一个重要步骤，主要是获取一些社交数据、网络数据、物联网数据等。从不同平台上获取的数据通常结构不统一、数据种类错综复杂、数据量庞大。为了进行有效的数据分析，首先我们需要对原始数据进行进一步提取和加工。具体而言，就是从不同数据库、不同数据结构中提取我们需要的数据和字段。由于在数据采集过程中可能存在系统和人工等数据录入误差，因此在提取数据之后需要对数据进行进一步清洗。为了提高数据的质量，清洗工作主要包括去掉异常值、填补或去掉缺失值等操作。最后，根据应用场景和任务的不同，我们需要将清洗过的数据进行必要的数据转换，将数据转换为任务所需的数据格式，并将最终数据放入数据仓库中。

在现实生活中，数据产生的种类很多，并且不同种类的数据产生的方式不同。大数据采集系统主要分为以下三类系统：网络数据采集系统、数据库采集系统、文件采集系统。

（1）网络数据采集系统。网络数据采集的对象是网站、社交平台、电商平台上的数据，这些数据可以通过网络爬虫和一些网站平台提供的公共API

（如 Twitter 和新浪微博 API）等方式获取。网络数据种类繁多，非结构化数据与半结构化数据并存。因此，在将网络数据搜集到数据库前，需要对这些数据进行必要的提取和分类。

目前常用的网页爬虫系统有 Apache Nutch、Crawler4j、Scrapy 等框架。其中 Apache Nutch 是一个分布式爬虫框架。Apache Nutch 由 Hadoop 支持，通过 MapReduce 对网页数据进行分布式爬取，并可以将网页数据存储在 HDFS 分布式文件系统中，具有高度的可扩展性和伸缩性。此外，Apache Nutch 可以充分利用多个节点的计算资源和存储能力，提高爬取数据效率。Crawler4j、Scrapy 等爬虫框架为工作人员提供了便利的 API 和封装，从而大大提高了开发人员的开发效率。

（2）数据库采集系统。MySQL 和 Oracle 等是企业常用的数据存储工具，将企业的业务数据、财务数据等结构化数据以表格的形式直接写入数据库中。使用数据采集系统，可以将企业业务后台服务器和数据库结合起来，将企业业务后台的业务记录直接写入数据库中，再根据业务需求从数据库中提取需要的数据进行分析和展示。

SQL 具有非常高的通用性，但不适用于大量数据查找。大数据采集利用 MPP 并行处理架构。Vertica 就是此类数据库 Teradata 公司开发的 Aster Data，具有线性扩展能力。NoSQL 属于非关系型数据库，目前主要有下面几类：列存储类型数据库、键值类型存储数据库、文档类型存储数据库和图片类型存储数据库。

（3）文件采集系统。flume 实时文件采集和处理是企业常用的文件采集方式。除了业务数据外，企业每天还会生成大量的日志数据。合理采集和处理这些实时的日志数据有助于公司后台服务器平台性能评估。

Scribe 是 Facebook 开源的日志采集系统。Scribe 实际上是一个分布式共享队列。Scribe 首先从各种数据源上搜集日志数据，然后将其放入 Scribe 的共享队列中。再通过消息队列将数据推送到分布式存储系统中，并且由分布式存储系统提供可靠的容错性能。如果最后的分布式存储系统崩溃了，Scribe 中的消息队列还可以提供容错能力，它会将日志数据写到本地磁盘中。

5.2.3　大数据存储技术

传统数据多是结构化数据，单一的存储方式就可以满足存储需求。大数据的数据类型复杂，包括结构化、半结构化或非结构化数据。为了满足需求，目前出现了 oldSQL、NoSQL 与 NewSQL 并存的局面。总体上讲，大数据存储和管理分为三类。第一类采用数据库集群存储大规模结构化数据。第二类基于 Hadoop 开源体系，应用 Hadoop 软件系统中的扩展和封装接口，通过二次开发来实现新的软件系统对半结构化和非结构化数据的存储和管理功能。第三类是将 MPP 并行数据库集群与 Hadoop 集群的混合来实现对结构化和半结构化混合大数据的存储。

（1）大数据一体机。大数据一体机（Big Data Appliance）是一台将服务器、存储设备、操作系统、数据管理系统等集成在一起的软硬件结合的设备，专门用来处理海量数据。

从目前来看，大数据一体机比较适合应用在大型的 IT 环境里。原因是小型 IT 环境服务器较少，不像大型 IT 环境里有几百到上千台的服务器。大数据一体机应用在大型 IT 环境中的好处是能够简化内部的 IT 管理，更灵活地分配资源。而小型环境中架构比较简单，所以不会有将复杂架构简单化的管理需求。就市场而言，大数据一体机主要还是以行业市场为主，例如金融、政府、大型互联网企业等。这些行业对大数据分析有着具体需求，而且对资金敏感度相对小一些。

大数据一体机具有以下几个优势：第一，缩短用户系统上线时间。大数据一体机能够大幅度缩短用户系统上线时间。例如，由自己制作一个定制化系统需要好几个月，但如果采用一体机半个月就可以完成。第二，最大限度地提高兼容性。在大数据一体机的开发阶段，技术人员会对产品的每个细节进行调整，确保一体机的软硬件能够达到最佳组合状态。另外，一体机软硬件集成后，厂商可以提供完善的服务与技术支持，更容易与客户对接。第三，便捷的维护。一体机维护责任明确，由厂家全面全程维护，有问题可以及时解决，提高企业效率，避免陷入组装机各模块故障不断的困境。

但是，大数据一体机也具有以下几个缺点：第一，扩容问题。当前处于数据爆炸时代，数据容量需求不断提高。然而一体机扩容只能单个柜机单个柜机地扩容，无法模块化扩容。同时，一体机软硬件依赖度高，这也是扩容的一大障碍。第二，容易被厂商捆绑。一体机无法实现多厂商之间的软硬件设备兼容。第三，相匹配的软硬件较少。由于一体机不同厂商之间的软硬件兼容性差，所以市场上常常无法买到兼容的配件设备。

（2）Hadoop 的扩展和封装。Hadoop 是一个可自主部署的分布式平台。客户可以在 Hadoop 上运行或者开发各种满足特定需求的分析软件。Hadoop 可以处理结构化和非结构化数据，是大数据处理技术的理想平台。同时，Hadoop 也是个大规模并行处理框架，属于开源软件。

扩展和封装主要是利用 Hadoop 开源优势和其他特点，演变出可以处理传统关系型数据库无法处理的数据的方法，尤其是可以根据互联网大数据存储要求，设计出不同类型的数据库。

（3）MPP 架构的新型数据库集群。MPP 具备以下技术特征：低硬件成本，x86 架构就可以实现；完全并行分布式结构，利用 Non-Master 部署，属于完全的节点对称扁平化结构；具有优秀的压缩算法，具有较高的 I/O 性能；基于新型策略的加载模式，具备数据加载高效性；可以集群式进行节点的扩容和缩容，可扩展性极强；数据安全级别高，可以通过副本冗余保护；支持数据操作高并发，读写或加载查询并发；行列存储具有高并发性，支持混合模式；支持目前国际主流的接口规范。

5.2.4 数据清理与预处理技术

信用评估的准确性不仅依赖于评估模型，更依赖于信用数据的质量。数据质量可以从准确性、完整性、一致性、时效性、可信性、可解释性几方面进行评价。在大数据时代，来源广泛的信用数据源不可避免地存在噪声数据、冗余数据、缺失数据、不一致数据、不确定数据等各种情况。为了提高数据质量和数据规范性，必须对采集到的信用数据进行数据清理工作，完成偏差检测和数据变换。这不仅能提高信用评估结果的准确性，还能显著地提高信用评估过程的效率，给整个评估业务带来高回报。

数据偏差是数据缺失、不一致、噪声等错误的统称。偏差检测应当首先制定数据性质相关的知识或规则，包括数据的类型、定义域、值域、分布、空置规则等。然后，根据上述规则对数据进行规则符合性检测。在发现偏差之后，需要通过填充缺失值、光滑噪声、识别离群点、纠正数据中的不一致等数据清理方法去纠正偏差。

信用机构获取的用户数据中可能存在缺失值，如用户的家庭年收入、用户的资产状况等。为了填补缺失的用户属性，可以采用以下方法弥补：

（1）忽略元组。当一个元组的类标号或者多个属性值均缺少时，可采用该方法。但是，如果每个属性缺失比例差异较大时，该方法的性能很差。

（2）人工填写缺失值。当缺失值较少时，可采用该方法。但是，如果缺失值较多，该方法因费时而不具有可操作性。

（3）使用一个全局常量填充缺失值。该方法虽然简单，但是可能导致后续分析结果出现偏差。

（4）使用属性的均值或中位数填充缺失值。例如，已知用户的家庭年收入平均值为 20 万元，可使用该平均值替换该属性的空缺值。

（5）使用同类样本的均值或中位数填充缺失值。例如，已知用户的信用风险等级，可使用同类风险等级用户的家庭年收入平均值替换该用户空缺的家庭年收入。

（6）使用最可能的值填充缺失值。可使用回归、决策树、贝叶斯推理等方法预测缺失值。

噪声是被测量变量的随机误差或方差。信用机构获取的用户数据中可能存在错误数据或异常数据。为了去掉噪声，可以采用以下数据光滑方法：

（1）分箱。该方法将有序值分布到一些箱中，考察数据的"近邻"进行局部光滑。常见的数据光滑分箱方法包括：用箱均值光滑，即用该箱的均值替代箱中每一个值；用箱中位数光滑，即用该箱的中位数替代箱中每一个值；用箱边界光滑，即用该箱的最大值或最小值替代箱中每一个值。

（2）回归。该方法用一个函数拟合数据来进行数据光滑。线性回归找出拟合两个属性的最佳直线，利用一个属性预测另一个属性。多元线性回归找出拟合多个属性的最佳曲面，利用多个属性预测另一个属性。

（3）离群点分析。采用聚类分析将类似的值组成一个数据簇，落在所有数据簇之外的值被视为离群点。

（4）人工检测。由专业人员识别数据中的孤立点。

目前，一些商业工具可以实现偏差检测的功能：数据清洗工具可以利用领域知识进行偏差检测，数据审计工具则可以通过分析数据来发现一些规则并使用发现的这些规则进行偏差检测。尽管有一些商业工具能有限地实现一些数据变换功能，但要想较好地实现整个数据变换过程，需要根据实际的应用需求编写计算机程序来实现。

5.3 信用大数据计算模式

大数据计算模式指由特定存储架构、计算模型、支撑平台组合而成的大数据应用技术解决方案。其中，大数据计算模型是指根据大数据的不同数据特征和计算特征，从多样化的大数据计算问题和计算需求中抽取的各种高层抽象和模型。根据数据特征和计算特征的差异，大数据计算模型主要包括批处理计算、流计算、查询分析计算、迭代计算、图计算、内存计算。根据数据量的差异，计算模型可分为内存级别、BI 级别、海量级别。根据计算响应时间的差异，计算模型可分为实时计算模型和离线计算模型。本节针对信用大数据的应用场景，具体介绍查询分析计算、批处理计算、流计算、图计算、混合计算。

（1）查询分析计算。查询分析计算是指为了满足超大规模数据的实时或准实时的存储管理和查询分析需求构建的计算框架。查询分析计算的关键技术包括 Hbase 和 Hive，存储体系是 Stinger，主流的计算平台是 Hadoop。由于交互式的数据处理系统比非交互式的数据处理系统对用户更友好，所以查询分析计算一般结合实时交互式的计算框架使用。在交互式的计算框架中，用户发出请求后系统会实时反馈信息并引导下一步操作。典型的交互式查询分析计算平台是 Google 开发的 Dremel。Dremel 能够保证秒级的响应时间，轻松处理海量级的数据。

（2）批处理计算。批处理计算是针对大规模数据的批量处理计算框架。批处理计算的优点是承载的数据量大、性价比高、技术成熟，缺点是计算时间长，不利于在线实时响应。批处理计算的存储体系是 GFS、HDFS、NoSQL，典型的计算模型是 MapReduce，计算平台有 Hadoop、Azure、InfoSphere，所涉及的关键技术包括 Pig、Hive、HDFS、ZooKeeper、Mahout、Yarn。

MapReduce 是 Google 公司开发的一种简单易用的经典批处理计算框架，其核心特点在于分布式的并行处理策略。适合采用 MapReduce 处理的任务必须满足两个特点：其一是大任务可以分解成许多小任务来处理，其二是小任务彼此间没有关联。MapReduce 在执行过程中会多次读写磁盘，任务时间延迟高。因此，MapReduce 主要被用来处理静态数据，是一种典型的离线计算模型。

MapReduce 的计算原理涉及三个基本思想：大数据的分治思想、抽象模型思想、统一构架思想。大数据的分治思想是针对相互间不具有计算依赖关系的大数据实行拆分处理，分而治之，巧妙地克服大规模数据的问题。为了解决并行计算缺少高层并行编程模型的问题，MapReduce 通过 Map 和 Reduce 两个函数提供了高层的并行编程抽象模型。为了解决并行计算缺少统一计算框架支持的问题，MapReduce 设计并提供了统一的计算架构，提高了计算框架的易用性。

MapReduce 的主要任务是 Map（映射）和 Reduce（简化）。映射负责输入数据的分片、转化、处理，输出中间的结果文件。简化主要对中间结果进行合并处理，得到最终的结果并写入 HDFS。需要注意的是，两类任务都有多个进程运行在 DataNode 上，相互间通过 Shuffle 阶段交换数据。

（3）流计算。批处理计算的任务时延高，主要用于处理静态数据，不适合处理实时变化的海量数据。流计算能够很好地满足批处理计算难以实现的需求，是一种实时获取来自不同数据源的海量数据并实时处理数据的低延迟、可扩展、高可靠的计算框架。流计算蕴含的基本思想是数据的价值会随着时间流逝而降低。流计算的主要特点是流式数据和实时计算。流式数据是指流计算中数据流是连续不间断的。实时计算是指计算和服务过程的响应是实时的。

流计算中涉及的关键技术有 Tuple、Bolt、Topology，存储体系有 HDFS、GFS。常见的流计算平台有三种：商业级的流计算平台、开源的流计算平台、公司为自身业务定制开发的流计算平台。IBM InfoSphere 和 IBM StreamBase 是商业级的流计算平台。Twitter 公司开发的免费开源的分布式实时计算系统 Storm 是典型的开源流计算平台。Facebook 的 Puma、百度的 Dstream、淘宝的银河流数据处理平台是公司为自身业务定制开发的流计算框架。

作为一种成熟的流计算平台，Storm 具有分布式、实时性、容错性、简便性的特点。Storm 对流数据的处理是基于每条数据进行的，其中的并行计算是有向拓扑图 Topology 实现的。有向拓扑图由 Spout（数据源）和 Bolt（处理单元）组成，定义了并行计算的逻辑模型，设计了计算的步骤和流程。Storm 的计算架构包括逻辑架构和物理架构，逻辑架构主要包含数据模型、数据流、数据源、处理单元、分发策略和逻辑视图，物理架构主要包括 Storm 主控程序、集群调度器、工作节点控制程序、工作进程、执行进程和计算任务。Storm 作业的每一个 Topology 中都包含有 Acker 算法组件，其主要作用是跟踪数据源发出的每一个处理单元的处理完成情况。此外，为了确保系统的可靠性，Storm 从任务、组件、节点三个层面都设计了系统容错机制。

（4）图计算。诸如社交网络数据、交通路网数据、传染病传播数据等大规模图结构数据都能够很好地表现数据之间的关联性。考虑到图结构的自身特点，图结构数据需要特定的算法和计算框架满足其计算需求。

图计算是指为了满足大规模图结构数据处理需求而构建的计算框架。图计算的核心技术主要包括数据融合技术和图分割技术。目前通用的图计算软件主要包括基于遍历算法的、实时的图数据库和以图顶点为中心的、基于消息传递的批处理并行引擎。前者的典型代表产品有 Neo4j、OrientDB、Infinite Graph、DEX，后者的典型代表产品有 Pregel、GoldenOrb、Giraph、Hama。这些图计算软件主要是基于 BSP（bulk synchronous parallel）模型的并行图处理系统。

BSP 整体同步并行模型是图计算的一种典型计算模型，包含组件、路由器、全局时钟三个部分。在 BSP 模型中，首先将一个大任务分解为多个超步，然后针对每一个超步完成计算任务。具体而言，针对每一个超步，由各计算节点独立完成本地的计算任务，将计算结果存储在本地并进行远程传递。

BSP 的计算过程包括本地计算、全局通信和栅栏同步。本地计算是指在一个超步内，处理节点从自身存储器读取数据进行计算。全局通信是指每个处理器通过发送和接受消息，与远程节点交换数据。栅栏同步是指当一个处理器遇到栅栏时，会停下来等待其他所有处理器完成计算。每一次栅栏同步是前一个超步的完成和下一个超步的开始。

（5）混合计算。学术界和工业界一直致力于融合各种计算框架的优势构建统一的计算系统。由于信用大数据涉及多种数据源和计算需求，混合计算模型架构是信用大数据计算的一种重要的解决方案。混合计算的典型代表是基于Spark 的混合计算模型架构。Spark 生态系统是由加州大学伯克利分校的 AMP 实验室开发的数据处理框架，构建了开源、快速、通用的计算环境，基于RDD 的抽象数据结构提供了流计算、查询分析计算、图计算等一系列计算解决方案。

5.4 信用大数据分析与挖掘技术

5.4.1 数据集成与融合技术

数据集成是指将分布在不同位置的异构数据源进行整合，向用户提供统一的视图访问。按照集成方式的不同，可分为虚拟视图方式、物化视图方式。在虚拟视图方式中，数据被分散保存，用户通过中介器访问各个数据源。物化视图方式又被称为数据仓库式，数据被集中保存在全局数据库中。通过虚拟视图方式集成的数据实时性好，但是查询效率低，难以满足大规模数据分析的需要。采用物化视图方式对异构数据源进行集成则能够为进一步的数据挖掘和数据分析提供高质量、多维度的数据基础。由于数据集成需要整合不同数据源的异构数据，所以集成结果存在冗余度高、准确度差、数据离散等问题。通过对集成数据进行实体统一和冲突解决，数据融合技术能够有效消除冗余信息、错误信息，建立同一实体的数据关联，提高集成数据的统一性、准确度、完整性。

在轻量化的简单应用中，数据集成可以被视为数据预处理的一个步骤，通过实体识别和匹配、冗余度和相关分析、数据重复和冲突的检测和处理等技术实现集成的目的。但是，在信用数据的企业级应用中，由于涉及不同粒度、不同主题、不同需求的大规模信用数据的动态变化、流程化处理、频繁读取和快速挖掘呈现等需求，所以必须把构建和使用数据仓库作为基础设施进行数据的集成、融合，以便实现统一、规范、高效的存储管理和使用。

数据仓库是一个面向主题的、集成的、时变的、非易失的数据集合，支持数据的整个后续使用过程。面向主题是指数据仓库围绕与数据使用业务相关的重要主题，集成是指集成多个异构数据源，时变是指数据仓库中的关键数据都带有时间标记，非易失是指数据仓库和操作型事务数据库分离存放数据所带来的良好的稳定性。数据仓库使用更新驱动的方法，在特定的更新时点上将来自多个异种数据源的数据集成，利用定制的程序进行数据清理、数据规约、数据变换等预处理之后，装入和刷新数据仓库，这样就产生了融合的、干净的、高质量的数据。

数据仓库通常具有三层体系结构，底层是数据仓库服务器，中间层是OLAP联机分析处理服务器，顶层是前端客户层。来自外部数据源和操作数据库的数据经过集成、清理和变换后，被装入数据仓库服务器，由数据仓库服务器对这些清理过的数据进行监控和管理。在OLAP联机服务器中对数据仓库服务器中的数据进行多维数据的变换和操作，形成汇总的主题数据和特定主题的数据集市。在OLAP过程中，细节数据和汇总数据共同构成数据立方体，提供给前端客户层使用。在前端客户层中，可以对信用数据进行查询、分析、模型评估、数据挖掘以及可视化展现。

从数据结构的角度看，通常可分为三种数据仓库模型：企业仓库、数据集市和虚拟仓库。企业仓库中包含了关于主题的所有集成的细节数据和汇总数据，需要在有着良好算力的超级计算平台或并行计算平台上实现，需要较长的时间进行设计、建设、迭代，适用于企业级信用数据的应用建设。数据集市是为了满足特定的用户需要而设计的主题集合。数据集市不需要像企业仓库一样较长的设计周期和强大的计算平台，但同样需要一些复杂的集成，适用于轻量级信用数据的应用建设。虚拟仓库比数据集市更加简单而易于实施，它是传统的操作型事务数据库的一些视图的集合，但只适用于超小型的信用数据的应用建设。在基于需要选取了拟进行引用的数据仓库模型后，就可以进行数据仓库的设计、构造、部署。数据仓库的设计和构造有一套完整的软件工程方法，有各种设计工具，比如数据仓库开发工具、规划和分析工具等。所有的设计、构造和部署都必须基于用户需求、预算和资源进行规划。部署完成后，数据仓库在使用过程中还会发生迭代和进化，通常来说，使用的时间越长，数据仓库的完整度越高。

要实现信用数据的动态变化、流程化处理、频繁读取和快速挖掘呈现等需求，数据立方体计算技术、查询处理技术、分析技术至关重要。数据立方体是数据在多维集合上的聚集，也就是数据在指定维度的子集上的所有分组。聚集也被称为"分组"，一个方体表示一次分组，所有的方体组合在一起形成了数据立方体。当数据立方体包含大量的维度时，如果要将所有的维度的子集聚集进行预先计算并存储，就会需要庞大的存储空间，导致"维度灾难"。所以在考虑数据立方体的应用需求、存储空间大小和计算效率的基础上，需要选择合适的数据立方体计算的算法和优化方法对数据立方体进行计算。主要的数据立方体算法包括 BUC 算法、Star-Cubing 算法、外壳片段算法。在数据立方体查询技术中，主要的技术是抽样立方体技术和排序立方体技术。在数据立方体分析技术中，主要有预测立方体技术以及基于异常和发现驱动的探索技术。预测立方体技术是一种能够存储预测模型的立方体结构，能够用来识别与任务目标关联度较高的立方体子空间。

信用评价是信用数据的数据仓库应用的主要场景，需要构造或训练信用评价的模型，使用模型进行信用评价后提供评价的结果。在最新的数据融合技术中，可以将大数据和人工智能模型作为信息处理的基础设施和 OLAP 集成在一起，OLAP 为大数据和人工智能模型提供高质量的数据源，大数据和人工智能模型也可以成为数据清理和集成的有效工具。将大数据和人工智能模型集成在数据仓库中，不仅可以提升数据处理的效率，还能实现知识的探索性发现。数据仓库一方面为用户动态地提供知识和模型，另一方面与用户进行交互，实现自我的进化。

5.4.2 数据挖掘过程及技术

5.4.2.1 数据挖掘过程

数据挖掘过程包含以下 8 个步骤：

（1）信息搜集：抽取分析对象中的数据特征存入数据库。如果是海量数据，合理选择数据库就显得非常重要。

（2）数据集成：将各种类型、格式、特点的数据搜集在一起，便于查询和共享。

（3）数据规约：从大量数据中选取少量数据，但选取的数据仍然具有原始数据的性质，这种方法叫做数据规约。数据规约可以有效提高数据分析效率，有助于高效利用计算机资源。

（4）数据清理：如果原始数据存在不完整、缺失值或者属性不一致的问题，需要对数据进行整理并将有效数据装到数据仓库里。

（5）数据变换：数据处理需要特定的形式，通常采用规范化、平滑聚集、数据概化达到这一目的。概念分层和数据的离散化也是常用的方法。

（6）数据挖掘过程：将存放在数据仓库中的数据信息应用各种方法（如遗传算法、决策树、神经网络）得到有价值的信息。

（7）模式评估：专家评价数据挖掘的重要性。

（8）知识表示：数据可视化的实现。

5.4.2.2　信用大数据挖掘技术

信用评估的需求源自商业与借贷关系发生碰撞。现代信用评分的概念大约出现在 80 年前，David Durand 于 1941 年将英国统计学家费雪提出的线性判别分析法引入到信贷行业，他利用借贷人性别、年龄、职业、资产等特征建立模型，通过线性判别法区分贷款人信用状况的好坏。

可以从狭义和广义两个层次定义信用评分。狭义的信用评分是一系列决策模型以及各种用于帮助信贷机构决定是否授信的基本技术。广义的信用评分可以是被评估人信用水平的数学表达，有助于评估方及时发现违约的风险。信用评分也是金融风险管理领域的重点研究课题。

现代统计与数据挖掘技术的发展也给予了信用评分技术极大的助力。从本质上来说，信用评分技术主要就是识别可能会影响借贷人还款行为的特征以及相应的违约风险，从而进一步决定是否授信的二分类问题。

自从《巴塞尔协议》颁布以来，不论是在业界还是在学术界，信用评分技术都受到了越来越多的关注，其使用也得到了极大的普及，这种情况在《新巴塞尔协议》于 2004 年颁布后更加显著。究其背后的原因，大致有两方面的考虑。首先是授信决策的需要，其次是对于风险管理的日益重视。在此之后，风险系数的计算方法可以由相关机构自行决定，这也就是内部评级的由来。这种方法使得机构在考虑到自身风险因素后，对于违约风险的计算更加精准了。高效风险管理的需求意味着金融机构需要寻求更加高效精准的信用评估相关技术，这也就造成了今天种类繁多的信用评分模型的出现。

从数理分析技术发展的层次上讲，信用评分模型的发展经历了三个历史阶段。信用评分模型发展的第一阶段是以客户分类为中心，该阶段是对客户信用信息的初步探索，主要方法包括描述性统计方法与探索性统计方法。在上述统计方法的基础上，对客户进行分类。比如说按照客户的收入多寡分类、按照客户履约历史表现来分类，以及按照客户交易的活跃度分类。这种初级阶段的信用评分在 20 世纪五六十年代是主流方法，根源在于当时数据现状、技术发展水平与硬件水平的限制。

信用评分模型发展的第二阶段是以预测模型为中心，该阶段整合了信用评分方外部与内部的信息，对客户的信用信息进了更加深入的提炼与挖掘。这是信用评分模型发展阶段中重大的进步，因为通过上述过程可以产生反映客户信用信息与行为特质的衍生变量，再加上各种分析技术的发展，使得该阶段可以将有关客户信用的基础变量与衍生变量综合起来进行信用评分，从而可以对客户未来的表现做出更加系统全面的预测。该阶段使用的预测模型在 20 世纪七八十年代相当流行，且在信用评分模型发展至今，仍是欧美地区特别是消费信贷领域，使用最为广泛的信用评分技术。

信用评分模型发展的第三阶段以决策模型为中心，该阶段的信用评分模型不仅仅考虑客户的基础信息与衍生信息，还考虑到了消费信贷机构的信贷决策对客户未来的信用行为的影响。预测模型对于客户未来信用行为的预测只是基于客户的历史信用信息与客户本身的特质信息，决策模型则将决策本身的效用纳入模型之中并试图将其量化。在考虑决策本身的效力时，决策模型也尝试将不同消费者对于同一信贷决策反应的异质性纳入模型之中。比如，对于不同消费者来说，相同利率的信用卡可能有的消费者会接受，有的消费者会拒绝。一般来看，客户的信用越好，其对信用卡利率的敏感度越高，也就是较低的利率上调会导致这些客户拒绝信用卡；反观那些信用较差的客户，相同的利率上调则不会对这些客户产生较大的影响。决策模型的信用评分模型始于 20 世纪 90年代中后期，主要在消费信贷领域流行，被应用于那些对于决策本身有较大影响的信用评分中，比如说信用卡的销售中。

信用评分技术发展至今，各种模型纷繁复杂，但总的来说可以被划为专家评分模型、统计模型和人工智能模型。专家评分模型是最早被应用于解决信用评分问题的方法，分析人员会根据评分对象的特征做出相应的判断。这些评分的方法也相对简单，都是先对评分对象的主要特征进行打分，这些主要特征包括道德素质、偿还能力和担保物等，然后通过量化分析这些评分来做出相应的判断。但是这种方法高度依赖专家的经验与隐性知识，这就使得这种信用评分技术耗时耗力，并且误差较大。统计模型和人工智能模型是目前主流的信用评分技术，但是现在的研究正由单一模型向综合模型发展，通常采用统计模型、人工智能模型、混合模型和集成模型来进行信用数据挖掘。

5.4.2.3 信用评分模型检验

在建立信用评分模型后，如何检验该信用评分模型的效果呢？在检验信用评分模型之前，首先要确定的问题就是信用评分模型的效果是什么。简单来说，就是该信用评分模型对于优质客户和劣质客户的区分能力，而此时又要通过两方面来检验一个信用评分模型的区分能力，一般来说就是样本外检验与样本内检验。样本外检验是利用预留的检验样本的实际情况与模型对该样本的预测情况的差别进行检验的方法，而样本内检验是利用开发该信用评分模型的样本的实际情况与该模型对该样本的预测情况的差别进行检验的方法。

1. 样本外检验

（1）留出法。留出法将数据集随机分为两个子集：第一个子集叫做训练集，用于构建信用评分模型。第二个子集叫做测试集，用于检验对应信用评分模型的表现。因此，该检验技术的主要思路就是利用模型去拟合训练集，再用训练出的模型对测试集进行预测，其目的就是检验信用评分模型的泛化能力，也就是模型的稳健性。模型在测试集上表现出色也就意味着该模型具有良好的泛化能力，在训练集上没有产生过拟合的现象。

（2）K-折交叉验证法。K-折交叉验证法是对留出法的进一步推广，该方法将数据集随机划分为 K 个子集，每个子集都会轮流作为测试集以检验信用评分模型的泛化能力，而其他 K-1 个子集则作为训练集来训练信用评分模型。与留出法不同，K-折交叉验证法的整个数据集都被用来训练和测试模型。值得指出的是，通常设置 K=10，也就是十折交叉验证法最为常用。

（3）留一法。留一法是 K-折交叉验证法的一个特例。当 K 为样本量时，就是留一法。每个样本在一轮模型建立中都被单独用于模型检验，其他的样本被用来构建模型。但是这种方法在数据量较大时，计算难度较大。所以像信用评分模型这样基于较大数据集的模型检验，通常不会采用留一法作为样本外检验的方法。

（4）训练/验证/测试法。这种方法是留出法在遇到大数据集时的一种替代方法，其目的是避免对于验证集的过拟合。使用该方法时，训练集被用于构建相应信用评分模型，验证集被用于估计模型选择所带来的预测误差，测试集被用来检验最后选择的模型的泛化误差。这种样本外检验方法的三种数据集的比例：50%为训练集，而验证集和测试集各占25%。

2. 样本内检验

（1）ROC 曲线。受试者工作特征曲线（ROC）由 Zweig 和 Campbell 于1993 年提出，是一个对于二元分类模型表现的可视化图形。ROC 曲线以特异度为横轴、以灵敏度为纵轴创建一个坐标系，因此曲线与主对角线相距越远，该模型表现就越好。

在信用评分模型中，ROC 曲线就是衡量舍弃优质客户和拒绝劣质客户之间的交换关系。ROC 曲线以混淆矩阵为基础，混淆矩阵是比较一个模型预测结果与真实值的矩阵。在信用评分模型中，错误分类就是模型未能将信贷申请人正确地划分为某个类型（优质客户或者劣质客户）。如表5-1就是一个混淆矩阵，其中 M 为模型预测结果，D 为真实值。TP 表示真正类也就是一个现实的优质客户，在模型预测中也为优质客户；FP 为假正类，表示一个现实的劣质客户，在模型预测中为优质客户；FN 为假负类，表示在现实中为优质客户，在模型预测中却为劣质客户；TN 为真负类，表示在现实中为劣质客户，在模型预测中也为劣质客户。而 TP+FP+FN+TN＝N，其中 N 为样本量。通过这样一个混淆矩阵可以衍生出几个检验模型的指标：

①正确率（ACC）。一个模型预测正确的比率，通常通过以下公式计算：

$$ACC = \frac{TP+TN}{TP+TN+FN+FP} \tag{5-1}$$

在信用评分模型中，就是一个信用评分模型预测正确的优质客户和劣质客户的总数占总样本量的比率。

②灵敏度（SEN）。又被称为召回率或真正率，通过如下公式计算：

$$SEN = \frac{TP}{TP+FN} \tag{5-2}$$

在信用评分中，就是现实中的优质客户被一个信用评分模型也预测为优质客户的比率。

③特异度（SPE）。又被称为真负率，通过如下公式计算：

$$SPE = \frac{TN}{TN+FP} \tag{5-3}$$

在信用评分中，就是现实中的劣质客户被一个信用评分模型也预测为劣质客户的比率。

④精确率（PRE）。通常通过如下公式计算：

$$PRE = \frac{TP}{TP+FP} \tag{5-4}$$

在信用评分中，就是一个信用评分模型预测为优质客户而且在现实中也为优质客户的比率。

⑤假负率（FNR）。通常被称为第一类错误，通过如下公式计算：

$$FNR = \frac{FN}{TP+FN} \tag{5-5}$$

在信用评分中，就是现实中的优质客户被一个信用评分模型预测为劣质客户的比率。

⑥假正率（FPR）。通常被称为第二类错误，通过如下公式计算：

$$FPR = \frac{FP}{TN+FP} \qquad (5-6)$$

在信用评分中，就是现实中的劣质客户被一个信用评分模型预测为优质客户的比率。这种错误带来的损失也更大。

表 5-1 混淆矩阵

		M	
		优质客户	劣质客户
D	优质客户	TP	FP
	劣质客户	FN	TN

（2）K-S 指标。K-S 指标是在使用同一个信用评分模型时，度量该信用评分模型预测的优质客户与劣质客户信用分数的分布函数之间距离的区分度指标。如果样本总量为 N，其中优质客户与劣质客户分别为 N_g、N_b，$N_g(s)$、$N_b(s)$ 分别表示信用分数为 s 时优质客户与劣质客户的数量，则 $P_g(s) = \sum_{x<s} P_g(x)$，相应的 $P_b(s) = \sum_{x \leqslant s} P_b(x)$。如果信用评分模型产生的是连续型的分数，上述公式需要换成积分符号。$K-S$ 指标可以表示为：

$$KS = \max_s | P_g(s) - P_b(s) | \qquad (5-7)$$

对一个信用评分模型来说，如果劣质客户在该信用评分模型中的得分越低，优质客户在该信用评分模型中的得分越高，相应的 K-S 指标就会越大，因为此时优质客户与劣质客户的区分度较高。虽然 K-S 指标的取值范围在 [0，1] 之间，但一般的信用评分模型的 K-S 指标都在 [0.25，0.75] 之间。在对于信用评分模型的检验中，信用评分模型的 K-S 指标达到 0.28 就可以认为该模型是有效的，即可以将优质客户与劣质客户很好地区分开来。

如图 5-1 所示，在 $s = 250$ 的情况下，累计劣质客户的占比为 73%，而优质客户的累计占比为 20%，这就表示如果以 250 为信用分数的分界点，会损失 20% 的优质客户，避免了 73% 的劣质客户。可以算出此时 K-S = 53%，此时该信用模型对于优质客户与劣质客户的区分度最大。

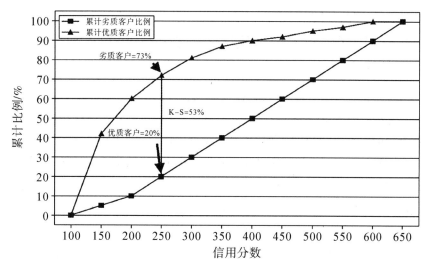

图 5-1 信用评分模型的 K-S 指标

（3）区分度。对于一个信用评分模型来说，区分度（divergence）是衡量信用评分模型对优质客户与劣质客户分类能力最为直接的指标。区分度是一个参数统计量。假设优质客户与劣质客户都是服从正态分布的，通常通过如下公式计算：

$$D^2 = \frac{(\pi_g - \pi_b)^2}{(\sigma_g^2 + \sigma_b^2)/2} \tag{5-8}$$

其中 π_g、π_b 分别为优质客户与劣质客户信用分数的均值，σ_g^2、σ_b^2 分别为优质客户与劣质客户信用分数的方差。

（4）群体稳定性指标（PSI）。群体稳定性指标是用来衡量一个信用评分模型的稳定性指标，也就是衡量两个样本的信用分数在同一信用评分模型中是否存在显著的差异。通常通过如下公式计算：

$$F = \sum_{i=1}^{n} \left[\left(\frac{O_i}{\sum O} \right) \times \mathrm{Ln} \left(\frac{O}{\sum O} \bigg/ \frac{E_i}{\sum E} \right) \right] \tag{5-9}$$

在信用评分领域，O 和 E 分别为优质客户实际占比和信用评分模型预测出的优质客户占比。该指标一般为正，当 $PSI < 0.1$ 时，信用评分模型较为稳定；$0.1 \leqslant PSI \leqslant 0.25$ 时，信用评分模型可能存在不稳定问题；当 $PSI > 0.25$ 时，该信用评分模型极不稳定。

5.5 信用大数据可视化技术

数据可视化是指通过直观的图形图像方式表现数据，将数据中蕴含的信息以直观易懂的方式进行传播。数据可视化是探索数据的基本工具，直接决定着信息沟通的有效性。在信用数据的挖掘和应用过程中，数据可视化必不可少。依据数据的基本特点、目标用户的需求完成数据可视化设计有利于提高数据的解释能力和表达能力。

数据可视化设计过程中应当考虑的要素包括数据的表达需求、标度、分析方法、可视化手段、图符选择、图符变量、交互设计等。数据的表达需求主要是指需要表现的数据的内容，这些内容通常包括数值、类别、顺序、排名、分布、比较、趋势、地理空间、成分、关系等。数据的标度是指数据可能具有的值的集合，通常包括标称数据、序数数据、区间标度数据、比例标度数据。数据的分析方法通常包括统计分析方法、时间分析方法、空间分析方法、关系分析方法等。数据的可视化手段包括各类常见图表、地图、树形图、网络图等。数据的图符包括点、线、面、体、文本等几何图符，文本、数字、特殊符号等语义图符，图案、图标等图像图符。图符变量包括位置、样式、颜色、亮度、动作等。交互设计包括缩放、搜索、定位、过滤、细节按需呈现、历史、导出、链接、投影、变换等。

数据可视化的基本技术主要包括基于像素的技术、基于图符的技术、几何投影技术、层次技术和基于图形的技术。基于像素的技术是指在屏幕上创建与维度个数相等的窗口数量，并用每个窗口像素的颜色反映每个维度中各样本数值的大小。通常来说，维度的数值越小，像素的颜色越淡。通过比较各窗口像素的变化情况，可以观察到各维度是否有明显的相关性。但是，基于像素的可视化技术的缺点是不容易观察到数据的稠密度和分布情况。几何投影技术能够将高维空间的数据投影到低维空间，使得观察者能够容易地看到数据的稠密度和分布情况。用形状表示第三维度的二维散点图、三个坐标轴的三维散点图、散点图矩阵和平行坐标图是常用的高维空间低维化方法。基于图符的可视化技术是将高维数据表示为集成的图符，两种流行的图符技术包括切尔诺夫脸和人物线条画。基于图符的可视化技术的优点是能够较好地展现数据的规律性，缺点是不能显示具体的数值。层次可视化技术是将高维的数据划分为不同层次的维度，一次展现一个层次，通过层次钻取和上卷的方法进行层次数据的探索。

层次数据也可以使用嵌套矩形的方法在树图中展现。还有其他的一些如标签云技术等新的可视化技术也在不断涌现。总的来说，数据可视化技术是对数据可视化的要素进行一些替换、组合、调整、改造、去除、重组等，最终得到能够满足特定需求的数据表示方法。一个好的可视化设计需要综合考虑用户需求、可视化要素和已有的可视化技术，力求信息呈现清晰有效。

在信用数据的搜集和处理过程中，传统的数据可视化方法是使用表格进行可视化展现。这种方法具有简单易行的优点，不需要过多的可视化设计，能够让数据使用者直接看到原始数据的形态。但是，这种方法的缺点是表达不够清晰有效，需要数据使用者花费大量时间对数据进行理解和探索。因此，可以结合实际的需求在信用大数据的处理和挖掘过程中使用可视化技术进行交互，辅助实现人类知识和计算机模型的融合。

在信用评价结果的展现过程中，传统的数据可视化方法是直接给出信用主体的信用评价数值和信用评价报告。这种方法虽然直观简单，但是应用场景有限。当使用者想快速了解某个群体、区域或行业的信用汇总情况时，或者当使用者想快速了解信用评价的子数据时，这种方法便很不适用。因此，可以采取基于层次的技术进行一些动态的交互设计，打造信用数据的可视化面板，让用户能够根据自己的需求快速地获取信用信息。

6 重构信用体系的区块链技术

6.1 区块链技术概述

区块链技术的开拓者中本聪在比特币白皮书中提到了国际贸易中最典型的信用风险，即虚假支付问题，并认为在贸易过程中的很多行为（如货物交割、提供服务等）都是不可逆的，但是电子货币的支付行为在某种程度上却是可以撤销的。在实际的商业贸易中，也会出现买家因各种原因和个人主观意愿而拒绝支付费用的情况，而这种情况将会导致卖家在贸易中需要考虑潜在的交易风险，并将其作为交易成本计算在产品的价格中。该交易成本存在的根源在于提供交易支付的第三方平台可能无法保证支付结果：卖方提供了自己的产品，但无法确信一定能获得收益。因而这部分潜在的风险成本在一定程度上也可以被看做信用风险导致的交易成本。针对此问题，中本聪于 2008 年提出了比特币并作为电子现金（electronic cash）这一概念，即希望比特币能够作为一种不可逆的支付货币，在商业贸易中降低甚至避免潜在支付风险所导致的信用成本。为了实现这一想法，中本聪摒弃了主流数据库的账本记录方式，而采用了基于时序进行周期打包记录数据的方式。这一方式的特点显而易见，所有后继交易都直接依赖于对前序交易的确认，并且不能在交易确认后的任何时点擅自改动数据。与此同时，这一设计还保证了在使用比特币过程中所被确认的交易或支付不会被撤销或者退回。此外，为了避免交易平台中拥有数据管理权限的用户对交易记录进行干预，中本聪基于"一人一票"的理念设计了去中心化的账本更新方式（POW，Proof of Work），即所有对交易进行确认的行为必须经过算力竞争，交易内容的确认必须得到系统中的绝大多数认可（尽管 POW 机制以算力作为投票权的设计有其局限性），方能成为主链的内容被后继区块采纳。任何用户都不可能强行承认或者否认某些交易，即便这么做了，他所打包的区块也会在后续的区块打包过程中被摒弃，从而无法生效。

自 2008 年中本聪首次提出比特币的概念以及 2009 年第一个区块——"创世区块"产生以来，比特币作为一种数字货币进入了人们的视野，也标志着区块链技术首个应用的产生。至 2015 年，作为比特币的底层技术，区块链脱离了对比特币的依附，成为一种全新的独立技术。这一分布式账本技术，以其去中心化、不可篡改、加密安全性等技术优势和广泛的应用前景，获得了越来越多的关注和热捧，有关区块链技术的研究和应用一时之间呈井喷趋势。近年来，区块链技术的应用领域已经从数字货币向金融领域不断延伸，并逐渐与法律、医疗、社会等领域相结合。虽然大部分应用尚处于初级阶段，但学者们普遍认为区块链技术在金融、医疗、法律等诸多领域有着巨大的应用前景，是继因特网、万维网、云计算和物联网之后的第五次信息科技创新。

在社会信用体系建设中，区块链凭借其去中心化、数据共享等技术特点，能够很好地解决社会信用体系中的遗留问题。这一章主要介绍区块链技术及其应用。具体而言，首先介绍了区块链的定义和发展历程，其次介绍了区块链的核心技术以及这些技术的应用领域和前景，最后分析了区块链在社会信用体系建设中的理论可行性以及应用前景。

6.1.1 区块链的定义

作为一种新兴的信息技术，区块链还没有一个比较统一的概念。起初，学术界将区块链定义为由包含交易信息的区块从后向前有序链接出的数据结构。区块链系统由很多节点组成，区块链的交易信息都存储在分布式网络系统上，系统中的每个节点都存有整个区块链数据的副本。同时，区块链上的每一个节点都可以通过一定的共识机制实现节点之间交易信息的共享。区块链也可以被理解为一个分布式数据储存系统，在这个系统里，储存了所有节点的信息，因此也被称为分布式加密总账本。

区块链的本质是一种由节点组成的网络所构成的分布式、去中心化的数据库系统，在这个网络中记录了所有交易数据等信息。同时为了保证数据的有效性和真实性，网络中的所有节点都要参与交易数据的确认和维护，并通过共识机制来达成各节点的共识，保证交易与信息的安全和有效性。为了保障数据的安全和隐私，储存在区块链中的所有交易数据都以加密形式进行存储，并通过分布式数据系统来保证在不需要中心机构的前提下可以进行追溯并能稳定运行。因此，我们可以把区块链定义为：通过使用时间戳、共识机制和密码学等技术，按照时间序列的顺序把交易记录记载于相应的数据区块中，并通过一定的共识算法把交易数据存储到分布式数据库内，从而生成永久保存、不可逆向篡改的数据记录，以实现不依靠任何中心机构和提高数据可信度的目的。

6.1.2 区块链的分类

区块链技术在各个行业和场景的应用过程中，根据不同的需要和发展在原有比特币区块链的技术上进行了拓展和改变，因此从不同的角度，区块链可以被划分为不同的类型：根据应用的开放程度的不同分为公有链、私有链和联盟链；按原创程序分为原链和分叉链；按独立程度分为主链和侧链等；按层级关系分为母链和子链；按应用范围分为基础链和行业链等。一般而言，区块链的分类往往按照应用开放程度来进行划分，下面就分别对公有链、私有链和联盟链进行阐述。

公有链是指网络中不存在任何中心化的服务节点，各节点可以自由加入、退出网络，以及参加链上数据的读写，运行时以扁平的拓扑结构互联互通。在公有链中，所有节点都能读取其他节点数据，都能发送交易且都可以参与交易确认和共识过程。值得注意的是，公有链中节点的数量并不是固定的，各节点在线也无法控制。因此，公有链主要通过密码学技术和POW、POS等共识机制来维护整个链的安全，以解决陌生环境下的信任问题与安全问题。公有链是节点参与程度最广泛的区块链，具有完全去中心化、账本完全公开透明、交易可以追溯等特点。当前公有链项目包括比特币、以太坊、瑞波币等，此外还包括大多数的竞争币以及智能合约平台等。

私有链又称专有链，各个节点的写入权限收归内部控制，而读取权限可视需求有选择性地对外开放，其他组织则没有读取和写作权限。与公有链相比，私有链仍然具备区块链多节点运行的通用结构，且由于用户规模小、易于控制，私有链具有交易确认速度快、交易成本低等优势，其节点的数量与状态是可以控制的。目前私有链主要集中在企业应用上，如解决金融机构与大型企业的账务审计、票据管理及供应链管理等方面的问题。单独的个人或实体开发的区块链，参与的节点只有自己，数据的访问和使用有严格的权限管理，是存在一定的中心化控制的区块链。

联盟链是介于公有链和私有链之间的一种区块链，是由多个组织或机构通过联盟的形式组建而成的区块链，因此各个节点通常有与之对应的实体机构组织，节点的加入或退出均需要通过授权后才能执行。多个组织或机构间通过事先制定相关标准，来保障参与节点运行的组织或机构权限完全对等。链上每个机构都运行着一个或多个节点，读写和发送交易的权限只限于这些节点。该方式可以有效地实现在不完全信任的情况下进行数据的可信交换。联盟链则具有多中心化的特点,它相当于在某个有限的范围内(比如金融机构或某一个行业的全体参与者之间)构造了一种公有链。例如,银行之间的支付结算、企业之间的物流等,其应用能让组织或机构进一步降低结算的时间和成本;大学之间建立联盟链,可以进行学生的课程信息共享等。联盟链与当前商业领域的生态架构较为相似,存在对等的不信任节点,如企业联盟、供应链节点、商业生态圈、商会、行业协会等,因此在当前的实际应用中相对更为广泛。

6.1.3　区块链的发展历程

从发展历程和应用层面来看,区块链可以分为区块链1.0、区块链2.0和区块链3.0三个发展阶段。其中区块链1.0是该技术最早的应用场景,以比特币等虚拟货币为代表;区块链2.0则包括智能合约等技术,并在金融领域方面有所应用。在区块链2.0时代,利用区块链的可追溯、不可篡改等特性,构建了区块链的信任基础,为以智能合约为代表的2.0时代提供了理论和技术支持;在区块链2.0的基础上,区块链3.0则是除货币和金融领域外,区块链在其他领域中的应用,包括政府、卫生、科学、文化、艺术等领域。可以看出,随着时间的推移,区块链技术的应用场景也由初期的数字货币,不断扩展到金融以及各行各业。下面我们将从区块链1.0、区块链2.0和区块链3.0来分别介绍区块链的发展历程。

6.1.3.1　区块链1.0

区块链技术最早被应用于比特币等数字货币,该阶段也称为区块链1.0时代。比特币是一种集分布式存储、现代密码学等技术于一体的数字货币。作为分布式网络的一种典型数字货币,比特币的发行等规则不受中央银行或官方发行者的限制,是一种传统货币形式之外的分散的货币。作为数字货币,比特币是第一个也是最广泛使用的数字货币;作为其底层技术,数字货币也是区块链技术的首个应用场景。区块链的最初层面仅仅指比特币的总账记录。这些账目记录了自2009年以来,比特币网络运行所产生的所有交易。从应用角度来看,区块链就是一本安全的全球总账本。所有的可数字化的交易,都是通过这个总账本来记录的。根据预测,区块链未来五年将可能成为全球超过200种货币和协议的基石。在区块链1.0时代,人们主要将数字货币视为一种投资手段,通过数字货币的买入和卖出,获得投资收益。因此,在这个阶段人们主要关注的是数字货币的收益率,对于其应用价值的关注相对较少。

除了比特币外,区块链1.0阶段还产生了许多其他应用,这些应用主要基于各种特色的电子货币，包括小额支付、外汇兑换、博彩和洗钱等。在此阶段，区块链技术作为比特币等数字货币的底层技术，大多被应用于对货币的加密以及依附于加密货币生态的支付体系。

尽管通过区块链技术，比特币系统有了很好的安全性等优点，但比特币系统本身也存在不足，从某种程度上说，作为区块链的首个应用——比特币系统，也算不上十分成功的应用。它有一些先天缺陷：第一，比特币客户端软件对存储空间的要求。因为每一个节点都记录了从系统第一个交易以来的所有交易记录。截至2018年2月13日，这个交易记录文件已经有147GB这么大。如果没有新的技术突破解决存储问题，那么可以预见，随着时间的推移和交易量的增加，交易记录文件的大小只会增加不会减少。第二，交易确认的时间较长。为了保障交易记录的真实性和防止交易记录被恶意篡改，比特币系统有着一套完整且复杂的机制。但也正是因为区块链技术的瓶颈，使得每一笔交易的确认时间较长，通常需要一个小时甚至几天。第三，比特币供给不足问题。比特币系统最多只能产生2 100万枚比特币，而且无论有多少人在挖矿，系统规则决定了每十分钟才能产出若干枚比特币（2018年是每十分钟12.5枚）。所以，大家对比特币持续的需求和比特币总量供给不足形成了矛盾。第四，代码中心、算力中心。96%的比特币归属4%的地址，40%的比特币掌握在全球1 000人手里。当大多数算力被掌握在少数人手里时，那么，这些人就可以对交易记录进行篡改，且通过共识机制也很难识别这些篡改，最终可能导致数字货币系统崩溃。第五，比特币是不可撤销的。也就是说，一旦一个事务被确认并存储于一个块中，则块链是不可逆的。除非接收方愿意将其退回，否则无法取消或撤销交易。如果它被黑客攻击，那么数字货币交易是不可挽回的。第六，比特币的块链不具有保密性。区块上的交易细节对所有人都是开放的。

6.1.3.2　区块链2.0

区块链2.0的概念从泛指的角度来说，包含了比特币2.0、smart contracts（智能合约）、smart property（智能财产）、Dapps（decentralized applications，去中心化的应用）、DAOs（decentralized autonomous organizations，去中心化的自动组织）、DACs（decentralized autonomous corporations，去中心化的自动公司），但大部分人将它理解为区块链在其他金融领域的应用。在区块链2.0时代，区块链的可追溯、不可篡改等特性受到了人们的重点关注和积极应用，基于这些技术特性形成了区块链的信任基础，并基于区块链的可信任执行环境，实现了合约的自动化以及执行的智能化。

在区块链2.0时代，区块链技术主要被应用在证券交易、供应链金融、银行票据、支付清算、公正防伪、征信体系建立、互助保险等金融领域的各个方面。由于区块链最早产生于金融领域（数字货币），因此金融领域在区块链应用方面有着绝对的先天优势。金融业是建立在信用的基础上的，也是对安全性、稳定性要求极高的行业。而区块链本身去中心化的优势，为金融业提供了可信任的平台，并建立了新的信用机制，使得交易双方可以在没有第三方信用中介机构的条件下进行经济活动。这样不仅可以降低经营和交易的成本，而且也从本质上改变了金融的信用体系。以金融业务跨境支付与结算为例，当前的跨境交易需要依赖可信任的第三方中介。智能合约等技术彻底颠覆了传统货币和支付的概念，去掉了中介方的参与，使得交易更加透明。

区块链 2.0 最主要的技术就是智能合约。从本质上讲，这些智能合约将合同的执行条款等写入程序，只有当合约中某些条款被触发时合同才会自动执行。因此从本质上来说，智能合约的主要工作原理有点类似于计算机程序的 if-then 语句。和传统的合约不同，智能合约并不受传统合约的手续制约，即当合同中的某些条款或条件被触发时，智能合约就会自动执行相应的合同条款，从而省去了仲裁平台对执行条件和结果进行判定的中间工作。尽管智能合约这个概念很早就有人提出，但是由于诸多技术限制，其应用实践一直严重落后于理论。其中有两个最主要的问题一直有待解决：第一是智能合约如何保证合约的有效执行，即智能合约如何保证实物交割的履行；第二是尽管可以将合约内容写入代码，但是计算机很难保证执行这些条款并获得合约方的信息。而通过区块链技术和智能合约技术相结合，就能更好地发挥双方优势，很好地解决了这些问题。利用区块链的共识算法技术来约束合约执行的规则，规范合约执行的机制，然后将整个智能合约的代码与相关执行状态记录到区块上。当合约的相关条款被触发时，智能合约就可以直接读取并执行合约代码，并将执行的结果返回合约，这样，在区块链这个可信赖的环境下就完成了合约的自动执行。同时，在区块链上，资产都是以数字化的形式呈现和转移的，有效地保障了合约的执行。所以，区块链为智能合约搭建了一整套可信任的执行环境，使得智能合约的应用和普及成为可能，目前，很多区块链公司开始将区块链和智能合约相结合，推动智能合约的应用。如 Etherum、Codius、Hyperledger 等，这些公司都有基于区块链技术的智能合约。这些智能合约允许在区块链上自动执行代码，大部分时候被用于已定义的触发事件过程中引起外部操作。在这种情况下，区块链就相当于商业交易、监督管理过程中对法律、法规的执行者。

6.1.3.3　区块链 3.0

如果说区块链 2.0 是区块链在金融领域成熟应用的阶段，那么区块链 3.0

则是除了金融领域外在其他领域的应用。梅兰妮·斯万在《区块链：新经济蓝图》一书中将区块链3.0描述为：除货币和金融领域外，在政府、卫生、科学、文化、艺术等其他领域的应用。区块链3.0主要构想了区块链技术的传播，以及治理和司法的分权原则在整个社会中的传播。这种类型和潜在应用的范围表明区块链技术是一个移动目标。在区块链2.0的基础上，区块链3.0愿景主要包括改进的"智能合约"的概念，以创建依靠自己的法律和高度自治运作的分散的自治组织单位。

token（通证）经济是区块链3.0的代表，可以说区块链进入3.0的标志就是token的出现。以太坊的建立以及其制定的ERC20标准使得区块链的token被广泛认识，而区块链与通证的结合也被认为是一个重要的技术进步。通证经济是指所有通过创建加密通证而产生的一切经济活动的集合，主要但不限于ERC20通证标准。通证主要由三个要素构成：①通证是一种数字化的权益证明，有其固有和内在的价值；②有加密技术保障，每一个通证，都是一份由密码学保护的权利，也就是说通过密码学技术，保障通证信息的真实性、防篡改性和保护隐私等；③区块链提供了通证流通的价值载体，为通证的交易、兑换提供了安全的平台。当然，目前，以通证经济为代表的区块链3.0还处在早期阶段。

6.1.4　区块链的特征

区块链作为一种新兴的技术，是一系列传统技术的融合。与传统数据存储技术相比，区块链具有去中心化、信息透明、不可篡改等五个方面的特征。

6.1.3.1　去中心化

区块链是一个建立在所有节点上的数据网络，网络节点上的数据验证、记账、储存、维护和传输等环节都需要网络中所有节点参与，并不依赖于单一信任中心。在区块链网络中，所有节点都拥有同等的权利和义务，并通过一定的共识机制建立节点之间的信任。

去中心化是区块链技术最显著的特征。区块链网络中的每个节点都需要共同遵守统一的共识机制等规则，集体对网络中的数据进行确认、储存和维护。由于区块链上的所有数据都在每一个节点进行了备份，任何一个数据节点的故障和异常都不会对整个网络系统产生较大的影响，因此，与传统中心化数据库相比，区块链的去中心化的特点使得其具有较高的稳健性和抵御攻击的能力，更具有分布式数据库系统的优点。

6.1.3.2 信息透明

通过组合使用散列加密、非对称加密等加密技术，区块链确保了信息对每一个网络中的节点都是公开透明的。同时，为了让所有节点参与交易记录的验证和确认，区块链系统中的账本应处于所有参与者都被允许访问的状态。区块链所采用的分布式账本技术使得每一个节点都可以储存整个网络中发生的一致和完整的历史交易信息。这些机制构建了区块链网络中信任的基础，确保了区块链中的数据的公开化和透明性，可以被网络中的任意节点读取和验证。

6.1.3.3 不可篡改

区块链上的每个节点都备份有区块链系统的所有交易信息，如果谁想要恶意篡改区块链中某一部分数据，则需要对所有节点的备份数据都进行更改，但因为每一个节点都储存着整个网络的完整数据，篡改成本将不可估量。此外，网络中数据的修改必须通过全网中至少超过一半节点的审核通过后才能进行。因此，当数据被所有节点确认并写入了区块之后，其数据就不容易被单一的或者少数几个节点更改。这一特征很好地保证了数据的安全性和可信性，提高了存放在区块链上的数据抵御外界恶意篡改的能力。

6.1.3.4 时序数据

由于新的区块的产生依赖于前一区块的信息，使得区块链上的数据通过标记有时间戳的链式区块结构来储存。具有时间标记的数据，使得数据具有较强的可追溯性。

6.1.3.5 开放性

区块链技术可提供灵活的脚本代码系统，用户可在此基础上开发更高级的去中心化的应用程序（电子合约、数字货币等）。例如区块链技术中具有代表性的以太坊平台，就提供了完整的脚本语言来帮助用户开发各种交易合约和交易类型。

6.2 区块链的核心技术

区块链技术主要融合了分布式账本、智能合约、哈希算法以及非对称加密技术等，这些技术构成了区块链的几大核心技术。智能合约技术在前面已有介绍，下面我们将从区块链的基本架构、分布式账本、共识机制以及密码学等几个方面介绍区块链的核心技术。

6.2.1 区块链技术的基本架构

区块链的基本架构由自下而上的数据层、网络层、共识层、激励层、合约层和应用层组成，每层分别完成一项核心功能，各层之间互相配合，实现一个去中心化的信任机制。具体如图6-1所示。

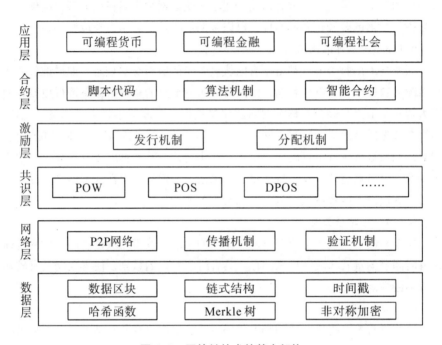

图6-1 区块链技术的基本架构

6.2.1.1 数据层

数据层主要实现相关数据的存储、账户和交易的实现与安全。数据存储主要通过区块的方式和链式结构实现，而交易的实现则基于数字签名、哈希函数和非对称加密技术等多种密码学算法和技术。数据层通过链式结构数据区块的形式封装了底层数据，数据区块一般包含区块头和区块体两部分。具体结构如图6-2所示。

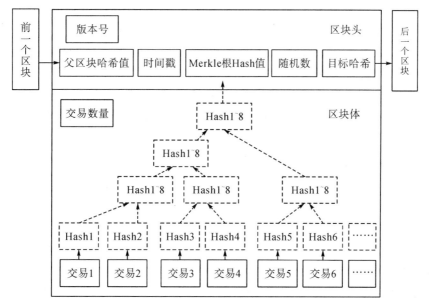

图 6-2　区块链数据层具体结构

区块头主要被用于链接到前一个区块并且通过时间戳特性保证历史数据的完整，主要包含父区块哈希值、Merkle 根哈希值、时间戳、难度值、随机数（Nonce）和版本号等信息。区块体包含了 Merkle 树的形式，将经过验证的、区块创建过程中产生的完整交易信息组织在一起。Merkle 树的构建过程是一个递归计算散列值的过程。数据层初始建立的节点被称为"创世区块"，之后在相同规则下创建规格相同的区块，并通过一个链式结构依次相连组成一条主链条。随着区块的不断运行，主链不断增加新的区块，数据结构的关键要素包括块链结构、分布式账簿、拜占庭容错、链上代码（智能合约）等关键特性。

（1）块链结构。每一个区块都有时间戳，使用前一个区块的哈希加密信息，对每个交易进行验证，通过该块链结构形成一个链式的"公共账簿"。

（2）分布式账簿。多个节点独立复制存储，每个节点存储相同的数据，互相间独立作业和互相监督。

（3）拜占庭容错。在少于三分之一的节点恶意作弊或被黑客攻击时，仍然能实现"一致性的同步分布式账簿"，保证系统正常工作。

（4）智能合约。区块链载入的合同或法律文件为可执行的程序，条件满足时自动执行，也称为"链上代码"。

区块链可选择如 RSA、Ed25519 等算法不同的加密方法，以达到金融级别的安全性。

6.2.1.2　网络层

网络层主要实现网络节点的连接和通信，其与有中心服务器的中央网络系统不同，具有去中心化的特点。区块链网络本质上是一个 P2P 网络（点对点网络），是没有中心服务器、依靠用户群交换信息的互联网体系。网络层上的每一个节点既接收信息也产生信息，节点之间通过维护一个共同的区块链来保持通信。在区块链网络中，新的区块可以由任意的节点创造产生，创造成功后以广播的形式通知其他节点。其他节点会对这个区块进行验证，只有当验证率超过 51%的时候，这个新区块才被允许添加到主链上。

6.2.1.3　共识层

共识层主要被用于实现全网所有节点对交易和数据存储达成一致，防范"女巫""拜占庭""51%"等攻击。也就是说，共识机制被用于所有分布式节点之间达成共识，通过算法生成和更新数据，去认定一个记录的有效性。这既是认定的手段，也是防止篡改的手段。共识机制的算法决定了最终由谁来进行记账，而记账者的选择方式将会影响整个系统的安全性和可靠性，因此在区块链技术中占有核心地位。工作量证明、权益证明、PBFT（实用拜占庭容错算法）等都属于区块链中比较常用的共识机制。

6.2.1.4　激励层

激励层主要被用于实现区块链代币的发行和分配机制，其将经济因素集成到区块链技术体系中来。激励层主要出现在公有链中，其主要原因在于公有链为了让整个系统朝着良性循环的方向发展，其必须激励遵守规则参与记账的节点，并且惩罚不遵守规则的节点。因此，激励机制的目的是让更多节点愿意且按规则进行记账。而在私有链和联盟链中，参与记账者的节点往往是在链外完成博弈，所以不一定需要进行激励。

6.2.1.5　合约层

合约层主要封装各类脚本、算法和智能合约，赋予账本可编程的特性。合约层通过在智能合约上添加能够与用户交互的前台界面，形成去中心化的应用（DAPP）。区块链 2.0 通过虚拟机的方式运行代码实现智能合约的功能，如以太坊的以太坊虚拟机（EVM）。以太坊在比特币结构基础上，内置了编程语言协议，从而在理论上可以实现任何应用功能。

6.2.1.6　应用层

应用层主要封装了区块链的各种应用场景和案例，如基于区块链的跨境支付平台 OKLink，未来可编程货币和可编程金融也将搭建在应用层。

区块链的计算架构是分布式、重复的账簿备份，把现有"主-客"架构变成多个节点的分布式架构，节点的最大范围是互联网中所有的人都可以参与。如果区块链在未来作为物联网通信的基础架构之一，物体也可以作为节点参与，那么节点的范围将可以无限增大。

6.2.2　分布式账本

分布式账本技术是区块链的核心技术之一，其本质上是一种来自不同地区、国家的网络节点或不同组织构成的可以在网络上进行数据共享、同步、复制和储存的数据存储技术，具有去中心化的特征。作为分布式数据储存技术，分布式账本中的每一个节点都同时储存同一份数据，并且通过一定的共识机制进行数据更新，这使得每一个节点都有同等的地位，同时每一个节点相互联结成网状结构，也提高了整个系统的安全性。

随着大数据时代的到来，网络数据以及其他数据等结构化及非结构化数据都呈现出指数形式的增长，传统的由单一组织构建的数据系统已经无法满足大规模数据的存储，同时在稳定性和可靠性方面也面临严峻的挑战。相比于传统的中心式或分散式的数据存储技术，分布式账本技术不依赖于中央存储，这种去中心化的数据管理技术不仅可以提高数据管理系统的效率和可靠性，而且可以有效利用互联网各个节点所闲置的庞大资源池。

此外，在大数据时代，数据本身就代表着价值，传统业务体系的数据管理系统的数据可靠性和网络安全性也越来越受到人们的关注。传统的数据管理模式主要有两个致命的缺陷：一是防篡改性不强，普通商户无法知道数据是否会被服务商盗取或篡改；二是数据安全保障低，在被黑客袭击时，传统的数据管理办法也无能为力。与传统的分布式储存系统不同，在分布式账本中，每一个节点相互独立且互不干涉，同时储存同一数据，并通过一些共识机制同时更新数据，因此每个节点之间有着同等的权利和地位。可以说，分布式账本很好地解决了传统数据管理的缺陷：一方面由于网络中的每一个节点各自维护了一套完整的数据副本，系统中某一个节点或者某一些节点对数据的篡改是无效的，如此就可以有效防止数据被商家恶意篡改；另一方面随着系统中节点数的增加，整个系统的数据被篡改的可能性也会随之降低。如果其中一些节点受到黑客攻击，也不会影响到整个系统的数据。这一整套机制使得分布式账本与传统数据管理模式相比，更加安全、可靠。

6.2.3　共识机制

在前面的内容中，我们经常提到各个节点之间主要通过某些共识机制进行共识以达成和更新节点的数据。下面我们将详细说明区块链的第二个核心技术——共识机制。

区块链系统和分布式系统一样，都面临着一致性问题，如何解决这些不同节点之间的不一致问题就是共识机制的核心目标。当网络中的某一节点提出某一提案时，网络中的其他节点如何达成共识？通常情况下，我们会用到一些共识算法来实现共识机制。目前主流的共识算法有 POS（Proof of Stake，股权证明）、POW（Proof of Work，工作证明）、PBFT（Practical Byzantine Fault Tolerance，实用拜占庭容错算法）等。以下我们将对这三类算法进行简单介绍。

（1）POW，即工作证明算法，是一种适用于公有链的共识算法，比特币采用的就是这种共识算法。该算法的核心思想是通过工作取得相应的成果，得到的成果就是工作量的一个证明。我们这里以比特币系统为例介绍 POW 的工作机制。矿工在挖矿的过程中，主要通过不断尝试求解公式 $hN = Hash（A \parallel hN{-}1 \parallel Nonce）$ 得到使得 hN 的取值小于系统的目标值的随机数（Nonce）。在求解的过程中，一方面，矿工都要遵循最长链共识（最新的区块的哈希值的获得依赖于次最新区块的哈希值），也就是说求解 hN 有赖于上一个哈希值 $hN{-}1$。如果最新的区块已经产生，则其他矿工不需要再在这个区块上花费时间，而是应当求解下一个区块。另一方面，矿工在求解的过程中会花费大量的算力，也就是工作量，同时随着全网算力的增加，系统会不断调整目标值。可以看出在 POW 共识算法下，算力越大的矿工，能挖到区块的可能性就越大，同时，随着全网算力的增加，全网的安全系数也相应提高。这种共识算法逻辑简单且易于实现，但也存在着算力资源浪费的缺点。

（2）POS，也称为股权证明，也是一种公有链的共识算法。该算法的核心思想与公司股权相似，以你所持有的数字货币的数量和持有的时间作为依据，发放股息。POS 算法最早被应用在 Peercoin（点点币，PPC）系统上。与 POW 共识算法相比，该算法以及其变种算法消耗算力资源更少。在 POW 机制下，算力越大的矿工，挖到区块的概率也越大。而在 POS 算法下，更加看重持有币的数量和时间，数量越多且持有时间越长，则更容易获得新币。POS 算法很好地解决了 POW 算法下算力浪费和算力集中的问题，但该算法的安全性和容错性还没有得到理论上的证明。

（3）PBFT，即实用拜占庭容错算法。该算法最早由 Miguel Castro（卡斯特罗）和 Barbara Liskov（利斯科夫）在 1999 年的 OSDI99 会议上提出。与前面两种共识算法不同，PBFT 主要是基于联盟链和私有链的共识算法。该算法的理论基础是拜占庭容错理论，该理论最早在 20 世纪 80 年代被提出，已经得到广泛研究。实用拜占庭容错算法较原始拜占庭容错算法具有更高的运行效率。在一个有 N 个节点的系统中，运用 PBFT 算法，可以保证系统在任意节点数小于（N−1)/3 的情况下正常运行达成共识。但是在系统节点数增加的情况下，该算法达成共识的效率就会十分低下，这也是为什么 PBFT 不适用于公有链的原因之一。

6.2.4 密码学

密码学是整个信息技术发展的基础和信息安全的保障，也是区块链核心技术的重要组成部分。正是因为有了哈希算法、对称加密、非对称加密等这些密码学技术，才使得区块链的发展和应用成为可能。下面我们简要介绍区块链中的密码学技术。

6.2.4.1 哈希函数

哈希函数是现代密码学的组成构件之一，我们可以把哈希函数理解成一种特殊的映射，接受输入值并得到输出值。该映射具有把任意长度的输入值映射成固定长度的性质。除此以外，哈希函数还必须具备单向性（单向性指的是数据操作的不可逆，只能通过输入值得到输出值，不能从输出值倒推出输入值）和碰撞约束。任意两个只有细微差别的输入值，经过哈希函数处理之后都会得到差别很大的输出值。正是哈希函数的这一特性，使得哈希函数最早被应用在数字签名上，应用哈希函数也可以很好地防止区块链上的数据被恶意篡改。虽然哈希函数是一种映射，但只通过输入值和输出值完全观察不出两者之间有明确的联系，看起来是完全随机的。在求解哈希函数的过程中，只有通过不断尝试，才能得到函数的解。在区块链技术中，比较常用的是 SHA256 和 RIPEMD160 这两种哈希函数，其中第一个函数被用于加密交易形成区块，第二个函数则被用于生成比特币的地址。在区块链中，哈希函数主要被用于对交易进行加密（区块形成）、工作量证明和生成比特币钱包地址等。

6.2.4.2 Merkle 树

当需要存储的交易数据十分庞大时，直接将交易数据进行存储将十分低效且耗时。为了解决这个问题，区块链系统在区块形成的过程中，使用 Merkle 树技术进行数据存储。在 Merkle 树上，数据通过哈希值的方式存储，叶子节点用于存储每笔交易数据。叶子节点的信息又融合在非叶子节点，最后生成根节点哈希值。通过 Merkle 树，每笔交易数据更加便于检索和查找，同时减少了数据的验证工作。

6.2.4.3 非对称加密

根据加解密密钥是否相同，加解密技术主要分为两类：对称加密和非对称加密。对称加密只有一种密钥，通过将明文分成多份，对每一份进行加密，最后合并形成密文。对称加密计算量小，加密效率高，但交易双方都使用同一密钥，交易信息的安全性不可保证。非对称加密使用两种秘钥，即公开密钥（public key）和私有密钥（private key），进行加密和解密。具体过程是，甲方生成一对公钥和私钥，把其中的公钥发给乙方，乙方通过公钥对明文进行加密，得到的密文传回给甲方，最后甲方通过私钥对密文进行解密，实现甲、乙双方的信息传递。与对称加密算法相比，非对称加密算法安全性高，不容易被破解。非对称加密也是区块链主要的加密方式，通过公开密钥和私有密钥实现交易双方的信息传递和信任。在区块链系统中，用户可以自己选择私钥，并将对应的公钥放在区块上，如果其他用户需要给这个用户传递信息，则可以通过对应的公钥对信息加密，该用户通过私钥解密即可。此外私钥可用于对自己的交易信息进行数字签名，通过数字签名，产生别人无法伪造的数字串，而别的用户可利用对应公钥对消息的签名进行验证，从而实现交易过程中的身份认证。

6.2.4.4 零知识证明（zero-knowledge proof）

该思想最早由 Goldwasser 等提出，其本质上与多方协议相似，该技术主要被用于用户隐私信息的保护。2013 年，Miers 等在比特币的基础上提出零币（zero coin），其基本思想就是零点知识证明。尽管他提出的方案仍然会暴露支付方的金额等信息，在隐私保护上仍有缺陷，但零币实现了完全匿名的数字交易。2014 年，Ben-Sasson 等通过在零币的基础上进行技术改进构造的零币，具有很强的隐私保护效果，减少了用户隐私泄露风险。值得一提的是，在隐私保护上，区块链不仅使用了零点知识证明等技术，还利用了例如同态加密技术等现代加密技术，最大限度地保护用户隐私。

6.3 区块链与信用体系

目前我国社会信用体系仍然存在很多难以解决的问题，探讨如何通过区块链+社会信用的模式解决这些问题是这一节的主要内容。

6.3.1 传统信用体系的现状及其面临的问题

随着经济的持续稳定发展，我国信贷市场整体规模持续快速增长，其中个人信贷业务发展尤为迅猛。同期企业信贷规模也在逐年增长，但随着企业信贷规模增长的还有金融机构的不良贷款率。以商业银行为例，据中国银保监会发布的数据，中国商业银行的不良贷款率由 2014 年第一季度末的 1.04% 上升到 2018 年第四季度末的 1.83%，对应的不良贷款余额上升到 2.03 万亿元。信贷业务规模的不断增加需要征信体系作为支撑，而新型信贷业务的快速发展以及不良贷款等问题对征信体系的完善提出了更高的要求。

中国与欧洲大部分国家的征信体系不同，行业的整体格局是以中国人民银行为主、民营征信机构为辅。中国人民银行征信中心主导建设了中国征信系统，从各金融机构、企事业单位等采集企业和个人信用信息，建立了企业及个人信用信息集中的档案库，并对外提供有条件查询。在我国民营征信机构方面，由于企业征信采取备案制，门槛远低于个人征信业务，更多机构积极地在中国人民银行各分支机构开展征信备案工作。中国人民银行在北京、上海、广东、山东等数十家分支机构进行网站信息整理后发现，自 2013 年《征信业管理条例》发布至今，获得企业征信备案许可的机构数量超过 130 家。在个人征信方面，百行征信有限公司于 2018 年 2 月 22 日获得了中国人民银行个人征信业务牌照。

尽管中国人民银行主导的征信系统在 2006 年已上线，到 2013 年颁布《征信业管理条例》和《征信机构管理办法》后中国整体的征信行业快速且规范化发展，但我国征信行业仍然面临着行业覆盖面不足、数据缺乏和安全性难以保证等问题。由于非营利、非市场化的定位，中国人民银行征信中心现有数据的覆盖率比较有限。另外，中国人民银行征信中心对于接入机构的要求比较高，多数非银行金融机构达不到其门槛，无法接入征信系统。我国当前征信体系的发展仍然无法满足我国快速发展的经济市场对信用市场的需求。我国以互联网金融和消费金融为代表的新兴金融领域随着电子商务、电子支付市场的快速发展而在短短十年或几年内快速出现并发展，在此过程中亟须征信系统的支撑来对其风险进行严格的监管和控制。而对于新兴金融行业的机构来说，在市场上没有合适的商业化征信机构的同时，由于自身达不到接入中国人民银行征信系统的门槛，导致了行业风险控制和监管无法跟上市场的发展。例如，近几年来 P2P 平台的盲目扩张、风险控制不足导致频繁出现"暴雷"事件，亟须基于准确的征信评估对这类平台进行严格的风险控制来引导其平稳发展。此外，由于信息不对称，金融机构无法获得详实的中小企业信用信息，导致中小企业长期受到融资难、融资贵等问题的困扰。

征信体系建设和发展过程中需要克服的最主要的难题就是各机构间一直以来存在的信任问题，这往往是信息或数据分散、不足导致的。在社会信用体系建设的过程中，信用数据一直扮演着至关重要的角色。如何高效地搜集和整理数据，实现各平台之间的数据共享以及数据的有效利用等问题都有待解决和优化。在现有的信用体系下，个人信用数据主要依赖于中国人民银行的个人借贷等数据。在个人信用数据的采集过程中，数据可靠性难以保证。对于个人而言，个人信用数据的安全性和隐私泄露等问题也时有发生。同时，各个政府机构和部门的个人数据不易整合，无法构建完整的个人信用数据画像，各部门之间个人信用数据不共享和数据孤岛等问题依然存在。此外，在互联网上，每个人都会产生大量的数据，其中有不少关于个人信用等数据，但我们自己很难得到这些数据并很好地加以利用，拥有数据的公司也不会把数据共享给其他公司。这些问题的存在，使得信用信息系统缺乏高质量的个人信用数据，同时由于数据的中心式存储，数据安全性也难以保证。对于企业数据而言，也存在诸如高质量数据缺失、各部门数据不共享和数据可靠性等问题。此外，在社会信用平台建设方面，如何有效链接各个信用平台，构建完整高效的信用平台网络，促进地区间、机构间信用平台互联互通，也是信用平台建设亟须解决的问题。

6.3.2　区块链技术的信任机制

区块链存在于不安全的环境下，即互不信任的节点之间的交易记账规则，其本质就是一种创造信用的机制。正是由于区块链在交易信用上的优异表现和巨大潜力，英国《经济学人》杂志在 2015 年第 10 期以封面文章《信任机器》的形式，将区块链技术定义为"信任的机器"，其核心价值在于将相互之间不信任的节点连接在一起来实现信任机制的传递，并具有不可篡改、可追溯、隐私保护等特性。区块链构建的信任机制可以减少甚至不需要第三方信用中介的参与，由数字资产的所有交易历史、参与者的共同监督来形成信用。总体而言，区块链技术在征信领域的应用，可以使数据隐私保护、征信数据不可篡改、数据共享等方面的信任机制得到全面提升。

（1）非对称加密算法可以实现对数据所属方的隐私保护和数据的匿名共享。各节点拥有各不相同的私钥和公钥，节点上传数据时，要通过持有的非对称加密技术对明文数据进行加密，私钥可允许对自己的数据进行修改和查询，而在没有获得所属方授权的情况下，其他节点则无法对其数据进行查看或其他操作。区块链的该特性在保证信用市场中各方信用信息共享的同时，也保证了数据隐私不被侵犯。

（2）使用加密算法的零知识证明技术则可实现密文状态下的信息验证。

也就是说，零知识证明可以使得链上各参与方在无须公开自己明文数据的情况下实现身份认证和信息验证。

（3）在数据存储方面，区块链技术可以保证征信数据的不可篡改性以及可追溯性。链上各征信、金融等相关机构作为节点共同参与记账，采用基于时序的链式数据块的记录方式，将系统中所发生的交易进行周期性打包，并将数据文件有机结合成链式结构，加之账本具有唯一性，从而保证整条链上的征信数据一经确认便不可被轻易篡改。与此同时，征信数据在区块链上一旦上链，由于上传时有时间戳，且信息只能按照顺序追加的方式记录在区块链上的区块信息中，使得数据可以追溯，在提高机构或个人篡改数据的违约成本的同时，也使得征信数据来源可追溯。

（4）在数据规范方面，区块链通过共识机制可实现不同征信类型的参与机构统一共享数据的标准。在以消费金融、互联网金融等为代表的新兴金融领域的征信场景中，目前还没有形成行业征信数据标准，区块链的共识机制可以保证共享的征信数据达成一致性。在共识机制类型方面，除了中本聪的工作量证明（POW）之外，还拓展出如 POA（Proof of Autority，权威证明）、POS（Proof of Stake，股权证明）等更多的机制，通过结合征信行业及不同应用场景的特点和需求，采取不同的共识机制实现数据的规范化。

（5）在数据同步方面，区块链技术的分布式网络可保证征信信息在各节点同步更新，提升了数据的安全性。与中心化的征信系统相比，区块链分布式节点以及将 P2P 网络领域经典的"拜占庭将军问题"引入区块链征信系统中，不仅使区块链系统在没有中心节点统一调度的情况下能够自发地保持所有节点的数据一致性，还提高了系统对于单点故障等系统风险的容错能力，从而提高了整个征信系统数据的可信程度。

区块链技术可有效促进和解决当前不同领域征信机构之间共享数据、信息不准确、信息更新慢、安全性无法保证等问题，降低征信信息的采集、存储、接入、使用等方面的成本，促使征信信息存储和使用更加规范。与此同时，各行业还可以针对本行业的需求，定制化开发基于区块链技术的同行业征信系统，满足本行业对于风险控制的特定要求。

6.3.3 区块链重构信用体系的意义及政策

当今社会，科技和产业变革方兴未艾，大数据、人工智能、物联网、区块链等新兴技术的日益发展正在改变和重塑世界。区块链技术有助于提高金融系统的运行效率，重塑现代信用转移和交换机制。近年来，越来越多的人开始关注区块链技术，探索区块链技术在金融等领域的应用。与此同时，联合国、国际货币基金组织和其他国家（地区）政府也相继发布了一系列区块链技术报告，积极促进区块链技术在金融等行业的应用。区块链作为一项颠覆性技术，是重塑全球信贷体系的基本技术框架，也是促进国际金融服务和产品创新的强大引擎。

从世界经济布局的角度看，经济全球化和区域经济一体化已成为现代经济发展的必然趋势，区域经济一体化的发展战略已成为世界经济秩序建设中主要国家的重要战略方向。在全球范围内，区块链技术正在衍生为新业态，成为经济发展的新动能。包括联合国和国际货币基金组织在内的国际机构以及美国、英国、日本等发达国家都密切关注着区块链的发展，并探索其在各个领域的应用。国际金融巨头如花旗银行和美国银行，已开始在其金融业务中尝试应用区块链技术。2015年，纳斯达克（NASDAQ）亦开始试验基于区块链技术的交易平台，尝试实现私募股权或股票的可溯源性。全球银行业金融电信协会（Global Banking Financial Telecommunications Association）也开始尝试利用区块链技术为国际贸易提供跨境支付服务，以提高跨境支付效率。此外，中国、俄罗斯、印度、南非和其他国家（地区）也相继启动了关于区块链技术的研究。自2015年以来，诸多国际金融机构已开始制定区块链领域的计划。高盛、摩根大通、瑞银和其他银行业巨头都建立了自己的区块链实验室，并展开了密切的合作。2016年9月，英国巴克莱银行率先使用区块链技术完成了首次国际贸易结算。利用基于区块链技术的交易处理系统，可以大大提高贸易结算的处理效率，传统的国际结算业务的处理时间从5-10个工作日减少到4小时。2018年5月，汇丰银行（HSBC）与荷兰国际集团（ING）合作应用区块链技术，为从事大宗商品交易、加工、运输和风险管理的公司制作数字信用证书，成功完成全球首笔贸易金融交易。为了促进区块链技术及其应用的发展，已经出现了不同类型的区块链行业联盟，R3区块链联盟是其中最具有影响力的。它汇集了40多家世界顶级金融机构，包括巴克莱、瑞士信贷、摩根士丹利、高盛、汇丰等。

从中国区域经济布局的角度来看，区块链技术引发新的金融变革，成为打造诚信社会体系的重要支撑。基于区块链技术的信用体系构建可以加速我国经济一体化建设进程，实现经济的快速集聚和发展。区块链技术是一种集成了信息安全、人工智能、分布式云存储和大数据分析的分布式数据安全和服务技术。区块链技术可以被应用于许多领域，例如电子货币、国际结算、股权交易、保险服务、数字版权、金融科技和电子支付等。在国内，平安银行和招商银行已率先加入了 R3 世界区块链顶级行业联盟，从而加强了顶级金融机构在区块链技术上的交流与合作。微众银行（WeBank）和平安银行等国内著名金融公司也纷纷成立了中国金融区块链联盟。将区块链技术应用于重构信用体系，对于防范国家金融风险的发生，维护国家金融持续健康发展有着积极的作用。

我国在科技战略层面比较重视区块链技术发展，相继出台了一系列政策。工业和信息化部于 2016 年 10 月 18 日发布了《中国区块链技术与应用开发白皮书（2016）》，该文件分析了区块链技术的现状，并为未来的发展提出了建议。2016 年 12 月，国发〔2016〕73 号《国务院关于印发"十三五"国家信息化规划的通知》中提及区块链，并将其作为一项重点前沿技术，明确提出需加强区块链等新技术的创新、试验和应用，以抢占新一代信息技术主导权，并将其与量子通信、人工智能、虚拟现实、大数据认知分析、无人驾驶交通工具等技术一起作为重点前沿技术。2017 年 7 月，《国务院关于印发新一代人工智能发展规划的通知》中提出"促进区块链技术与人工智能的融合，建立新型社会信用体系，最大限度地降低人际交往成本和风险"。2017 年 10 月，《国务院办公厅关于积极推进供应链创新与应用的指导意见》再次提出："研究利用区块链、人工智能等新兴技术，建立基于供应链的信用评价机制。推进各类供应链平台有机对接，加强对信用评级、信用记录、风险预警、违法失信行为等信息的披露和共享。"可见，在我国社会信用建设进程中，区块链技术是其重要的有效应用场景，应该引起各行各业的关注和重视。2019 年 10 月，中共中央政治局就区块链技术发展现状和趋势，进行第十八次集体学习。中共中央总书记习近平在主持学习时强调："区块链技术的集成应用在新的技术革新和产业变革中起着重要作用。我们要把区块链作为核心技术自主创新的重要突破口，明确主攻方向，加大投入力度，着力攻克一批关键核心技术，加快推动区块链技术和产业创新发展。"这体现了中央对于区块链技术的重视，体现了区块链技术对于提升国家现代治理能力的价值和作用。

各地政府也相继布局区块链产业，出台相关政策。依托于大数据产业，贵州省是比较早布局区块链技术的省份之一。2016 年 12 月，贵阳市政府发布《贵阳区块链发展和应用》白皮书，计划 5 年内建成主权区块链应用示范区。该白皮书阐述了贵阳市发展区块链的战略布局，确立了贵阳区块链产业发展的顶层设计。2017 年 2 月，贵州省人民政府在《贵州省数字经济发展规划（2017—2020 年）》报告中提出建设区块链数字资产交易平台，构建区块链应用标准体系等目标。同年 6 月，贵阳市印发《关于支持区块链发展和应用的若干政策措施（试行）》，从政策层面支持区块链发展，制定了贵阳市区块链发展目标和可落地的场景，并对相关区块链企业给予相关奖励和税收优惠政策。除相关政策外，贵阳还从项目研究和应用落地来进一步发展区块链。为落实白皮书划定的多个应用场景，贵阳还成立了贵州区块链产业技术创新联盟。2020年5月11日，贵州省人民政府发布《关于加快区块链技术应用和产业发展的意见》，表示到2022年底，将建设3至5个区块链开放创新平台及公共服务平台，打造2至3个区块链产业基地，引进培育100户以上成长型区块链企业，形成30个以上行业区块链应用解决方案，推广50个以上区块链典型应用示范。广东省人才资源丰富，经济发展动能强劲，且具有粤港澳大湾区区块链产业发展高地的扎实基础，正在积极布局发展区块链产业。2017年7月，广州市区块链产业协会在黄埔区、广州开发区正式成立。这是广州第一家也是广东省首家正式注册成立的区块链协会。2018年10月，广州率先推出"政策公信链"，被工业和信息化部评为"2018可信区块链十大案例"之一。2020年5月6日，广州市工业和信息化局印发《广州市推动区块链产业创新发展的实施意见（2020—2022年）》的通知，提出"到2022年（底），突破一批区块链底层核心关键技术，引进培育2-3家国内领先且具有核心技术的区块链龙头企业；推进以区块链为特色的中国软件名城示范区建设，打造2-3个区块链产业基地，培育一批具有安全稳定区块链产品的行业重点企业；形成一批可复制推广的区块链典型应用示范场景，建设成为国家级区块链发展先行示范区，力争我市区块链技术和产业创新发展、区块链和经济社会融合发展走在全国前列"的战略目标。广东省将从区块链技术推进、区块链企业扶持、区块链产业园、区块链落地探索、区块链人才扶持和其他（区块链标准和监管）六个方面抓好区块链技术创新、应用落地、产业发展，推进"建链、上链、用链"工程，打造具有核心竞争力的粤港澳大湾区区块链技术和产业创新发展高地。在区块链的研究和落地方面，重庆市走在了川渝经济圈的前列。2017年11月，重庆市区块链产业创新基地正式创立，同时还出台了《关于加快区块链产业培育及创新应用的意见》，提出："到2020年，力争全市打造2-5个区块链产业基地，引进和培育区块链国内细分领域龙头企业10家以上、有核心技术或成长型的区块链企业50家以上，引进和培育区块链中高级人才500名以上，努力将重庆建成国内重要的区块链产业高地和创新应用基地。"北京市非常重视区块链产业发展，着力抢占区块链技术发展先机。2020年6月30日，北京市人民政府办公厅印发《北京市区块链创新发展行动计划（2020—2022年）》通知。该计划指出："到2022年（底），把北京初步建设成为具有影响力的区块链科技创新高地、应用示范高地、产业发展高地、创新人才高地，率先形成区块链赋能经济社会发展的'北京方案'，建立区块链科技创新与产业发展融合互动的新体系，为北京经济高质量发展持续注入新动能新活力。"该计划共设定4类重点任务、20项具体任务，包括打造区块链理论与技术平台、建设落地一批多领域应用场景、培育融合联动的区块链产业、建设领先的区块链人才梯队等。浙江省在区块链的布局上也非常重视。2017年7月，杭州推出国内首个区块链产业园。该园区与浙江大学、浙江工业大学合作开发区块链技术专业课程，为区块链人才供给提供支撑。2017年9月，杭州市西湖区人民政府出台《关于打造西溪谷区区块链产业园的政策意见（试行）》，表示将为入驻产业园的企业和人才给予大量补贴，从而直接推动区块链产业的发展。2018年，在全球区块链（杭州）高峰论坛上，杭州市发布《中国区块链产业发展白皮书》和《杭州市区块链产业发展情况报告》。该白皮书显示，在全国区块链企业数量排名列表里，浙江排名第四，北京、上海、广东则分列前三。2020年5月26日，宁波市印发《宁波市加快区块链产业培育及创新应用三年行动计划（2020—2022年）》，表示到2025年底，将宁波市打造成为区块链融合应用解决方案和模式的输出地，区块链产业成为数字经济的重要一极，成为全国区块链创新发展水平领先的发展高地。其他省份，诸如江苏、湖南、山东、江西、海南等，也都积极布局区块链产业，对区块链产业提供政策扶植。随着各省份对区块链重视程度的不断提升，区块链产业竞争将更加激烈。

6.3.4　区块链信用体系搭建的应用场景的现状

数字化正在重塑社会经济活动，Bitcoin（比特币）的出现把区块链等技术带到了人们面前。区块链是一种公开、可信、去中心化的基础设施，各国正在实践区块链的应用。其中，数字货币是区块链应用的热点领域，越来越多的数字货币逐渐进入流通领域，对现有社会信用体系具有重大影响。其发展可以分为两个阶段。第一个阶段是以Bitcoin为代表的数字加密货币。Bitcoin的设计利用了区块链数字技术去中心化，虚拟出一个无政府的货币世界，改变了传统货币由政府和银行作为信用保证的信用创造机制。Bitcoin网络通过加密算法、P2P网络、POW共识机制以及代币经济激励，最终创造了一个不同于黄金的物理信用和国家信用的新的计算机网络信用，Bitcoin是基于信用的共识，成为创造这个信用体系不可或缺的一环。从Bitcoin衍生出来的多种数字加密货币，包括Litecoin、Peercoin、Primecoin等都保留了Bitcoin的设计思想，仅在个别特征上有所差异。第二个阶段以Libra项目为起点。2019年6月18日，互联网巨头Facebook发布稳定币Libra白皮书，吸引了大量社会公众和金融组织的目光。其宣布"建立一套简单的、无国界的货币和为数十亿人服务的金融基础设施",致使许多国家（地区）开始加快官方法定数字货币的研发步伐。Libra与Bitcoin形成价值的逻辑是不同的，后者的价格由共识决定，共识的底层是去中心化和代码开源，而前者的价格是由底层资产的定价决定的，由一套中心化的定价系统决定。Libra既有货币的基本性质和职能，也有成为超主权货币的潜在条件和可能。各国中央银行担心Libra成为一种超主权货币，影响或架空本国的货币发行权和金融监管权，无形中对本国金融体系构成潜在风险冲击。Libra作为拥有法定资产备抵的稳定币，具备价值尺度、流通手段和价值贮藏等基本职能，存在成为世界货币在全球流通的信任基础。一旦Libra成功，巨额的储备资产和业务扩张很有可能会引起连锁反应，导致信用体系被改变，金融体系与资本市场的运行模式将会被根本性改变。

区块链技术不仅是数字货币发展中的技术基础，早在2016年，郭晔等就已基于区块链"多中心，弱中介"的技术特点，提出其在银行业中可能具有深远的发展前景，其不可篡改的数据特征和完全自动化的"交易即清算"特点，能够大幅度提高银行交易性能。R3CEV是金融领域的一家典型的区块链公司，其总部位于纽约。由R3CEV发起的R3区块链联盟，吸引了包括德意志银行、纽约梅隆银行、摩根士丹利、美国银行、花旗银行、德国商业银行、汇丰银行、澳大利亚国民银行、富国银行、加拿大皇家银行、瑞典北欧斯安银行（SEB）、法国兴业银行等40多家银行业巨头加盟合作。R3联盟还面向金融服务业推出了Marco Polo平台，其平台为采购公司的银行提供了有条件的付款承诺。在产品发货后，发货信息将会进入区块链系统，自动与之前达成的协议进行对账。对账结束后，开始付款流程，在保证交易安全的同时，大大降低了交换信息和贸易融资过程的复杂性，降低了交易过程中的信用风险。

在银行类金融业之外，由于区块链技术能够在不具备可信中央机构存在的场景中、在不受信任的参与者网络中进行可靠的数据共享，因而能够解决更广泛场景中存在的交易信任和信用风险问题。在工业物联网领域，区块链能够解决能源交易中不透明不信任的市场环境所带来的风险挑战，其分布式交易特征和对单点故障的容忍能力非常适宜于解决微电网交易和车辆到电网（V2G）场景需求；在供应链领域，区块链技术能够实现物流全程的数据透明可追溯，缓解全球供应链中广泛存在的质量控制和管理问题；在医疗领域，区块链技术能够实现强隐私保护需求的医疗数据的可信共享；随着未来共享经济等更多信任依赖场景经济的发展，区块链具有更大的发展空间。区块链技术为社会信用体系的完善提供了一种新的征信数据统计途径，而且由于区块链全网记账、时间有序和不可篡改，并且所有的交易记录都可追溯，区块链的应用自身形成了信用体系，可以实时维护体系中用户的信用。比如，在传统金融环境下，监管是通过各个业务组织上报数据的形式来管理的，这样会造成许多弊端，如企业"黑箱"操作、决策延迟等。但在区块链金融中，通过信息透明化及可追溯、去中心化等一些优势，监管当局能够在第一时间掌握所有的业务信息。在不同行业的细分领域中，区块链已经被作为重点技术实现落地应用，并且其应用呈现多元化发展，从金融延伸到实体领域，为各个行业的信用发展提供了可实现的技术手段。

6.3.4.1 金融领域

金融是基于信任的合作，在解决信用风险大、资金运用效率低、支付处理成本高等金融领域的难题上，区块链技术具有重要作用。在跨境支付、资产证券化、保险、供应链金融等金融行业中，区块链技术具有天然的优势。

（1）跨境支付。跨境支付（Cross-border Payment）是指两个或者两个以上国家或者地区之间实现资金跨国和跨地区转移的行为。随着跨境汇款与结算方式的日趋复杂，每一笔汇款所需的中间环节不但费时，而且还产生大量的手续费，其成本和效率成为跨境支付问题的症结所在，并且存在信息容易泄露、安全性低等缺陷。区块链技术的特点可以很好地弥补现有支付手段的缺陷。首先，去中心化的架构特征免除了支付机构之间进行清算的时间成本，有效缩短了交易周期，同时节约了在中介机构中的花费。其次，点对点系统，交易的处理几乎能够实时完成，大幅降低了在途资金占用量。再次，更重要的是区块链通过合理的算法自动可靠地记录每一条交易信息，并存储在区块链网络中的每一台计算机上，所以区块链信用体系具备全流程跟踪的特点，更重要的是无法造假，安全性高。最后，有助于对用户信用做出评估，不需要额外的成本来建立信用体系，从而大幅降低传统跨境支付中的信用维护成本。

（2）资产证券化。区块链是可以改变金融系统底层设计的技术，根源在于区块链可以实现所有市场参与人对市场中所有资产的所有权与交易记录的无差别记录。其在资产证券化中的应用，本质上是由于信息的透明以及信息的可靠程度降低了不对称性，从而可以协助降低融资成本并提高融资效率。区块链技术在资产证券化业务场景中的应用，通过从资产证券化的业务流程切入，达到了解决资产证券化服务商模式的数据痛点的目的，从而资金方能穿透地了解底部资产，中介机构也能够实时掌握资产违约风险。对于监管方而言，更能够有效地把控金融杠杆，提前防范系统性风险。

（3）保险。保险行业对参保者信息的了解是至关重要的。保险的产生依赖于社会群体中高频发生的某些特定事件，保险的定价需要通过一定量的数据积累并测算出某一事件发生的近似概率，进而设计出相应的定价。所以在这其中，数据是保险产生的重要资料。当发生保险理赔时，保险公司需要花费大量时间对事件资料进行搜寻。然而，在原有的商业交易过程中，各个商业主体之间的信息是彼此割裂的。每一个商业主体都是一个信息孤岛，与外界产生关联的效率极低。无论是保险定价对数据的依赖，还是保险理赔对资料的要求，其本质都是数据采集的过程。传统的数据储存在各个主体之中，采集过程存在较大的难度。而在区块链中，各方的数据储存在同一个账本之中，无论是数据的获取还是对数据的认证，都可以轻松地解决。在同一个区块链上，不同身份的节点，可以上传各自拥有的数据，从而实现数据的互通。然而，对这些存储在区块链中的数据必须加密，否则就会存在隐私泄露的问题。加密存储对于区块链来说十分容易，而当区块链的各节点需要了解用户数据的时候，用户可以通过授权的方式，将数据解密给某一指定的节点。通过区块链，可以在保证用户隐私的情况下，大大提升保险定价过程中数据的获取和理赔过程中数据交换与认定的效率。

（4）供应链金融。区块链技术能帮助解决跨地域、跨机构、跨系统的信任问题。处于供应链中的企业往往分布在不同地域、涉及很多机构、业务系统不互通、存在数据孤岛问题。区块链很好地解决了这种跨机构间的信任问题，没有中心节点，疏通了供应链金融的信息传递渠道，这样就避免了数据泄露、数据造假等问题。区块链也能帮助信任传递，为产业链上末端中小企业融资，使商业体系中的信用变得可溯源、可传递，填平了金融机构与中小企业之间信任的鸿沟。

6.3.4.2 实体领域

许多大型企业致力于区块链技术连接应用场景，推出行业级区块链解决方案。阿里巴巴基于区块链技术特性已落地了多个应用场景，包括公益、租赁房源溯源、正品追溯、互助保险等，腾讯区块链也以"区块链+"的战略定位，针对供应链金融、法务存证、物流信息、公益寻人、医疗处方等应用场景，提出发展方案。中国《"十三五"国家信息化规划》中强调搭建政、产、学、研合作平台，推进区块链技术与实体经济深度融合。在实体经济领域，区块链的应用场景包括但不限于数据交易与身份认证、公益捐赠等行业。

（1）数据资产。数据经济时代已经到来。谷歌前CEO埃里克·施密特曾说："区块链是一项了不起的加密成就，它能创建数字世界中不可复制的内容，具有巨大的价值。"目前，区块链技术在数据交易和身份认证方面有所应用。前者通过搭建可信的数据交易平台，实现数据资产的登记、交易、溯源，帮助企业进行数据资产变现，实现数据交易的过程透明、可审计，重塑社会公信力。后者实现了 IOT 设备/用户的接入鉴权、硬件管理等，提高了系统安全性。身份及接入管理服务是区块链技术应用的一个重要领域。不仅如此，由于区块链技术可以带来高可靠性、可追溯和可协作等特质，其在身份及接入管理服务应用领域具备成为基础技术的潜力。

（2）公益捐赠。传统的公益捐赠尤其是网络慈善捐赠在信息真实性、透明度、监管审核上存在问题，以至于频频出现诈捐骗捐的负面社会新闻。以前，捐赠人的捐款进入公益项目的账户或求助人的私人账户后，项目方执行后把账单等相关图片上传录入，却很难跟踪善款的去向以及使用情况。区块链技术使善款进入系统后，整个生命周期都将记录在区块链上，没有人工拨付等环节，且每一笔款项的去向很难人工更改，解决了信任成本，从而使得交易成本大幅降低。促进跨组织节点之间形成信用关系，是区块链商业应用的基本功能。在现实中，对于具有公正、公平、诚信需求的场景——资产或权益的交易，区块链技术都具有天然的匹配性。

6.3.5　区块链技术重构信用体系所面临的挑战和发展建议

区块链是目前金融技术中广受关注的概念，被认为是互联网时代的颠覆性创新，可能会从根本上改变现有的金融和经济运营模式，从而导致金融科技行业的新一轮技术创新和产业转型。区块链技术可以为金融业提供身份认证和业务审核服务，有效验证系统中每个参与实体的身份，审核整个金融服务流程中所有票据的真实性和有效性，证明债权转让的真实性和有效性，防止债权伪造，可以有效解决金融活动中的信用问题。国际交易清算和结算系统可以通过区块链平台共享一套可信的、相互认可的账本，实现系统的所有记录都可以在区块链上进行查询，实现实时的国际交易清算和结算功能，提高金融系统的运行效率，同时也实现了数据的安全性、防篡改和可追溯性，大大提高了各个金融系统协同的效率和准确性。基于区块链技术，可以将保险产品的相关数据和保险流程、流通流程、营销流程、理赔流程等数据写入区块链，进而在保险公司、监管部门、消费者方面实现保险数据的全程可溯源，有助于建立长期有效的信任机制和共享机制，形成安全、可信、完整的保险行业服务。基于区块链技术可以提高证券资产的安全性、清算效率和监管效率，实现证券交易的可追溯性，保障证券资产在不同交易平台之间的自由流动和全面监管，实现资产转让过程的可视化，提高证券资产交易和融资融券记录的可追溯性。

尽管区块链技术在重构信用体系中具有巨大潜力，但它仍面临众多挑战。一是信用信息监管的问题。面对区块链这种新兴技术，相关的监管法规和制度也要与之相适应。围绕区块链的立法与监管政策的出台，均需要立法和监管者耗费大量时间，进行前期调研、公众意见征求等基础性工作。区块链技术发展很快，相应的监管和制度也应尽快与之相匹配。二是缺乏系统性人才培养体系。区块链人才培养体系建设需自上而下地整体规划和推进计划。区块链从业人员大多来自互联网金融与计算机软件行业，学历以本科居多，主要以市场、运营和内容工作者为主，占65%，而专业技术人员十分稀少，仅占7%。由此可见，目前国内尚未形成行之有效的人才培养体系，区块链相关技术人才严重缺乏。三是技术层面存在一定安全性问题。将区块链智能合约和安全密钥等新兴的信息技术应用于传统的信用系统可能会带来新的风险，比较严重的技术漏洞可能会影响区块链系统运行乃至整个金融业务的运转。此外，区块链技术架构仍需更匹配金融系统对可用性与业务持续性的要求，且信任机制、数据保存方式等仍待获得传统征信机构的接受和认可。

传统的信用模式依赖于一个集中的权威性信用调查机构，它依靠大量的金融中介机构来搜集、处理和发布个人或企业信用信息，信用维护成本高、传输链长、信息更新慢、数据冲突率高。利用区块链技术的信用服务系统可以将股票、期权、债券、票据、基金等各种数字金融资产的交易数据存储到基于区块链的分布式云总账中，并自动完成存储交易数据和金融资产在区块链上的转移。基于区块链技术的信用服务系统，采用公钥加密认证技术，实现数据防篡改和可追溯性，无须金融中介和信用调查，任何交易实体都可以通过区块链安全认证，显著提高了金融服务效率，降低了业务流程成本。因此，我们对我国区块链技术重构信用体系的发展建议如下：

一是加速我国区块链标准快速落地，从而更好地服务于信用体系建设。缺乏通用的区块链平台和信用服务应用标准可能是区块链技术重构信用体系初期的难点和痛点之一。因此我们建议国家相关机构牵头并借助产业力量，加速区块链标准的制定。厘清区块链技术在我国信用体系重构中的基本元素、流程和标准，有助于提高对区块链技术重构信用体系的认识，可以统一基础开发平台和应用接口，促进多个区块链系统互通，完善所需的业务流程。这将降低成本，提高信用相关数据的安全性和可回溯性，有效促进中国国家信用体系的建设。

二是加强区块链行业监管，防范重大金融风险。新兴技术的前期落地往往会导致整个行业盲目发展，需要监管及时跟进。例如我国 P2P 借贷行业前期的无序发展导致了后期平台频频"暴雷",影响了互联网借贷金融业的发展乃至社会的稳定。区块链技术的落地同样面临这个问题,区块链的匿名性和分散性特质给传统的监管模式带来了有力的挑战,区块链技术背景下新的监管手段值得进一步探索。

三是有效处理区块链系统交易平台的安全性问题。安全和隐私是分布式交易环境的主要属性,基于区块链技术的信用系统也可能存在交易平台业务漏洞,且预警系统普遍匮乏等问题。区块链平台重构信用体系要从物理安全和风险管理等多个层面构建一个系统化的体系,最大限度地保障系统正常运营,保护平台内记录的可信性。

四是积极探索将区块链技术应用于征信产业的核心技术。原始创新能力是区块链技术重构征信体系的关键,影响着区块链在征信领域的应用和落地。所以我们应深入研究将区块链技术应用于征信产业的基础核心技术,加大区块链和金融产业相结合的复合型人才培养力度,实现区块链征信底层技术突破,提升原始创新能力。

7　基于人工智能与机器学习的信用分析

7.1　人工智能与机器学习概述

7.1.1　人工智能

7.1.1.1　人工智能的定义

1956 年，在美国达特茅斯会议上，约翰·麦卡锡（McCarthy）首次提出"人工智能"的概念，认为"人工智能是机器所实施的行为，看起来好像是自然人在生活和工作中所表现出来的会思考并且会执行的智能行为一样"。自此之后，不同学者对于人工智能也给出了其不同的定义。例如，美国的尼尔逊（Nelson）教授曾称，"人工智能这门科学是关于知识的学科，是一门研究应该如何定义知识、如何获取知识并将获取的知识如何使用的学科"。美国麻省理工学院教授温斯顿（Winston）曾经指出，"人工智能就是研究怎样让计算机技术运用起来，让它能够完成过去只有自然人能够完成的工作的学科"。基于上述观点，人工智能可以定义为：研究并开发用于模拟、延伸和扩展人类感知、学习、推理、决策、交互等思维过程和智能行为的理论、方法及应用的学科。

7.1.1.2　人工智能的分类

人工智能依据不同层级被分为弱人工智能、强人工智能和超强人工智能三种类型。

（1）弱人工智能。弱人工智能指在特定领域表现出一定的智能行为，但其没有自主意识，不能真正地实现推理。比如 AlphaGo 可以在围棋领域打败世界冠军，但在其他领域几乎没有作用。

（2）强人工智能。强人工智能是在各领域能和人类比肩的人工智能。强人工智能是指机器具有一定的自我意识，可以独立地思考问题并产生解决问题的最优方案。

（3）超强人工智能。人工智能思想家 Nick Bostrom 曾说："超强人工智能是在几乎所有领域都比人类大脑聪明的智能系统，包括科学创新、通识和社交技能。"超强人工智能是人工智能发展的终极形态，也是现代社会研究人工智能的目标。

7.1.1.3 人工智能的发展历程

到目前为止，人工智能的发展主要分为三个阶段：人工智能起步阶段、专家系统推广阶段和深度学习阶段。

1956—1980 年，这一阶段可以被称为人工智能起步期。1956 年，麦卡锡在达特茅斯会议上首次提出"人工智能"这一概念，标志着人工智能的诞生。此后，罗森布拉特提出感知机神经网络，自此人工智能得到关注。不过，在1970—1980 年，受限于计算机运算性能，大规模的数据和复杂的任务无法在机器上完成，使得人工智能走向第一个低谷。

1981—2000 年则可以被认为是专家系统推广阶段。1981 年，XCON 专家系统问世，该系统可以依据用户的需求对计算器进行系统配置。运算能力的提升以及 1986 年 BP 算法的问世，使得大规模神经网络的训练得以实现，人工智能走向一个新的高度。1987 年，通用计算机的性能超过了专家系统，并且直到 1990 年，人工智能计算机 DARPA 仍没能实现。有的政府最后缩减了人工智能的投入，使得人工智能的研究暂时搁浅。

从 2001 年至今，人工智能的发展主要集中于深度学习的发展。这一阶段可被称为突破发展阶段。2006 年，Hinton 将神经网络深度提高，提出了深层神经网络结构，并且解决了深层网络不收敛的问题。2013 年，深度学习算法在语音和视觉上取得了成功，识别率超过 99% 和 95%，人工智能进入感知智能时代。2016 年，基于深度学习算法的机器人 AlphaGo 以 4：1 战胜了围棋冠军李世石，标志着机器拥有超越人类的智慧，成为人工智能的一个历史性时点。

7.1.2 机器学习

7.1.2.1 机器学习的定义

机器学习是综合计算机科学、数据科学和统计学等多门学科的交叉科学。当今社会，计算机技术飞速发展，数据库的应用日益普遍，使得获取数据愈发容易，并且保存数据的成本大大降低，数据出现爆发式增长。如何利用机器学习算法，找出数据的内部规律，成为当前研究的一个热点。

机器学习模型由解释变量和被解释变量构成。解释变量是指影响被解释变量的因子或者特征；被解释变量则是指结果指标，比如经典的鸢尾花数据分类的三种结果。图 7-1 为机器学习的流程。机器学习首先是将历史数据作为输入，通过定义目标函数，训练出一个模型，然后新的数据通过该模型得到一个预测结果。当前，机器学习算法已经广泛应用于图像识别、自动驾驶汽车、用户画像、精准广告推送、信用评估等方面，涵盖医疗、运输、商务、金融等各个领域。

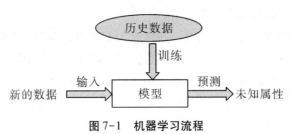

图 7-1　机器学习流程

7.1.2.2　机器学习的分类

首先，机器学习的基础是数据，由于数据具有不同的形式，我们可以基于数据形式对机器学习进行分类。其次，根据数据集中标签数据的分布情况，我们可以基于学习方式对机器学习进行分类。最后，根据算法的特性以及应用场景的不同，我们可以基于算法对机器学习进行分类。以下部分将逐一介绍机器学习的不同分类情况。

1. 基于数据形式的分类

（1）结构化数据。结构化数据使用关系型数据库来表示和存储，表现为二维形式的数据。典型的结构化数据学习包括统计学习、决策树学习、规则学习、神经网络学习等。

（2）非结构化数据。非结构化数据是指没有固定格式的数据，如图片、文档、音频、视频等数据。典型的非结构化机器学习包括计算机视觉技术、文本挖掘、音频/视频挖掘、解释学习等。

2. 基于学习方式的分类

（1）监督学习。监督学习指所有的数据都含有标签结果。例如，信用申请人中的"拖欠者"与"非拖欠者"。将数据通过模型后得到的预测结果与标签构建目标函数对比，然后优化目标函数，直到最终目标函数达到可接受的数值。分类与回归是监督学习的两个常见应用场景。常见的算法包括逻辑回归、树模型、支持向量机、神经网络等。

（2）无监督学习。无监督学习指所有数据均没有类标签。数据通过模型后，挖掘数据的内部结构以及规律。常见的应用场景包括关联规则挖掘、聚类和降维。其涉及的常见算法包括 Apriori、DBSCAN、K 近邻、主成分分析法、自编码解码器等。

（3）半监督学习。半监督学习指部分数据有标签，部分数据没有标签。该学习方式首先试图对无标签数据进行建模，然后再对标签进行预测。常见的应用场景包括分类、回归等。常见的半监督学习算法除了监督学习与非监督学习算法外，还包括图论推理算法、流形学习算法等。

（4）强化学习。强化学习指智能体通过行为与环境交互，得到奖励或者惩罚，更新自己的状态，直至达到某个条件，才停止交互和更新。强化学习的基本组成部分包括智能体、状态、行为、奖励、策略。常见的应用场景包括游戏、机器人控制等。常见的算法包括基于值的强化学习算法和基于策略的强化学习算法等。

3. 基于算法的分类

（1）回归算法，是指通过减少预测结果与真实结果的偏差去挖掘变量之间的关系。回归算法是机器学习中最常见的算法。常见的回归算法包括线性回归、逐步回归以及多项式回归等。

（2）正则化算法，是指通过对模型添加惩罚因子，提高模型的鲁棒性。常见的算法包括岭回归、Lasso 回归以及弹性网络等。

（3）决策树算法，是指根据被解释变量的值，利用不同的分割指标，例如信息熵、信息增益、Gini 系数等来确定分割点，以此构建树状结构形成模型。决策树模型可以用来解决分类和回归问题。常见的算法包括分类及回归树、ID3、C4.5、随机森林以及提升树模型等。

（4）贝叶斯算法是由贝叶斯定理衍生出来的一类算法，其主要思想是通过先验概率去推导后验概率的值，进而解决分类或者回归问题。常见的算法包括朴素贝叶斯算法、Tan（Tree Augmented Bayes Network，树加强贝叶斯网络）算法以及贝叶斯信念网络等。

（5）基于核的算法。在分类时，如果遇到线性不可分的情况，可以将输入数据通过核函数（如多项式核、RBF 等）映射到高维特征空间，使其在高维空间线性可分，从而构建输入数据在高维空间内的线性分类器，完成分类任务。常见的算法包括支持向量机、基于核的 Fisher 判别分析、核主成分分析等。

（6）关联规则学习，是指通过计算支持度与置信度挖掘数据之间的关系。

常见的算法包括 Apriori 算法、Fpgrowth 算法以及 Eclat 算法等。

（7）遗传算法。该算法首先需要创建个体，将每个个体编码成一个向量。然后通过目标函数（适应度函数）对个体集合进行排序，再对个体进行选择、交叉、变异操作得到新的群体。遗传算法属于启发式算法，通常对信用模型中超参数的选择有一定作用，也可用于解决信用体系中涉及的多目标问题。

（8）集成算法，是指通过整合弱学习器训练的结果，得到一个具有更高准确率的强学习器。当集成学习中的弱学习器之间存在显著差异时，集成学习的整体分类性能会显著提升。常见的算法包括 Bagging 算法、Boosting 算法以及 AdaBoost 算法等。

（9）深度学习算法，是指对多层网络的一种概述，包括输入层、隐藏层以及输出层，通过前向传播计算预测结果，反向传播更新梯度的方式，更新网络参数。深度学习在数据量大的情况下，模型效果通常来说更加突出。与此同时，通过构建不同的网络结构可以处理不同的问题。比如卷积神经网络可以解决图像分类等空间问题；针对循环神经网络，设计不同的门控单元，可以解决时序数据在预测时的长时依赖问题。常见的深度学习算法包括受限波尔兹曼机（Restricted Boltzmann Machine，RBM）、卷积神经网络（Convolutional Neural Network，CNN）、循环神经网络（Recurrent Neural Networks，RNN）、深度信念网络（Deep Belief Networks，DBN）以及堆栈式自编码器（Stacked Auto-encoders）等。

7.1.2.3 机器学习的发展历程

回归是机器学习研究常用的方法之一。英国著名统计学家 Francils Galton 于 1889 年通过研究后代身高是否受父母身高的影响，提出了"回归"这个概念，为此后的线性回归方法奠定了基础。此外，比利时数学家 Pierre-Francois Verhulst 于 1838 年首先推出 logistic 方程。1920 年，Raymond Pearl 和 Lowell J. Reed 在研究美国人口问题时引用了 logistic 方程，使得该方程逐渐流行。

关于树模型，20 世纪 50 年代，Hunt 提出了决策树这一思想。1979 年，Quinlan 提出了应用于离散数据的 ID3 算法，之后，通过加入连续属性，C4.5 被提出。C5.0 则是应大数据时代的要求，在算法效率和内存管理上进行了改善和提升。在 2001 年，随着树模型的发展，Leo Breiman 提出了一种组合分类器的方法，即随机森林。Breiman 以分类回归树作为弱学习器，并应用 Bagging 方法构建有差别的训练集。弱学习器之间相互独立，容易并行计算。Friedman 于 2001 年提出梯度提升树的思想，用回归树作为弱学习器且存在先后顺序，每棵树学习的是之前所有树的累计结果与目标的残差。Chen 于 2016 年提出

XGBoost（eXtreme Gradient Boosting），其本质也是 Boosting 思想，不过 XGBoost 的弱学习器不仅支持树模型，也支持线性分类器。XGBoost 在多个竞赛之中的优异表现，使得其在集成算法中占据了重要地位。

支持向量机（SVM）是一种应用较为广泛的机器学习方法。Corinna 于 1995 年提出支持向量机，该方法可以解决二分类问题和多分类问题。将输入向量用核方法映射到高维特征空间，通过在高维空间构造线性决策面进行非线性分类。2004 年，Fan 和 Palaniswami 采用中国商业银行的真实数据（14 个变量、1 000 个样本），利用支持向量机对企业进行信用风险评估。结果显示，SVM 可以获得超过 70% 的准确率，而之前的银行评分模型，准确率仅为 55%，说明支持向量机具有很好的预测能力。同时他们还指出支持向量机在解决小样本、非线性及高维模式识别中表现出了许多特有的优势。

Ivakhnenko 和 Lapa（1965）第一次提出了监督前馈式多层感知器（supervised deep feedford multilayer perveptrons）。1981 年，Werbos 提出在多层感知机模型（MLP）中运用反向传播，通过计算神经网络的输出相对于参数的梯度值，利用梯度下降的思想，更新神经网络中的参数。1998 年，Yann 构建了卷积神经网络 Lenet-5，并在手写数字识别问题上取得成功。Lenet-5 奠定了现代卷积神经网络的基础，该结构包含卷积层、池化层、激活层和全连接层。通过卷积层可以识别数据的空间特征，并且利用参数共享机制，大大缩减参数个数，有利于减缓过拟合和扩展网络结构的深度。与卷积网络并行出现的是递归神经网络。Jeffrey Elman 于 1990 年提出了 Elman RNN，利用上一层的输出来作为本层的部分输入。由于这种特性，递归神经网络可以获取数据的时间特性。由于 RNN 存在梯度消失以及梯度爆炸的问题，使得训练模型存在困难。1997 年，Jurgen Schmidhuber 提出长短期记忆网络（LSTM），通过门单元与记忆机制，缓解了 RNN 梯度消失和爆炸问题，为后续时间序列建模的发展奠定了基础。

Hinton 于 2006 年提出了神经网络深度学习（Deep Learning）算法，阐述了两点：①多隐藏层的人工神经网络具有优异的特征学习能力，学习得到的特征对数据有更本质的刻画，从而有利于可视化或分层学习。②神经网络的训练难度可以通过"逐层初始化"（layer-wise pre-training）来解决。至此，神经网络深度的概念被引出。深度学习可以让不同的网络层学习不同层次的数据的表示。深度学习中的复杂结构，可以用 BP 算法来调整网络层之间的参数。目前，深度学习在语音识别、物体检测和文本处理方面表现优异。

7.2 基于人工智能与机器学习的社会信用关键技术

7.2.1 人工智能模型

Fisher（1936）提出线性判别函数，而后 Durand（1941）把线性判别分析（LDA）用到了信用评价系统上，LDA 因其模型清晰而得到广泛应用。Wigintion（1980）认为 logistic 模型比线性判别模型的解释力更强，提出运用 logistic 模型构建信用评分模型。相比于线性判别分析，逻辑回归得到了更好的效果。总的来说，此两种方法的准确率都不是太高，并且 Kruppa（2012）指出统计分析方法对数据具有严格的要求，而实际中大多数信用特征数据很难满足要求，而机器学习算法对高维和非线性数据的处理能力强，因此近年来机器学习算法被广泛应用，比如神经网络、遗传算法和支持向量机等。

7.2.1.1 神经网络

神经网络（Neural Network，NN）源于生物学概念，在机器学习领域则演化为一种模拟人脑的信息接收、处理、输出的模型。该模型由类似于神经系统的神经元也就是节点构成。神经网络的出现源于研究人员对于人脑或神经系统如何接收、处理信息的研究，随后被引入数据挖掘领域。神经网络作为一种模仿动物信息加工过程的分布式并行信息处理技术，通过节点来模拟大脑中的神经元来进行工作。它具有大规模并行处理、分布式存储、弹性拓扑、高度冗余和非线性运算等特点。由于这些特点，其运算速度快、容错率高。在神经网络中，权值是节点与节点之间的连接线，相比于节点，权值更加重要。

神经网络模型多种多样，在信用评分中应用最为广泛的是带有反向传播的前馈神经网络（FFNN-BP），这种神经网络从前一层接收信息向下一层无反馈输出。图 7-2 就是一个标准的前馈神经网络结构图，其包含了输入层、隐藏层和输出层。训练样本被输入输入层，其特征值在被赋予相应权重后产生的输出值被继续传递到隐藏层，该隐藏层可以是单层的或者多层的，再经过单层或多层的隐藏层层层加权之后的预测值被输出到被称为输出层的最后一层神经网络之后，产生对应样本的预测值。如果输出层的实际输出结果与期望输出结果之间的误差大于阈值，则系统会进行反向传输。误差反馈到隐藏层，然后再传送到输入层，每一层的所有单元都要分担一定的误差，根据误差值调整各节点的权值，直至误差被减小到最小。这就是反向传播算法的基本思想。

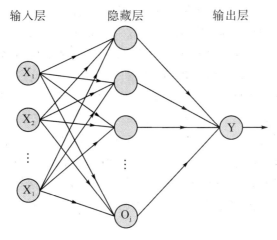

输入层　　　隐藏层　　　输出层

图 7-2　前馈神经网络结构图

反向传播算法通过迭代处理一组训练样本进行学习，其将神经网络的每个样本的预测值与真实值进行比较。对于每个训练样本来说，会通过最小化神经网络预测值与真实值的均方误差来调整权重。这种权重的调整是反向的，所以叫做反向传播。因为反向传播算法的目标与最小二乘法的目标一致，所以反向传播算法通常又被认为是一种反复的、非线性的最小二乘法。

对于隐含层来说，很多激活方程都可以应用于此，比如 logistic、sigmoid 以及 RBF 函数。RBF 函数是一个局部分布函数，因其固有的属性，譬如非负性、非线性及中心对称衰减，而成为常用的激活函数之一。

神经网络模型具有学习能力强和输入变量之间关系无假设的优点，但是还存在一些缺点。首先，最主要的缺点就是神经网络这一类人工智能算法的通病，难以给出易于理解、直观的解释，特别是在信用评分这一应用领域，通常又需要一些明确、可理解的规则。其次，就是如何设计并优化网络拓扑的问题，这是一个极其复杂的过程。隐藏层节点数和层数、不同的激活方程以及初始权重的设置很明显都对最终的分类结果有影响。再次，神经网络往往存在着过度拟合问题，即在训练样本上表现非常好，但用到非训练样本上的表现与在训练样本上的表现差异较大。再其次，神经网络隐藏层的确定通常基于经验，解决不同的问题时，相关设定往往不同，灵活性较大，标准难以统一。最后，神经网络也需要大量的训练样本和训练时间。

KHASHMAN A.（2010）介绍了一种基于反向传播的监督神经网络模型的信用风险评估系统。文中通过德国信用数据集，研究了 9 种不同正负样本比的情况以及三种不同的网络结构。实验显示了各种情况下的数据集结果，总体来说平均准确率均大于70%。当模型的正负样本比例合适时，准确率超过85%。由此证明，神经网络能提升信用评分的效果。ZHAO Z Y 等（2015）提出一种基于多层感知机（MLP）的信用评分模型，同样利用德国信用数据集，采用平均随机选择的方法优化数据集中的数据分布，然后设计合适的隐藏层。实验证明，数据结构的优化可以显著提高模型的准确性，隐藏层数量的增加，也可以提高模型评分准确性，最终实验的结果，准确率超过87%。由于网络借贷平台在现代金融系统中扮演着重要角色，GUO Y P（2019）分析了网络借贷平台的传统金融风险和信息技术风险，提出了一种基于 BP 神经网络的贷款风险评估算法。通过爬取 2015—2019 年的大规模网络贷款数据进行建模，实验结果表明，基于 BP 神经网络的算法优于传统的 logistic 回归算法，可以有效降低投资者的风险。

7.2.1.2　支持向量机

支持向量机（Support Vector Machine，SVM）是一个相对较新的被用于模式分类的人工智能算法，由 Vapnik 于 1995 年提出。支持向量机适用于样本量较小的实验模型并且对于数据的分布没有限制。支持向量机在保证理论上的稳健性的同时遵循结构风险最小化原则。图 7-3 是一个支持向量机的例子。

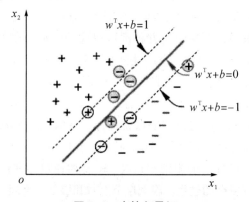

图 7-3　支持向量机

假设 S 是一个具有 M 个样本的数据集，M 是借贷申请人的数据集合：$\{(x_i, y_i) \mid x_i \in [-1, +1], i = 1, 2, \cdots, M\}$，其中 x_i 表示样本的特征描述，$y_i \in \{-1, +1\}$ 表示对应的二元分类变量，在信用评分中也就表示借贷人会不会违约。支持向量机的原理就是找到一个可以将具有相反标签的数据分开的超平面。其中约束可以表示为：

$$y_i(\langle w, x_i \rangle + b) - 1 \geqslant 0, i = 1, 2, \cdots, M \qquad (7-1)$$

其中 w 和 b 分别为平面的法线与截距，$\langle w, b \rangle$ 表示线形乘积。正负超平面的间

隔是归一化分类方程后的 $\dfrac{2}{\|w\|}$。最优超平面在方程约束下，由最小化

$\dfrac{1}{2}\|w\|^2$ 得到。随后分类问题可通过求解以下二次规划问题得到：

$$\min_{w,\,b}\frac{1}{2}\|w\|^2$$
$$s.t.\,y_i(\langle w,\ x_i\rangle+b)-1\geqslant0,\ i=1,\ 2,\ \cdots M \tag{7-2}$$

在引入拉格朗日乘数 $\alpha=(\alpha_1,\ \alpha_2,\ \cdots,\ \alpha_M)$ 后，上述问题又被转化为解决以下对偶规则：

$$\max_{\alpha}Q(\alpha)=\sum_{i=1}^{M}\alpha_i-\frac{1}{2}\sum_{i=1}^{M}\alpha_i\,\alpha_j\,y_i\,y_j\langle x_i\,x_j\rangle$$
$$s.t.\sum i=1,\ d_iy_i=0,\ \alpha_i\geqslant0 \tag{7-3}$$

x_i 在对应的 α_i 大于零时，被称为支持向量。由上述公式得到的决策函数可以用下面的函数表示：

$$f(x)=sgn(\langle w,\ x\rangle+b)$$
$$=sgn\Big\{\sum_{i=1}^{M}\alpha_i\,y_i\langle x_i,\ x\rangle+b\Big\} \tag{7-4}$$

如果 $\langle w,\ x_i\rangle+b>0$，支持向量机会将样本标签标记为+1，如果 $\langle w,\ x_i\rangle+b<0$ 则标记为-1。

映射方程 φ 是先前选定的一个函数，该映射方程的主要作用是将输入向量映射到一个高维的特征空间，但是该映射方程只有在做分类时遇到线性不可分的情况下才会被使用。这种映射可以由核函数 $K(x_i,\ x_j)=\varphi(x_i)\varphi(x_j)$ 完成，自由度为 d 的多项式核函数、sigmoid 和 RBF 函数这三个函数是最为常用的核函数。在分类中遇到线性不可分的情况时，训练误差是允许出现的。此时这个被称为松弛变量 ε_i 的参数就要被引入约束函数中，作为对于分类误差的容忍度。

随着中小企业数量的快速增长，存在多种形式的信用担保用以资助这些企业。然而，这些企业的违约率很高。为了有效地管理这些资金，开发一个准确率高的评分模型去选择有前途的中小企业是一个亟须解决的社会问题。KIM H S（2010）提出了一个支持向量机模型来预测受资助中小企业的违约情况。输入变量包括财务比率、经济指标和技术评估因素等。结果表明，支持向量机的准确率优于反向传播神经网络和逻辑回归。此外，小额贷款公司存在公司业务区域强、数据来源不统一、评价标准不一致的特点。衣柏衡等（2016）分析

了小额贷款公司的信用风险评估问题。相比于传统 Smote 算法针对所有少数样本进行合成，该文通过仅对错分样本进行合成的方法，改进了支持向量机，解决了非均衡样本分类时分类超平面偏移不足的问题。实验证明，改进算法的分类精确度较其他算法有所提升。相对于准确率来说，公司往往更注重模型所带来的利润。MALDONADO S. 等（2017）构建了一种基于线性支持向量机的利润驱动的分类器，主要目标是将与业务相关的信息（例如可变购置成本、Ⅰ 和 Ⅱ 型错误成本以及正确分类的实例所产生的利润）加入建模过程中。通过将此框架应用于智利银行的信用评分问题，证明了该分类器在与业务相关的利润目标方面取得了卓越的绩效。

7.2.1.3 基于贝叶斯的判别分析法

判别分析法是一种有监督的信用评分方法，借助已知的分类去训练模型，再将不知道信用级别的信用主体作为输入，得到该信用主体的信用水平。Durand 最早将判别分析法用于信用评分。常见的判别分析法主要有距离判别、贝叶斯判别和 Fisher 判别等。本部分主要介绍基于贝叶斯的判别分析法。

假设存在一个信用申请者集合 A，该集合由守信客户集合 G 和失信客户集合 B 组成，目的是通过已知是守信客户和失信客户的集合 A 训练出一个贝叶斯模型，使该模型错分的概率尽量小。

基本符号：P_G 和 P_B 分别表示在集合 A 中守信客户和失信客户所占的比例，L 表示将守信客户错分为失信客户所带来的损失的平均值，D 表示将失信客户错分为守信客户所带来的损失的平均值，$p(x \mid G)$ 和 $p(x \mid B)$ 分别表示守信客户和失信客户的特征向量取值为 x 时的密度函数，$q(G \mid x)$ 和 $q(B \mid x)$ 分别表示个体消费者的特征向量取值为 x 时他是一个守信客户或者失信客户的概率。显然，$q(G \mid x)$ 和 $p(x \mid G)$ 成正比，$q(B \mid x)$ 和 $p(x \mid B)$ 成正比。为了尽可能使错分的损失最小，可以建立这样一个优化问题：

$$minLoss = L_x \int_{x \in A_G} p(x \mid G) \, p_G \, d_x + D_x \int_{x \in A_B} p(x \mid B) \, p_B \, d_x + L_x \int_{x \in A_B} q(G \mid x) \, d_x +$$

$$D_x \int_{x \in A_G} q(B \mid x) \, d_x \tag{7-5}$$

对于不同的申请者，应根据实际情况设定不同的 L 和 D 的值。由于 $\dfrac{p(x \mid G) \, P_G}{p(x \mid B) \, P_B} = \dfrac{q(G \mid x)}{q(B \mid x)}$，式（7-5）的最优解可以表示为：

$$A_B = \left\{ x \mid \frac{q(G \mid x)}{q(B \mid x)} < \frac{D}{L} \right\} \tag{7-6}$$

如果 $p(x \mid G)$ 和 $p(x \mid B)$ 服从多元正态分布，式（7-6）可以转化为线性关系式：

$$x_1 w_1 + x_2 w_2 + \cdots + x_n w_n < c \qquad (7\text{-}7)$$

7.2.1.4　遗传算法

遗传算法以达尔文生物进化论中的自然选择和基因进化机制为基础，目的在于搜索最优解法。该算法最早由来自美国密西根大学的 Holland 教授于 1975 年提出。遗传算法主要遵循以下几个原则：根据进化论"适者生存"的原则，从最初一代的种群开始，将一些遗传算子如筛选、组合交叉和变异应用于筛选个体并通过预先设定好的适应度函数产生新一代种群，这个过程直到适应度函数取得最大值并找到最优解才停止。每个种群由实际上是染色体的多个基因编码组成。适应性函数是遗传算法中用来衡量进化度的最重要的函数之一，通常可以表示为如下形式：

$$f = M\left(1 - \frac{n_1}{m_1} - k\frac{n_2}{m_2}\right) \qquad (7\text{-}8)$$

其中 n_1 和 n_2 分别表示错误分类中的两种类型的数量，m_1 和 m_2 表示样本量。$\dfrac{n_1}{m_1}$ 和 $\dfrac{n_2}{m_2}$ 分别表示分类错误中的第一类错误和第二类错误。事实上，第二类错误通常会带来更大的损失，在信用评分中就是通过了劣质信贷人的申请，所以增加了一个常数 k 作为权重，通常 k 为一个大于 0 的整数。另外，M 为一个增益参数，以确保适应度函数可以显著地改变。

由于神经网络在信用评估问题的建模中会存在局部极小值的风险，吴德胜等（2004）提出用遗传算法辅助网络训练策略，建立了适合中国商业企业的信用评分指标体系，并依据该体系建立了基于进化神经网络的信用评估模型。通过样本公司的实际指标，可以看出进化网络模型相对于传统 BP 网络，可以得到较高的评分准确率，从而说明了进化网络模型的优越性。不同数据源可以用于构建不同的模型。CHI B W 等（2012）通过遗传算法选择重要特征变量，将银行的内部行为评分模型与外部征信机构评分模型相结合，构建了抵押账户信用风险管理的双重评分模型。经过更准确的风险判断和细分，可以进一步发现抵押资产组合中需要加强管理或控制的部分。结果表明，基于遗传算法的双重评分模型的预测能力优于单个行为评分模型或者征信局评分模型。遗传算法是启发式算法的一个重要部分。对于多目标的应用，遗传算法具有先天优势。GORZALCZANY M. B. 等（2016）提出了一种多目标进化优化算法（MOEOA）。在该方法中，首先将分类器要处理的规则库变为原始遗传算子，并通过非支排序遗传算法Ⅱ（NSGA-Ⅱ）实现了精度与可解释性的折中。通过使用三个公开数据集：澳大利亚、德国、日本的信用数据，证明文中的方法能在大部分情况下对于单个目标（精度或者解释性）实现合理支配。特征选择旨在删除不相关的数据以改善评分卡的性能，而利润是企业经营的一项重要指标，KOZODOIN 等（2019）将利润度量扩展到特征选择，并基于 NSGA-Ⅱ遗传算法开发具有两个适应度函数的多目标模型：预期最大利润和特征数量。在多个信用评分数据集上的实验表明文中方法所开发的评分卡可以使用更少的特征来产生更高的预期利润。

7.2.1.5 K近邻算法

K近邻值算法最早由 Fix 和 Hodges 于 1952 年提出，但是由于该方法在训练数据集较大时计算量较大，因此直到计算机相关硬件得到极大发展后，KNN 算法才得到广泛的应用，特别是在模式识别领域。

KNN 是一种通过类比学习的分类器，也就是将给定的测试样本与训练样本中相似的样本做比较。KNN 算法于 1970 年最早被应用于信用评分领域。KNN 算法被应用于信用评分时首先要解决三个基本问题：①度量距离的方法选定；②最近邻数量 k 的选定；③k 个近邻中优质借贷人要达到多少比例才能将未知样本划分为优质借贷人。其中两个样本之间距离的度量通常通过欧氏距离计算：

$$d(X, Y) = \sqrt{\sum_{i=1}^{n} (x_i - y_i)^2} \tag{7-9}$$

7.2.1.6 案例推理

案例推理由美国耶鲁大学的 Roger Schank 于 1982 年提出，是一个以现有的知识或者说案例为基础，进行问题求解同时进行学习的方法。案例推理是基于经验推理的泛化手段，它是一个表示、检索、组织过去案例的存储模型，同时又是一个提取、修改旧案例并吸收新案例的过程模型。

案例推理通过将新问题与过去一些被解决过的问题或经验相关联从而形成一种类比推理的方法来解决新遇到的问题。面临新问题时，案例推理从案例库中提取相似的案例同时加以调整。所以，对过去相关案例的检索是一个案例推理系统成功与否的关键。案例推理的检索机制的表现主要受到案例的表示、案例的索引和相似度测量这三个因素的影响。

一个好的检索函数应当将一个案例最主要的特征考虑进去，一个与某些重要特征相符但和一些次要特征不符的案例和一个与某些次要特征相符但和一些重要特征不符的案例相比较而言，前者应该是一个更加契合的案例。因此，在建立一个成功的案例推理系统时，将领域知识与案例匹配并与检索功能集成是必不可少的一个步骤。

案例推理通常由以下四个步骤组成：

（1）案例表示。案例表示主要是过去案例特征筛选问题，也就是说决定案例的哪些特征是必要的，以完成分类问题。在信用评分领域中，由于没有统一的特征筛选标准，先前的研究者们通过相关特征在研究中的普遍性来进行特征筛选。比如 Bryant（1997）在建立公司领域的案例推理的信用评分模型时，就选取了当时普遍使用的一些公司的财务比率作为案例推理系统的案例表示，比如净收入与收入比、净收入与总资产比等。但是随着案例推理相关研究的深入，其他的一些算法比如遗传算法等也被引入来进行案例特征的筛选。

（2）案例索引，又叫做聚类，是创建一个应对结果变量（拒绝或接受借贷人）差异的检索方案。案例库在被用于案例检索之前必须进行索引或聚类，检索方案通过遍历二叉树的聚类过程建立。

（3）案例检索。案例检索为案例推理的主要步骤，又叫做案例匹配，是一个输入新案例然后从案例库中输出最佳匹配案例的过程。案例检索主要有三种方法：①近邻值法，②归纳法，③知识导向的归纳法。在近邻值法中，相似性的度量主要有两个步骤：①对应特征的相似度计算，②案例间相似度计算。这主要通过第一步计算出来的相同特征相似度的加权求和来进行，对应特征相似度的计算也通常通过欧氏距离来计算。

案例检索方法的选择主要取决于检索目标的定义和案例库中案例的数量。当检索目标明确且案例数足够大时，归纳法是一个比较合适的检索方法。当检索目标不太明确时，近邻值法为较为适宜的方法。归纳法在信用评分中对检索目标的定义明确，比如在遇到新借贷人时，是通过其借贷申请还是拒绝其申请，同时在相关机构中可获得案例数也是较多的，因此归纳法在信用评分时被使用较多。

（4）案例修正，是一个修正提取出的案例以适应现有案例的过程，即对于量化的结果变量，通过使用一系列公式进行调整。因为通过案例推理系统提取出的案例很少与输入的案例完全匹配。但是对于信用评分这样的二分类问题，信用评分通常会跳过案例修正这一步骤。

常用的信用分析方法，诸如回归分析、logistic 法、决策树法等，多是基于可以定量分析的数据，而对于难以定量化的因素和非结构化的问题通常考虑不周。案例分析（CBR）则能较好地解决上述问题。孟宪福等（2003）提出在案例相似度中加入主成分分析法使指标体系降维，并采用灰色关联理论和模糊理论，克服了多指标因素相互关联的问题，从而建立企业信用评估系统。此外，在以 CBR 建立个人信用评分模型的过程中，如果假设特征集中各特征变量的权重相同，与个人信用评分实际不符；同样，如果在案例修正环节假设特征权重相同，会导致数据信息利用不充分。姜明辉等（2015）通过 logistic 回归与 BP 神经网络来计算各特征的权重，并对案例检索进行优化；同时在案例修正环节，设计基于距离的投票算法去计算案例的权重。实验验证了优化后的 CBR 个人信用评分模型一方面能够提升精确率，另一方面可以得到各指标的重要性，提高模型的解释性。对于信用评分模型，为了提高客户量，有时需要再次利用拒绝部分的数据，做一些拒绝推断。CHUANG C L 等（2009）提出了一个两阶段的重新分配的信用评分模型（RCSM）。第一阶段构建基于 ANN 的信用评分模型，该模型将已接受（良好）或拒绝（不良）信用的申请人分类。第二阶段用基于 CBR 的分类技术，将被拒绝的良好信用申请人重新分配为有条件的接受类别，以减少 I 型错误。运用 UCI 数据集执行 RCSM，结果表明，所提出的模型可以通过减少评分系统的 I 型和 II 型错误来增加业务收入。

7.2.1.7 模糊逻辑

随着消费信贷产业的蓬勃发展，各种开展消费金融业务的小微金融机构不断出现。但是由于小微金融机构存在着严重的信息不对称、低质量的数据库和劣质客户相关信息缺乏等问题，传统的信用评分模型很难被应用于这样的小微金融企业。

Zadeh 于 1965 年以其模糊集合数学理论为基础，通过布尔逻辑的扩展创造了模糊逻辑，其推理模型比经典逻辑更加直观。因此，基于规则定义和模糊集合函数的模糊逻辑算法更适用于一些自然现象以及信息不准确或难以建模的情况，比如小微金融企业所面临的信用评分时信贷人数据缺失、不准确的情况。模糊集通过隶属函数 μ_A 将域元素 x 映射到区间 [0,1] 相应的位置，通常表示为：

$$A = \{[x, \ \mu_A(x)] \mid x \in X\} \qquad (7-10)$$

不同于明确逻辑只含有 0 和 1，模糊逻辑可以包含由隶属函数定义的在 0 到 1 之间的多值逻辑值。模糊逻辑在多个领域都有成功应用的案例，比如工业处理、商业、化学行业等。模糊逻辑系统通过以下几个步骤构建：

（1）自变量被选择为决策变量或者因变量的指示器。

（2）建立自变量和因变量的模糊集，该模糊集不包含量化值，而是使用人类语言描述变量。每个属于特定模糊集的变量通过隶属函数确定。

（3）集成推理规则到系统，根据推理规则的描述，一个模糊集可以被用来调整隶属函数。

（4）因变量通过自变量和推理规则产生输出模糊集。在模糊化后，量化值可以用来表示输出模糊集。

（5）结果用来做决策。

具体过程如图7-4所示。

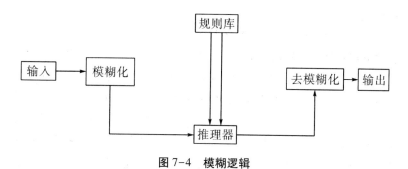

图7-4　模糊逻辑

模糊集能够处理数据中的不确定性和不精确性，与此同时，机器学习有很强的风险最小化能力。CHAUDHURI A.（2011）通过结合机器学习中的SVM和模糊集，提出模糊支持向量机（FSVM），探索该模型是否能提高企业破产预测的精度。实验结果表明，FSVM可有效地找到最佳特征子集和参数，从而改善破产预测效果。由于特征子集的选择对内核参数有积极的影响，因此它比传统的破产预测方法具有更加可观的泛化性能。SOHN S. Y. 等（2016）提出了基于模糊逻辑回归的信用评分模型，该模型适用于模糊的输入与输出，并应用于预测基于技术属性的公司的贷款违约可能性。与典型的逻辑回归相比，该模型在准确性与特异度方面有所提升。在多准则决策（MCMW）过程中，决策者或专家通常利用经验定量或定性地评估每个标准上所有替代方案的综合性能。由于缺乏客观性，有时很难获得准确的评估结果。直觉模糊集（IFS）是处理复杂问题不确定性和模糊性的有效工具。基于IFS，SHEN F 等（2018）提出了新的距离测度，然后基于提出的距离测度，开发了一种扩展的直觉模糊方法来处理多目标决策（MCDM）问题。进一步，可以将扩展的直觉模糊方法应用于潜在战略合作伙伴的信用风险评估中。

7.2.2　混合模型

目前，混合模型汲取了上述模型的诸多优点，成了信用评分领域的研究热点。然而对于混合模型的明确分类标准尚不明确，一般来说，对于混合模型是根据特征筛选和分类方法来分类的。基于此条规则，Tsai 和 Chen（2010）将混合模型分为四类：聚类+分类、分类+分类、聚类+聚类、分类+聚类。他们比较了四种分类技术（C4.5、朴素贝叶斯算法、逻辑回归、人工神经网络）和两种聚类技术（K近邻算法、最大期望算法）在信用评分领域的应用，最后发现聚类+分类、分类+分类、聚类+聚类、分类+聚类这四种混合模型比上述单一模型的效果要好。在信用评分领域大致又可以分为简单混合模型和类别智能混合模型。

7.2.2.1　简单混合模型（特征选择+分类）

在建立信用评分模型时，通常有三个步骤：特征筛选、模型参数确定和分类。简单的混合模型就是在这三个步骤都使用相同的算法，其中特征筛选是至关重要的一步。特征筛选的主要目的是限制输入特征数量以提高预测精度并降低计算复杂度。由于上述统计模型具有更好的稳健性和解释能力，所以混合模型在特征筛选这一步通常选择统计模型。在分类阶段，神经网络和支持向量机通常具有更好的分类效果。而粒子群算法（PSO）、遗传算法（GA）通常被视为最优化方法来确定模型参数。表7-1为以神经网络或支持向量机为基础的简单混合模型。

表7-1　以神经网络或支持向量机为基础的混合模型

分类器	特征选择	模型参数
神经网络	多元自适应样本回归	
	线性回归	
	遗传算法	
	主成分分析	
	线性回归	
支持向量机	遗传算法	遗传算法
	F值	穷举搜索
	CART+多元自适应样本回归	穷举搜索
	近邻值法	穷举搜索
	模糊逻辑	穷举搜索

SVM通过核变换将数据映射到高维来对数据进行分类或者回归，然而，这中间需要寻找最优超参数。MANURUNG等（2017）利用遗传算法去寻找最优超参数值，从而提高了支持向量机的最佳分类精度。通过UCI澳大利亚信用数据集进行数值实验，表明支持向量机和遗传算法相结合可有效提高分类精度，即遗传算法可以有效地找到SVM的最佳内核参数。鉴于遗传算法可以被

用于特征选择，ORESKI S. 等（2014）探寻了遗传算法与神经网络相结合的模型（HGA-NN），用于识别最优特征子集并提高信用风险评估的分类准确性和可扩展性。作者利用从克罗地亚银行中搜集的真实信用数据集和 UCI 信用数据集来进行模型训练和评估，验证了所提出模型的效果。为了尽可能提高准确率，PLAWIAK P. 等（2019）提出了基于不同支持向量机的深度遗传级联集成模型。所提出的方法是一种混合模型，其融合了以下优点：①进化计算，②集成学习，③深度学习。该方法是一种新颖的 16 层遗传级联分类器，具有两种类型的 SVM 分类器、三种类型的核函数，使用遗传算法进行特征（属性）选择以及对所有分类器的参数进行优化，并设计一种新的遗传分层训练技术，用于分类器的选择。该模型实现了 97.39% 的预测准确率，由此可见其高效性。

7.2.2.2 类别智能混合模型

另一种混合模型就是类别智能分类器。由征信机构搜集整理的信息和数据经常存在不完整的情况，解决这一问题的手段之一就是样本自动聚类并在进行分类之前决定标签的数量。这就是为什么这类混合模型被称为"类别智能"分类器，也就是一种聚类+分类的信用评分模型。Hsieh 和 Huang 首先集成了支持向量机、神经网络和贝叶斯网络，构建了这样一种聚类分类器用于信用评分。他们先利用自组织映射算法（SOM）自动决定集群的数量，然后使用 K-means 聚类算法产生属于新类别的集群样本，同时从每个类别中删去无代表性的样本。最后，利用具有新标签的样本设计以神经网络为基础的信用评分模型。

7.2.3 集成模型

在做出重要决策之前，第三方意见通常扮演着重要角色，毕竟权衡不同观点应该比从单方面考虑要更加合理。在机器学习中，也存在着同样的理念，它有很多种名称：多分类器系统、多专家模型或者集成模型。结合来自多个分类器的信息可以提升分类表现已经成为业界的共识，在分类任务中可以对准确度和稳健性有较大提升。在集成模型中，综合同种分类器并不能提升模型的表现，所以集成模型的提升依赖于基础分类器的多样化，当然这种多样化以不降低集成模型准确率为前提。这也是混合模型与集成模型最重要的区别。混合模型在样本学习阶段只用一种分类器，而在特征筛选和分类阶段使用不同的方法。而集成学习会产生具有不同参数的多种分类器。集成模型也有很多种类，如装袋法（bagging）、提升法（boosting）、随机子空间、DECORATE、旋转森林等。

7.2.3.1 装袋法 (bagging)

装袋法又被称为自举汇聚法 (bootstrap aggregating)，是由 Breiman 于 1996 年提出的一种较为直观、简单的集成算法，该算法可以降低方差并避免过拟合，从而有效提升模型表现。尽管其主要通过决策树来实现，但也适用于其他的一些分类器。装袋法分类器的多样化主要通过从原始训练集产生自举数据集来实现：通过对原始训练集进行有放回的随机抽样产生不同的训练集，同时由于有放回的随机抽样的缘故，新的训练集虽然与原始训练集有着相同的样本量，但是有些原本存在于原始训练集中的样本可能不会出现在新的训练集中或者也可能会出现多次。由于一个单独的分类器是从训练集中每个新的样本用标准的算法产生的，因此利用不同的数据集对每个分类器建模就会产生互不相同的分类器。

装袋模型是一种经典的集成模型，但是基于经典装袋模型的改进仍是一个重要的研究方向。ZHANG D F 等 (2010) 提出了垂直装袋决策树模型 (VBDTM)，该模型通过属性的组合获得分类器的集成。在 VBDTM 模型中，所有训练样本以及部分属性会参与每个分类器的学习。通过 UCI 中的两个信用数据集对 VBDTM 进行测试，分析结果表明，该方法在预测准确性上表现非常出色。另外，AKILA S 等 (2018) 探索了装袋模型在成本代价敏感度方面的问题，提出了一种成本敏感的贝叶斯推理装袋模型 (RIBIB)，用于信用卡欺诈检测。RIBIB 将贝叶斯模型作为处理数据不平衡和边界样本的基学习器，然后创建受约束的装袋方法，最后创建成本敏感的加权投票组合器。作者根据巴西银行的数据，验证了该方法可以使成本降低 1.04-1.5 倍。数据不平衡问题是信用评估中常遇到的一种问题，SUN J 等 (2018) 提出了一种新的基于不平衡企业信用评估的决策树 (DT) 集成模型，该模型融合少数群体过采样技术 (SMOTE) 和具有差分采样率 (DSR) 的 bagging 集成学习算法，称为 DTE-SBD (决策树集成)。DTE-SBD 不仅可以解决企业信用评估的类别不平衡问题，而且可以增加 DT 集成的基分类器的多样性。作者通过对 552 家中国上市公司的财务数据进行多次试验，比较了纯 DT、过采样 DT、欠采样 DT、SMOTE DT、装袋 DT 和 DTE-SBD 这 6 种模型对企业信用评估的表现。实验结果表明，DTE-SBD 明显优于其他 5 种模型，对于不平衡的企业信用评估效果显著。

7.2.3.2 提升法 (boosting)

提升法是以 Kearns 在 1988 年的工作为基础的集成算法，通常通过以下几个步骤实现：①使用弱分类器对训练数据集进行建模，在该步骤时训练数据集中的每个样本的权重相同；②给定训练数据集中样本不同的权重，该权重与计算出的预测分类结果的准确性成反比；③重复步骤 1 预先确定好的次数 M 次；④结合每个模型中的预测结果（以模型准确率为权重）。因此这种集成算法的主要思路就是使用一系列依赖于先前分类器的连续分类器，且分类器考虑到先前分类器的错误从而决定在下一轮的数据迭代中关注哪些样本。Adaboost 算法是一种特别的提升法，在基准数据集和现实应用中有着良好的实验表现。Adaboost 是一种适应算法，该算法的分类器根据先前分类器被错误分类的样本进行调整，特征选择器以最小化经验错误的上限为准则。

为了提高分类的准确性，目前大多数研究侧重于改进不平衡数据或通过多阶段建模来提高分类准确性，但数据的异构性质可能会影响分类器的效果。CHANG Y C 等（2018）使用分类器 extreme 梯度提升树（XGBoost）来构建金融机构的信用风险评估模型。在实验中，以 ROC 和分类准确性作为评估指标，结果表明 XGBoost 分类器取得了比其他三个分类器（逻辑回归、自组织算法和支持向量机）更好的结果，因此 XGBoost 分类器可以作为开发金融机构信用风险模型的高级工具。而 XGBoost 中超参数的选择是一个充满挑战的问题，XIA Y F 等（2017）提出一种基于 XGBoost 的顺序集成信用评分模型。该模型主要包括三个步骤：首先，采用数据预处理来缩放数据并处理缺失值。其次，利用特征重要性分数进行特征选择，去除冗余变量。最后，XGBoost 的超参数可以通过贝叶斯优化进行自适应调整，并用于训练特征子集。结果表明，贝叶斯超参数优化的性能优于其他方法。与此同时，提出的模型在五个评估指标（准确性、错误率、AUC、H 指标和 Brier 评分）上的平均表现优于基准模型。另外，也可以将神经网络作为基模型，结合 boost 方法，提高模型准确率。SHEN F 等（2019）提出了一种结合 SMOTE 和 Adaboost 的集成模型以用于个人信用风险评估。该模型首先用 SMOTE 技术减轻不平衡数据集对信用评估模型性能的负面影响，然后利用粒子群优化（PSO）算法搜索 BP 神经网络中权重和偏差，并以优化后的 BP 神经网络作为基分类器，利用 Adaboost 方法集成神经网络模型。最后，作者利用德国和澳大利亚的数据集测试该集成模型，结果表明，该模型处理不平衡信用数据问题是有效的。

7.2.3.3 随机子空间

随机子空间是由 Ho 于 1998 年提出的集成算法，以从原始输入空间随机抽取的子空间为基础，随后通过简单多数投票组合为一个最终的决策规则。该算法每个单分类器只使用训练集和测试集的一个子集，子集均匀地从特征集中随机抽取，且为了获取更好的模型表现，通常选取特征集中一半的特征。

WANG G（2012）提出了一种基于 bagging 和随机子空间的企业信用风险

评估的混合集成方法——RSB-SVM。该算法首先用 bagging 方法随机抽样得到若干个子数据集，然后对每个子数据集采用随机子空间选择的方法生成新的子数据集，基于每个子数据集训练一个 SVM 基分类器，最后若干基分类器投票得到最终的结果。在实验中，作者选取中国工商银行搜集的企业信用风险数据集（包括 239 个公司的财务记录），结果表明 RSB-SVM 可以作为企业信用风险评估的一种有效的替代方法。鉴于合理评估中小企业的信用状况可以协助解决其融资难问题，王庆等（2018）提出了一种基于随机子空间集成学习的中小企业信用评估方法，结果表明该信用评估方法具有较高的分类准确率，能够有效地进行中小企业信用评估。

7.2.3.4 DECORATE

DECORATE 算法由 Melville 和 Mooney 于 2003 年提出，其主要思想是通过加入新人工样本并对训练样本重新赋权使基分类器多样化。该算法通过每次迭代产生一个新分类器，经过多次迭代后便可产生一个集成模型。在第一次迭代时，基分类器通过原始训练集产生，后续分类器通过人工产生的训练集生成，而人工产生的训练集是原始训练集和人工训练样本的集合，所以又叫做多样性数据。根据新训练集所生成的分类器只有在集成训练误差降低时才会被加入集成模型，否则就继续进行迭代。人工训练样本通过数据分布和每个特征的数值概率估计产生，其标签与当前集成模型的预测概率呈正比。

7.2.3.5 旋转森林

旋转森林是 Rodriguez、Kuncheva 和 Alonso 于 2006 年共同提出的，将特征集划分为相等的 K 个不重叠的子集（K 为该算法一个重要的参数），和装袋法一样，同样会通过自助法（Bootstrap）产生数据。随后每个子集使用主成分分析法（PCA）并结合所有的主成分构建一个新的特征集。因此，K 轴的旋转正好可被用于获得新特征并被用来构建基分类器。同时，值得注意的是，每个集成模型都是由全数据集的旋转特征空间产生的。

在中小微企业构建信用评估系统时，往往会出现数据不平衡问题和深度森林模型表现不佳问题。方旭阳等（2019）提出了一种基于少数类合成采样方法和深度旋转森林的信用评估模型，不仅在一定程度上解决了数据不平衡问题，还加强了模型的表征学习能力。该模型首先进行共享近邻的少数类合成采样方法平衡原始数据集，然后将旋转变换策略引入深度森林的模型结构之中，提高每层模型进行样本学习的多样性。在对每层模型学习后进行特征扩充，基于模型中每个样本所落入的叶子节点位置，进行独热编码产生新特征向量，加入原有特征中进行后续学习，弥补原始深度森林在每层进行特征提取所获得的抽象特征数量较少、对数据的表征学习能力不足的缺陷。最后通过评价指标的结果对比来验证新模型的有效性。

7.3　人工智能与伦理道德的风险及其治理

在人工智能给社会带来极大价值的过程中，风险也接踵而至，特别是人工智能的伦理道德风险，一直伴随人工智能的发展而存在着，引起了社会的密切关注。

7.3.1　人工智能与伦理道德的风险分类

（1）隐私侵犯风险。隐私权是每一位公民的基本权利，但在现代社会中却面临着很高的信息泄露风险。如今，人工智能已经走进人们的生活，比如智能扫地机器人、智能家具、智能手机等。人们在使用这些产品的过程中，会不断与其进行交互，以便获得最佳的功能体验，比如地图导航的使用要分享实时位置、配送服务必须要提供住址信息、智能学习机需要录入个人信息。在这些过程中，个体信息不可避免地会被泄露。通过人工智能云计算分析，这些信息就会被挖掘利用，引起隐私泄露。

（2）侵犯人类意志自由的风险。人类个体存在着意志自由，但人工智能会对人类意志自由产生干涉。例如，学习的过程本来是一个锻炼思维、改变思考的一种方式。但是智能学习机能通过问题的输入直接给出答案，并且正确率很高。长此以往，会使得个体放弃思考而直接接受答案，失去自我探索，意志自由受到一定的侵犯。

（3）机器依赖风险。人工智能已经被广泛应用于经济、政治、社会生活中，在给人们带来方便的同时，也增加了人们对机器依赖的风险。例如，在经济生活中，通过人工智能预测未来经济发展规律，虽然有助于决策的实施，但是会忽略一些突发的未知因素。在政治生活中，通过人工智能的判决，可以提高行政效率，但会降低人们的积极性和主动性。在社会生活中，人们可以获得生活便利，节约时间，但会让人失去对过程的体验。

7.3.2　人工智能的道德风险治理策略分析

人工智能道德风险的治理策略可以从树立科学的人工智能理念、构建完善的人工智能机制、完善人工智能自身伦理道德三个方面展开。

（1）树立科学的人工智能理念。人工智能的快速发展，加速了人们对于"人工智能是否具有意识，能否完全取代人类，威胁人类安全"这一问题的思考。马克思曾指出："意识起源分析，其刺激感应性从低等动物发展到高等动物且逐渐形成一定的心理效应。而意识的本质是客观世界的主观映像。"由此可以看出，人工智能并不具备刺激性，也无意识。虽然现在人工智能算法诸如神经网络，在努力模仿人的大脑结构，然后给出高准确率的结果。但这一过程，也只是模仿结构，并不能赋予人工智能主观意识。所以，必须树立正确的观念，即人工智能可以超越人类的思维，但不会具备人类的意识。

（2）构建科学的人工智能机制。人工智能推动着社会的发展，改变着人们的生活，人工智能的风险治理需要从政府层面开始，从上而下进行规范治理，从现有的技术和制度上去构建一套人工智能管理机制，保证该机制的正常运行。随着人工智能技术的发展，国家还需要出台相关的道德规范，从宏观层面去管理人工智能市场发展。

（3）完善人工智能自身伦理道德。人工智能的一些算法被称为"黑箱算法"，应培育正确的观念来指导开发人员来设计这些算法。比如，一些信用评分自主决策系统，时常只给出一个分数，而未提供该分数出现的理由，失去了公平化、透明化的社会原则。长此以往，将会阻碍人工智能甚至社会的发展。

8 信用评级关键技术与方法

8.1 信用评级概述

8.1.1 信用评级的概念

信用评级在现代经济活动中发挥了重要的作用，也是社会信用体系建设的重要组成部分。信用评级又称为资信评级。根据《华尔街词典》，"信用评级是个人或公司的财务历史，表明该人或公司是否可以偿还债务，它基于债务的数量及债务人是否及时地偿还了以前债务"。根据中国人民银行 2006 年颁布的《信贷市场和银行间债券市场信用评级规范》，"信用评级是由独立的信用评级机构对影响评级对象的诸多信用风险因素进行分析和研究，就其偿还债务的能力及其偿债意愿进行综合评价，并且用简单明了的符号表示出来"。

综上所述，信用评级是指信用评级主体独立地依据相应的法律法规和规范化的程序，对特定的评级对象在特定时期内的整体经营状况和短长期的偿债能力给予客观、公正、科学的评价，并以简单、直观、清晰的符号表示评级对象的信用等级。对于信用评级的概念，可以从以下几个方面理解：

（1）信用评级主体。信用评级主体是指信用评级活动是由谁进行的。一般而言，信用评级主体是专门的信用中介机构，它们拥有专业的信用评级业务人员、完善的信用评级体系和先进的信用评级技术。银行为了掌握客户的短长期偿债能力，规避不必要的风险，也会开展信用评级活动。不同于信用评级中介机构，银行的信用评级活动大都由其信贷部门完成，其信用评级成果一般仅供银行内部使用，不对外公开。

（2）信用评级客体。信用评级客体是指信用评级是针对谁进行的。信用评级的对象一般包括主权国家、企业、金融机构、个人等。除此以外，还包括债券、融资券、商业票据、保险单等信用工具。

（3）信用评级分类。①按照评估收费方式的不同，可以分为有偿评级和无偿评级。有偿评级是指由信用评级机构对特定信用评级客体进行信用评价并收取一定费用。无偿评级是指信用评级机构免费向社会公开信用评级信息，目的是扩大评级机构的影响力。②按照评级对象的不同，可分为国家主权信用评级、证券信用评级、企业信用评级和项目信用评级。国家主权信用评级是指对一个主权国家的政治、经济和信用进行综合评价，其实质是对以中央政府为债务人的履约意愿和能力的考量，体现一国的偿债意愿和能力；证券信用评级则主要针对基金、短期融资券、长期债券和各种商业票据进行信用评级；企业信用评级包括工业、商业、外贸、交通、建筑、房地产、旅游和其他公司、企业集团的信用评级；项目信用评级则是以项目经济可行性评估为基础，对特定项目进行评级。③按照评估方式的不同，可分为公开评估和内部评估。公开评估主要是指向社会公众公示评估的最终结果，以便社会公众获取公开的信用信息，且评估公司需对评估结果负责；而内部评估则是指评估结果不向社会公众公布，其评估结果仅供内部使用和参考，例如银行信贷部门对贷款人的信用评估。

（4）信用评级标准。信用评级活动必须依据相关的法律法规进行，要明确法律法规确定的信用评级主体的权利与义务。同时，信用评级活动必须有规范的程序和步骤，并且具有一定时间限制。一般而言，评级机构给出的评级结果都是针对评级对象前一年或前三年的信用状况进行的。评级对象的信用状况是不断变化的，评级结果也是有时效性的，大多为一年。而且，信用评级结果必须以简单、直观、清晰的方式表示，以方便投资者清楚地了解评级对象的信用状况。

8.1.2 信用评级的产生与发展

8.1.2.1 国外信用评级的产生与发展

信用评级机构最先出现在美国。早在1841年，美国人路易斯·塔班（Louis Tappan）建立了首个商人信用评级机构。20世纪初期，其他评级机构陆续成立。1902年，穆迪公司的创始人约翰·穆迪（John Moody）开始对当时发行的铁路债券进行评级，并将其扩展到金融产品及其衍生产品上。1922年，标准统计公司成立。1931年，惠誉出版公司成立。随着美国经济的快速发展，信用评级的市场需求也逐步扩大。特别是20世纪30年代的世界经济危机，导致大量的美国公司破产，其发行的企业债券无法偿还，而信用评级高的债券则很少出现不能偿还的现象，使得信用评级得到市场参与者的广泛认可。美国证监会和银行监管部门也相继出台规定，将评级机构对债券的评级结果作为投资的标准，这些规定使得信用评级业务得到快速发展。1975 年，美国证监会将穆迪、标准普尔和惠誉公司认定为"全国认可的统计评级机构（NRSROs）"，加强了对评级机构的监管，规范了评级结果的使用，也确定了这 3 大评级机构在资本市场上的地位。随着信用评级业务的发展，在 20 世纪末，美国扩大了NRSROs 的认可范围。此外，在 20 世纪 70 年代，国际评级业务也不断扩大。例如，穆迪、标准普尔等美国信用评级机构分别在东京、伦敦、巴黎等城市建立分支机构并开展信用评级业务。与此同时，其他国家（地区）也逐渐出现了本土的评级机构。例如，1972 年加拿大债券信用评级公司（CBRS）成立，1975 年日本债券信用评级公司（JBRI）成立。目前，穆迪、标准普尔和惠誉公司已经成为全球性的信用评级机构，在美国、欧洲、亚洲等国家和地区广泛开展信用评级业务。

8.1.2.1　中国信用评级的产生与发展

相对于国外而言，我国信用评级业务发展较晚。1987 年，我国最早的信用评级机构吉林省资信评估公司才成立。此后，各地陆续成立了地方信用评级机构。这些机构大多是中国人民银行各地分行的下属公司。1988 年，上海远东资信评估有限公司成立，这是我国第一家社会化专业资信评估机构。1990年 8 月，中国人民银行下达了《关于设立信誉评级委员会有关问题的通知》，规定了银行业信用评级的组织体系，并于 1992 年底成立了全国信誉评级委员会。1992 年，上海新世纪投资服务有限公司、中国诚信证券评估有限公司相继成立。1994 年，大公国际资信评估公司成立。1997 年，中国人民银行明确规定，企业债券发行前必须经中国人民银行认可的企业债券信用评级机构进行信用评级。此后，我国信用评级得到快速发展。1998 年，信用评级全国性行业协会中国资信评估联席会成立。随着信用评级机构的快速发展，政府相关部门也加强了对信用评级业务的规范管理。2003 年 9 月，中国人民银行设立征信管理局，推动制定征信行业技术标准。2006 年 4 月，中国人民银行发布了《信用评级管理指导意见》。2007 年，证监会发布了《证券市场信用评级业务管理暂行办法》。2008 年 3 月，中国人民银行下发了《关于加强银行间债券市场信用评级作业管理的通知》。20 世纪 90 年代以来，我国信用评级行业得到进一步发展。首先是信用评级业务种类不断增加。评级业务从债券评级逐步扩展到贷款评级、资产支持证券评级、短期融资券评级、信托产品评级、金融机构评级等。其次是征信系统数据系统初步建成。1997 年，中国人民银行开始筹建银行信贷登记咨询系统（企业征信系统的前身）。2006 年 3 月，中国人民银行设立中国人民银行征信中心，负责企业和个人征信系统（即金融信用信息基础数据库，又称企业和个人信用信息基础数据库）的建设、运行和维护。目前，金融信用信息基础数据库已经成为世界上规模最大、收录人数最多、搜集信息全面、覆盖范围大和使用广泛的信用信息基础数据库，基本上为国内每一个有信用活动的企业和个人建立了信用档案。最后是信用评级机构逐步发展壮大。随着我国经济的快速发展，信用评级业务的需要也日益增长，信用评级机构得到较快发展。截至 2021 年 8 月底，在中国人民银行备案的法人信用评级机构共 59 家。其中，中诚信、大公国际、联合资信、新世纪和上海远东等机构已经成为行业领先者。

8.1.2.3 信用评级技术的发展阶段

信用评级行业的发展离不开信用评级技术的发展。信用评级技术的发展可以大致划分为以下几个阶段：

（1）信用评级技术 1.0 时代。给定评价所需数据、打分法、确定的模型是信用评级技术 1.0 时代的三个主要特征，因此，该时代的信用评级技术也被称为"完全确定"的评级技术。信用评级技术 1.0 时代有以下三个主要的缺陷：一是评级所需的数据必须是给定且完整的，这就意味着信用的产生必须依赖于数据的产生，想要提高信用等级，只能通过不断透支信用、数据积累等方式，该逻辑就是 FICO 的评分逻辑；二是如果模型确定了，那么只要会简单的加减乘除的人员均可以从事算分的工作，这也导致该评分方法过于简单，不够严谨；三是最后得到的评价结果缺乏校验，并且模型的优化与校验的结果之间没有建立有效的信号修正机制。在信用评级技术 1.0 时代，评价模型以及评级技术更新缓慢，整个信用评级行业的发展也很缓慢。

（2）信用评级技术 2.0 时代。与信用评级技术 1.0 时代相比，评级所需的数据还是要求给定且完整，但是评级方法不太一样。信用评级技术 2.0 时代的方法有较为复杂的算法、数据处理模型以及机器学习技术等，所以信用评级技术 2.0 时代又被称为"部分确定"的评级时代。传统信用评级所需的数据并不被前述机构掌握，所以这部分机构被"逼迫"做两件事情：一是数据的"提纯"工作，为了尽可能符合传统信用评级的要求，这些机构需要在各自的平台上甄别、筛选以及处理出"有用"的数据；二是社交网络数据、泛金融数据以及电商交易数据等成为模型的重要组成部分。除此之外，通过大数据技术以及云计算的支撑，实时校验评级的结果，可以弥补原始数据不足的缺陷。

（3）信用评级技术 3.0 时代。信用评级技术 3.0 时代的特征主要有以下三点：一是评级所需的数据不需要像信用评级技术 1.0 时代和信用评级技术 2.0 时代那样要求给定且完整，它可以是残缺不全的；二是自我识别、自我评判以及自我学习是信用评级技术 3.0 时代的评级技术所要求的；三是可以得到标准化、可对比的评级结果。以上三个特征，最难实现的是第三点，为了保证结果的可应用性，必须要求评级结果可以对比。在现实生活中，评级所需数据的常态是不完全、不对称以及不均衡的，这个时候信用评级技术 1.0 时代以及信用评级技术 2.0 时代的技术无法保证需求，所以信用评级技术 3.0 时代是发展的趋势。信用评级技术 3.0 时代的基本逻辑是：首先对残缺的数据进行分析、筛选，然后根据经验，自动选择合适的方法，并不断地迭代修正，最终得到评级结果。

8.1.3 信用评级的作用

信用评级的主要作用表现为对金融产品定价方面的影响，信用评级理论及其实务研究的基点是关于信用评级的基础性影响的研究。2000 年，Kliger 和 Sarig① 研究发现：债券价格深受信用评级影响。虽然市场及其运作没有显著变化，但债券价格反应（映）迅速。Kliger 和 Sarig 认为，在这种情况下，至少会有一个小的独立信息影响债券价格的变化。他们后续的研究对市场价格的信用评级变化有何影响，这些变化如何指向评级结果的变化进行了进一步的探讨，主要有以下几个方面。

8.1.3.1 信用评级的结果会影响融资成本

信用评级结果通常会直接影响金融产品发行上市的初始价格。Carey 等② 在 1993 年对此进行了实证分析，结果显示：该证券的信用等级会限制它们所持有的金融产品。BB 级债券利息成本在这一硬性规定出台后产生了大幅度的上升。信用评级越高，信用额度越高。信用评级结果在很大程度上能够影响金融产品的价格。通常来说，信用评级较高的产品的风险较低。

8.1.3.2 信用等级的变化将直接影响金融产品的市场关注程度

在利率市场化条件下，风险定价的依据通常是信用评级的结果，这是

---

① KLIGER D, SARIG O. The Information Value of Bond Ratings [J]. Rodney L. White Center for Financial Research Working Papers, 2000, 55 (6): 2879-2902.

② CAREY M, PROWSE S, REA J, et al. The economics of private placements: a new look. Financial Markets Institutions & Instruments, 1993, 2 (3): 1-67.

Jarrow 等①在 1997 年首次提出的信用价差模型假设，而信用评级迁移是此模型的基础。Arvanitis 等②学者放松了前述假设，因为这些假设与实际情况不太符合，与此同时，他们为了描述信用评级迁移强度的随机性而引入了 CIR 等随机过程。

8.1.3.3 恒定的违约概率

恒定的违约概率是一种隐含的假设，通过将金融产品定价与信用等级评级相结合并纳入相关规定才会成立。信用评级理论认为不同信用等级的违约概率不会随着环境的变化而变化，它是恒定的，但是这种恒定的违约概率假设需要在实际情况中进一步被检验。通常来说，经济繁荣时期的违约边际概率要低于经济衰退时期的违约概率。所以，有学者会质疑在此假设条件下的金融监管制度的合理性。

8.1.3.4 以评级为基础的监管构成了信用评级发展的主要动力

目前，以评级为基础的监管构成了信用评级发展的主要动力。2004 年 6 月，巴塞尔银行监管委员会颁布了巴塞尔第二资本协议，该协议的三大支柱内容为：最低资本要求，监管当局对银行资本充足率的监管，以及有关风险和资本信息披露。该协议强调资本充足率，旨在强化银行风险管理，提高风险评估水平。由此可见，信用风险是这一监管框架的核心。大多数国家（地区）引进了该协议，并制定了自身的金融框架。

综上所述，信用评级是监管的需求，对于参与者来说蕴含着很大的成本优势。信用评级通过不断地识别并评估经济体的失察信用，兼顾了市场认可及监管认可。信用评级是一种有助于市场信心增强的方式，它以市场声誉和透明度为核心。从前述内容可以看出，金融监管规则以及监管机构有效的监管是信用评级本身及其结果的功能，而且可以提升整个金融市场的信心。信用评级成了被监管者和监管者之间的纽带。同时，信用评级不应受到监管限制，但仍需科学和严格的监管。

---

① JARROW R A, LANDO D, TURNBULL S M. A markov model for the term structure of credit risk spreads [J]. The Review of Financial Studies, 1997, 10 (2): 481-523.

② ARVANITIS A, GREGORY J, LAURENT J P. Building models for credit spreads [J]. Journal of Derivatives, 1999, 6 (3): 27-43.

8.2 信用评级机构

8.2.1 信用评级机构的定义与特征

信用评级机构是由具有经济、法律、金融和评估等专业知识的各种专家和学者组成的跨学科的服务性中介机构，其主要工作是通过客观、公正的数据搜集，依据科学的指标体系和规范化的评价方法，分析企业或经济主体的财务状况、管理能力和企业文化等，对其偿付债务的能力进行评级，并以简单、直观的符号公布企业或经济主体的信用等级。

信用评级机构有如下几个特征：

（1）信用评级机构是服务性中介机构。信用评级机构并不直接从事生产经营活动，而是第三方信用信息服务商，为市场提供关于企业或经济主体的信用风险信息。另外，信用评级机构公布的企业或经济主体的信用等级不是某个专家的个人意见，而是由数名资深专家组成的评级委员会做出的集体意见。

（2）信用评级机构由跨学科的专业人员构成。由于信用评级对象涉及工业、商业和金融等企业或经济主体，因此，对人员专业素质要求较高，需要具有法律、金融、会计、投资等专业知识和相关经验的专业人员。

（3）评级内容考虑了多方面的影响因素。信用评级机构公布的信用等级代表企业或经济主体整体信用状况和偿债能力，因此，必须综合考察企业或经济主体。评级内容主要包括财务状况、领导能力、管理水平、盈利能力、发展前景和宏观环境等。

（4）信用评级具有相对独立性。尽管信用评级主要是评级对象委托信用评级机构进行的，但并不代表信用评级机构是服务于评级对象的。信用评级是相对独立的行为，必须保证评级的公正性、真实性和独立性。评级对象利益相关的信用评级机构和评级人员应当回避，必须保证信用评级意见不受评级对象的影响。

（5）科学的评级程序和方法。一般来说，信用评级机构的评级活动具有固定的流程，其程序也是公开的，主要包括接受委托、前期准备、现场调研、分析论证、专家评审、信息发布和跟踪监测。不同行业、不同信用评级机构所采取的信用评级方法不同，但往往会坚持定量分析和定性分析相结合的方式，前者主要是分析企业或经济主体的财务报表等，后者主要是评估企业或经济主体未来的偿付能力等。

8.2.2 国内外主要评级机构

8.2.2.1 国外主要评级机构

目前，穆迪投资者服务公司、标准普尔评级服务公司和惠誉国际信用评级有限公司是国外三大最具有影响力的信用评级机构。

1. 穆迪投资者服务公司

2001年，穆迪投资者服务公司（下文简称"穆迪"）从邓白氏中分拆出来，在纽约证券交易所上市，成为独立的上市公司。同年7月，它在北京设立了办事处。穆迪是一家具有国际权威的投资信用评估机构，主要提供信用评级和风险分析服务，同时它也是一家金融信息出版公司。2020年，穆迪在全球40多个国家（地区）设有机构，公司约有1.1万名员工。

穆迪评级对象有长期债权投资和短期债务，分别为一年期或以上的固定利率债权和短期融资债务。穆迪长期债权投资评级是关于固定收益债务相对信用风险的评估，用符号Aaa、Aa、A、Baa、Ba、B、Caa、Ca、C来表示长期债务违约的可能性的增加。也就是说，从左往右信用等级越来越低，信用风险越来越大，投资者承担的风险也就越来越大，具体见表8-1。短期债务评级是关于发行人短期融资债务的偿还能力的评估，并用符号P-1、P-2、P-3、NP表示发行人的相对偿债能力的递减。也就是说，从左往右信用风险递增，具体见表8-2。

表 8-1 穆迪长期评级等级

级别	评定
Aaa	债务的信用质量最高，信用风险最低
Aa	债务的信用质量很高，只有极低的信用风险
A	债务为中上等级，有低信用风险
Baa	债务具有一定的信用风险和投机特性
Ba	债务有投机成分，信用风险较高
B	债务有投机性，信用风险高
Caa	债务信用状况很差，信用风险极高
Ca	投机性很强，极有可能违约，仍有一些收回债务的希望
C	通常会违约，收回本金及利息希望渺茫

表 8-2　穆迪短期评级等级

级别	评定
P-1	短期债务偿付能力强
P-2	短期债务偿付能力较强
P-3	短期债务偿付能力尚可
NP	不在评级之列

2. 标准普尔评级服务公司

1941 年，标准普尔评级服务公司（下文简称"标准普尔"）由普尔出版公司和标准统计公司合并而成。与穆迪公司一样，其总部也在美国纽约。标准普尔提供信用评级、独立分析研究、投资咨询等金融服务。作为全球最大的证券研究机构，其标准普尔 1200 指数是全球股市表现的风向标，标准普尔 500 指数是美国投资组合指数的基准，是金融投资界公认的权威机构。2020 年，标准普尔拥有超过 1 500 名信贷分析师，信用评级业务覆盖 128 个国家，评级债券高达 46.3 万亿美元。

标准普尔长期债券信用等级分为 10 级，分别为 AAA、AA、A、BBB、BB、B、CCC、CC、C、D，具体见表 8-3。按照顺序，违约等级依次降低。其中，前四级被认为是投资级债券，信用等级高，债务偿还能力强，违约风险低；后六级被认定为投机级债券，违约风险高。此外，标准普尔的短期债券信用等级设有 6 级，分别为 A-1、A-2、A-3、B、C、D，具体见表 8-4。信用等级按照顺序依次递减，违约风险也不断增加。

表 8-3　标准普尔长期评级等级

级别	评定
AAA	债还债务能力极强，最高评级
AA	偿还债务的能力很强，与最高评级的区别很小
A	偿还债务的能力较强，但相对于上两个级别，偿债能力易受到外界影响
BBB	当前偿债能力足够，但若外界环境不断恶化，其偿债能力面临考验
BB	在投机级中，其最不可能违约，但如果环境持续恶化，其可能出现违约
B	违约可能性较小
CCC	很有可能违约，取决于外部商业、金融和经济条件

表8-3(续)

级别	评定
CC	极易违约。虽然还未发生，但预计迟早会发生
C	极易违约。且与更高评级相比，债务最终回收率较低
D	处于违约状态或者违反了承诺
NR	发债人未获得评级

表 8-4　标准普尔短期评级等级

级别	评定
A-1	最高级别，表明债务人履行其对债务的财务承诺的能力很强。如果被指定加号（+），则表明能力极强
A-2	与更高评级类别的债务相比，更容易受到环境和经济条件变化的不利影响，但债务人履行其对债务的财务承诺的能力是令人满意的
A-3	目前有足够的偿债能力，但不利的经济条件或不断变化的环境更有可能导致债务人履行其对债务的财务承诺的能力减弱
B	偿还债务能力脆弱，具有投机特征。债务人目前有能力履行其财务承诺；但是，它面临着持续的重大不确定性，可能导致其履行其财务承诺的能力不足
C	目前很容易出现不能支付的情况，取决于债务人是否有良好的商业、金融和经济条件来履行其对该债务的财务承诺
D	债务人处于违约状态或违反了承诺，在提交破产申请或采取类似行动时也会被评为 D

3. 惠誉国际信用评级有限公司

惠誉国际信用评级有限公司（下文简称"惠誉"）的前身是 1913 年成立的惠誉出版公司，它先后收购了 Fitch 公司、IBCA 公司、Duff & Phelps 公司、Thomoson Bank Watch 公司。惠誉的总部分别在纽约和伦敦，是三大评级机构中唯一的欧资机构。2020 年，惠誉信用评级对象超过 2 万个经济主体，在全球拥有 38 个分支机构和超过 1 500 名信贷分析师。

惠誉长期债券信用等级分为 10 个等级，分别为 AAA、AA、A、BBB、BB、B、CCC、CC、C、D，具体见表 8-5。其中，前四级被认定为投资级债券，后六级被认定为投机级债券。惠誉短期债券信用等级分为 6 级，分别为 F1、F2、F3、B、C、D，从左往右信用等级依次递减，评级对象的偿债能力不断降低，投资风险不断增加，具体见表8-6。

表8-5　惠誉长期评级等级

级别	评定
AAA	偿债能力极强，这种能力极不可能受到可预见事件的不利影响
AA	偿债能力非常强，预期违约风险非常低，这种能力不会受到可预见事件的严重影响
A	偿债能力较强，但相对于上两个级别，这种能力可能更容易受到不利的商业或经济条件的影响
BBB	目前对违约风险的预期很低，但不利的商业或经济条件更有可能损害这种能力
BB	违约风险较高，尤其是在业务或经济状况随着时间的推移发生不利变化的情况下；然而，存在支持履行财务承诺的业务或财务灵活性
B	目前还在履行财务承诺，然而，如果商业和经济环境持续恶化，有可能违约
CCC	偿债能力脆弱，存在重大违约的可能性
CC	偿债能力非常脆弱，某种违约似乎已经出现
C	偿债能力高度脆弱，可能已处于欠款或者破产状态，但仍在继续偿还债务
RD	已违约，发行人在债券、贷款或其他重大财务义务方面经历了未解决的付款违约或不良债务交换，但尚未进入破产申请、清算接管或其他清盘程序
D	发行人在惠誉看来已进入破产申请、清算接管或其他清盘程序，或以其他方式停止业务

表8-6　惠誉短期评级等级

级别	评定
F1	偿债能力极强，最高评级，违约风险最低；在流动性特别强的情况下，指定的评级会加上"+"
F2	偿债能力较强，但安全边际略逊于最高评级
F3	有较强的偿债能力，能够表明有足够的能力及时支付与同一国家或货币联盟的其他发行人或义务相关的财务承诺
B	按期履行财务承诺的能力不确定
C	按期履行财务承诺的能力高度不确定

表8-6(续)

级别	评定
RD	主体已违反一项或多项财务承诺,但仍继续履行其他财务义务,仅适用于实体评级
D	已发生严重违约

8.2.2.2 国内主要评级机构

我国信用评级业务起步较晚,发展时间较短,信用评级机构数量多,但规模小,未形成国际性的评级机构。限于篇幅,本书根据中国保险资产管理业协会近年来列出的十大信用评级机构排名,选择排名靠前的三家信用评级机构做简要介绍,分别是中诚信国际信用评级有限责任公司、联合资信评估有限公司和中债资信评估有限责任公司。

1. 中诚信国际信用评级有限责任公司

1992年10月,中诚信国际信用评级有限责任公司(简称中"诚信国际",英文CCXI)的前身中国诚信证券评估有限公司成立,是经中国人民银行总行批准成立的中国第一家全国性从事资信评估等业务的非银行金融机构。2006年,穆迪入股中诚信国际,并占49%股份。2007年,中诚信国际成为亚洲资信评估协会(ACRAA)会员。中诚信国际主要从事银行间市场、交易所市场及海外市场资信评级业务,是目前我国最大的信用评级机构。中诚信国际信用评级对象涉及企业或经济主体、债券、地方政府、融资平台以及主权国家,在债券评级中又涉及企业债券评级、银行债券评级和其他金融机构债券评级。此外,中诚信国际业务还涉及资产证券化等高端产品,并且提供信用信息管理和咨询等评级衍生服务。

2. 联合资信评估有限公司

2000年7月,由北京大学牵头,联合资信评估有限公司(简称"联合资信")在北京成立,其前身是1995年成立的福建省信用评级委员会。2007年,惠誉入股联合资信,并占49%股份。2010年,联合资信正式成为亚洲资信评估协会(ACRAA)会员。2016年,联合资信正式成为国际资本市场协会(ICMA)会员。

联合资信是国内规模较大和较具有影响力的专业化信用评级机构之一,经营范围广泛,包括信用评级和信息征集与咨询,开展的业务涉及企业、金融机构、地方政府、主权国家以及多边机构。联合资信拥有齐全的业务资质、健全的组织机构、完善的管理制度和专业的分析师队伍。联合资信还关注理论研究，定期发行刊物《联合信用研究》，并编写出版了相关专业书籍，为投资者提供参考。

3. 中债资信评估有限责任公司

2010 年 10 月，中债资信评估有限责任公司（简称"中债资信"）由中国银行间市场交易商协会代表全体会员出资成立，是我国国内信用评级机构的后起之秀和新兴力量的代表。在 2008 年全球金融危机背景下，为加强信用评级机构监督，增强信用评级机构公信力，中债资信作为信用评级行业改革试点单位成立。中债资信以信用评级和信用信息综合服务为业务范围，并逐渐形成了以信用信息为基础，以先进的数学模型为核心的信用评级体系。在信用评级方面，中债资信在资产证券化、地方债券和绿色债券领域具有优势地位，处于市场前列。在信用信息综合服务方面，为市场提供覆盖信用评级、风险控制、资产管理、风险预警等全业务链条的服务。

8.2.3　对评级机构的监管

在 2007 年次贷危机爆发前，国际三大信用评级机构（穆迪、惠誉和标准普尔）一致看好次级抵押债券，信用评级机构低估了房地产衰退对次级抵押债券的偿还风险的影响，这无疑刺激了次贷危机的爆发。次贷危机爆发之后，如何加强对信用评级机构的监管成为实务界和理论界讨论的热门话题之一。信用评级是债券市场的重要基础性制度安排。为促进信用评级行业的健康发展，国务院于 2014 年印发了《社会信用体系建设规划纲要（2014—2020 年）》，提出要"推进并规范信用评级行业发展"。另外，中国人民银行会同国家发展和改革委员会、财政部、证监会以及银保监会于 2021 年 8 月联合发布了《关于促进债券市场信用评级行业健康发展的通知》，该通知将于 2022 年 8 月 6 日起正式施行。由此可见相关管理部门对信用评级行业健康发展的高度重视。如何建立有效的信用评级机构监管体系是促进信用评级行业健康发展的关键一环，而建立有效的监管体系主要包括以下几个方面。

（1）建立健全信用评级业的法律法规。科学合理的法律法规不仅能淘汰不符合资质要求的信用评级机构，而且能指导、约束和规范信用评级机构的评级行为。目前，我国对于信用评级机构监管的相关法律体系尚未健全，急需通过立法来对信用评级机构的资格认证、经营范围、行为规范和高级管理人员从业资格审查等方面进行监督和管理，尤其需要通过法律程序来明晰信用评级机构的职能、责任以及促使评级机构公开相关信用信息。通过规范信用评级机构注册资本、机构人员业务素质、评级程序和评级方式，可以有效减少评级机构数量过多带来的恶性竞争，保障信用评级机构独立、公正和客观地给出评级等级。

（2）加强政府监管。目前，我国对信用评级行业实行分业监管，不同的信用评级机构以及各机构中的不同评级对象分别由不同的监管部门进行监管。国家发展和改革委员会、证监会、银保监会都负有监管信用评级机构的职责，缺乏统一的监管政策，容易造成政令不通、指示冲突、监管效果不佳等后果。要加强信用评级机构的统一管理，营造公平竞争的制度环境，必须几个监管部门通力合作，制定统一的监管方案。同时，需要对评级机构的工作进行定期检查，着重检查评级机构工作人员的业务素质以及评级机构的评级程序和方法，以确保信用评级机构给出的评级等级不受评级对象的影响。

（3）加强行业协会监管。除官方监管外，大力发展民间组织如行业协会。行业协会的职能范围有：审核评级机构资质，约束评级机构行为，协调评级机构关系，加强评级机构管理、工作经验交流，促进评级机构和政府部门、评级对象以及国际评级机构间的沟通等。增强信用评级行业协会的行业管理能力，充分发挥中国保险资产管理业协会、中国银行间市场交易商协会等相关行业协会的监管作用，可以在一定程度上弥补监管制度供给的不足。

（4）加强信用评级机构自身管理。首先，需要提高机构领导者的管理水平。机构的发展壮大与其领导者的管理水平息息相关，机构领导者的敏锐洞察力、管理理念和行事风格都将影响信用评价机构的发展。其次，注重培养专业评级人才。信用评级活动涉及会计、经济、金融和统计等多学科知识，因此，评级人员需要具有扎实的理论基础和完善的知识构架。再次，还必须注重评级人员的道德素质建设，使之具备独立的品格、求实的精神和负责任的工作态度。最后，适时更新和优化信用评级指标和方法。由于新的信用工具不断出现，信用主体间关系日益复杂，因此，必须深入研究信用评级指标体系，不断更新和优化信用评级方法，以适应信用市场环境的变化，制定合理有效的信用评级指标体系，从而客观、公正地得出评价等级。

8.3 信用评级对象、业务与方法

8.3.1 主体信用评级对象与方法

主体信用评级是指以企业或经济主体作为对象的信用评级。主体信用评级主要针对企业，并且根据不同的企业类别，又细分为工业、商业、银行、保险、证券的信用评级。主体信用评级将企业作为一个独立的整体进行评级，从各个角度对企业进行综合评价，利用现代技术和方法，最终得到一些简单的数字，以衡量和比较企业的信用状况、抗风险能力和盈利能力等。

8.3.1.1 主体信用评级的原则

主体信用评级内容广泛，需遵循以下几个原则：

（1）内部因素与外部因素统一原则。企业自身的内部因素（如资产结构、现金流状况、管理能力、经营理念以及长期规划等）会直接影响企业未来的经营状况，进一步影响企业的偿债能力和信用状况。除此以外，企业同时面临着时刻变化的环境，并承受着来自环境的压力。企业必须应对来自其他同类企业的竞争，还要受所属行业的发展前景甚至是整个宏观经济状况好坏的影响。

（2）短期因素和长期因素统一原则。主体信用评级主要被用于判断企业短长期内的偿债能力，因此，不能片面地考察短期因素或者长期因素，特别需要侧重于评级对象未来偿债能力的预测分析。分析短期盈利行为是否以损害长期利益为代价，分析未来宏观经济状况、经济政策和行业发展趋势是否有利于增强评级对象的履约能力。

（3）有形因素和无形因素统一原则。主体信用评级不能单单考察企业的现金流是否稳定、财务结构是否合理科学、经营效益是否可观等有形因素，企业的软实力同样十分重要，例如，企业领导者的专业素养、管理水平和领导能力会直接影响全体员工的工作状态、企业运营效率乃至企业的发展方向。因此，主体信用评级还需要综合反映企业整体实力，主要包括资产结构、财务结构和现金流状况等有形因素，同时也包括领导者素质、企业文化和发展战略等无形因素。

8.3.1.2 工商企业信用评级的方法

工商企业的信用评级主要是通过综合评估企业的财务能力而得出。财务能力分析主要包括偿债能力分析、运营能力分析、盈利能力分析、发展能力分析、社会贡献能力分析五个方面，它们可以反映出企业的经营规模、收益能力、财务政策、财务实力，从而从不同角度衡量企业的信用状况和抗风险能力等。评级指标体系也会根据行业性质、企业属性参考一些其他非量化的因素。对工业企业而言，政策支持、节能环保、装备水平等通常是被参考的重要因素。对商业企业而言，品牌声誉、公共关系通常也是被参考的重要因素。

1. 偿债能力分析

偿债能力是企业在债务到期时，能够履行约定，偿还本息的能力。它是评估企业信用水平的一个重要因素。较高的偿债能力意味着企业到期还款能力强，违约意愿低，信用水平较高。根据债务合约到期时间的长短，可将偿债能力分为两类，一类是短期偿债能力，另一类是长期偿债能力。就短期偿债能力而言，它是指企业的流动负债合约到期时，流动资产能够及时对到期的流动负债进行偿还的能力，它是衡量企业流动资产变现能力和短期偿还债务能力的重要因素。短期偿债能力主要通过流动比率、速动比率、现金比率和现金流量比率等指标来衡量。而长期偿债能力则是指企业的长期负债合约到期时，企业能够及时对到期的长期负债进行偿还的能力，它反映企业长期的、整体的财务状况，可以此评估企业财务的稳定性、可靠性以及安全性。长期偿债能力也可以通过一些指标来反映，主要通过资产负债率、产权比率、有形资产债务率和利息保障倍数等指标来衡量。

（1）流动比率。流动比率是反映短期偿债能力最常用的指标之一，它反映的是企业的流动资产与流动负债之间的比例关系，表示企业每一元的流动负债在理论上可以有多少元的流动资产作为偿还的支撑。流动比率与企业的短期偿债能力正相关，流动比率越高，意味着企业拥有充足的运营资金和其他能够及时变现的流动资产来偿还合约到期的短期债务，短期偿债能力通常较强。但由于不同行业属性不同，不同公司的性质也不同，流动比率的标准也存在区别，应注意将横向和纵向比较相结合。比如对于工业企业而言，2∶1的流动比率被认为是较为合理的。

（2）速动比率。速动比率也是反映短期偿债能力最常用的指标之一，它反映的是企业的速动资产与流动负债之间的比例关系，它在流动比率的基础上更进一步突出企业的变现能力。速动资产通常会扣除流动资产里变现能力不太强的资产，如存货、待摊费用、预付账款等。如果速动比率偏低，表明企业没有充足的速动资产偿还到期的短期债务，可能会存在一定的短期偿债风险。但如果速动比率过高，则表明企业的速动资产过多，并且比重过高，有大量的资金闲置，不能充分利用资金的增值作用。一般而言，速动比率保持在1∶1被认为是合理的，意味着企业每一元的流动负债可以对应一元的速动资产作为偿还的支撑，具有较为稳定持续的短期偿债能力。与流动比率类似，不同行业属性不同，不同公司的性质也不同，速动比率的标准也存在区别，应注意将横向和纵向比较相结合。

（3）现金比率，也被称为即付比率，它反映的是企业所持有的现金和现金等价物与流动负债之间的比例关系。现金和现金等价物通常包括企业持有的现金、短期有价证券、银行活期存款等能够在短期内及时变现的资产。现金比率与企业的短期偿债能力正相关，现金比率越高，说明企业在短期债务到期时，及时变现获得资金履行偿债承诺的能力越强。

（4）现金流量比率，也被称为现金流结构比率，它反映的是企业生产经营活动所产生的现金流与流动负债之间的比例关系。现金流量比率与企业的短期偿债能力正相关，比率越高，表明企业生产经营活动所产生的现金流量越多，有充足的现金流偿还短期债务。但如果比率过高，也有可能表明企业没有充分利用流动资金进行生产经营活动，对资金的利用效率不高。

（5）资产负债率。资产负债率反映的是企业的总负债与总资产之间的比例关系，是企业从债权人手中获得的资金在企业的总资产中所占的比重。对于债权人而言，该比率可衡量这笔债权的稳定与安全程度。通常债权人希望比率维持在较低的水平，这样意味着债权人的每一元钱会有更多的资产作为抵偿。对所有者而言，只要资本回报率高于借款的利率，企业便更愿意承受较高的资产负债率，因为此时企业所借的资金可以带来更高回报。但是该比率如果过高，意味着企业负债过高，经营风险也会加大，财务问题会更加突出。同样，不同行业的企业，其资产负债率也需要区别看待，例如工业企业的资产负债率通常不应超过40%，而房地产企业的资产负债率则较高，一般在60%以上。

（6）产权比率。产权比率反映的是总负债与所有者权益之间的比例关系，反映了企业的每一元债务背后有多少元的所有者权益作为支撑，体现的是来自债权人的资金与来自股东的资金两者之间的相对关系。该指标越低，表明企业长期债务状况稳定、安全，财务违约的风险越小，债权人在企业的资金越安全，承担的风险越小。

（7）有形净资产债务率。有形净资产债务率反映的是总负债与有形净资产净值（总资产减去无形资产净值）之间的比例关系。企业的无形资产有时候不一定可以用于偿还债务，将这部分资产从净资产中去除，可以更清晰地反映企业资产对债权人资金的保障程度。通常情况下，该比率越低，说明在企业的总资产中，无形资产的比重较小，股东权益对债权人投入资金的保障程度就越高，企业长期偿债能力越强。

（8）利息保障倍数。利息保障倍数反映的是企业的息税前利润（扣除利息和所得税前的利润）与其应支付的利息之间的比例关系，体现的是企业收益状况与其应支付的债务利息的数量关系。利息保障倍数越高，意味着企业盈利能力较强，有充足的资金支付利息。它是衡量企业偿债能力强弱的主要指标之一。一般情况下，若企业需要维持正常偿还债权人利息的能力，利息保障倍数至少需要大于1。因为一旦小于1，表明企业无法正常偿还债务利息。但这一指标也不能过大，否则意味着企业没有充分利用财务杠杆。

2. 运营能力分析

运营能力反映的是企业在生产经营中对资产利用的效率及其资金周转状况，是对企业的运营水平和资产使用能力的评估。运营能力一般情况下主要以应收款项周转率、存活周转率、流动资产周转率、固定资产周转率和总资产周转率等指标来衡量。

（1）应收款项周转率。应收款项周转率是企业在一定时期内主营业务收入净额除以平均应收款项余额，反映了企业收取应收款项的速度。提高应收账款周转率可以提高企业收账速度，增强资产的流动性和短期偿债能力，可以减少企业在收账时产生的成本费用和借款人出现坏账损失的风险。但是，如果企业的应收账款周转率偏高，说明企业的收款要求、信用条件过于严格，在一定程度上会影响企业的销售。

（2）存货周转率。存货周转率反映的是在一定时期内企业的营业成本与存货平均余额之间的比例关系，它表现的是企业存货在一定时间内周转速度的快慢，也反映企业销售货物能力的强弱。存货周转率越高，说明企业营销能力强，销售效率高，流动性强，不易出现库存积压的情况，存货变现的速度快，企业的经济效益高。反之，存货周转率低，则说明企业存货管理不善，销售能力较弱，经营欠佳。

（3）流动资产周转率。流动资产周转率反映的是企业在一定时期内的主营业务收入与流动资产平均值的比例关系，体现了企业在生产经营中对流动资产利用效率的高低。一般来说，流动资产周转率高，表明企业在生产经营中对流动资产的利用效率高，相对节约了流动资产，企业可以有更多的资金投入生产经营，扩大生产经营，从而增强盈利能力。反之，如果流动资产周转率低，则说明企业存在资金浪费，会降低盈利能力。

（4）固定资产周转率。固定资产周转率反映的是企业的年销售收入净额与固定资产平均净值之间的比例关系，体现了企业在生产经营中利用固定资产进行生产销售的效率。一般来说，如果固定资产周转率偏高，说明企业在生产经营中使用固定资产进行生产销售的效率高，固定资产的布局合理、结构优良，对固定资产的投资较为有效，可以带来较高的回报。反之，如果固定资产周转率低，则表明企业的固定资产的布局不够合理、结构不优良，在生产经营中固定资产使用效率不高，运营能力不足，产出不多。值得注意的是，对该指标进行分析时，应考虑折旧政策因素对固定资产周转率带来的影响。

（5）总资产周转率。总资产周转率反映的是在一定时期内企业的主营业务收入净额与资产总额之间的比例关系，体现了企业在生产经营中利用总资产进行生产销售的效率。一般而言，总资产周转率越高，说明企业在生产经营中利用所有资产进行经营活动的效率高，总资产周转速度快，销售能力强，创造的营业收入多。总资产周转率低，说明企业在生产经营中利用总资产进行生产销售的效率低，创造的营业收入少。

3. 盈利能力分析

盈利能力可以理解为企业创造利润的能力，可以通过它表现企业的收益状况，主要通过主营业务毛利率、主营业务利润率、资产净利率、净资产收益率和每股收益等指标来衡量。

（1）主营业务毛利率。主营业务毛利率反映的是销售毛利（销售收入减销售成本）与主营业务收入之间的比例，表示企业所获得的每一元主营业务收入在除去销售成本后所带来的利润。该指标通常会受到企业的定价政策和成本控制的直接影响。一般而言，该比率越大，表示销售成本在营业收入中的占比越低，企业的运营较好，成本管理能力较强，具有较好的获利能力。如果企业的定价较高、成本管理较严格，通常会提高该比率。

（2）主营业务利润率。主营业务利润率反映的是企业的利润与主营业务收入之间的比例关系，体现了企业每一元的主营业务收入中有多少部分可以带来利润。一般而言，该比率越大，说明企业利润越高，企业的生产经营活动的效益越高，盈利的质量也越高，成本管理能力较强，具有较好的获利能力。

（3）资产净利率。资产净利率反映的是企业净利润与平均资产总额之间的比例关系，是评估企业综合利用各项资产进行经营生产效果的指标。一般而言，资产净利率越高，表明企业综合利用各项资产进行经营生产的效果越好，企业盈利能力越强。

（4）净资产收益率。净资产收益率反映的是在一定时期内企业净利润与平均净资产之间的比例关系，体现的是每一元的股东投入可以获得多少净利润。它评估企业运用股东投入的资本进行生产经营的效率，是衡量股东在向企业投入资本后获取净收益的能力。一般而言，该比率越大，企业运用股东投入的资本进行生产经营的效率越高，对投资人和债权人的保障程度也越高。

（5）每股收益。每股收益反映的是企业年税后净利润（企业缴纳所得税后的利润）与股本总数之间的比例关系。这是针对股份制企业盈利能力的一个分析指标，体现的是一股股票能给普通股股东带来的企业净利润。每股收益主要被用来评估企业的生产经营成效。每股收益越高，说明当年企业获利能力和偿债能力越强。当主营业务收益在企业总收益中的比重较高时，企业才能够具有持续稳定的获利能力。

4. 发展潜力分析

发展潜力反映的是企业未来经营发展能力提升的空间，主要通过资本保值增值率、总资产增长率和营业利润增长率等指标来衡量。

（1）资本保值增值率。资本保值增值率反映的是企业期末所有者权益总额与期初所有者权益总额之间的比例关系，可以说明企业经过生产经营后，资本出现的变动情况及判断投资者向企业投入的资本是否具有增长性和稳定性。该比率大于 1 时，企业的资本才具有增值效应。一般而言，该比率越大，企业的资本安全性、稳定性越好，资本利用效率越高，所有者的权益增长也稳健。

（2）总资产增长率。总资产增长率反映的是企业总资产增长额（年末资产总额减去年初资产总额）与年初资产总额之间的比例关系，体现的是企业资产的规模在经过生产和经营后增长变动的情况。一般而言，该比率越大，说明企业的生产规模和经营规模的扩张速度也越快，资产的规模在不断扩大。值得注意的是，在对该比率进行分析时，需要将资产扩张的质和量结合起来进行分析，才能准确判断是否存在盲目扩张的情况。

（3）营业利润增长率。营业利润增长率反映的是企业营业利润增长额（年末营业利润总额减去年初营业利润总额）与年初营业利润总额之间的比例关系，体现的是企业在经过一年的生产经营后对其营业利润变动的影响。一般来说，企业的营业利润增长率越高，说明企业的生产经营效率越高，发展潜力越大。

5. 社会贡献能力分析

社会贡献能力反映的是企业所承担的社会责任以及履行的社会义务，其主要评价指标包括社会贡献率和社会累计率。

（1）社会贡献率。社会贡献率反映的是企业社会贡献总额与平均资产总额之间的比例关系，体现的是企业利用各种生产要素所创造的社会经济效益的大小，体现了企业承担社会责任以及履行社会义务能力的大小。社会贡献总额包括支付员工的工资薪酬以及劳保退休统筹、依法缴纳的各项税款及其他社会福利支出等。

（2）社会积累率。社会积累率反映的是企业上缴的各财政收入与企业社会贡献总额之间的比例关系，体现的是企业的社会贡献总额中有多少部分是上缴国家财政的，上缴的财政收入主要是企业依法向政府缴纳的各项税款。

6. 针对工业企业的其他分析

除了财务指标外，对工业企业而言，产业政策、节能环保、装备水平等通常也是被考虑的重要因素。

（1）产业政策。产业政策对行业的影响是深远和重大的，它对行业的发展具有导向性，会对行业的投资、战略布局产生重要影响。积极的产业政策会使工业企业缩减成本，比如减税可以减少企业负担，积极的信贷政策可以使企业具有更低的贷款成本。

（2）节能环保。绿色发展、节能降耗、减排防污是当前及未来工业发展转型的方向，在节能环保方面处于领先地位的企业通常可以受到一定的政策支持。不仅如此，这类企业也很好地顺应了绿色环保政策要求，在一定程度上可以减少后期因环保政策收紧而带来的政策风险。

（3）装备水平。具有先进装备的企业通常比其他同行业的企业更具有竞争力，主要反映在具有较强的盈利能力，可以保持较低能耗的生产；而装备水平较低的企业，后期可能也会根据政策要求或者自身发展需求对装备改造升级进行资本投入。

7. 针对商业企业的其他分析

除了财务指标外，对商业企业而言，品牌声誉、公共关系等通常也是被考虑的重要因素。

（1）品牌声誉。品牌声誉是企业吸引客户的重要引导因素，也是影响一个企业成功的至关重要的因素。对于商业企业而言，实力强的品牌会占有更大的市场份额，掌控更主要的销售渠道，拥有更严密的经销网点，承担更小的销售风险。同时，知名品牌在开拓新市场时也具有极大的优势，能够快速有效地下沉到新市场中。

（2）公共关系。知名度和品牌形象对于企业来说是极其重要的，它可以影响到企业的声誉、市场份额等。通常企业都会投入一定的财力、人力和物力去消除企业在遭遇公共事件后带来的负面效应，并长期在社交媒体、公众中塑造良好的形象。具有较强公共关系能力的企业，通常具有较好的企业形象、品牌知名度，同时也可以减少在企业面临舆论危机时所带来的负面影响。

8.3.2 评级业务种类

债券信用评级是指以企业或经济主体发行的有价债券为对象的信用评级，债券信用评级主要针对企业发行的债券，是评级机构最早开展的评级业务之一。除此之外，评级机构的评级业务还涉及资产证券化产品的信用评级如贷款、应收账款等，并与债券信用评级合称为债项评级。因此，本部分主要介绍债券信用评级和资产证券化产品信用评级两个种类。

8.3.2.1 债券信用评级

1. 债券信用评级概述

债券信用评级主要是判断某种债券的偿还可能性或者预估该债券的违约风险，并以简单的形式为投资者提供必要的信用信息。

一般而言，企业的偿债能力主要取决于企业经营状况，其影响因素类似于主体信用评级所考察的因素。除此以外，企业的偿债能力还取决于企业为发行债券所采取的专门保障措施，例如第三方担保、资产抵押和企业股东分红限制等。针对不同的债券种类，信用评级的侧重点会有所不同。尤其是短期债券和长期债券所面临的风险有所差异，在进行评级时，需考察的因素也应有所差异。前者主要考察企业的自身经营状况，后者除考察企业自身经营状况外，还应重点评估该长期债券投资项目的回报率和安全性，以及制定的相关债券保护条款。

穆迪的长期债券信用等级分为 Aaa、Aa、A、Baa、Ba、B、Caa、Ca、C 等。Aaa 只有一个等级，而 Aa、A、Baa、Ba、B 都可以细分为 3 个层次，分别用"等级+1/2/3"的格式表示，以显示同一等级内的相对高低。如 Aa1，表示 Aa 级别中的最高细分等级；A3 表示 A 级别中的最低细分等级。

标准普尔的长期债券信用等级由高至低依次为 AAA、AA、A、BBB、BB、B、CCC、CC、C、D。其中，AA、A、BBB、BB、B 各级也可再以"+""-"号细分，以显示主要评级内的相对高低。如"AA+"表示在 AA 级别中较好，"AA"表示在 AA 级别中中等，"AA-"表示在 AA 级别中较差。

惠誉的长期债券评级符号与标准普尔大致相同，其评级等级由高至低依次为 AAA、AA、A、BBB、BB、B、CCC、CC、C、DDD、DD、D。其中 AA、A、BBB、BB、B 各级可再以"+""-"号细分，以显示主要评级内的相对高低。

三者的信用评级符号与对应的投资级别如表 8-7 所示。

表 8-7　穆迪、标准普尔、惠誉信用评级符号、信用级别和投资级别对应关系

穆迪	标准普尔	惠誉	信用级别	投资级别
Aaa、Aa、A	AAA、AA、A	AAA、AA、A	好	投资级
Baa、Ba、B	BBB、BB、B	BBB、BB、B	中	投机级
Caa、Ca、C	CCC、CC、C、D	CCC、CC、C、DDD、DD、D	差	不可投资

债券信用评级是市场经济发展的必然产物。20世纪初，美国便出现了铁路债券，主要是为了方便当时美国的铁路公司筹集资金。而投资者为了了解铁路债券的风险，就产生了债券信用评级的需求，带动了债券评级业的发展。经过数十年发展和优胜劣汰，穆迪、标准普尔和惠誉成为信用评级业的头部企业。整个债券信用评级的方法也逐渐成熟，对债券偿还能力的反映越来越真实和完善。在20世纪90年代末，我国企业债券市场才有了一定的发展，同时债券信用评级随之产生。随着我国债券市场的扩大，债券信用评级的作用日益凸显。首先，债券信用评级为投资者提供了债券的信用状况信息，有利于投资者做出科学的投资决策，保障了投资的安全性。其次，债券信用评级有利于高信誉企业节约筹资成本，提高筹资效率。债券信用评级向市场和投资者发出信用信号，能充分、全面和客观地展现企业的经营状况和偿债能力。企业的债券信用评级类似于一种免费的广告，评级越高越有利于企业顺利筹资。最后，债券信用评级保障了高信用企业能以低利率发行，低信用企业则不得不以高利率发行，从而充分平衡债券的收益性和安全性。债券信用评级能激活市场竞争，促使企业优胜劣汰，优化资源配置。

2. 短期债券评级的内容

正如前文所说，债券信用评级是判断某种债券的偿还可能性或者预估该债券的违约风险，这需要从两个方面来考虑：一是发债主体，二是债权保护措施。前者是对发债者偿还能力的评价，后者是对保障该期债券得以偿还的保护措施的保障程度进行评价。发债者的偿还能力越强则信用等级越高，债权保护措施的保障级别越高则信用等级越高。企业自身和债权保护措施会受很多因素的影响，其中债券的种类是这些影响因素中的重点因素，需要根据债券种类的不同，区别对待。

短期债券评级是从企业自身和债权保障措施两个角度考虑：发债主体企业的短期信用状况和短期债权保障措施的保障程度。

（1）发债主体企业的短期信用状况

短期债券需要发债主体在未来一年内还清。对发债主体企业短期信用状况

的评价主要考虑两个方面：一方面是当前的信用状态，另一方面是短期内该状态发生波动的可能性。通常包括以下三个方面：①资产的流动性。即资产变现的速度与能力。对发债主体的资产流动性分析包括：流动资产占总资产比重及其发展趋势；近期应收账款、存货、其他应收款等科目的总量及流动性等。一般来说，发债主体流动性资产占比越高，应收账款总量和流动性越高，则企业将资产变现的能力越强，资产的流动性越强。②现金流。对发债主体近三年的现金流进行判断，主要侧重于现金流的合理性和稳定性。一般来说，发债主体的现金流合理性和稳定性越强，则发债主体的评价级别越高。③企业短期偿债能力综合判断。结合资产流动性和现金流对企业短期偿债能力进行综合判断。

（2）短期内债权保障措施的保障程度

对短期内债权保障措施的保障程度的评价主要考虑两个方面：①发债主体的财务实力对债权的保障。对发债主体财务实力对债权的保障的判断需要考虑企业的现金类资产的总量、资产的质量、未来的经营对其现金类资产的影响和稳定性等。②发债主体的外部支持对债权的保障。外部支持包括资金支持、信用支持等，如发债主体是否拥有资金雄厚的母公司。判断发债主体的信用支持可以通过如下方式：第一是发债主体融资的难易程度，如果越容易，就说明它的信用支持越高；第二是银行对发债主体的授信情况，授信情况越好，则它的信用支持越高。

3. 长期债券评级的内容

长期债券评级需要考虑发债主体企业的长期信用状况和长期债权保护措施的保障程度。

（1）发债主体企业的长期信用状况

发债主体的长期信用分析类似于发债主体的主体评级，主要涉及行业分析、企业的基本素质分析、竞争能力分析、经营状况分析、管理状况分析、财务状况分析与未来发展机会等相关内容。发债主体在这些方面的地位或实力越强，则其长期信用越高。

行业分析主要分析两个方面：企业所在行业的经济地位和发展趋势。行业的经济地位需要看行业对国家经济的贡献和国家对行业的支持力度。行业的发展趋势要看行业的准入门槛、行业的竞争情况、外部环境变化对它的影响程度以及发展潜力的稳定性等。企业基本素质分析包括企业的规模、员工的数量和素质、公司的产业链、所拥有的设备、公司的竞争优势、公司的管理水平等。企业的竞争能力包括与其他企业对比，在行业中承担的作用和核心优势等。财务状况分析主要研究企业资产负债的总量、资产的质量水平、还债能力、盈利能力等。

（2）长期债权保护措施的保障程度

长期债权保护措施的保障程度主要看债权保护条款。债权保护条款主要用来保障债权人权益。债权保护措施越完善，则保障程度越高，长期债券评级的等级越高。债权保护条款主要包括以下方面：①财务限制条款。一般来说，债券持有人不干预债券发行人的日常运营，但当债券发行人的企业财务状况堪忧，可能导致债券持有人重大损失的时候，可以在财务限制条款中进行限制。财务限制条款主要是为了制约债券发行人，避免其在日常运营中做出可能导致债券持有人出现重大损失的决策。②债权的优先次序。一个债券发行人可能会有多个债券持有人。而当债券发行人无法偿还所有债券持有人的债务时，会根据债权的优先次序进行偿还。那么，如果某个债券持有人的偿还次序越靠前，则其得到偿还的可能性越大，保障程度越高。③"强制赎回"条款。强制赎回条款规定，当债券发行人发生对其信用水平或者对债权人的经济利益有重大影响的行为（比如董事变更、被收购、信用等级下降等）时，债权人可以将债券卖回给债券发行人，债券发行人不能拒绝债权人的卖回要求。

8.3.2.2 资产证券化产品信用评级

1. 资产证券化产品信用评级概述

资产证券化是近几十年来比较成功的一种金融创新方式。它通过发行证券将未来可以预期获得但当前不具备流动性的资产通过类似贴现的方式转化为现金，从而使个人或者企业能够最大化当前获得的现金，提高资金的流动性。能够证券化的资产通常需要满足如下特征：

（1）现金流价值。具有未来产生现金流量的可能性，如债权、未来收益、租金等。

（2）债权分散程度。若是债权，需要债务人更加分散，不能集中在同一区域，不能数量太少。

（3）资产的未来收益保障水平。比如具有高质量的合同、具有良好的信用记录、未来的损失可预测、抵押物变现价值高或效用高等。

资产证券化起源于美国 20 世纪 60 年代以住宅抵押贷款。进入 20 世纪 80 年代以来，世界经济快速发展，资产证券化概念和实施范围逐渐扩大，从住宅证券化，到银行信用证券化，再到其他资产的证券化。在这个过程中，除了可证券化资产的类型不断增加以外，原资产的持有者范围也不断扩大，由住宅的拥有者，扩大到金融机构，再扩大到非金融机构。可以证券化的资产如表 8-8 所示。

表 8-8 可证券化资产的主要类型

资产和收入类型	资产和收入形式
贷款	住房抵押贷款、私人资产抵押贷款、商业房地产抵押贷款等
应收账款	信用卡应收款、贸易和服务应收款等
公用事业和基础设施收入	电力、供水、水处理、天然气、公路、铁路等
租赁收入	设备租赁、场地租赁等
保险费收入	各类保险单收入
自然资源储备	不可再生资源储备、金属、矿产、森林等
其他	商标、专利、版权收入等

我国经济发展起步较晚，相应地影响了资产证券化业务的开始时间。2005年，中央银行和银监会发布《信贷资产证券化试点管理办法》之后，我国才逐渐出现支持资产证券化的产品，当时主要支持住房和信用的证券化，后来才慢慢发展出其他类型的资产证券化。

资产证券化的目的是让投资者能够购买这一部分证券化的资产，而资产证券化的发起人能够最大化当前的现金流。而在投资者购买这些证券化的资产之前，需要先将资产证券化。将资产证券化的过程需要多方参与，包括：①发起人，也就是需要将自身资产证券化的主体。②特殊目的载体，即负责整合包装资产使之更容易证券化的特殊目的载体。③承销商，即帮助证券化资产销售的承销商，一般由投资银行担任。④信用提升机构，即帮助提升发起人证券化资产信用等级的信用提升机构。⑤信用评级机构，即帮助确定证券化资产的信用等级的信用评级机构。⑥托管人。托管人负责管理证券化资产所产生的现金流，并负责将现金流收益支付给投资者。⑦其他参与人，如会计师、律师、投资者等。

资产证券化的具体步骤如下：①发起人确定自身可证券化的资产，确定证券化资产的目标，并把这些资产放入资产池。②特殊目的载体购买发起人的证券化资产，并签订买卖合同，确定发放证券后的收入分成。特殊目的载体会受到法律的严格限制。③特殊目的载体请信用升级机构进行信用升级，并请信用评级机构进行信用评级。④特殊目的载体安排承销商进行销售，并将出售获得的收入按照与发起人签订的合同支付给发起人。⑤发起人指定一个托管人来管理资产池，包括收取证券化资产卖出后的收入。托管人按照规定将积累的资金交给特殊目的载体，特殊目的载体负责进行资产管理，并支付投资者本息，若支付完本息和服务费之后还有剩余，将按照合同在发起人和特殊目的载体之间分配。

2. 信用评级在资产证券化中的作用

信用评级对于发行人和投资者都非常重要。

从发行人角度看，信用评级等级的高低决定了其能否贴现以及贴现的难度大小。信用评级等级越高，则其发行的证券越容易被购买，从而有利于其实现最大化现金流的目的。

从投资者角度看，信用评级能够帮助投资者了解发行人的信用水平，对于投资者的投资决策具有重大帮助。投资者可以选择信用等级高的发行人进行投资，增加赢利的可能性，减少损失的可能性。

3. 资产证券化信用评级的程序与内容

信用评级机构在接受信用评级邀请后，按照以下程序对资产证券化进行信用评级：

第一，信用评级机构对需要证券化的资产的信用质量进行考察。这是资产证券化信用评级的根本。而对资产的信用质量的考察涉及前文介绍的现金流盈利水平、债权的分散程度和资产的未来收益保障水平等。

第二，信用评级机构对资产证券化交易结构进行考察。资产证券化方式决定了交易结构，交易结构又会影响参与人。交易结构是指资产证券化中各参与人的交易条款，主要包括资产委托或转让方式、资产收益的支付顺序与结构、交易风险的防范设计、各种事件的应对方案设计等。

第三，信用评级机构根据前两个步骤的考察，将结果输入模型中，确定在最坏的情况下可能达到的损失是否会超过预期水平，即"压力测试"。

第四，通过上述步骤，最终给出资产证券化的信用评级等级。

上述步骤中，最重要的是前两个步骤，对前两个步骤即资产信用质量的考察与交易结构的考察是其中的重点。

（1）资产信用质量考察

资产信用质量考察需要根据不同的资产来确定其考察方式。本书主要介绍住房抵押贷款、信用卡应收款和汽车抵押贷款这三种典型的资产类型。

①住房抵押贷款

对于住房抵押贷款，需要考虑：

a. 基础信用水平。基础信用水平需要考虑：第一，贷款价值比，即住房抵押贷款的额度∶房价。贷款价值比通常是银行用来判断抵押物风险水平的预期，若贷款价值比比较高，说明银行对其风险的判断较低。而信用评级机构可以参考这个指标。第二，贷款类型。信用评级机构认为固定利率的贷款比浮动利率的贷款风险更小。第三，贷款期限。随着贷款时间的推移，还款时间越长，贷款余额数量会逐渐减少，则违约可能性会降低，信用水平会提高。第四，房价。房价越高风险越大，信用水平越低。第五，购房目的。购房者为刚需，则风险更小。若为二套房或者投资用房，则风险更大。第六，贷款的目的。若贷款被用来补足房款，则风险较小；若贷款被用来再融资，则风险较大。

b. 违约损失程度。违约损失程度需要考虑：第一，取回住房的成本。当发起人违约，投资者取回抵押品需要走的程序如缴纳税收、管理费用等。第二，取回的住房出现降价的损失。若取回的住房所在地经济水平低，则可能会因为价格下降而无法卖出满意的价格从而造成损失。

c. 资产池的综合分析。资产池的结构分析是将资产池中的所有资产的信用水平的组成结构进行综合考虑，而不是只看单笔资产的基础信用水平。通常来说，资产种类更多样，分布的位置更广，规模更大，则风险更小，信用水平更高。

②信用卡应收款

信用卡应收账款是指信用卡的持有者需要在一定的时间内给发放信用卡的机构还款的金额，通常包括信用卡持有者的消费金额（若有）、利息（若有）、滞纳金（若有）、取现手续费（若有）。

通常，信用卡的发放机构会有许多信用卡，需要统计每个账户的消费和还款情况，据此预测未来可能的还款情况，并将其转化为长期的资产。在信用评级时需要考虑以下内容：

a. 信用卡的种类。信用卡根据发放的严格程度和收益的不同而不同，需要区别对待。发放的标准越严格，则信用水平越高。有时候，信用卡需要给投资者支付费用，能够有多少盈余是需要考虑的。

b. 偿还的方式。有些信用卡要求必须在到期日还款，而有的信用卡允许积累够还款资金一次性支付多期的还款。对此，信用评级机构需要区别对待。

c. 偿还和购买率。每个月偿还多少、还款额有没有超过规定的最低还款额都是信用评级机构需要考虑的。

d. 历史记录。发行信用卡的机构过去应收款的情况。

e. 新用户所占比例。通常情况下，新用户违约的可能性比老用户更大，而长期稳定使用信用卡的用户通常是信用水平较高的。因而若老用户占比越大，则信用水平越高。

③汽车抵押贷款

汽车抵押贷款是指以自己或者他人的汽车向金融机构或汽车抵押贷款服务机构取得贷款的方式。在信用评级时需要考虑以下内容：

a. 汽车抵押贷款的种类。根据发放的标准是否严格和贷款人的背景综合考虑。

b. 抵押汽车的新旧程度。通常，相对于新车而言，旧车价值的估算要更加困难，贷款人也更容易出现违约。

c. 抵押汽车分布是否足够分散。若集中到贷款人或者少数地区，则风险相对更大。

d. 新用户所占比例。与信用卡相似，老用户越多，还贷持续时间越长，越不容易违约，风险越小。

e. 历史记录。放贷人过去在汽车抵押贷款上的收支情况。

（2）交易结构考察

在资产证券化的过程中，采用的方式相对灵活，这就会造成交易结构的不同，而不同的资产证券化方式又会涉及不同的参与人，所以需要综合考虑交易结构和参与人质量。

正如前文所介绍的，在资产证券化的过程中，会有多方参与，包括发起人、特殊目的载体、承销商、信用提升机构、信用评级机构、托管人等。虽然主流的资产证券化通常都有这些参与人，但并不一定按照同一种交易方式进行。而这些参与人之间的交易方式会形成交易结构，交易结构是否具备风险，信用评级机构需要考虑。

①现金流结构

现金流结构通常有两种：过手结构和转付结构。其中过手结构是指发起人将证券化资产卖给一个信托人，信托人通过发放金融资产产生的现金流的分割证书决定哪些人可以获得产生的现金流及现金流的获得比例。而转付结构是指把证券化资产卖给"破产隔离机构"，由它来负责将资产转化为证券从而实现融资目的。这两种现金流结构会影响融资后的资金使用方式、给投资者还款的方式、当发生损失时的承担对象、流动性等。因此现金流结构是交易结构信用评级中非常重要的一点。

②法律结构

由于资产证券化中的参与人较多，参与的方式也相对灵活，因此中间涉及的法律内容和条款也非常多。但其中的根本还是需要考虑发起人是否能够偿还投资人，不能偿还的风险有多大。出于该目的，需要重点考虑以下方面：

a. 是否具备"破产隔离"的法律规定。"破产隔离"是通过将证券化的资产卖给特殊目的载体，使其不受原公司破产影响从而保障投资者利益的一种手段。即这一部分证券化的资产已经卖给特殊目的载体，即使证券发起人破产，通过"破产隔离"也能够保证证券正常运行。有了"破产隔离"，能够更好地保障投资者权益。因此信用评级公司会重点考虑是否具备完备的"破产隔离"条款。

b. 证券化资产是"真实出售"还是"担保融资"。"破产隔离"的法律规定只有当证券化资产是"真实出售"后才起效。若证券发起人只是进行担保融资，那将无法适用"破产隔离"的规定，因为此时当发起人宣布破产，证券化的资产也会被迫参与破产清算。

c. 参与人之间的法律规定是否完善。由于资产证券化参与人较多，参与人之间的交易中的每一环都要确保完备，避免某些漏洞导致投资人损失。首先，发起人的经营状况、信用水平要较好，融资的目的要合理；其次，若有受托人，受托人要有完善和合理的资金管理办法；最后，给投资者还款的规定要完善，确保投资者权益。

8.4 信用评级模型

8.4.1 评级模型发展概述

信用评级模型是揭示客户信息和客户信用表现关系的某种模式。具体而言，首先，需要搜集、处理客户信息（主要是指财务状况）以及是否违约；其次，基于已有的样本数据建立信用评级模型，其中模型的输入变量和输出变量分别为客户信息和是否违约；最后，根据客户（老客户或新客户）的信用历史资料，通过构建的信用评级模型计算出用户的信用分析结果并将其划分为不同等级。授信机构或授信者根据该得分和等级预判客户违约可能性，并决定是否授信以及授信的额度和利率。

在构建信用评级模型之前，需对客户信息指标对应的数据进行处理，这决定了最终模型的优劣。因此除了信用评级模型外，学术界还针对数据处理方法进行了研究，主要包括样本不平衡处理、数据离散化处理以及增量学习等。一般而言，履约客户数量远远超过违约客户，建立模型时不平衡的样本数据势必导致模型过度反映履约客户的某种特性，但人们往往更希望关注违约客户。为此，常用的方法是通过抽样改变样本数据结构，具体而言，主要包括随机过抽样、随机欠抽样等方法。此外，数据离散化处理也是信用评级中常用的数据方法，是指将连续数据通过分组转变成分类变量。数据离散化能够提高模型的准确性和稳定性，同时更便于模型理解和结果呈现。另外，数据离散化方法又分为无监督和有监督两类：无监督数据离散化中常用等宽度划分方法，该方法的特点是简单、操作性强，但划分的标准具有主观性；有监督的数据离散化主要包括基于卡方检验的离散化、基于熵信息的离散化、基于粗糙集理论的离散化以及基于高斯混合模型的离散化，该类划分标准考虑了类别和属性，更具有科学性。除样本不平衡和数据离散化处理外，由于信用评级中常会通过模型对新客户信用进行评估，因此也存在对新旧样本的处理。如出现新样本时，若将新样本和旧样本放在一起，再更新模型，这样的处理方法的工作量无疑是巨大的。对此，增量学习并不需要重新更新模型，只需要利用新样本对原有估计的模型进行调整。自 Sun（2015）[①] 和 Sun（2017）[②] 以来，增量学习主要包括增量支持向量机方法、增量决策树方法和增量极限学习机方法。

随着数学、计量、统计及机器学习学科的发展以及在信用市场的应用，目前在信用评级方面已有大量的模型和做法。总体上，信用评级模型可以被划分为定性分析法和定量分析法。其中，常用的定性分析方法主要包括 5C 法、LAPP 原则、杜邦财务体系法和沃尔比重分析法等；定量分析法又可分为参数统计方法、非参数统计方法、人工智能方法等。定量分析中的参数统计方法主要包括多变量分析模型、Logit 回归模型等。Lo（1982）[③] 研究发现，数据满足正态分布时，多变量分析模型优于 Logit 回归模型；不满足正态分布时，Logit 回归模型优于多变量分析模型。非参数统计方法主要包括决策树、模糊逻辑和案例推理等。人工智能方法主要包括神经网络方法和支持向量机方法两种。其中，神经网络方法又可被细分为多种，运用最多的神经网络方法为反向传播神经网络、径向基神经网络和概率神经网络等。反向传播神经网络模型由于模型简单、可操作性强等优点，成为应用最广泛的神经网络方法。为克服传统统计方法无法很好地处理小样本、非线性、高维数的问题，Vapnik（1995）提出了支持向量机方法。经过不断改进，最小二乘法支持向量机法采用最小二乘法替

① SUN J, LI H, CHANG P. Dynamic Credit Scoring Using B & B with Incremental -Svm- Ensemble [J]. Kybernetes, 2015, 44 (4)：518-535.

② SUN J, FUJITA H, CHEN P. Dynamic Financial Distress Prediction with Concept Drift Based on Time Weighting Combined with Adaboost Support Vector Machine Ensemble [J]. Knowledge Based Systems, 2017 (120)：4-14.

③ LO A W. Logit Versus Discriminant Analysis：A Specification Test and Application to Corporate Bankruptcies [J]. Journal of Econometrics, 1986, 31 (2)：151-178.

代传统的二次规划方法，是目前信用评级中常用的方法之一。限于篇幅，本书主要介绍四种在信用评级中运用较为广泛的经典模型：多变量信用评级模型、Logit 回归模型、神经网络模型和最小二乘法支持向量机模型。

8.4.2 多变量信用评级模型

多变量信用评级模型以多个财务指标反映企业财务状况，并运用统计方法建立的判别模型判别分析对象所属类别。其基本做法是通过统计分析从若干研究对象的财务等多个方面的变量中先筛选或提取具有代表性的变量，通过这些变量建立的判别函数可以做到在对对象进行分类时误判率最小。多变量信用评级模型包括线性概率模型、线性判别模型、主成分预测模型、Logit 模型与 Probit 模型等。其中，比较有代表性的是 Altman 于 1968 年提出的 Z-score 模型和 1977 年提出的 Zeta 模型。

1968 年，Altman 通过多元判别函数对美国破产和良好制造企业的资产负债表、利润表中的数据提取了 5 个财务指标，构建了用于预测企业破产可能性的模型，即著名的 Z-score 模型：

$$Z = \rho_1 X_1 + \rho_2 X_2 + \rho_3 X_3 + \rho_4 X_4 + \rho_5 X_5$$

Altman 用 X_1 至 X_5 分别反映公司的流动性、获利能力、财务杠杆、偿债能力和周转能力几个方面的信息。其中，

流动性 =（流动资产-流动负债）/资产总额

获利能力 =（未分配利润+盈余公积金）/资产总额

财务杠杆 =（税前利润+财务费用）/资产总额

偿债能力 =（每股市价×流通股数+每股净资产×非流通股数）/负债总额

周转能力 = 销售收入/总资产

该模型将五个方面的信息联系起来，通过综合判别函数值 Z 来判别企业财务破产的可能性。Altman 认为通过模型计算出的 Z 值越大，公司破产的概率越小；反之，公司破产的概率就越大。Altman 对美国 66 家制造业构建的模型为 $Z = 0.012X1 + 0.014X2 + 0.033X4 + 0.999X5$，提出了几个临界值，用于判断企业财务状况和破产概率：Z 值大于 2.675 时，表明企业财务状况良好，破产概率小；Z 值小于 1.810 时，表明企业面临财务危机，破产概率大；Z 值介于两者之间，则表面企业财务状况不太稳定。

为了能将 Z-score 模型用于除上市公司外的私人企业，Altman（1977）对 Z-score 模型进行了修正，提出了 Zeta 模型。Zeta 模型中判别函数的分析变量由原来的 5 个增加到 7 个，分别反映企业的资产收益率、收益稳定性、债务偿

付能力、累计盈利能力、流动性、资本化程度、规模程度。类似地，Zeta 得分越高，则公司破产的可能性就越低。Zeta 模型变量的增加，使其适用范围更广，对企业破产预测的准确率也大大提高。

Z-score 模型和 Zeta 模型起初被用于研究公司的破产现象，之后逐渐被应用到许多领域，信用评级就是一个典型。企业的 Z 值或 Zeta 值越低，则违约的概率就越大，企业的信用等级就越低。

Z-score 模型和 Zeta 模型本质上是线性最小二乘法统计方法，且有几个重要的假设：数据服从正态分布；均值向量和协方差矩阵已知；变量间是线性关系；变量间不存在多重共线性问题。此外，模型仅考虑了破产与不破产（违约与不违约）两种情况，无法进行更深入的分析。由于多变量分析模型对数据的假设过于严格，因此其在实际运用中具有一定的局限性。

由于企业活动越来越复杂，人们不断对 Z-score 模型和 Zeta 模型进行改进，大多是添加更多的指标以全面反映企业的中长期偿债能力和信用状况，例如增加非财务指标中的公司治理、行业前景、宏观经济等。其中，较具代表性的模型为 F 模型。相较于 Z-score 模型和 Zeta 模型，F 模型考虑了现金流量变动等指标，该类指标已被证实可以有效预测公司是否会破产。

8.4.3　Logit 回归模型

信用评级模型的构建方法可分为两类：传统的数理统计方法和基于新型的人工智能。传统的数理统计方法包括 Logit 回归模型、Probit 回归等。对于传统的数理统计方法而言，信用评级模型实际上是利用已有的样本研究企业的财务指标、非财务指标和企业是否违约之间的相关关系。一般而言，研究相关关系时会优先考虑使用线性回归。但在信用评级模型中，被解释变量为分类变量，其取值多为二项（违约、履约或信誉好、信誉坏）或者多项（例如穆迪将信用等级分为九类）。被解释变量为分类变量不满足线性回归模型的基本假设，使得参数估计值是有偏的。因此，分析分类变量时需采用非线性模型，Logit 就是一种常见的非线性模型，常被用于解决二分类问题。该特点使得 Logit 模型适用于解决主体违约问题。Logit 模型与多元线性回归模型不同的是，它不要求因变量服从正态分布，因而在面对不服从正态分布的样本时，Logit 回归模型能得到更高的判别正确率。

本书以主体违约这一类问题为例，介绍 Logit 模型的原理。在介绍 Logit 回归模型之前，首先介绍一下 Sigmond 函数，又称逻辑函数（logit 函数），其函数形式为 $f(x) = \dfrac{1}{1 + e^{-x}}$，函数曲线如图 8-1 所示。

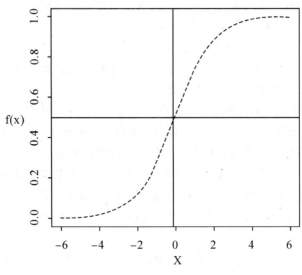

图 8-1　Sigmond 函数曲线

Logit 函数取值范围为 [0，1]，函数值在远离 0 的地方会很快接近 0 或 1。

逻辑回归的假设函数形式为：$f(\vec{\beta}^T X) = \dfrac{1}{1 + e^{-\vec{\beta}^T X}}$ ，其中 X 为输入样本，$\vec{\beta}^T$ 为待求参数。本书中，假设用 n 维变量 X 表示企业的财务信息、非财务信息，其中 $X = (x_1, \ x_2, \ \cdots, \ x_n)^T$。Logit 模型假定企业履约（不妨记作"$y = 1$"）的概率为：

$$P(y = 1 \,|\, X) = \frac{1}{1 + e^{-g(X)}}$$

式中，$g(X) = \beta_0 + \beta_1 x_1 + \beta_2 x_2 + \cdots + \beta_n x_n$，计算得到的 P 值表示符合 X 属性的概率。相应的决策函数为：如果 $P(y = 1 \,|\, X) > 0.5$，有 $y^* = 1$，其中 y^* 表示样本对应的分类值。一般选择阈值为 0.5，但可以根据实际数据调整：如果数据集是不平衡的，可以适当将阈值调低；如果对分类要求更高的准确度，可以将阈值调高。易知，类似的，企业违约（不妨记作"$y=0$"）的概率为：

$$P(y = 0 \,|\, X) = \frac{1}{1 + e^{g(X)}}$$

假设共有 m 个样本，其观察值分别为 y_1，y_2，$\cdots$，y_m，并且 p_i 为样本 i 履约的概率，则样本 i 出现观察值 y_i 的概率为：

$$P(y_i) = p_i^{\,y_i} (1 - p_i)^{1 - y_i}$$

假设各个样本之间相互独立，则有似然函数

$$L(\beta) = \prod_{i=1}^{m} P(y_i)$$

对上式两边求对数，得到对数似然函数

$$\ln L(\beta) = \sum_{i=1}^{m} \left[y_i \ln p_i + (1 - y_i) \ln(1 - p_i) \right]$$

利用最大似然估计的思想，对每个参数求偏导并令其等于 0 可得到 $n+1$ 个方程，即有

$$\frac{\partial \ln L(\beta)}{\partial \beta_i} = \sum_{j=1}^{m} x_{ji}(y_j - p_j) = 0, \quad (i = 0, 1, 2, \cdots, n)$$

一般地，利用牛顿-拉夫森迭代法求解此方程组，即可得到参数估计值。Logit 回归模型是一种广义的线性回归，其缺点在于要求的样本数量较多，且当样本点完全分离时，无法利用最大似然估计法求解参数。同时，在评估模型风险时，整体相对风险是每个变量相对风险的乘积，这与一般期望的"可加模型"矛盾。但是，Logit 模型允许解释变量和因变量为分类变量，十分适合于信用评级。这是因为在反映企业短长期偿债能力和信用状况的因素中，有许多离散型变量，例如是否有担保以及担保物的类型等。Logit 模型通过利用企业的财务指标以及非财务指标来预测企业违约的概率，并根据实际需要设置阈值，评定企业的信用评级等级，以反映企业的信用状况。使用 Logit 模型进行信用评级较为普遍，具有训练时间短、解释性较强等优点。

8.4.4 神经网络模型

神经网络是模仿生物神经系统发展起来的方法，其运行方式受人类大脑中自然神经网络的启发，模拟了生物神经元信号相互传递的方式，已被广泛地应用于评价、预测、分类和控制等场合。利用神经网络进行信用评级是目前较前沿的评级方法之一。与传统评级模型不同，神经网络不需要变量分布的假设，可以直接从训练数据集中获取知识，尤其是当信用评级问题是非线性模式分类时，神经网络模型的性能优于传统评级模型。下面介绍几类典型的神经网络模型。

8.4.4.1 神经元模型

神经元的第一个计算模型是由 Warren McCulloch（神经科学家）和 Walter Pitts（逻辑学家）（McCulloch & Pitts）于 1943 年提出的，通常将其称为 M-P 神经元模型。图 8-2 就是一个 M-P 神经元模型的示意图。

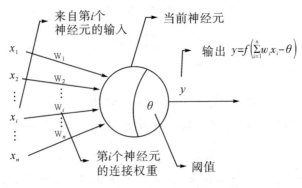

来自第i个
神经元的输入

当前神经元

输出 $y=f\left(\sum\limits_{i=1}^{n}w_ix_i-\theta\right)$

x_1 $\quad$ W$_1$

x_2 $\quad$ W$_2$

x_i $\quad$ W$_i$

x_n $\quad$ W$_n$

θ $\quad$ y

第i个神经元
的连接权重

阈值

图 8-2 M-P 神经元模型

M-P 模型的工作原理为：当所有的输入 $X = (x_1, x_2, \cdots, x_n)^T$ 与对应的连接权重的乘积之和 $\sum\limits_{i=1}^{n} w_i x_i$ 大于阈值 θ 时，y 输出为 1，否则输出为 0。需要注意的是，x_i 只能是 0 或 1 的值，而 w_i 和 θ 则根据需要自行设置。

假设对一家公司使用 M-P 神经元模型进行信用评级时，输入均为布尔值，即 $\{0, 1\}$。在信用评级环境下，这些输入变量可能为：

x_1：该公司流动资金是否充足；

x_2：该公司曾经是否有信用违约历史；

x_3：该公司当年营业利润；

x_4：该公司固定资产损益，等等。

同时输出变量也为布尔值，不妨设为 $\{0$：履约，1：违约$\}$。考虑一种简单的 M-P 神经元模型如下：

$$g(X) = g(x_1, x_2, \cdots, x_n) = \sum_{i=1}^{n} w_i x_i ,$$

$$y = f[g(X)] = \begin{cases} 1, & \text{if } g(X) \geqslant \theta \\ 0, & \text{if } g(X) < \theta \end{cases}$$

这里 $g(x)$ 通过对输入求和进行聚合，式中的 θ 称为阈值参数，用于判断是否有违约风险。神经元接收到的总输入值将与神经元的阈值参数 θ 进行比较，然后通过激活函数 $f(g(X))$（activation function）处理产生神经元的输出。

8.4.4.2 多层神经网络模型

感知机是由两层神经元组成的神经网络，输入层接受外界信号，输出层输出信号，输出层就是一个 M-P 神经元。但是因为感知机只有一层激活神经元，其学习能力十分有限，几乎不能学习任何复杂知识。更常见的神经网络模型为多层神经网络模型，通常分为输入层、隐藏层和输出层，层与层之间采用全互连的方式，同一层神经元之间相互独立。不妨考虑只有一个隐藏层，并且输出层只有一个神经元的情形。本书以此为例简要介绍神经网络模型的基本思路。

假设共有 m 个样本，每个样本有 n 个属性，即输入层为 n 维向量，设输入层第 j 个样本变量为 $x_j = (x_{1j}, x_{2j}, \cdots, x_{nj})^T$。同样的，在信用评级环境下，样本变量可能为财务指标、非财务指标、是否违约等。同时设隐藏层共有 t 个神经元，即为 t 维向量 $u_j = (u_{1j}, u_{2j}, \cdots, u_{tj})^T$。输出层只有一个神经元，记作 y_j。其中

$$u_{ij} = f\left(\sum_{k=1}^{n} \omega_{ik} x_{kj} + b_i\right), \ i = 1, 2, \cdots, t; j = 1, 2, \cdots, m, \ y_j = f\left(\sum_{i=1}^{t} v_i u_{ij} + b\right)$$

w_{ik} 和 b_i 分别为输入层和隐藏层之间的连接权重和偏置，v_i 和 b 分别为隐藏层和输出层之间的连接权重和偏置。函数 $f(\cdot)$ 称为激活函数，一般选择 logit 函数或者双曲正切函数，分别为：

$$f(x) = \frac{1}{1 + e^{-x}}, \ f(x) = \frac{1 - e^{-x}}{1 + e^{-x}}$$

神经网络模型就是将 m 个样本值按照某种规则进行训练，目的是获取合理的连接权重和偏置，从而根据新样本的输入层预测输出。预测得到的新样本的输出可以用来对企业的信用进行评级。

8.4.4.3 基于反向传播算法（BP 算法）的前馈神经网络

反向传播人工神经网络是由大量神经元彼此连接而形成的复杂结构，而根据不同的连接方式，可分为前馈神经网络和反馈神经网络。BP 神经网络是最常见的多层前馈神经网络，其主要特点是信息向前传播，误差向后传播。反向传播算法事先给定连接权重和偏置的初始值，并比较实际输出值和真实值，从而根据它们之间的误差调整连接权重和偏置。最终通过有限次迭代，使得实际输出值和真实值之间的差距在可接受范围内。具体而言，基于反向传播算法的前馈神经网络操作步骤如下：

（1）数据预处理。将所有数据（包括定性数据）映射到 [0, 1] 区间上，例如，定量数据均除以所属属性中的样本最大值，定性数据可以直接用 0 和 1 代替。

（2）连接权重和偏置初始化。需要特别注意的是，不能将所有初始参数都设置为 0。这是因为如果初始参数全部为 0，在反向传播时，所有参数将进行一模一样的更新。一般而言，将连接权重和偏置初始化为小随机数，例如从均值为 0 和方差为 1 的高斯分布中取样。

（3）获取实际输出值。将 m 个训练样本全部输入反向传播神经网络模型

中，获取 m 个实际输出值 y_j。

（4）计算网络均方根误差 $E(W)$。其计算公式为：

$$E(W) = \sqrt{\frac{1}{m} \sum_{j=1}^{m} (y_j - d_j)^2}$$

其中，d_j 为样本真实值。一般而言，当网络均方根误差 $E(W)$ 小于 0.1 时，则认为已经得到了满意的连接权重和偏置估计值；否则，需要根据误差调整现有连接权重和偏置，继续获取实际输出值和新的网络均方根误差 $E(W)$。

（5）计算误差，并更新连接权重和偏置。计算样本误差 E，其计算公式为：

$$E = \frac{1}{2m} \sum_{j=1}^{m} (y_j - d_j)^2$$

根据样本误差 E 更新连接权重和偏置，其计算公式为：

$$\omega_{ik} = \omega_{ik} - \alpha \frac{\partial E}{\partial \omega_{ik}}, \quad b_i = b_i - \alpha \frac{\partial E}{\partial b_i}, \quad \nu_i = \nu_i - \alpha \frac{\partial E}{\partial \nu_i}, \quad b = b - \alpha \frac{\partial E}{\partial b}$$

其中，a 为学习速率，反映了连接权重和偏置根据误差调整的速度。一般而言，a 的取值不宜过大，不然会导致学习过程发生振荡。通常情况下，a 在 (0, 1) 之间取值。

（6）进行迭代。继续步骤 3 和步骤 4，直至得到满意的连接权重和偏置估计值。

在将其应用于信用评级时，BP 神经网络表现出优于传统评级方法的性能，如非线性拟合能力极大地简化了复杂的内部机制，而较强的学习能力和容错能力也保证了其在实际运用时的良好运作。

8.4.5 最小二乘法支持向量机模型

基于小微企业内在特征，肖斌卿等人利用最小二乘法支持向量机模型，设计了以小微企业现金流信息为违约触发机制的小微企业信用评估指标体系。

支持向量机（SVM）在解决小样本、非线性及高维模式识别问题中表现出了许多特有的优势，一些学者运用支持向量机来建立信用评级模型，以期取得更好的预测分类能力。支持向量机模型的基本思路是：基于结构风险最小化原则，构造一个分隔超平面，将训练样本分隔为正、负两类，并且使得正、负样本之间的间隔实现最大化。一般而言，支持向量机分为线性支持向量机和非线性支持向量机，前者又细分为硬间隔支持向量机和软间隔支持向量机。传统支持向量机采用的是二次规划方法，计算效率较低。相比之下，最小二乘法支持向量机（LSSVM）在转化为对偶问题后，为求解一组线性等式，不需要求解二次规划，所以其计算效率更高。

8.4.5.1　线性支持向量机

假设共有 m 个样本，每个样本有 n 个属性，用 n 维向量 $x_i = (x_{1i}, x_{2i}, \cdots, x_{ni})^T$ 表示，例如企业的各项财务指标。分类结果用 y_i 表示，并且取值只能为 1 和 -1，例如，企业履约记作 1，而违约记作 -1。

硬间隔支持向量机是指存在一个分隔超平面（$w^T x + b = 0$）完美地将训练样本分隔为正、负样本，其线性规划模型为：

$$\begin{cases} \max\limits_{w,b} \dfrac{2}{\| w \|} \\ \mathrm{s.t.}\ y_i(w^T x_i + b) \geqslant 1,\ i = 1,\ 2,\ \cdots,\ m \end{cases}$$

该模型等价于：

$$\begin{cases} \min\limits_{w,b} \dfrac{1}{2} \| w \|^2 \\ \mathrm{s.t.}\ y_i(w^T x_i + b) \geqslant 1,\ i = 1,\ 2,\ \cdots,\ m \end{cases}$$

其中，满足分隔超平面 $w^T x + b = 0$ 的样本点被称为"支持向量"，超平面 $w^T x + b = 1$ 和 $w^T x + b = -1$ 的距离被称为"间隔"，支持向量机模型的目标就是使这个间隔最大化。因此，求解上述凸二次规划，得到 w^* 和 b^*，最优的分类函数即为 $f(x) = sgn(w^{*T} x + b^*)$。

相对于硬间隔支持向量机，软间隔支持向量机的假设更加宽松，该模型允许部分样本点不满足 $y_i(w^T x + b) \geqslant 1$。软间隔支持向量机的线性规划模型为：

$$\begin{cases} \min\limits_{w,b} \left(\dfrac{1}{2} \| w \|^2 + C \sum\limits_{i=1}^{m} \delta_i \right) \\ \mathrm{s.t.}\ y_i(w^T x_i + b) \geqslant 1 - \delta_i,\ \delta_i > 0,\ i = 1,\ 2,\ \cdots,\ m \end{cases}$$

其中，δ_i 为松弛变量，C（大于 0）为惩罚系数。引入惩罚系数的目的在于使得异常样本 ［不满足 $y_i(w^T x + b) \geqslant 1$］ 尽可能少，并且 C 值越大则惩罚力度越大，对分隔超平面的要求就越严格。同理，求解得到 w^* 和 b^*，最优的分类函数即为 $f(x) = sgn(w^{*T} x + b^*)$。

8.4.5.2　非线性支持向量机

在实际运用中，在原始数据空间中可能并不存在能够分隔样本的线性超平面，这时可以将样本从原始空间映射到特征空间，使得映射后的样本点在新的特征空间中线性可分。用 $\varphi(x_i)$ 表示 x_i 在特征空间中的向量（特征向量）。类似地，需求解线性规划模型：

$$\begin{cases} \max\limits_{w,\,b} \dfrac{2}{\parallel w \parallel} \\ \text{s. t.} \ \ y_i \left[w^T \varphi(x_i) + b \right] \geqslant 1, \ i = 1,\ 2,\ \cdots,\ m \end{cases}$$

通过推导对偶问题，并针对对偶问题采用二次规划方法求解，继而得到 w^* 和 b^*，最优的分类函数即为 $f(x) = sgn \left[w^{*T} \varphi(x) + b^* \right]$。

8.4.5.3 最小二乘法支持向量机

最小二乘法支持向量机模型给每个样本 i 引入误差变量 e_i，从而将非等式约束替换成等式约束。同时，在目标函数中加入误差变量 e_i 的 $L2$ 正则项。具体而言，线性最小二乘法支持向量机为：

$$\begin{cases} \min\limits_{w,\,b} \left(\dfrac{1}{2} \parallel w \parallel^2 + \dfrac{\lambda}{2} \sum\limits_{i=1}^{m} e_i^{\,2} \right) \\ \text{s. t.} \ \ y_i(w^T x_i + b) = 1 - e_i, \ i = 1,\ 2,\ \cdots,\ m \end{cases}$$

其中，λ 为正则化参数。

对于非线性可分的训练样本，需引入映射 $\varphi(x_i)$ 将样本 x_i 从原始空间映射到特征空间，使得映射后的样本点在新的特征空间中线性可分。基于此，构造非线性最小二乘法支持向量机，然后构造如下的拉格朗日函数：

$$L(w,b,e_i,a_i) = \frac{1}{2} \parallel w \parallel^2 + \frac{\lambda}{2} \sum_{i=1}^{m} e_i^{\,2} - \sum_{i=1}^{m} a_i \{ y_i \left[w^T \varphi(x_i) + b \right] - 1 + e_i \}$$

其中，a_i 为拉格朗日乘子。

接下来，针对拉格朗日函数对各个参数求偏导，令其偏导数等于 0，则可以得到以下方程组：

$$\begin{pmatrix} 0 & 1^T \\ 1 & K + \dfrac{1}{\lambda} E \end{pmatrix} \begin{pmatrix} b \\ a \end{pmatrix} = \begin{pmatrix} 0 \\ y \end{pmatrix}$$

其中，$1 = (1,1,\cdots,1)^T$，$a = (a_1, a_2, \cdots, a_m)^T$，$y = (y_1,\ y,\ \cdots,\ y_m)^T$，$E$ 为单位矩阵，K 为核矩阵，核矩阵元素 $k_{ij} = k(x_i, x_j) = exp \{ -|x_i - x_j|^2 / \gamma \}$（$\gamma$ 为核参数）。

求解上述方程组，得到最优的分类函数 $f(x) = sgn \left[w^{*T} \varphi(x) + b^* \right] = sgn \left[\Sigma a_i k(x_i,\ x) + b^* \right]$。

9 总结与展望

9.1 社会信用体系研究前沿热点

我国互联网经济迅速发展、市场化改革和对外开放不断深化，社会信用体系建设面临的环境日益复杂。不同于农业时代的习俗型信任和工业时代的契约型信任，信息时代的信用约束主要依靠互联网平台的自治。在当前形势下，应构建怎样的社会信用体系？在社会信用体系建设中，如何妥善处理政府和市场的关系以及道德和制度的关系？如何推动我国社会信用体系和国际接轨？如何充分利用信用大数据促进我国社会信用体系建设？如何建设具有中国特色的社会信用体系？以上均是当前我国社会信用体系建设必须面临和亟待解决的问题，也是当前社会信用体系研究的热点问题。社会信用体系建设前沿热点主要包括以下几个方面：

（1）社会信用体系中的政府和市场。政府和市场的关系涉及社会各个方面，是经久不衰的话题，在社会信用体系建设中也必须理顺政府和市场的关系。在搜集信用数据、规范经济主体信用行为以及开展守信教育活动等方面，政府拥有得天独厚的优势和不可替代的地位。当前中、小、微企业重要的信用信息分散于政府各部门，单个市场主体无法全面了解企业信用状况。单个市场主体也不具备能力和权威规范社会信用行为，同时缺乏进行社会守信教育的动力和物质基础。政府需要提供公共性质的信用信息平台，出台规范经济主体信用行为的法律法规文件，营造良好的信用政策环境。相比于政府，市场在挖掘信用大数据价值方面更具有优势，市场主体更加清楚企业政务服务、信用服务和融资服务需求。另外，专业的信用中介机构掌握了先进的区块链技术、信用评级技术和大数据管理技术等，可以利用这些先进技术充分挖掘企业信用大数据价值。加快培育征信机构和评级机构，保障高质量征信服务供给，有利于规范市场经济主体的信用行为，净化市场经营环境，促进信用市场健康发展。因此，促进社会信用体系建设，需要加强政府部门、征信机构、评级机构、金融机构、企业以及社会公众广泛交流和合作。

（2）社会信用体系中的道德和制度。道德建设和制度建设是完善社会信用体系的双重保障，缺一不可。诚信是我国的传统美德，是个人内在品质的体现，约束和规范着每个行为主体的行为，具有导向和控制作用。守信是文明社会的必然要求，也是市场经济运行的重要保障。应充分发挥党组织诚信教育和宣传的作用，充分利用社会舆论加强道德建设，普及诚信法律制度教育，开展各式各样的诚信教育活动，以人们最容易接受的形式培养其诚信品德。另外，在加强道德教育的同时需要加快制度建设。完善适应于市场经济的法律法规制度，为市场经济主体提供合理科学的法律环境，规范市场经济主体的信用行为，促进市场经济的健康有序发展。没有完善的法律，处理问题时就没有遵循的依据。尤其应注意信息开放和隐私保护相结合，建立征信机构和评级机构相关法律法规，建立社会信用联合奖惩机制相关的法律法规。强调诚信道德教育和法律制度建设相结合，促进两者良性互动，实现道德和制度同步推进社会信用体系。

（3）社会信用体系国际化研究。经济全球化和一体化是总趋势，是任何一个国家（地区）必然面对的国际环境，中国亦不例外。对外开放是我国的基本国策，社会信用体系建设必须面向国际。中国需要以开放、包容的心态，参与国与国、城市与城市、企业与企业以及各国公众之间的交流，加快社会信用体系建设，推动我国信用建设与国际接轨。首先，作为世界人口大国和经济大国，中国在建设社会信用体系时，必须基于全球视角，承担应有的责任和担当，树立人类共同发展和进步的使命感。其次，注重文化传承和制度创新。中国拥有五千年的悠久文化，人们的思想追求和行为规范植根于传统文化尤其是儒家文化之中。同时，随着中国对外开放的深入推进，社会各个方面都面临着西方文化的冲击和碰撞。中国构建社会信用体系必须坚持传承和创新相结合，理性对待东西方文化，取其精华，去其糟粕。最后，以国际标准建设我国社会信用体系，积极参与国际信用交流和合作，达到并引领国际信用体系建设水平。

（4）信用大数据下的社会信用体系建设。互联网经济的快速发展，刺激着大数据技术不断更新和升级。如何利用信用大数据加快社会信用体系建设，是维持和促进互联网经济健康有序发展的重要支撑。首先，完善失信黑名单制度。采取积分制，记录个人失信信息档案，通过政府统一管理，必要时向相关人员公布个人信用分数。其次，发展社会信用关键技术。充分利用信用大数据的便利，加快发展相关核心技术，例如区块链技术、人工智能和机器学习技术、信用评级技术等。最后，建立个人信用奖惩制度。根据经济主体的行为给予相应的奖励和惩罚，同时需要注意奖惩的及时性、准确性和适度性，通过奖惩制度引导和规范经济主体的行为。建立社会大数据信用信息查询和共享平台，加强政府、市场主体和信用中介机构的交流和沟通，推动我国社会信用体系建设。

（5）信用城市建设研究。城市化在中国经济现代化进程中发挥了巨大的作用。信用城市建设是指将信用建设和城市建设相互融合的建设模式，根据不同城市的具体情况和现实特点，制定特定的建设策略。信用城市建设是我国社会信用体系建设中的特殊一环，是社会信用体系建设的补充和完善。2015年和2016年，国家发展和改革委员会分别批复了11个和32个全国创建社会信用体系建设示范城市。2018年，国家发展和改革委员会明确批复杭州市、南京市、厦门市、成都市、苏州市、宿迁市、惠州市、温州市、威海市、潍坊市、义乌市、荣成市12个城市为首批社会信用体系建设示范城市。目前，基于信用城市建设视角的研究涉及的城市主要包括惠州市、连云港市、成都市和资阳市等。

9.2　社会信用体系建设难点

社会信用体系建设难点有：

（1）社会征信系统发展不完善。完善社会征信系统是我国社会信用体系建设的第一步，是提升国家信用水平的最基础的环节。目前我国社会征信系统正处于起步阶段，信用信息的准确性和完整性不够、信用信息处理和挖掘技术有待提高、信用信息共享机制不健全。首先，随着我国工业化和市场化的深入，经济主体日益复杂化，信用信息数据数量大、范围广、种类多，给信用信息搜集带来了巨大的压力，使得信用信息的真实性和时效性难以保证。同时，数据搜集者自身的偏好可能导致数据从根源上出现偏差，并且目前着重对数据结果进行分析，忽视了对数据搜集过程的监督。其次，征信人员业务能力有待提高，信用信息数据挖掘技术需要不断创新。征信人员的业务水平直接关系着信用信息质量和利用价值，由于缺乏科学的激励机制，难以发挥相关人员的作用，从而影响社会信用体系建设。最后，信用信息共享机制不健全。一方面，出于独占的传统观念以及自身利益的考虑，各部门都倾向于抵制信用信息共享，导致信用信息利用效率低下；另一方面，技术条件和制度基础妨碍了信用信息共享。现有技术难以满足大数据搜集、处理和传输的需要，致使信用信息共享成本高。同时，信用信息定价机制缺失也会降低信用信息共享动力。

（2）社会信用法律法规不健全。当前社会信用体系的法律法规不健全，尤其是在信用信息搜集、信用执法和信用服务业方面，缺乏相应的实施细则，对经济主体和信用中介机构的约束力较弱。在信用信息搜集方面，现行统计法并未明确界定信息公开和保护个人隐私的关系，导致在实际操作中经常出现模棱两可的局面。在信用执法过程中，缺乏法律法规确保失信主体得到相应的惩戒。由于高额的诉讼费用以及行政干预信用执法，许多债权人的合法权益难以得到保障，甚至致使债权人不愿意打官司。这必然会降低违约成本，对人们形成反向激励。最后，由于我国信用服务业起步较晚，配套的法律法规不完善。例如，缺乏统一的信用评级标准，缺乏规范信用服务业在准入标准、经营范围和权利与义务等方面的具体细则。

（3）社会信用服务市场发展不充分。与国外发达的信用服务市场相比，我国社会信用服务市场发展不充分，主要表现在社会信用市场小，信用中介机构数量多但规模小，机构运作混乱，同时市场化程度不高，缺乏行业自律机制。首先，我国社会信用市场需求不充足。一是人们对于信用的认识有偏差，没有意识到信用的商业价值。二是信用行业存在垄断现象，导致市场竞争不足，信用产品单一化。其次，目前社会信用服务市场混乱，缺乏有效的政府管理机构和行业自律机制。例如，中国人民银行征信管理局既是监管机构，又是从事信用服务的法人单位，存在自己管自己的问题，缺乏公信力。同时，缺乏影响面广、认可度高、约束力强的全国性信用行业协会，导致行业内无序竞争现象严重，不利于我国社会信用服务市场的健康发展。最后，政府行政干预过多，市场化程度不高。一方面缺乏政府的有效监管，另一方面又存在着过度的行政干预，未能科学地处理好政府和市场的关系。例如，对社会信用中介机构准入标准和经营范围"一刀切"，未能具体问题具体分析，不利于信用产品多元化和信用市场竞争的公平性。

（4）系统性的社会信用联合奖惩机制缺失。我国已逐步建立起社会信用联合奖惩机制，在相关领域取得了一定的成果。2016年，国务院发布《关于建立完善守信联合激励和失信联合惩戒制度，加快推进社会诚信建设的指导意见》，建立了重大税收违法、安全生产领域、环境保护领域以及食品药品生产领域失信当事人备忘录。2017年，国家发展和改革委员会和中国人民银行发布《关于加强和规范守信联合激励和失信联合惩戒对象名单管理工作的指导意见》，提出要建立健全红黑名单管理制度。但至今仍未形成系统性的社会信用联合奖惩机制，主要表现在奖惩力度不足、市场奖惩机制不完善、公众奖惩意识不足三个方面。首先，对于守信奖励往往仅限于意识形态，缺乏物质奖励。这种情况很大程度上是由我国的传统观念造成的。对于失信惩戒力度不够，一方面是由于对失信行为不够重视，忽略了相对小的失信行为；另一方面是由于存在地方保护主义，导致失信惩戒有名无实。其次，缺乏完善的市场奖惩机制。只有保证经济主体守信和失信的记录相对完整和真实，才能有效规范各经济主体的信用行为。最后，公众信用意识不强，导致公众奖惩意识不强。公众对于失信惩戒漠不关心，对于守信奖励无动于衷。

（5）社会守信意识缺乏。在市场经济的冲击下，传统的道德支撑力度正在逐步弱化。诚信是中国人的传统美德，但在市场经济急剧发展的今天，昔日的美德逐渐被利益最大化的价值追求替代。在从熟人社会向陌生人社会的发展过程中，守信的品德也渐渐被人们淡忘。一方面，发展市场经济必然会对传统的观念产生冲击，一定程度上可以说失信是我国社会转型的必然产物。尤其是在计划经济全面消失之后，人们的思想容易走向另一个极端，一味追求财富，为此可以不择手段、为所欲为。另一方面，诚信教育缺失、教育方式单一乏味。在中国，高考仍然是学生的主要任务，分数是唯一的评价标准，难以真正促进学生德、智、体、美、劳全面发展。同时，社会诚信教育活动大多采取讲座、海报和评优等方式，手段单一乏味，流于形式，难以真正激发人们的兴趣，提高人们对诚信重要性的认识，达到诚信教育的最终目的。

9.3 社会信用体系建设展望

通过回顾全书，我们对社会信用体系建设进行如下展望：

（1）加快建设基础设施。信用基础设施是保证信用信息搜集、存储、传递和共享顺利进行的物质基础和制度安排，主要包括负责信用信息数据搜集的征信机构、负责信用信息存储的数据库以及信用信息共享平台。首先，信用信息搜集必须以中国人民银行为中心，各省（自治区、直辖市）为周边，加强省际合作，减少重复搜集信息，提高信用信息搜集效率。加强各大征信机构合作，例如支付宝、腾讯等，实现信用信息共享。端正征信工作人员的工作态度，培养征信工作人员的专业技能，确保信用信息的真实性和准确性，同时及时清除不必要的和重复的信息，提高信用信息的采集效率。其次，完善征信数据库管理，对信用信息数据进行自动化编码、规范化管理和系统化设计，从而保障各个信用信息数据库无缝连接。最后，搭建及时、高效、便捷的信用信息共享平台。扩大信用信息共享覆盖面，实现全国范围内的信用信息资源整合，实现信用信息资源优化配置。建立科学合理的信用信息定价机制，完善的定价机制是保障顺利共享信用信息的必要条件，同时也是刺激征信机构提高信用信息质量的有效手段。

（2）完善信用法律法规。要实现社会信用体系的健康快速发展，必须要提供健全科学的法律机制，确定统一的信用标准，营造良好的政策环境。首先，当务之急便是合理科学地界定信用信息开放和个人隐私保护的关系，以方便信用信息的采集、传递和分享。为此，应该根据我国具体情况，并借鉴国外相对完善的法律法规制度，例如美国的《电子通讯隐私法》、欧盟的《个人数据保护指令》等。其次，完善信用联合奖惩机制方面的法律法规。需要明确规定并不断更新完善什么行为是失信行为、什么行为是守信行为，不同的失信行为和守信行为需要分别承担什么惩戒和得到什么奖励。要保证相关法律法规的完整性和细节性，确保任何经济主体的任何信用行为都有法可依。最后，完善关于征信机构、评级机构等信用中介机构的法律法规。要明确规定信用中介机构的准入条件、经营内容、信用信息采集范围和途径。要明确规定信用中介机构工作人员的任职资格，确保工作人员的业务水平和履职能力，尤其是提高领导者和高级从业人员的综合素质。

（3）发展信用服务市场。促进信用服务市场健康有序发展，有利于减少信用信息不对称，优化信用信息资源配置，从而促进社会信用体系建设。为促进信用服务市场健康有序发展，必须着力解决目前信用服务市场存在的问题：社会信用市场狭小、市场化程度不高、信用中介机构运作混乱、缺乏行业自律机制等。首先，培养信用服务消费意识，扩大信用消费需求市场。加大信用产品宣传力度，提高人们对信用产品的概念、价值和功能的认识，培育和壮大信用服务市场规模。其次，提高信用服务产品质量，丰富信用产品种类。增强信用中介机构的业务能力，开发多样的信用服务产品，促进产品创新、技术创新、市场创新。深入市场，敏锐地把握住市场需求，面向、刺激和创造客户需求。同时，建立及时有效的反馈渠道，不断地调整信用产品和信用服务。最后，规范信用中介机构运作，加强信用行业自律。政府要加强信用服务市场的顶层设计，从整体上规划信用行业的长远发展，加强对信用行业的监督，明确信用中介机构的准入条件、经营范围、权利与义务。加强企业和行业协会自律，不断提升企业行业人员的专业知识、业务能力和技术水平。

（4）健全信用奖惩机制。健全的信用奖惩机制能有效地规范各个经济主体的信用行为，引导人们的价值取向和行为选择。对失信行为进行惩戒不仅是对失信主体的惩罚，也能起到警示作用，减少潜在的失信行为；对守信行为进行奖励不仅是对守信主体的奖赏，也能起到刺激作用，增加潜在的守信行为。一方面，需要完善信用市场奖惩机制，扩大监督渠道。充分发挥政府和行业协会的监督作用，同时加强企业自我监督和公众舆论监督，让失信行为得到惩戒，守信行为得到奖励，并且预防潜在的失信行为和刺激潜在的守信行为。另一方面，丰富信用奖惩手段。坚持行政手段和法律手段的结合，尤其是强化行政处罚和法律制裁力度。根据失信主体的行为类别和性质，以及失信行为造成的社会影响和后果，进行相应的惩戒，例如扣押、拘留、罚款甚至判刑。坚持经济奖惩和精神褒贬相结合，遵循褒扬诚信、惩戒失信的原则，从物质和精神两个方面着手进行社会信用体系建设。

（5）加强诚信道德教育。诚信是中华民族的传统美德，诚信道德教育是高回报的投资，是推动我国社会主义精神文明建设的重要举措，能营造全社会诚实守信的良好氛围，反过来又将促进诚信道德教育顺利开展。诚信道德教育范围必须涉及全社会各个阶层、各个领域，不只是在校学生，政府、社区、行业和企业都要涉及。只有全社会形成了诚实守信的良好风气和氛围，才能真正顺利推动我国社会信用体系建设。同时，开展诚信道德教育的形式必须是多种多样的，不仅要有相关法律法规教育，还要举办各式各样的诚信道德教育活动，例如主题讲座、海报、话剧演出等传统宣传活动，以及演讲比赛、辩论赛和公益广告等新兴形式的宣传活动。总之，需要充分利用电视、媒体、网络等覆盖范围广、传播速度快、接受程度高的宣传手段。

9.4　社会信用关键技术发展展望

9.4.1　优化技术展望

优化技术通过利用数学方法，研究各种潜在途径与方案，最终为决策者提供科学的决策依据。作为机器学习的基础，优化技术促进了机器学习与人工智能的发展。如何将机器学习与优化技术结合，提高机器学习中优化的效率，已成为一个研究热点。下面我们提出几个优化的研究方向。

9.4.1.1 样本数据生成的优化问题

监督学习作为机器学习中效果较好的一类训练模式，需要对底层数据进行标注。然而，数据的标注是一个庞大且容易出错的过程，甚至有时因为没有经验而无法完成标注工作。通常情况下，数据形式分为两种。第一种是数据量大，需要去判断数据的规模，并在此规模下，确定学习模型，此种情况对应着鲁棒优化不确定集合的确定；第二种则是数据规模较小，需要用有限的数据去求解真实决策的近似解，属于不完整信息的优化问题。

作为一种重要的生成模型，生成式对抗网络（GANs）在数据量较少时，可以生成高质量的数据，扩充数据规模。例如，在欺诈检测模型中，由于欺诈数据的匮乏，通常导致对于欺诈中少数类样本的预测不准确。因此可以通过使用 GANs 来生成更多的欺诈样本，然后再通过分类模型进行预测。目前 GANs 方法在信用模型中的应用并不常见，但 GANs 已经被研究人员应用在越来越复杂的环境中了。

建立样本数据生成的数学理论和拓展模型，根据任务构造符合要求的样本数据对信用体系的进一步发展将十分重要。

9.4.1.2 数据与模型混合的再表达优化问题

数据再表达指将原始数据变换到另外一个特征空间从而得到原始数据的一种新的表示。通过数据的再表达，可以挖掘数据内部隐藏潜在的解释性因素，有助于数据的分类或者识别。模型驱动的数据再表达是利用数学的分析方法，给出数据的再表达方式，其过程不需要样本数据，每一层的输出具有可解释性。数据驱动的数据再表达则需要构建一个带参数的模型结构，然后通过数据去训练模型结构中的参数，从而发现其隐藏特征。如何同时保持模型驱动的"解释性"与数据驱动的"通过样本再表达"的优点，是一个值得研究的问题。郭田德等（2019）提出了数据与模型混合驱动的逐层数据再表达方法。首先建立带参数的数学模型，通过将少量的样本代入该模型中，可以求解模型的相关参数，从而获得数据的再表达。该方法不但具有可解释性，并且不需要过多的训练数据。在研究方法上，该类方法可以被用于基于矩阵优化的方法和自编码方法。由于强化学习中涉及的很多优化问题属于矩阵优化，并且自编码学习也是深度学习中常用的方法，故数据与模型混合驱动的优化问题可以被广泛应用于深度学习与强化学习，继而解决更多实际应用场景中的问题。

9.4.2 大数据技术展望

计算机技术与移动互联网技术的快速发展，使得大数据技术得到了广泛应用，而信用数据的急剧增加，使得数据预处理过程变得更加重要。相比于传统的缺失值和异常值处理，在信用分析过程中，解决数据的离散化与数据不平衡问题尤为重要。此外，随着大规模的图数据结构的出现，使得挖掘图结构本身的特点成为学术界与工业界一个新的研究方向。下面我们提出几个基于大数据技术的研究方向。

9.4.2.1 信用数据的离散化

在信用分析过程中，对于数值型数据有时需要进行离散化处理。原因有以下几点：第一，经离散化处理后的数据隐藏了原始的数据信息，有利于隐私保护；第二，一些模型算法无法对连续数值进行计算；第三，经离散化处理后的数据可以降低异常值的影响。

在离散化的过程中，如果不考虑类别信息，称为无指导离散；如果考虑类别信息，则称为指导离散。等距、等频区间离散化和基于熵值的离散化方法是信用数据处理中较为常见的几种方法。等距、等频区间离散属于无指导离散方法，其分别将连续数值按照等距离区间划分和等频率区间划分。基于熵值的离散方法则属于指导离散方法。在其离散化的过程中，由于考虑了类别信息，通常需要完成以下四步：第一，对数值型的属性进行排序；第二，根据规则确定分割点，将数据区间化；第三，按照合并规则，对相邻区间的数据进行合并；第四，设定停止标准，重复以上过程，直到达到停止标准。

经离散化处理后的数据通常是一个较为稀疏的向量，可以使一些问题变得线性可分，并且稀疏向量内积计算速度快，使计算结果易于存储、扩展。与此同时，经过离散化处理的数据更有利于进行特征交叉，进一步引入非线性，提高模型的表达能力。

9.4.2.2 信用数据的不平衡

在信用场景下，信用模型中"失信客户"的数量通常远大于"守信客户"的数量，因此数据不平衡问题成为信用数据中常见的一类问题。对于数据不平衡的解决方案主要包括以下两个方面：第一，数据层面，通过增加少数类样本或者减少多数类样本使数据达到平衡；第二，将不平衡带来的影响纳入算法设计中，例如调整误分类代价，将分类边界适当往多数类偏移等。研究兼顾数据不平衡的信用评估方法对于提升整体的评估效果有着重要的理论意义和现实意义。

9.4.2.3 图挖掘技术

企业间法定代表人的相互关系、企业间资金流、借款人的社会关系等，这些数据能很好地构成图网络，并且在较大程度上影响着企业或者个人的信用评分。因此，研究图挖掘技术十分有必要。

真实的图往往是高维且难以处理的，图嵌入算法可将图数据从高维降到低维，以供后续数据建模使用。常用的图嵌入方法主要分为基于随机游走的方法与基于深度学习的方法。

（1）基于随机游走的方法。Deepwalk 是一种基于随机游走的常用方法，其思想主要受到 word2vec 启发，通过将图中的每个点在其局部上下文中采样，得到序列信息以及每一个点的向量。若两个点在图中的共有邻近点越多，两个点构成的向量则越接近。

Node2vec 克服了 Deepwalk 形成序列过程中的不确定性问题，采用有偏随机游走，可以通过超参数控制游走的方向，将广度优先与深度优先结合，更好地满足实际要求，得到高质量和更多信息量的嵌入。

（2）基于深度学习的方法。Structural deep network embedding（SDNE）使用了深度学习中的自编码解码器来计算一阶和二阶相似度。通过自编码器，使得每个点映射到高维空间，得到特征向量，再通过解码器调整特征向量的值。然后通过拉普拉斯特征映射，比较两点在嵌入的高维空间的特征向量值。如果相似点在嵌入空间的距离较大，调整特征映射。

Graph Convolutional networks（GCN）通过在图上定义卷积算子来实现图的计算。每个点通过其邻域信息进行嵌入，之后通过迭代，将嵌入后的邻域信息再次嵌入。最终，多次迭代可以使得通过学习一个节点，描述全局邻域信息。

图挖掘技术的学习，使得图数据有了更为广泛的应用，为信用评分模型增加一个重要的维度，从而提高模型准确性。

9.4.3　人工智能与机器学习技术展望

机器学习是人工智能最重要的组成部分，控制着人工智能的智能行为引入外部数据，其应用遍及人工智能的各个领域。而信用作为市场经济的基石，是发挥市场在资源配置中的决定性作用，增强经济活动的效率和可预期性的重要基础性工程。推动人工智能，特别是机器学习与社会信用相互结合、相互促进的创新研究和深入开展基于机器学习的信用应用研究，可以满足国家信用发展对人工智能的人才需求，促进我国人工智能学科的产研结合。下面我们提出几个应重点发展的研究方向。

9.4.3.1　迁移学习

互联网的广泛应用催生出大量的网络借贷公司，亟须构建一些网络借贷模型来监控网络借贷风险。在机器学习建模过程中，无论是分类方法还是回归方法，都是基于数据同分布假设的。然而，网络借贷中的违约预测模型，由于客群变幻无常，数据更迭较快，历史数据与预测模型所需要的数据有较大偏移，使得过期数据不可用，近期有用的数据又很少，结果导致不能准确地建立模型。迁移学习就是将历史数据作为辅助数据，将近期数据作为目标数据，结合两个分布不同的数据集，建立性能较好的信用风险评估模型。

WEI L 等（2019）将迁移学习应用到消费信用违约预测模型中。文中首先搜集了信用卡业务数据 A、消费业务数据 B。将 B 分为训练集 B_ train 与测试集 B_ test。将 A 作为辅助数据集，B_ train 作为目标数据集。迁移学习的应用就是寻找辅助数据集 A 与目标数据集 B_ train 之间的相似性。此处用余弦相似度去度量 A 与 B_ train 之间的相似性，如果 $0° < \theta < 90°$，表明从 A 与 B_ train 中分别取的样本相似度高，可以将这两个样本添加到新的训练集中；如果 $90° \leq \theta \leq 180°$，表明从 A 与 B_ train 中分别取的样本相似度低，为防止负效应，则删去 A 中的该样本，只添加 B_ trian 中的样本到新的训练集中。依此方法，可以添加一些样本，之后用新的训练集去建立模型。实验结果显示，运用迁移学习方法后，违约预测模型的灵敏度和 AUC 均有所提高，证明了迁移学习对于消费信用违约模型的有效性。

朱兵等（2015）利用迁移学习解决了信用评分模型中数据不平衡的问题。在信用评分模型中，样本不平衡是一个常见问题，通常的解决方案是通过采样技术来降低其影响。基于所引入的外部客户数据，该作者提出利用迁移学习的方法融合系统内部数据，构建了基于集成学习的迁移学习模型。然后，作者结合重庆某商业银行的信用卡客户数据进行实证研究，研究结果表明利用迁移学习方法建立的模型能很好地提高少数类样本的预测精度。基于此，迁移学习能解决信用评分模型中类别不平衡引起的困扰，也能为代价敏感一类问题提供新的解决思路。

在信用评分模型中，当模型场景变化导致数据匮乏且无法利用现有数据直接建模时，迁移学习可以利用与新场景相关领域的数据作为辅助数据增加数据规模，从而建立模型、提高模型性能。此外，随着互联网经济的快速发展，数据日新月异且模型场景不断变化，使得迁移学习成为当今研究的一大热点。从而研究迁移学习算法的设计和理论分析，并将它们应用到求解大规模信用问题中去，就成了一个非常重要的课题。

9.4.3.2 联邦学习

机器学习的一切基础都在于数据，如何搜集数据是一个最基本的问题。现实中，由于监管的原因，数据不能简单地从一个地方传到另一个地方。比如，

2016年4月，欧盟通过了《通用数据保护条例》，并于2018年5月起强制实施，控制了个人隐私数据的搜集和传输等。之后，谷歌因为搜集和使用用户数据而受到5 000万欧元的处罚。自此，隐私问题受到社会的广泛关注。与此同时，在中国现有的市场环境中，互联网经济爆发式发展，2018年我国数字经济总量达31万亿元，在GDP中占比34.8%。另外，在新冠肺炎疫情防控战中，大数据发挥了巨大作用，在科技助力下，有关部门可以尽早发现疑似病患和密切接触者，及时隔离，切断感染源。然而，数据依然广泛分布在不同企业间或者终端，形成"数据孤岛"，不能直接进行共享或者交换，从而制约着人工智能的发展。在此背景下，联邦学习应运而生，其能够很好地解决上述隐私问题和"数据孤岛"问题。

KONECNY J等（2016）首先提出了联邦学习的概念。假设有N个人，每个人拥有各自的数据｛D1，…，DN｝，联邦学习是指用全部的数据去训练模型，并且在这个过程中，所有的数据均不会暴露给其他数据所有者。此过程基于多个设备上的数据进行分布式构建机器学习模型，以防止数据泄露。之后，SHOKRIR等（2015）的数据包括了用户ID或者设备ID，故在分布式建模过程中考虑了数据隐私问题。YANG Q等（2019）进一步探索了隐私问题，提出了更全面的联邦学习定义，描述了联邦学习系统的工作流程和系统架构。

KAWA D.等（2019）指出在银行信用风险建模过程中，将不同银行数据搜集起来是一件不可行的事情，原因有三：①出于商业目的，银行之间不愿意共享它们的私密数据；②将数据集中于一处联合训练存在着安全与管理的问题；③网络传输大量的数据存在隐私泄露的风险。基于此，文中提出用联邦学习解决银行数据的风险评估问题，并以印度银行数据搜集为例：因为印度银行数量不多，故将所有搜集到数据的银行作为客户端，将中心服务器作为服务端。首先服务端有一个初始化的模型，将模型相关数据发往各客户端，然后每个银行用各自本地的数据更新自己的模型，所有本地模型更新后，将模型信息传输到服务端，服务端再更新总模型。重复以上操作，直到收敛为止。整个过程中，数据不出本地，服务端与客户端仅仅对模型参数进行更新。

YANG W S等（2019）进一步研究利用联邦学习解决实际金融欺诈的问题。金融欺诈存在以下特征：①数据匮乏；②数据极度不平衡；③欺诈问题需要高实时性。该作者首先利用联邦学习的去中心化的机器学习算法去训练数据，由于使用不同机构之间的数据，故能在保护隐私的同时解决数据匮乏的问题；然后利用欧洲持卡人的数据验证了基于联邦学习的模型对不平衡数据具有鲁棒性，相比于传统欺诈检测问题，AUC和F1值均提高了大约10%；最后，对于欺诈检测，不仅获得了更高的准确率，还考虑了服务端与各客户机之间的通信时间。

总的来说，联邦学习可以利用一些本来因为隐私问题而不能出本地的数据来增加数据量，提高模型训练精度。这种去中心化的方法可以保护敏感数据和提升数据的安全性，在一定程度上减少敏感数据不可用的影响。因而，对于信用评分模型，联邦学习可以保护其建模过程中数据拥有者关心的数据隐私与安全问题。同时，联邦学习还可以在一定程度上解决信用评分模型中涉及的数据不平衡问题。从而，发展和构建一系列适应信用问题的联邦学习模型是一个重要的研究方向。

9.4.3.3 多视角学习中的子空间学习方法

子空间学习方法是通过不同的视角，挖掘多个视角之间的关联性，最终将数据映射到一个共同的潜在空间。该空间可以解决维度灾难问题，并且可以得到数据的一致性表征，更有利于模型对于数据的分类和聚类。但是，多视角学习存在不能完全提取所有关联信息从而导致数据重要信息被忽略的问题，进而影响模型的最终效果。为此，如何提取关联信息是一个重要的研究方向。RASTEGARI M 等（2013）提出了双视图散列算法，通过计算原始空间中的数据相似度，建立汉明空间，使得域中信息可以相互比较。KUMAR S 等（2011）跨视角相似检索哈希（Cross-View Similarity Search）是将哈希算法从一个视角扩展到多个视角，并且计算每一个视角的哈希函数。其结果使得邻近的视角间的汉明距离最小化，非近邻的视角间的汉明距离最大化。ZHEN Y 等（2012）提出的协同正则哈希函数（Co-Regularized Hashing）考虑了视角间的相似性与独特性，并用两个正则化项来表示这两个特性，然后利用联合优化进行计算。ZHANG D 等（2011）提出多视角混合哈希（Composite Hashing with Multiple Information Sources），利用多视角的独特性和互补性，通过学习去调整每一个视角下的权重，然后通过联合优化达到最大化二进制哈希效果。

多视角学习的子空间学习方法可以被用于提取有用信息，其应用与现实息息相关，并且涉及机器学习、数据挖掘等多个领域。这些特点使得多视角子空间学习方法在未来会有更大的发展空间以及更广泛的应用领域，如金融风险识别与监测。

9.4.3.4 模型驱动的深度学习方法

大数据技术的发展与应用，使得数据量大幅增加，在深度学习的某些应用中，数据的需求已经不再是一个障碍。如何确定神经网络的拓扑结构成为制约深度学习发展的一个瓶颈，其主要原因是缺乏对网络拓扑和性能关系的理论认识。当前，深度学习网络拓扑的选择依靠实验手段，进行工程实践，而不是科学研究，最终导致大多数的深度学习方法都缺乏理论基础。深度学习的网络设计与可解释性妨碍了其标准化与商业化的发展趋势。XU Z B 等（2018）通过结合模型驱动的方法与数据驱动的深度学习方法，在一定程度上解决了网络结构的设计与可解释性。具体来说，将深度学习方法作为数据驱动的方法，而模型驱动则是基于特定任务的目标，利用物理机制和领域知识构建模型，当模型足够准确时，通常可以使预测的解决方案达到最优。近年来，SHAO G Q 等（2012）、ANTONINI M. 等（1992）、GUPTA D. 等（2015）、BRACEWELL R. N. 等（1986）都对数据驱动的深度学习方法及其实践进行了研究，证明了它们在实际应用中的可行性与有效性。如何结合深度学习方法的优势，最大化地挖掘其在信用应用中的巨大潜力是一项重要的研究内容。

9.4.5 信用评级技术展望

社会信用体系建设从本质上来看是信用资本化，其核心在于度量信用风险。信用评级技术就是通过分析信用主体的相关数据，测度其信用风险，并以简单、直观的形式表现出来。信用评级技术经历了从定性分析到定量分析，从参数分析到非参数分析，从统计分析到神经网络、随机森林等机器学习的发展历程。目前，关于信用评级技术的进一步研究，主要集中于指标体系的构建、信用数据的处理和信用评级模型的创新上。

9.4.5.1 信用评级指标体系构建

关于信用评级指标体系构建可谓是众说纷纭，没有统一的标准。卿固等（2015）认为目前信用评级过度关注量化指标，忽视了某些至关重要但无法进行量化的指标，因此，在进行信用评级时应考虑必要的定性因素，同时在模型中添加的变量必须注意行业间的差异。金融机构的数据库中只有贷款获批者的信用记录，但没有贷款被拒者的信用记录，样本选择性偏差很可能导致参数估计是有偏的。为此，夏利宇等（2018）提出了处理拒绝推断的迭代半参数法，可以更加有效地识别被拒客户中信用相对较差的。张金宝（2018）提出利用历史数据测算违约概率的方法，建立了一种基于完全信息的测算方法，替代传统的方法，即只考虑期初存在的贷款。Ding 等（2019）运用模糊聚类分析方法将交易量、交易时间和买方信用等客观变量纳入模型中，构建了一个动态的信用评级模型。

9.4.5.2 信用数据处理

关于信用数据处理，主要包括不平衡处理和数据离散化处理两个方面。不平衡数据是指守信客户和失信客户的比例严重不平衡，导致样本中的失信客户的比例远远小于实际比例，从而造成估计偏误。Sebastian（2017）基于误分代价重新设计分类算法，在支持向量机方法中引入惩罚系数，从而减少了数据不平衡导致的分类错误。夏利宇（2020）基于违约损失因素提出迭代重抽样集成模型（IRIM），提升对违约客户的关注，从而保证了在市场份额不过度减少的情况下降低金融机构的违约风险。数据离散化是指将连续型数据转化为离散型数据。数据离散化具有许多优点，一是能缓冲异常值造成的估计偏差，二是更加契合许多算法模型的要求，实现面板数据模型的优势。夏利宇（2019）提出基于 ACACM 准则的数据离散化算法，更加倾向于刻画误判成本较高的违约客户，从而提高了信用评级模型的风险控制能力。

9.4.5.3 信用评级模型创新

关于信用评级模型，大致分为定性分析模型、统计模型以及机器学习模型。毫无疑问，在人工智能快速发展的今天，机器学习模型是未来信用评级模型发展的方向之一。李鸿禧（2020）将信用评级技术分为传统信用评级、市场隐含评级和大数据评级三个种类，并认为在大数据时代背景下，未来的信用评级技术将更多地依赖大数据技术、人工智能和统计学等相关理论和技术。同时，部分学者认为短时间内普及机器学习模型有一定的难度。例如，夏利宇等（2019）认为神经网络、随机森林法等机器学习模型结构复杂、可解释性差，因此在实际操作中难以推广，目前使用最广泛的仍然是 Logit 模型。

综上所述，信用评级技术经历了定性分析向定量分析的变化，然而单纯定量地分析财务数据容易遗漏某些重要的定性因素。因此，将定性分析和定量分析科学地结合起来，构建科学的指标体系，合理地处理信用数据，是未来信用评级技术的重要方法方向之一。另外，在大数据时代背景下，优化信用评级模型需要充分利用大数据技术，深入挖掘信用大数据价值，使得信用评级模型能更好地反映受评对象的信用状况，从而降低投资者的投资风险。

参考文献

（一）中文文献

［1］白云峰. 金融领域信用信息服务体系构建与运行机制研究［D］. 长春：吉林大学，2011.

［2］北京大学中国经济研究中心宏观组. 债转股：走在信用经济与"赖账经济"的十字路口［J］. 国际经济评论，1999（9）：26-28.

［3］北京市人民政府. 北京市区块链创新发展行动计划（2020—2022 年）［EB/OL］. http://www.beijing.gov.cn/zhengce/gfxwj/202006/t20200630_1935625. html，2020-06-18.

［4］本刊编辑部. 数字加密货币：新兴技术、货币体系与全球秩序——Libra 倡议下数字货币的未来［J］. 探索与争鸣，2019（11）：4，157.

［5］毕强，白云峰. 信用信息服务中个人信用信息主体权益保护问题研究［J］. 图书情报知识，2011（1）：108-112.

［6］编写组. 思想道德修养与法律基础［M］. 北京：高等教育出版社，2012：129.

［7］标准普尔评级服务公司官方网站：https://www.spglobal.com/.

［8］曾康霖，王长庚. 信用论［M］. 北京：中国金融出版社，1993.

［9］陈文玲. 美国信用体系的总体构架［J］. 中国工商管理研究，2004（6）：32-34.

［10］陈文玲. 透视中国：中国社会信用体系与文化报告［M］. 北京：中国经济出版社，2016.

［11］陈晓红，寇纲，刘咏梅. 商务智能与数据挖掘［M］. 北京：高等教育出版社，2018.

［12］陈尧. 支持多计算模式的大数据系统的研究［D］. 成都：电子科技

大学，2015.

[13] 程民选. 信用的经济学内涵及其相关概念辨析 [J]. 广州大学学报（社会科学版），2006（11）：34-39.

[14] 程新生，宋文洋，游晓颖，等. 信用风险管理：从内部绩效评价到客户公司治理风险评价——基于 LS 公司信用风险管理系统的案例研究 [J]. 会计研究，2010（12）：76-81.

[15] 丁越. 基于遗传算法的 P2P 网贷违约预警模型研究 [D]. 杭州：浙江大学，2019.

[16] 方旭阳. 基于特征选择和深度旋转森林的信用评估方法研究 [D]. 郑州：河南大学，2019.

[17] 付源，阮超. 企业信用管理中客户信用信息的来源及内容探析 [J]. 中国管理信息化，2009，12（2）：47-49.

[18] 管同伟. 区块链在资产证券化风险控制中的应用研究 [J]. 新金融，2018（1）：27-33.

[19] 广州市工业和信息化局. 广州市推动区块链产业创新发展的实施意见（2020—2022 年）[EB/OL]. http://fgcx.bjcourt.gov.cn:4601/law? fn = lar1559s465.txt，2020-05-06.

[20] 贵阳市人民政府. 关于支持区块链发展和应用的若干政策措施（试行）[EB/OL]. http://www.guizhou.gov.cn/ztzl/2017szfnzzt/dsj_9371/zcjd_9372/201801/t20180103_70983692.html，2018-01-03.

[21] 贵阳市人民政府. 贵阳区块链发展和应用 [EB/OL]. http://www.360doc.com/content/19/1115/19/36829030_873402144.shtml，2017-01-01.

[22] 贵州省大数据发展管理局. 贵州省数字经济发展规划（2017—2020 年）[EB/OL]. http://dsj.guizhou.gov.cn/zwgk/xxgkml/ghjh/201709/t20170917_10392448.html，2017-09-17.

[23] 贵州省人民政府. 关于加快区块链技术应用和产业发展的意见 [EB/OL]. https://www.waizi.org.cn/policy/118986.html，2020-05-11

[24] 郭田德，韩丛英，李明强. 逐层数据再表达的前后端融合学习的理论及其模型和算法 [J]. 中国科学（信息科学），2019，49（6）：739-759.

[25] 国务院办公厅. 国务院办公厅关于积极推进供应链创新与应用的指导意见 [EB/OL]. http://www.gov.cn/zhengce/content/2017-10/13/content_5231524.htm? trs = 1，2017-10-13.

[26] 国务院办公厅. 国务院关于印发"十三五"国家信息化规划的通知

[EB/OL]. http://www.cac.gov.cn/2016-12/27/c_1120198942.htm,2016-12-27.

[27] 国务院办公厅. 国务院关于印发新一代人工智能发展规划的通知[EB/OL]. http://www.gov.cn/zhengce/content/2017-07/20/content_5211996.htm, 2017-07-08.

[28] 韩家平. 中国社会信用体系建设的特点与趋势分析 [J]. 征信, 2018, 36 (5): 1-5.

[29] 韩家炜, 坎伯, 裴健. 数据挖掘: 概念与技术 [M]. 2 版. 范明, 等译. 北京: 机械工业出版社, 2012.

[30] 杭州市金融工作办公室. 2018 杭州市区块链产业报告 [EB/OL]. http://www.cbdio.com/BigData/2018-11/20/content_5923340.htm, 2018-11-20.

[31] 杭州市西湖区人民政府. 关于打造西溪谷区区块链产业园的政策意见 (试行) [EB/OL]. http://www.hzxh.gov.cn/art/2021/7/22/art_1229604296_59016264.html, 2017-05-09.

[32] 何德旭, 苗文龙. 数字货币的经济学解读及我国发展策略 [J]. 经济纵横, 2020 (6): 2, 18-25.

[33] 何建奎, 岳慧霞. 美国个人信用体系范式及其对我国的借鉴 [J]. 财经问题研究, 2004 (11): 48-51.

[34] 何自力, 乔晓楠. 建设现代化经济体系, 增强我国经济创新力和竞争力 [J]. 马克思主义研究, 2017 (12): 22-25.

[35] 贺朝晖. 中小企业信用评级与发展: 印度经验 [J]. 征信, 2012 (1): 82-86.

[36] 贺学会, 尹晨. 信用体系与征信: 概念与基本框架 [J]. 金融理论与实践, 2005 (2): 6-8.

[37] 胡俊, 胡贤德, 程家兴. 基于 Spark 的大数据混合计算模型 [J]. 计算机系统应用, 2015 (4): 216-220.

[38] 胡运权. 运筹学基础及应用 [M]. 北京: 高等教育出版社, 2004.

[39] 黄琼. 基于 CVaR 的稳健信用组合优化 [D]. 上海: 复旦大学, 2011.

[40] 黄文平. 信用经济与政府责任 [J]. 学术月刊, 2002 (4): 84-91.

[41] 惠誉国际信用评级有限公司官方网站: https://www.fitchratings.com/.

[42] 纪崑. 企业信用风险评估框架 [J]. 发展研究, 2020 (3): 48-53.

[43] 江云苏. 构建广告信用监管体系浅思 [J]. 工商行政管理, 2004 (4): 10-12.

［44］姜灵敏. 商业银行信贷风险控制计算模型与算法优化研究［D］. 长沙：中南大学，2003.

［45］姜明辉，许佩，韩旖桐，等. 基于优化 CBR 的个人信用评分研究［J］. 中国软科学，2014（12）：148-156.

［46］姜欣. 基于总体信用风险迁移的贷款组合优化模型［D］. 大连：大连理工大学，2017.

［47］康书生，鲍静海，史娜，等. 中小企业信用评级模型的构建［J］. 河北大学学报（哲学社会科学版），2007，32（2）：26-33.

［48］孔婷. 征信业发展的国际经验及借鉴启示［J］. 征信，2016，34（9）：62-68.

［49］孔丘. 论语［M］. 刘兆伟，译注. 北京：人民教育出版社，2015.

［50］李爱君，方颖，等. 欧洲议会与欧盟理事会《一般数据保护法案》［J］. 金融创新法律评论，2017（1）：2.

［51］李航. 统计学习方法［M］. 2 版. 北京：清华大学出版社，2019.

［52］李宏. 信用管理理论及其最新发展［J］. 经济学动态，2006（4）：77-81.

［53］李鸿禧. 企业信用评级的国际经验与方法研究［J］. 新金融，2020（1）：54-58.

［54］李家勋. 新形势下企业信用监管模式浅析［J］. 企业导报，2016（12）：83-84.

［55］李杰群. 基于 AHP 法的科技型中小企业信用评级研究［J］. 征信，2014，32（1）：55-59.

［56］李利军. 美国信用法律制度简介［J］. 北京工商大学学报（社会科学版），2004，19（2）：63-68.

［57］李世昌. 基于 VaR 的我国商业银行信用风险管理研究［D］. 上海：同济大学，2008.

［58］李太勇，王会军，吴江，等. 基于稀疏贝叶斯学习的个人信用评估［J］. 计算机应用，2013，33（11）：3094-3096.

［59］李长健，伍文辉. 信用经济及其实践理性［J］. 发展，2006（4）：61-63.

［60］梁世栋，郭欠，李勇，等. 信用风险模型比较分析［J］. 中国管理科学，2002（1）：18-23.

［61］梁新波. 企业信用管理制度建立方略［J］. 煤炭经济研究，2001（7）：43-44.

［62］林子雨. 大数据技术原理与应用［M］. 北京：人民邮电出版社，2015.

［63］林钧跃. 美国信用管理的相关法律体系［J］. 世界经济, 2000 (4)：67-73.

［64］林钧跃. 企业赊销与信用管理［M］. 北京：中国经济出版社, 1999.

［65］林钧跃. 社会信用体系原理［M］. 北京：中国方正出版社, 2003.

［66］刘利红, 韦薇. 数据挖掘技术在个人信用评估中的应用与实现［J］. 金融科技时代, 2004, 12 (3)：91-94.

［67］刘肖原. 我国社会信用体系建设问题研究［M］. 北京：知识产权出版社, 2016.

［68］刘艳萍. 基于信用风险和利率风险的资产组合优化模型研究［D］. 大连：大连理工大学, 2009.

［69］刘瑛. 企业信用法律规制研究［D］. 北京：中国政法大学, 2004.

［70］楼裕胜. 信用城市建设路径研究［J］. 征信, 2020, 38 (5)：24-30.

［71］卢志强, 葛新锋. 区块链在跨境支付中的应用研究［J］. 西南金融, 2018 (2)：23-28.

［72］罗程, 刘瑛. 加快我国信用信息资源开发利用研究［J］. 电子政务, 2009 (C1)：84-92.

［73］罗兰兰. 我国征信模式及监管体系的制度选择研究［D］. 重庆：重庆大学, 2007：1-55.

［74］罗培新. 善治须用良法：社会信用立法论略［J］. 法学, 2016 (12)：104-112.

［75］罗文阁. 分类监管是信用监管的重要环节［J］. 工商行政管理, 2003 (8)：29-30.

［76］罗哲. 流动性过剩背景下的资产证券化研究［J］. 财经界 (学术版), 2008 (3)：26-26.

［77］骆梅芬. 社会信用体系建设的经验研究：以诚信法治保障为视角［J］. 中山大学法律评论, 2014 (3)：22-32.

［78］骆玉鼎. 信用经济中的金融控制［M］. 上海：上海财经大学出版社, 2000.

［79］吕德宏, 朱莹. 农户小额信贷风险影响因素层次差异性研究［J］. 管理评论, 2017, 29 (1)：33-41.

［80］马佳悦. 信用监管视角下的黑名单制度研究［D］. 苏州：苏州大学, 2017.

［81］马克思, 恩格斯. 马克思恩格斯全集［M］. 北京：人民出版社, 1957.

[82] 马克思, 恩格斯. 马克思恩格斯选集 [M]. 北京: 人民出版社, 1995.

[83] 马克思. 资本论 [M]. 北京: 人民出版社, 1975.

[84] 马晓青, 刘莉亚, 胡乃红, 等. 小企业信用评估的模型构建与实证分析 [J]. 财经研究, 2012 (5): 28-37.

[85] 毛方琼. 中国信用管理模式的选择与完善 [D]. 成都: 西南财经大学, 2009.

[86] 茆训城, 宁同科, 等. 信用风险度量与管理 [M]. 上海: 上海财经大学出版社, 2013: 75.

[87] 孟宪福, 王蒴, 关迎晖. 基于案例推理的企业信用评估系统 [J]. 计算机工程, 2003 (22): 170-172.

[88] 明明, 张运才. 超级债务周期与经济增长 [J]. 金融市场研究, 2016 (11): 11-26.

[89] 穆迪投资者服务公司官方网站: https://about.moodys.io/.

[90] 宁波市经济和信息化委员会. 宁波市加快区块链产业培育及创新应用三年行动计划 (2020—2022) [EB/OL]. http://www.vrmeigu.com/qkl/92470.html, 2020-06-25.

[91] 欧志伟. 证券资信评级 [M]. 上海: 百家出版社, 2002.

[92] 庞素琳, 巩吉璋. C5.0 分类算法及在银行个人信用评级中的应用 [J]. 系统工程理论与实践, 2009, 29 (12): 94-104.

[93] 蒲小雷, 韩家平. 企业信用管理典范 [M]. 北京: 中国对外经济贸易出版社, 2001.

[94] 乔法容. 信用经济与政府信用建设 [J]. 郑州大学学报 (哲学社会科学版), 2003, 36 (2): 12-14.

[95] 卿固, 辛超群. 信用评级方法模型的研究综述与展望 [J]. 西部金融, 2015 (5): 41-45.

[96] 全国人民代表大会常务委员会. 中华人民共和国民法通则 [M]. 北京: 中国法制出版社, 1986.

[97] 任学婧. 社会信用体系建设的法制保障 [J]. 华北理工大学学报 (社会科学版), 2014 (6): 17-19.

[98] 沈翠华, 邓乃扬, 肖瑞彦. 基于支持向量机的个人信用评估 [J]. 计算机工程与应用, 2004, 40 (23): 198-199.

[99] 施林丽, 李晨宇, 季琛, 等. 基于 Logistic 回归模型的中小企业信用评价 [J]. 高师理科学刊, 2018, 38 (5): 10-17.

[100] 石淑华. 关于信用经济的几个理论问题 [J]. 福建师范大学学报（哲学社会科学版），2004（1）：45-50.

[101] 石夏风. 论信用权立法 [D]. 上海：上海社会科学院，2016.

[102] 史蒂芬·卢奇，丹尼·科佩克. 人工智能 [M]. 2 版. 林赐，译. 北京：人民邮电出版社，2018.

[103] 帅理. 个人信用风险评估理论与方法的拓展研究 [D]. 成都：电子科技大学，2015.

[104] 司明，孙大超. 发达国家主权债务危机成因分析及启示：基于贝叶斯模型平均方法的实证研究 [J]. 中南财经政法大学学报，2013（4）：86-92.

[105] 宋晓瑞. 美、英、日三国征信监管模式比较及其启示 [J]. 征信，2014（12）：62-64.

[106] 苏民. 中国主权信用评级被低估了吗：基于面板线性与有序概率回归方法 [J]. 世界经济研究，2017（11）：121-134，137.

[107] 苏如飞. 欧盟《一般数据保护条例》对银行合规产生新影响 [J]. 中国银行业，2018（6）：78-79.

[108] 孙红，金兵兵. 日本征信市场的特点及启示 [J]. 征信，2015（6）：63-67.

[109] 孙国峰，贾君怡. 中国影子银行界定及其规模测算：基于信用货币创造的视角 [J]. 中国社会科学，2015（11）：92-110.

[110] 孙文，王冀宁. 基于 AHP 的中小企业信用评级指标体系构建 [J]. 财会通讯，2012（7）：19-21.

[111] 汤羽，林迪，范爱华，等. 大数据分析与计算 [M]. 北京：清华大学出版社，2018.

[112] 唐明琴. 征信机构建设的国际经验及其启示 [J]. 重庆社会科学，2012（10）：18-26.

[113] 田欢欢. 社会公德内涵研究述评 [J]. 文化创新比较研究，2019，3（12）：28-29.

[114] 田泽. 信用信息共享：韩国征信业的助动力 [J]. 银行家，2007（1）：92-94.

[115] 王引. 美国的社会信用管理体系及其借鉴 [J]. 商业研究，2003（6）：156-158.

[116] 王春兰. 企业信用管理的绩效评价研究 [J]. 科技管理研究，2005，25（1）：66-67.

［117］王峰.鲁棒优化及相关问题的研究［D］.西安：西安电子科技大学，2018.

［118］王庆，姚康.基于随机子空间集成学习的中小企业信用评估方法研究［J］.上海管理科学，2018，40（3）：94-97.

［119］王秋香.日本征信市场发展的经验及启示［J］.北京金融评论，2015（2）：252-259.

［120］王小丁.基于违约相依的信用风险度量与传染效应研究［D］.长沙：中南大学，2010.

［121］王新玲，张晓磊.ERP环境下的企业赊销信用管理［J］.财会学习，2007（9）：27-29.

［122］王雪岩.社会信用体系下大学生诚信教育机制的构建［J］.征信，2015，33（11）：57-59.

［123］魏刚.深入学习十九大报告精神，努力推进事业创新发展［J］.中国机构改革与管理，2017（12）：8-10.

［124］魏革军.坚持"政府+市场"双轮驱动，推进陕西省社会信用体系建设高质量发展［J］.征信，2020，38（2）：1-3.

［125］魏健馨，宋仁超.日本个人信息权利立法保护的经验及借鉴［J］.沈阳工业大学学报（社会科学版），2018（4）：289-296.

［126］文海兴，张铭，许晓征.韩国信用保证体系及其启示［J］.中国金融，2011（21）：75-76.

［127］文亚青."三位一体"的企业全面信用管理理论及特征探析［J］.学术交流，2008（4）：64-67.

［128］吴德胜，梁樑.遗传算法优化神经网络及信用评价研究［J］.中国管理科学，2004（1）：68-74

［129］吴晶妹.从信用的内涵与构成看大数据征信［J］.首都师范大学学报（社会科学版），2015（6）：66-72.

［130］吴晶妹.三维信用论［M］.北京：清华大学出版社，2016.

［131］吴晶妹.现代信用学［M］.北京：中国金融出版社，2002：23.

［132］吴晶妹.资信评估［M］.北京：中国审计出版社，2001.

［133］吴敏惠，马丽丽.信用违约期权在应收账款信用风险管理中的应用［J］.莆田学院学报，2010，17（4）：25-29.

［134］吴维海，张晓丽.大国信用：全球视野的中国社会信用体系［M］.北京：中国计划出版社，2017.

[135] 吴奕轩，张景智. 全国社会信用体系建设示范城市诚信宣传教育机制构建研究：以惠州市为例 [J]. 征信，2018，36 (11)：71-77.

[136] 习近平. 把区块链作为核心技术自主创新重要突破口 加快推动区块链技术和产业创新发展 [N]. 光明日报，2019-10-26 (1).

[137] 夏建邦. 日韩个人金融信息保护做法与借鉴 [J]. 金融发展评论，2017 (9)：36-40.

[138] 夏利宇，何晓群. 基于半参数方法进行拒绝推断的信用评级模型 [J]. 管理评论，2018，30 (10)：40-48.

[139] 夏利宇，何晓群. 基于重抽样法处理不平衡问题的信用评级模型 [J]. 管理评论，2020，32 (3)：75-84.

[140] 夏利宇，刘赛可，何晓群. 信用评级模型的数据离散化研究 [J]. 数学的实践与认识，2019，49 (23)：60-66.

[141] 夏利宇，张勇，鲁强，等. 结合 XGBoost 算法和 Logistic 回归的信用评级方法 [J]. 征信，2019，37 (11)：56-59.

[142] 肖智，李文娟. 基于主成分分析和支持向量机的个人信用评估 [J]. 技术经济，2010，29 (3)：69-72.

[143] 谢平，石午光. 数字加密货币研究：一个文献综述 [J]. 金融研究，2015 (1)：1-15.

[144] 徐绍史. 加快推进社会信用体系建设，着力构建信用联合奖惩大格局 [J]. 中国经贸导刊，2017 (4)：4-7.

[145] 徐宪平. 关于美国信用体系的研究与思考 [J]. 管理世界，2006 (5)：1-9.

[146] 许佩. 商业银行个人信用评分系统的优化研究 [D]. 哈尔滨：哈尔滨工业大学，2017.

[147] 闫达文. 基于信用与利率风险控制的银行资产负债优化模型研究 [D]. 大连：大连理工大学，2010.

[148] 严维真. 商业银行贷款信用风险及贷款组合优化决策研究 [D]. 天津：天津大学，2007.

[149] 杨伯峻. 《春秋·左传》注 [M]. 北京：中华书局，2016.

[150] 杨胜刚. 社会信用体系建设的理论与实践研究 [M]. 北京：中国金融出版社，2019.

[151] 杨太康，吉宏. 信任、信用与信用经济：房地产业规范发展的经济学分析 [J]. 商业研究，2005 (17)：168-171.

[152] 叶蜀君. 信用风险度量与管理 [M]. 北京：首都经济贸易大学出版社，2008：77.

[153] 叶文辉. 印度中小企业评级公司的评级模式及对我国的启示 [J]. 征信，2013 (4)：57-60.

[154] 衣柏衡，朱建军，李杰. 基于改进 SMOTE 的小额贷款公司客户信用风险非均衡 SVM 分类 [J]. 中国管理科学，2016，24 (3)：24-30.

[155] 佚名. 诚信为本：建立社会信用制度与信用体系研讨会文集 [M]. 北京：航空工业出版社，2001.

[156] 张广兴，韩世远. 合同法总则 [M]. 北京：法律出版社，1999.

[157] 张金宝. 基于完全信息的测算信用等级违约概率的新方法 [J]. 数量经济技术经济研究，2018，35 (6)：149-164.

[158] 张久荣. 企业信用监管理论与实务 [M]. 北京：中国工商出版社，2003.

[159] 张露瑶. 成都、资阳两市区域信用体系共建研究 [D]. 成都：电子科技大学，2019.

[160] 张目，周宗放. 基于多目标规划和支持向量机的企业信用评估模型 [J]. 中国软科学杂志，2009 (4)：185-190.

[161] 张善云. 守信激励与失信惩戒运行机制研究 [J]. 发展研究，2016 (5)：95-99.

[162] 张爽. 转型期中国企业信用缺失及其治理研究 [D]. 沈阳：辽宁大学，2009.

[163] 张文，夏晶，张念明. 我国地方政府融资平台信用风险评估：基于 Logistic 模型 [J]. 贵州社会科学，2016 (10)：151-157.

[164] 张永新. 面向 Web 数据集成的数据融合问题研究 [D]. 济南：山东大学，2012.

[165] 赵静娴. 基于决策树的信用风险评估方法研究 [D]. 天津：天津大学，2009.

[166] 赵家敏，黄英婷. 我国商业银行中小企业信用评级模型研究 [J]. 金融论坛，2006 (4)：16-20.

[167] 郑牟丹. 征信体系的美、日模式 [J]. 西安金融，2002 (7)：18-19.

[168] 中华人民共和国国家发展和改革委员会官网：https://www.ndrc.gov.cn/.

[169] 中共中央办公厅. 公民道德建设实施纲要 [M]. 北京：人民出版社，2001：8.

[170] 皮泽红. 广州：区块链发展努力领跑全国 [N]. 中国经济报道，2020-06-23.

[171] 中国经济网. 2018 年中国区块链产业白皮书 [EB/OL]. http://www.ce.cn/culture/gd/201805/28/t20180528_29261394.shtml，2018-05-28.

[172] 中国区块链应用研究中心. 2019 中国区块链行业报告 [EB/OL]. https：//max.book118.com/html/2022/0228/8110026072004060.shtm，2020-01-11.

[173] 中国市场学会. 世界各国信用相关法律译丛 [M]. 北京：中国方正出版社，2006.

[174] 重庆市经济和信息化委员会. 关于加快区块链产业培育及创新应用的意见 [EB/OL]. https://huoxun.com/news/436.html，2017-11-03.

[175] 周汉华. 域外个人数据保护法汇编 [M]. 北京：法律出版社，2006.

[176] 周晶晶. 城市公共信用信息共享存在的问题及对策分析 [D]. 南京：东南大学，2018.

[177] 周修飞. 基于改进人工鱼群算法优化投资组合模型的研究 [D]. 天津：天津商业大学，2017.

[178] 朱毅峰，吴晶妹. 美国信用管理体系简介 [J]. 中国金融，2003 (5)：55-56.

[179] 朱兵，贺昌政，李慧媛. 基于迁移学习的客户信用评估模型研究 [J]. 运筹与管理，2015，24 (2)：201-207.

[180] 朱国华，张君强. 行业协会信用担保制度研究 [J]. 天府新论，2014 (5)：23-28.

[181] 朱荣恩，丁豪，袁敏. 资信评级 [M]. 北京：中国时代经济出版社，2006.

[182] 朱顺泉. 信用评级理论、方法、模型与应用研究 [M]. 北京：科学出版社，2012.

[183] 朱伟革. 构建诚信的和谐社会：德国信用管理体系建设及对我国的启示 [N]. 中国经济时报，2005-04-21.

[184] 朱晓磊，姚佳. 国外征信机构运作模式的比较及借鉴 [J]. 理论月刊，2008 (12)：122-125.

[185] 邹迎九. 我国新闻信用监管制度建设探析 [J]. 中国出版，2016 (10)：24-29.

[186] VAPNIK V N. 统计学习理论的本质 [M]. 张学工，译. 北京：清华大学出版社，2000.

（二）英文文献

［1］ADNAN KHASHMAN. Neural networks for credit risk evaluation: Investigation of different neural models and learning schemes ［J］. Expert Systems with Applications, 2010, 37（9）: 6233-6239.

［2］AKILA S, REDDY U S. Cost-sensitive Risk Induced Bayesian Inference Bagging（RIBIB）for credit card fraud detection ［J］. Journal of Computational Science, 2018（27）: 247-254.

［3］ALAMINOS D, FERNÁNDEZ S M, NEVES P M. Predicting Sovereign Debt Crises with Fuzzy Decision Trees ［J］. Journal of Scientific and Industrial Research, 2019, 78（11）: 733-737.

［4］ALAVI S H, JABBARZADEH A. Supply chain network design using trade credit and bank credit: A robust optimization model with real world application ［J］. Computers & Industrial Engineering, 2018（1~5）: 69-86.

［5］ALOZIE C E. Sovereign Treasury Solvency and Financial Performance Management in Nigeria ［J］. Journal of Economics and International Finance, 2018, 10（7）: 77-88.

［6］ALTMAN E I, BRENNER M. Information Effects and Stock Market Response to Signs of Firm Deterioration ［J］. Journal of Financial and Quantitative Analysis, 1981, 16（1）: 35-51.

［7］ALTMAN E I, HALDEMAN R G, NARAYANAN P. Zetatm Analysis: a New Model to Identify Bankruptcy Risk of Corporations ［J］. Journal of Banking & Finance, 1977（1）: 29-54.

［8］ALTMAN E I. A Fifty-Year Retrospective on Credit Risk Models, the Altman Z-score Family of Models and Their Applications to Financial Markets and Managerial Strategies ［J］. Journal of Credit Risk, 2018, 14（4）: 1-34.

［9］ALTMAN E I. Predicting Financial Distress of Companies: Revisiting the Z-Score and ZETA Models ［M］. Handbook of Research Methods and Applications in Empirical Finance, 2013: 428-456.

［10］AMBROSE B W, YUAN ZY. Pricing Government Credit: A New Method for Determining Government Credit Risk Exposure ［J］. Economic Policy Review, 2018, 24（3）: 41-62.

［11］ANTONINI M, BARLAUD M, MATHIEU P, et al. Image coding using wavelet transform [J]. IEEE Transactions on Image Processing, 1992, 1(2): 205-220.

[12] ARINDAM CHAUDHURI, KAJAL DE. Fuzzy Support Vector Machine for bankruptcy prediction [J]. Applied Soft Computing, 2011, 11 (2): 2472-2486.

[13] ARVANITIS A, GREGORY J, LAURENT JP. Building models for credit spreads [J]. Journal of Derivatives, 1999, 6 (3): 27-43.

[14] ASTIC F, TOURIN A. On the credit risk of secured loans with maximum loan-to-value covenants [J]. International Journal of Theoretical and Applied Finance, 2014, 17 (8): 1450055.

[15] BARTELS R. Credit Management as a Marketing Function [J]. Journal of Marketing, 1964, 28 (3): 59-61.

[16] BEN-TAL A A, NEMIROVSKI. Robust Convex Optimization [J]. Mathematics of Operations Research, 1998, 23 (4): 769-805.

[17] BERTSIMAS D, GUPTA V, KALLUS N, et al. Data-driven robust optimization [J]. Mathematical Programming, 2018, 167 (2): 235-292.

[18] Bo L J, CAPPONI A. Robust Optimization of Credit Portfolios [J]. Mathematics of Operations Research, 2016, 42 (1): 30-56.

[19] BOROS E, HAMMER P L, IBARAKI T, et al. An implementation of logical analysis of data [J]. IEEE Transactions on Knowledge and Data Engineering, 2000, 12 (2): 292-306.

[20] BO-WEN CHI, CHIUN-CHIEH HSU. A hybrid approach to integrate genetic algorithm into dual scoring model in enhancing the performance of credit scoring model [J]. Expert Systems with Applications, 2012, 39 (3): 2650-2661.

[21] BRACEWELL R N. The Fourier transform and its applications [M]. New York: McGraw-Hill, 1986.

[22] BYSTROM H. Credit risk management in Greater China [J]. Journal of Futures Markets, 2010, 28 (6): 582-597.

[23] BÖRNER, KATY, BUECKLE A, GINDA M. Data visualization literacy: Definitions, conceptual frameworks, exercises, and assessments [J]. Proceedings of the National Academy of Sciences, 2019, 116 (6): 1857-1864.

[24] CAMPBELL J Y, COCCO J F. A Model of Mortgage Default [J]. The Journal of Finance, 2015, 70 (4): 1495-1554.

[25] CANTOR R, PACKER F. The credit rating industry [J]. The Journal of Fixed Income, 1995, 5 (3): 10-34.

[26] CAREY M, PROWSE S, REA J, UDELL G F. The economics of private placements: a new look [J]. Financial Markets Institutions and Instruments, 1993, 2 (3): 1-67.

[27] CHANG Y C, CHANG K U, WU G J. Application of eXtreme gradient boosting trees in the construction of credit risk assessment models for financial institutions [J]. Applied Soft Computing, 2018 (73): 914-920.

[28] CHEN F L, LI F C. Combination of feature selection approaches with SVM in credit scoring [J]. Expert Systems with Applications, 2010, 37 (7): 4902-4909.

[29] CHEN T Q, GUESTRIN C. XGBoost: A Scalable Tree Boosting System [EB/OL]. https://doi.org/10.1145/2939672.2939785, 2016-08-13.

[30] CHI G, DING S, PENG X, et al. Data-Driven Robust Credit Portfolio Optimization for Investment Decisions in P2P Lending [J]. Mathematical Problems in Engineering, 2019 (1): 1-10.

[31] CHICCA L D, LARCHER G. Hybrid Monte Carlo-Methods in Credit Risk Management [J]. Monte Carlo Methods & Applications, 2014, 20 (4): 245-260.

[32] CHO A M, KIM K. Three Pillars of Mortgage Credit Risk Management: A Conceptual Framework and the Case of Korea [J]. Housing Finance International, 2009, 24 (2): 17-23.

[33] CHUN-LING CHUANG, RONG-HO LIN. Constructing a reassigning credit scoring model [J]. Expert Systems with Applications, 2009, 36 (2): 1685-1694.

[34] CORTES CORINNA, VAPNIK VLADIMIR N. Support-vector networks [J]. Machine Learning, 1995, 20 (3): 273-297.

[35] D C SOWERS, DAVID DURAND. Risk Elements in Consumer Instalment Financing [J]. Journal of Marketing, 1942, 6 (4): 407.

[36] DADIOS E P, SOLIS J. Fuzzy-Neuro Model for Intelligent Credit Risk Management [J]. Intelligent Information Management, 2012, 4 (5): 251-260.

[37] DANTZIG G B. Linear programming and extensions [M]. Princeton: Princeton University Press, 1998.

[38] DEFU ZHANG, XIYUE ZHOU, STEPHEN C H LEUNG, et al. Vertical bagging decision trees model for credit scoring [J]. Expert Systems with Applications, 2010, 37 (12): 7838-7843.

[39] DIERCKX G. Logistic Regression for Credit Scoring [M]. New York:

John Wiley & Sons Ltd., 2014.

[40] DING S, MA Y, ZHOU H. Implementation of dynamic credit rating method based on clustering and classification technology [J]. Cluster Computing, 2019, 22 (6): 13711-13721.

[41] DURAND D. Risk Elements in Consumer Installment Financing [M]. Massachusetts: National Bureau of Economic Research, 1941.

[42] EGGERMONT J, KOK J N, KOSTERS W A. Genetic Programming for data classification: partitioning the search space [EB/OL]. https://doi.org/10. 1145/967900.968104, 2004-03-14.

[43] ELTON E J, GRUBER M J, PADBERG M W. Simple criteria for optimal portfolio selection [J]. Journal of Finance, 1976, 31 (5): 1341-1357.

[44] EUN C S, RESNICK B G. Exchange rate uncertainty, forward contracts, and international portfolio selection [J]. Journal of Finance, 1988, 43(1): 197-215.

[45] FAIRRIE J. 2010: The Role of Credit Insurance in Credit Management and Debtor Finance [J]. Business Credit, 2000, 102 (7): 48-49.

[46] FISHER R A. The Use of Multiple Measurement in Taxonomic Problems [J]. Annals of Eugenices, 1936, 7 (2): 179-188.

[47] G H, R K H, H A G. A comparison between logit model and classification regression trees (cart) in customer credit scoring systems [J]. The Economic Research, 2008, 7 (4): 71-97.

[48] GAU G W. A Taxonomic Model for the Risk-Rating of Residential Mortgages [J]. Journal of Business, 1978, 51 (4): 687-706.

[49] GOLDWASSER, MICALI, RACKOFF. The knowledge complexity of interactive proof systems [J]. SIAM Journal on Computing, 1989, 18 (1): 186-208.

[50] GÜNDÜZ Y, UHRIG-HOMBURG M. Predicting credit default swap prices with financial and pure data-driven approaches [J]. Quantitative Finance, 2011, 11 (12): 1709-1727.

[51] GUO Y, LIANG C. Blockchain application and outlook in the banking industry [J]. Financial Innovation, 2016, 2 (1): 1-12.

[52] GUO YP. Credit Risk Assessment of P2P Lending Platform towards Big Data based on BP Neural Network [J]. Journal of Visual Communication and Image Representation, 2020 (71): 102730.

[53] GUPTA D, CHOUBEY S. Discrete wavelet transform for image processing

[J]. International Journal of Emerging Technology and Advanced Engineering, 2015, 4 (3): 598-602.

[54] HARDY JR W E, ADRIAN JR J L. A linear programming alternative to discriminant analysis in credit scoring [J]. Agribusiness, 1985, 1 (4): 285-292.

[55] HAWLITSCHEK F, NOTHEISEN B, TEUBNER T. The limits of trust-free systems: A literature review on blockchain technology and trust in the sharing economy [J]. Electronic Commerce Research and Applications, 2018 (29): 50-63.

[56] HE J, LIU X, SHI Y, et al. Classifications of credit cardholder behavior by using fuzzy linear programming [J]. International Journal of Information Technology & Decision Making, 2004, 3 (4): 633-650.

[57] HENLEY W E, HAND D J. A K-Nearest-Neighbour Classifier for Assessing Consumer Credit Risk [J]. Journal of the Royal Statistical Society: Series D (The Statistician), 1996, 45 (1): 77-95.

[58] HINTON G E, SALAKHUTDINOV R R. Reducing the Dimensionality of Data with Neural Networks [J]. Science, 2006, 313 (5786): 504-507.

[59] HINTON G E, OSINDERO S, TEH Y W. A fast learning algorithm for deep belief nets [J]. Neural Computation, 2006, 18 (7): 1527-1554.

[60] HOLLAND J. Genetic Algorithms and the Optimal Allocation of Trials [J]. SIAM Journal on Computing, 1973, 2 (2): 88-105.

[61] HONG SIK KIM, SO YOUNG SOHN. Support vector machines for default prediction of SMEs based on technology credit [J]. European Journal of Operational Research, 2010, 201 (3): 838-846.

[62] HSIEH N C, HUNG L P. A data driven ensemble classifier for credit scoring analysis [J]. Expert systems with Applications, 2010, 37 (1): 534-545.

[63] HUNT E B, KRIVANEK J. The Effects of Pentylenetetrazole and Methy—Phenoxy Propane on Discrimination Learning [J]. Psychopharmacologia, 1996 (9): 1-16.

[64] J FRIEDMAN. Greedy function approximation: a gradient boosting machine [J]. Annals of Statistics, 2001, 29 (5): 1189-1232.

[65] JAKUB KONECN H, BRENDAN MCMAHAN, DANIEL RAMAGE, et al. Federated optimization: Distributed machine learning for on-device intelligence [EB/OL]. https://doi.org/10.48550/arXiv.1610.02527, 2016-10-08.

[66] JARROW R A, LANDO D, TURNBULL S M. A markov model for the

term structure of credit risk spreads [J]. The Review of Financial Studies, 1997, 10 (2): 481-523.

[67] JARROW R A, TURNBULL S M. Pricing derivatives on financial securities subject to credit risk [J]. Journal of Finance, 1995, 50 (1): 53-8.

[68] JEFFREY L ELMAN. Finding structure in time [J]. Cognitive Science, 1990, 14 (2): 179-211.

[69] JIANG F, SUI Y. A Novel Approach for Discretization of Continuous Attributes in Rough Set Theory [J]. Knowledge–Based Systems, 2015, 73 (1): 324-334.

[70] JUAN J RODRIGUEZ, LUDMILA I KUNCHEVA, CARLOS J ALONSON. Rotation Forest: A New Classifier Ensemble Method [J]. IEEE Transactions on Pattern Analysis & Machine Intelligence, 2006, 28 (10): 161916-30.

[71] KANG Z, LI X, LI Z, et al. Data-driven robust mean-CVaR portfolio selection under distribution ambiguity [J]. Quantitative Finance, 2019, 19 (1): 105-121.

[72] KAWA D, PUNYANI S, NAYAK P, KARKERA A, JYOTINAGAR V. Credit risk assessment from combined bank records using federated learning [J]. International Research Journal of Engineering and Technology, 2019, 6 (4): 1355-1358.

[73] KHANMOHAMMADI S, CHOU C A. A Gaussian Mixture Model Based Discretization Algorithm for Associative Classification of Medical Data [J]. Expert Systems With Applications, 2016 (58): 119-129.

[74] KLIGER D, SARIG O. The Information Value of Bond Ratings [J]. Rodney L. White Center for Financial Research Working Papers, 2000, 55(6): 2879-2902.

[75] KOU G, PENG Y, SHI Y, et al. Discovering credit cardholders' behavior by multiple criteria linear programming [J]. Annals of Operations Research, 2005, 135 (1): 261-274.

[76] KOZODOI N, LESSMANN S, et al. A multi-objective approach for profit-driven feature selection in credit scoring [J]. Decision Support Systems, 2019 (120): 106-117.

[77] KRAFT H, STEFENSEN M. Portfolio problems stopping at first hitting time with application to default risk [J]. Mathematical Methods of Operations Research, 2005, 63 (10): 123-50.

[78] KRUPPA J, ZIEGLER A, KÖNIG I R. Risk estimation and risk prediction using machine-learning methods [J]. Human Genetics, 2012, 131 (10): 1639-1654.

[79] L A ZADEH. Fuzzy Sets [J]. Information and Control, 1965, 8 (3): 338-353.

[80] LECUN, YANN, et al. Gradient-based learning applied to document recognition [J]. Proceedings of the IEEE, 1998, 86 (11): 2278-2324.

[81] LEO BREIMAN. Bagging Predictors [J]. Machine Learning, 1996, 24 (2): 123-140.

[82] LEVY M, KAPLANSKI G. Portfolio selection in a two-regime world [J]. European Journal of Operational Research, 2015, 242 (2): 514-524.

[83] LI J P, LIU J L, XU W X, et al. Support Vector Machines Approach to Credit Assessment [J]. ICCS 2004: Computational Science, 2004 (3039): 892-899.

[84] LI W, DING S, CHEN Y, et al. Transfer learning-based default prediction model for consumer credit in China [J]. Supercomput, 2019 (75): 862-884.

[85] LI Z, KANG J, YU R, et al. Consortium Blockchain for Secure Energy Trading in Industrial Internet of Things [J]. IEEE Transactions on Industrial Informatics, 2018, 14 (8): 3690-3700.

[86] LITCHFIELD J T, WILCOXON F. A Simplified Method of Evaluating Dose-Effect Experiments [J]. Journal of Pharmacology and Experimental Therapeutics, 1949, 96 (2): 99-113.

[87] LIU J. Portfolio selection in stochastic environments [J]. Review of Financial Studies, 2007, 20 (1): 1-39.

[88] LIU Y J, ZHANG W G, ZHANG P. A multi-period portfolio selection optimization model by using interval analysis [J]. Economic Modelling, 2013, 33 (2): 113-119.

[89] LO A W. Logit Versus Discriminant Analysis: A Specification Test and Application to Corporate Bankruptcies [J]. Journal of Econometrics, 1982 (31): 151-178.

[90] LOPEZ J, MALDONADO S. Profit-based credit scoring based on robust optimization and feature selection [J]. Information Sciences, 2019 (500): 190-202.

[91] LOUZIS D P, VOULDIS A T, METAXAS V L. Macroeconomic and Bank-Specific Determinants of Non-Performing Loans in Greece: A Comparative Study of

Mortgage, Business and Consumer Loan Portfolios [J]. Journal of Banking & Finance, 2012, 36 (4): 1012-1027.

[92] LUGOVSKAYA L. Predicting Default of Russian SMEs on the Basis of Financial and Non-Financial Variables [J]. Journal of Financial Services Marketing, 2010, 14 (4): 301-313.

[93] LUNDY M. Cluster analysis in credit scoring [M] // THOMAS et al (Eds). Credit Scoring and Credit Control. NewYork: Oxford University Press, 1992: 91-107.

[94] LUO C C, WU D S, WU D X. A deep learning approach for credit scoring using credit default swaps [J]. Engineering Applications of Artificial Intelligence, 2017 (65): 465-470.

[95] M H ZWEIG, G CAMPBELL. Receiver-Operating Characteristic (ROC) Plots: A Fundamental Evaluation Tool in Clinical Medicine [J]. Clinical Chemistry, 1993, 39 (4): 561-77.

[96] M RASTEGARI, J CHOI, S FAKHRAEI, et al. Predictable dual-view hashing [EB/OL]. http://users. umiacs. umd. edu/~hal/docs/daume13doh. pdf, 2013-01-01.

[97] MALDONADO S, BRAVO C, LOPEZ J, PEREZ J. Integrated framework for profit-based feature selection and SVM classification in credit scoring [J]. Decision Support Systems, 2017 (104): 113-121.

[98] MANCISIDOR R A, KAMPFFMEYER M, AAS K, et al. Deep Generative Models for Reject Inference in Credit Scoring [J]. Knowledge-Based Systems, 2020 (196): 105758.

[99] MANURUNG J, MAWENKANG H, ZAMZAMI E. Optimizing Support Vector Machine Parameters with Genetic Algorithm for Credit Risk Assessment [J]. Journal of Physics, 2017 (930): 012026.

[100] MARIAN B GORZACZANY, FILIP RUDZIŃSKI. A multi-objective genetic optimization for fast, fuzzy rule-based credit classification with balanced accuracy and interpretability [J]. Applied Soft Computing, 2016: 206-220.

[101] MARKOWITZ H M, TODD G P. Mean-variance analysis in portfolio choice and capital markets [M]. New York: John Wiley & Sons, 2000.

[102] MARKOWITZ H M. Portfolio selection [J]. Journal of Finance, 1952, 7 (1): 77-91.

[103] MARKOWITZ H M. Portfolio selection: Efficient diversification of investment [M]. New York: John Wiley & Sons, 1959.

[104] MARKOWITZ H M. The elimination form of the inverse and its application to linear programming [J]. Management Science, 1957 (3): 255-269.

[105] MELVILLE P, MOONEY R. Constructing diverse classifier ensembles using artificial training examples [EB/OL]. https://dl. acm. org/doi/10. 5555/ 1630659.1630734, 2003-08-09.

[106] MERTON R C. Lifetime portfolio selection under uncertainty: The continuous-time case [J]. Review of Economics & Statistics, 1969, 51 (3): 247-57.

[107] MERTON R C. On the pricing of corporate debt: the risk structure of interest rates [J]. Journal of Finance, 1974, 29 (2): 449-470.

[108] MIERS I, GARMAN C, GREEN M, et al. Zerocoin: Anonymous distributed e-cash from bitcoin [J]. IEEE Symposium on Security & Privacy, 2013 (7): 397-411.

[109] MORGAN P, REGIS P, SALIKE N. Loan-to-Value Policy as a Macroprudential Tool: The Case of Residential Mortgage Loans in Asia [EB/OL]. http:// dx.doi.org/10.2139/ssrn.2622433, 2015-07-24.

[110] MORRISON D G. On the Interpretation of Discriminant Analysis [J]. Journal of Marketing Research, 1969, 6 (2): 156-163.

[111] MVULA CHIJORIGA M. Application of multiple discriminant analysis (MDA) as a credit scoring and risk assessment model [J]. International Journal of Emerging Markets, 2011, 6 (2): 132-147.

[112] PLAWIAK P, ABDAR M, ACHARYA R. Application of new deep genetic cascade ensemble of SVM classifiers to predict the Australian credit scoring [J]. Applied Soft Computing, 2019 (84): 105740.

[113] QIANG YANG, YANG LIU, TIANJIAN CHEN, et al. Federated Machine Learning: Concept and Applications: ACM Trans [J]. Intell. Syst. Technol, 2019, 10 (2): 19.

[114] QUINLAN J R. C4. 5: Programs for Machine Learning [M]. Sacramento: Morgan Kaufman Publishers, 1993: 81-106.

[115] QUINLAN J R. Induction of Decision Trees [J]. Machine Learning, 1968 (4): 81-106.

[116] RAJARATNAM K, BELING P A, OVERSTREET G A. Models of se-

quential decision making in consumer lending [J]. Decision Analytics, 2016, 3 (1): 1-16.

[117] RAUTERKUS S Y, THRALL G I, HANGEN E. Location Efficiency and Mortgage Default [J]. Journal of Sustainable Real Estate, 2010, 2 (1): 117-141.

[118] SHOKRI R, SHMATIKOV V. Privacy-preserving deep learning [EB/OL]. https://doi.org/10.1145/2810103.2813687, 2015-10-12.

[119] ROGER C SCHANK. Dynamic Memory: A Theory of Reminding and Learning in Computers and People [M]. New York: Cambridge University Press, 1983.

[120] ROSENBLATT, FRANK. The Perceptron: A Probabilistic Model for Information Storage and Organization in the Brain [J]. Psychological Review, 1958, 65 (6): 386-408.

[121] S KUMAR, R UDUPA. Learning hash functions for cross-view similarity search [EB/OL]. https://doi.org/10.1109/ICDSE.2012.6282321, 2012-08-27.

[122] SAZYKIN B V. Models of optimal strategies in sequential decision making [J]. Soviet Journal of Computer & Systems Sciences, 1989, 27 (6): 99-105.

[123] SCHKUFZA E, SHARMA R, AIKEN A. Stochastic Program Optimization [J]. Communications of the ACM, 2016, 59 (2): 114-122.

[124] SEBASTIAN MALDONADO. Cost-based feature selection for Support Vector Machines: an application in credit scoring [J]. European Journal of Operation Research, 2017 (261): 656-665.

[125] SEPP HOCHREITER, JÜRGEN SCHMIDHUBER. Long short-term memory [J]. Neural Computation, 1997, 9 (8): 1735-1780.

[126] SERRANO-CINCA C, GUTIÉRREZ-NIETO B. The Use of Profit Scoring as an Alternative to Credit Scoring Systems in Peer-to-Peer (P2P) Lending [J]. Decision Support Systems, 2016 (89): 113-122.

[127] SHAO G Q, HAN C Y, GUO T D, HAO Y. An NMF-Based Method for the Fingerprint Orientation Field Estimation [EB/OL]. https://doi.org/10.1007/978-3-642-30454-5_7, 2012-01-01.

[128] SHEN F, MA X S, LI Z Y, et al. An extended intuitionistic fuzzy TOPSIS method based on a new distance measure with an application to credit risk evaluation [J]. Information Sciences, 2018 (428): 105-119.

[129] SHEN F, ZHAO X C, LI Z Y, et al. A novel ensemble classification model based on neural networks and a classifier optimisation technique for imbalanced credit risk evaluation [J]. Physica A: Statistical Mechanics and its Applications, 2019 (526): 121073.

[130] SHI Y, PENG Y, XU W, et al. Data mining via multiple criteria linear programming: applications in credit card portfolio management [J]. International Journal of Information Technology & Decision Making, 2002, 1 (1): 131-151.

[131] SHOWERS J L, CHAKRIN L M. Reducing Uncollectible Revenue from Residential Telephone Customers [J]. Interfaces, 1981, 11 (6): 21-34.

[132] SOHN S Y, KIM D H, YOON J H. Technology credit scoring model with fuzzy logistic regression [J]. Applied Soft Computing, 2016 (43): 150-158.

[133] STJEPAN ORESKI, GORAN ORESKI. Genetic algorithm-based heuristic for feature selection in credit risk assessment [J]. Expert Systems with Applications, 2014, 41 (4): 2052-2064.

[134] STOWE J D. An Integer Programming Solution for the Optimal Credit Investigation/Credit Granting Sequence [J]. Financial Management, 1985, 14 (2): 66-76.

[135] STUDENT. The Probable Error of a Mean [J]. Biometrika, 1908, 6 (1): 1-25.

[136] SU C T, HSU J H. An Extended Chi2 Algorithm for Discretization of Real Value Attributes [J]. Computer Engineering, 2008, 2 (17): 752-755.

[137] SUN J, LANG J, FUJITA F, et al. Imbalanced enterprise credit evaluation with DTE-SBD: Decision tree ensemble based on SMOTE and bagging with differentiated sampling rates [J]. Information Sciences, 2018 (425): 76-91.

[138] SUN J, LI H, CHANG P. Dynamic Credit Scoring Using B & B with Incremental -Svm- Ensemble [J]. Kybernetes, 2015, 44 (4): 518-535.

[139] SUN J, FUJITA H, CHEN P. Dynamic Financial Distress Prediction with Concept Drift Based on Time Weighting Combined with Adaboost Support Vector Machine Ensemble [J]. Knowledge Based Systems, 2017 (120): 4-14.

[140] SZABO N. Formalizing and Securing Relationships on Public Networks [EB/OL]. https://doi.org/10.5210/fm.v2i9.548, 1997-09-01.

[141] TIN KAM HO. The Random Subspace Method for Constructing Decision

Forests [J]. IEEE Transactions on Pattern Analysis and Machine Intelligence, 1998, 20 (8): 832-844.

[142] TRAN P H, TRAN K P, HUONG T T, et al. Real time data-driven approaches for credit card fraud detection [EB/OL]. https://doi. org/10. 1145/3194188.3194196, 2018-02-23.

[143] VEDALA R, KUMAR B R. An application of Naive Bayes classification for credit scoring in e-lending platform [EB/OL]. https://doi.org/10.1109/ICDSE. 2012.6282321, 2012-08-27.

[144] VLADIMIR N VAPNIK. Statistical Learning Theory [M]. New Jercy: Wiley-Interscience, 1998.

[145] WAND J, QIN Z . Chance constrained programming models for uncertain hub covering location problems [J]. Soft Computing, 2019, 24 (4): 2781-2791.

[146] WANG G, MA J. A hybrid ensemble approach for enterprise credit risk assessment based on Support Vector Machine [J]. Expert Systems with Applications, 2012, 39 (5): 5325-5331.

[147] WANG H, JIN Y, JANSEN J O. Data-driven surrogate-assisted multi-objective evolutionary optimization of a trauma system [J]. IEEE Transactions on Evolutionary Computation, 2016, 20 (6): 939-952.

[148] WEBER I, XU X, RIVERET R, et al. Untrusted Business Process Monitoring and Execution Using Blockchain [J]. Business Process Management, 2016 (9850): 329-347.

[149] WERBOS P J. Applications of advances in nonlinear sensitivity analysis [M] // DRENICK R F, KOZIN F (eds). System Modeling and Optimization: Lecture Notes in Control and Information Sciences. Berlin, Heidelberg: Springer, 1970: 762-770.

[150] WHITE L J. The Credit Rating Agencies [J]. Journal of Economic Perspectives, 2010, 24 (2): 211-226.

[151] WIGINTON J. A Note on the Comparison of Logit and Discriminant Models of Consumer Credit Behavior [J]. The Journal of Financial and Quantitative Analysis, 1980, 15 (3): 757-770.

[152] WILCOXON F. Individual Comparisons by Ranking Methods [M] // KOTZ S, JOHNSON N L. Breakthroughs in Statistics: Methodology and Distribution.

New York: Springer, 1992: 196-202.

[153] WONG A K C, CHIU D K Y. Synthesizing Statistical Knowledge from Incomplete Mixed-mode Data [J]. IEEE Transactions on Pattern Analysis & Machine Intelligence, 1987, 9 (6): 796-805.

[154] XIA Q, SIFAH E B, ASAMOAH K O, et al. MeDShare: Trust-Less Medical Data Sharing Among Cloud Service Providers via Blockchain [J]. IEEE Access, 2017 (5): 14757-14767.

[155] XIA YF, LIU CZ, LI YY, LIU NN. A boosted decision tree approach using Bayesian hyper-parameter optimization for credit scoring [J]. Expert Systems with Applications, 2017 (78): 225-241.

[156] YANG C, LI X, YU Y, et al. Basing Diversified Services of Complex IIoT Applications on Scalable Block Graph Platform [J]. IEEE Access, 2019: 1-1.

[157] YANG W, ZHANG Y, YE K, et al. FFD: A Federated Learning Based Method for Credit Card Fraud Detection [EB/OL]. https://doi.org/10.1007/978-3-030-23551-2_2, 2019-07-20.

[158] YAO H, LI Z, LI D. Multi-period mean-variance portfolio selection with stochastic interest rate and uncontrollable liability [J]. European Journal of Operational Research, 2016, 252 (3): 837-851.

[159] YOUNG M R. A minimax portfolio selection rule with linear programming solution [J]. Management science, 1998, 44 (5): 673-683

[160] ZAGHIAN M, LIM G J, KHABAZIAN A . A Chance-Constrained Programming Framework to Handle Uncertainties in Radiation Therapy Treatment Planning [J]. European Journal of Operational Research, 2018, 266 (2): 736-745.

[161] ZENG G, ZHAO Q. A Rule of Thumb for Reject Inference in Credit Scoring [J]. Mathematical Finance Letters, 2014 (2): 1477.

[162] ZENG G. Invariant properties of logistic regression model in credit scoring under monotonic transformations [J]. Communications in Statistics - Theory and Methods, 2017, 46 (17): 8791-8807.

[163] ZENZEROVI R. Credit scoring models in estimating the creditworthiness of small and medium and big enterprises [J]. Croatian Operational Research Review, 2011, 2 (1): 143-157.

[164] ZHANG D, WANG F, SI L. Composite hashing with multiple information

sources ［EB/OL］. https://doi.org/10.1145/2009916.2009950, 2011-07-24.

［165］ ZHEN Y, YEUNG D Y. Co-regularized hashing for multimodal data ［EB/OL］. https://dl.acm.org/doi/10.5555/2999134.2999288, 2012-12-03.

［166］ ZONGBEN XU, JIAN SUN. Model-driven deep-learning ［J］. National science review, 2018, 5 (1): 22-24.

［167］ ZONGYUAN ZHAO, SHUXIANG XU, BYEONG HO KANG, et al. Investigation and improvement of multi-layer perceptron neural networks for credit scoring ［J］. Expert Systems with Applications, 2015, 42 (7): 3508-3516.